縮刷版

曼荼羅図典

図版………　染川英輔

解説………　小峰弥彦／小山典勇
高橋尚夫／廣澤隆之

大法輪閣

金剛界曼荼羅

観蔵院曼荼羅

胎蔵曼荼羅

序

いつの時代にあっても、人類永遠の悲願は、個々の幸福が他者の幸福につながり、やがてそれが世界全体の幸福へと広がり一つのものとなることであろう。これすなわち曼荼羅の一様相であろうか。その幸福とは、全ての人の心の平安と充足にかなうものでなければならない。古来、仏教では繰り返しこのことを説いてきた。この教えの内容を解りやすく、美しく図示したものが、弘法大師空海によって我が国にもたらされた「両部曼荼羅」である。この曼荼羅に描かれた仏とその教えは、人々の思想・文化・生活に永く深くかかわってきた。請来された「原本」は滅失したが、繰り返し模写されて現代に伝わり、全国の密教寺院を荘厳している。曼荼羅の前で人々は、心の求むるがままの仏を選び、仏のことばである真言を唱え、仏の身体表現である印を結び、仏の象徴である種字や三昧耶（法具）を通して仏の姿を念じることによって、仏の世界へと入って行くことができる。この図典が、そうした曼荼羅の理解と鑑賞の手引きとなり、ひいては全ての人々の心の幸福へとつながれば、編者一同の喜びこの上ない。

本図典に掲載した図像は、慈雲山観蔵院（東京・練馬）の彩色両部曼荼羅のために描いた白描下図である。この下図は昭和59年（1984）に着手し、３年後の同62年に完成した。根本経典の『大日経』・『金剛頂経』・『大日経疏』の記述をもとに、「御室版曼荼羅」を参照して制作したものである。この下図の完成と同時に、下図の作者（染川）と、小峰弥彦・小山典勇・高橋尚夫・廣澤隆之の四名とで本書の編纂を企画した。その目的は次のようなものであった。

１、仏像図絵は、可能な限り経典に則って下図を再検討し、完成度の高いものを目指すこと。

２、解説は、より正しく解りやすい説明に努め、各尊ごとに種字・印相・三昧耶形を図示し、真言を明示して、実用に適ったものとすること。

この目的に向かって百度にも及ぶ研究会が開かれた。そして、根本経典の他に多数の関係文献が再々検討され、いくつかの新しい発見を見た。その結果、上記の下図像の増補・改正・配列入換え等が大胆に行なわれることとなった。空海請来の「原本」が滅失している今日では、この図典はおそらく「原本」をさえも飛び越えてしまったのではないかと危惧する。しかし、教義の原点への希求心と、新しい生動感に溢れた曼荼羅の制作への熱意で、敢えてそれを断行した。

また、尊色の決定も難しかったが、関係する諸経典、及び『秘蔵記』・『石山七集』・『諸尊便覧』の記述、さらに既存の著名な曼荼羅の作例を検討して行なった。特に「金剛界」の尊色は、経典の記述に違わない範囲において、教義の強調と明確化を目的として大胆な

決定を行なった。

以上のことから、この下図による曼荼羅は、色彩・形体ともに既存の曼荼羅とは著しく異なる新鮮さをもつものとなるだろう。

本文や真言の訳文は、内容を汲んで、なるべく現代の言葉で馴染みやすいものとした。仏との距離がさらに縮まり、身近なところで感じられることと思う。

なお、図典の刊行については、大法輪閣の方々、特に編集部長の本間康一郎氏には一方ならずお世話になった。心から謝意を表したい。

この両界曼荼羅のための1800余尊は、着手から８年、この図典が刊行されることをもって白描下図として完成する。この間、胎蔵曼荼羅の主尊・大日如来を描き改めること３回……感無量なるものを覚える。

平成４年11月７日　　　　染川英輔記

目　　次

口絵・観蔵院曼荼羅
序……1
凡　例……10
尊容の見方……12

曼荼羅とは……17

曼荼羅の語義……17
曼荼羅の種類……18
両部曼荼羅……19
現図曼荼羅……22

胎蔵曼荼羅

胎蔵曼荼羅の構造……25

中台八葉院……27

1　大日如来……29
2　宝幢如来……30
3　開敷華王如来……31
4　無量寿如来……32
5　天鼓雷音如来……33
6　普賢菩薩……34
7　文殊師利菩薩……35
8　観自在菩薩……36
9　弥勒菩薩……37

遍知院……39

10　一切如来智印……40
11　仏眼仏母……41
12　大勇猛菩薩……42
13　七倶胝仏母……43
14　大安楽不空真実菩薩……44
15　優楼頻羅迦葉……45
16　伽耶迦葉……45

蓮華部院（観音院）……46

17　聖観自在菩薩……47
18　蓮華部発生菩薩……48
19　大勢至菩薩……48
20　毘倶胝菩薩……49
21　多羅菩薩……50
22　大明白身菩薩……50
23　馬頭観音菩薩……51
24　大随求菩薩……52
25　窣覩波大吉祥菩薩……52
26　耶輸陀羅菩薩……53
27　如意輪菩薩……54
28　大吉祥大明菩薩……54
29　大吉祥明菩薩……55
30　寂留明菩薩……55
31　被葉衣菩薩……56
32　白身観自在菩薩……56
33　豊財菩薩……57
34　不空羂索観世音菩薩……58
35　水吉祥菩薩……58
36　大吉祥変菩薩……59
37　白処尊菩薩……60
38　多羅使者……60
39　奉教使者……61
40　蓮華軍荼利……61
41　鬘供養……62
42　蓮華部使者……62
43　〃……62
44　〃……62
45　〃……62
46　〃……63

47　宝供養……63
48　焼香菩薩……64
49　蓮華部使者……64
50　〃……65
51　〃……65
52　塗香菩薩……65
53　蓮華部使者……66

☼金剛手院……67

54　金剛薩埵……68
55　発生金剛部菩薩……69
56　金剛鉤女菩薩……70
57　金剛手持金剛菩薩……70
58　持金剛鋒菩薩……71
59　金剛拳菩薩……72
60　忿怒月黶菩薩……72
61　虚空無垢持金剛菩薩……73
62　金剛牢持金剛菩薩……73
63　忿怒持金剛菩薩……74
64　虚空無辺超越菩薩……74
65　金剛鏁菩薩……75
66　金剛持菩薩……76
67　持金剛利菩薩……76
68　金剛輪持菩薩……77
69　金剛説菩薩……78
70　懌悦持金剛菩薩……78
71　金剛牙菩薩……79
72　離戯論菩薩……79
73　持妙金剛菩薩……80
74　大輪金剛菩薩……80
75　金剛使者……81
76　〃……81
77　金剛軍荼利……82
78　金剛鉤女……82
79　金剛使者……83
80　大力金剛……83
81　金剛童子……83
82　孫婆……84
83　金剛使者……84
84　金剛拳……85
85　金剛使者……85
86　金剛王菩薩……86

☼持明院……87

87　般若菩薩……88
88　大威徳明王……89
89　勝三世明王……90
90　降三世明王……91
91　不動明王……92

☼釈迦院……94

92　釈迦如来……96
93　観自在菩薩……96
94　虚空蔵菩薩……97
95　無能勝妃……97
96　無能勝明王……98
97　一切如来宝……98
98　如来毫相菩薩……99
99　大転輪仏頂……100
100　高仏項……101
101　無量音声仏項……101
102　如来悲菩薩……102
103　如来愍菩薩……102
104　如来慈菩薩……103
105　如来爍乞底……103
106　栴檀香辟支仏……104
107　多摩羅香辟支仏……104
108　大目犍連……105
109　須菩提……106
110　迦葉波……106
111　舎利弗……107
112　如来喜菩薩……107
113　如来捨菩薩……108
114　白傘蓋仏項……108
115　勝仏項……109
116　最勝仏項……110
117　光聚仏項……110
118　摧砕仏項……111
119　如来舌菩薩……111
120　如来語菩薩……112
121　如来笑菩薩……112
122　如来牙菩薩……113
123　輪輻辟支仏……114
124　宝輻辟支仏……114

125 拘絺羅……115
126 阿難……115
127 迦旃延……116
128 優波離……116
129 智拘絺羅菩薩……117
130 供養雲海菩薩……117

文殊院 ……118

131 文殊師利菩薩……119
132 観自在菩薩……120
133 普賢菩薩……120
134 不可越守護……121
135 相向守護……122
136 光網菩薩……122
137 宝冠菩薩……123
138 無垢光菩薩……123
139 月光菩薩……124
140 妙音菩薩……124
141 瞳母嚕……125
142 阿耳多……126
143 阿波羅耳多……126
144 肥者耶……126
145 者耶……127
146 髻設尼童女……127
147 優婆髻設尼童女……128
148 質怛羅童女……128
149 地慧童女……129
150 召請童女……129
151 不思議慧童女……130
152 文殊奉教者……131
153 〃 ……131
154 〃 ……131
155 〃 ……131

地蔵院 ……132

156 除一切憂冥菩薩……133
157 不空見菩薩……133
158 宝印手菩薩……134
159 宝処菩薩……134
160 地蔵菩薩……135
161 宝手菩薩……136
162 持地菩薩……136
163 堅固深心菩薩……137
164 日光菩薩……138

除蓋障院 ……139

165 悲愍菩薩……140
166 破悪趣菩薩……140
167 施無畏菩薩……141
168 賢護菩薩……142
169 除蓋障菩薩……142
170 悲愍慧菩薩……143
171 慈発生菩薩……144
172 折諸熱悩菩薩……144
173 不思議慧菩薩……145

虚空蔵院 ……146

174 虚空蔵菩薩……147
175 檀波羅蜜菩薩……148
176 戒波羅蜜菩薩……148
177 忍辱波羅蜜菩薩……149
178 精進波羅蜜菩薩……150
179 禅波羅蜜菩薩……150
180 般若波羅蜜菩薩……151
181 方便波羅蜜菩薩……151
182 願波羅蜜菩薩……152
183 力波羅蜜菩薩……152
184 智波羅蜜菩薩……153
185 共発意転輪菩薩……154
186 生念処菩薩……154
187 忿怒鉤観自在菩薩……155
188 不空鉤観自在菩薩……155
189 千手千眼観自在菩薩……157
190 婆藪大仙……157
191 功徳天……158
192 飛天……158
193 〃 ……158
194 無垢逝菩薩……159
195 蘇婆呼菩薩……160
196 金剛針菩薩……160
197 蘇悉地羯羅菩薩……161
198 曼荼羅菩薩……161
199 一百八臂金剛蔵王菩薩……163
200 飛天使者……163

201　飛天使者……163

✡蘇悉地院 ……164

202　不空供養宝菩薩……165
203　孔雀王母……165
204　一髻羅刹……166
205　十一面観自在菩薩……167
206　不空金剛菩薩……167
207　金剛軍荼利……168
208　金剛将菩薩……169
209　金剛明王……169

✡最外院（東方）……170

210　伊舎那天……173
211　喜面天……173
212　常酔天……174
213　器手天后……174
214　器手天……174
215　堅牢地神后……174
216　堅牢地神……175
217　非想天……175
218　無所有処天……176
219　識無辺処天……176
220　空無辺処天……176
221　惹耶……176
222　日天……177
223　微惹耶……177
224　帝釈天……178
225　守門天……179
226　守門天女……179
227　守門天……179
228　守門天女……179
229　持国天……180
230　大梵天……180
231　昴宿……181
232　畢宿……181
233　觜宿……181
234　参宿……181
235　鬼宿……182
236　井宿……182
237　柳宿……182
238　牛密宮……183
239　白羊宮……183
240　夫婦宮（男）……183
241　〃　（女）……183
242　彗星……184
243　流星……184
244　日曜……184
245　日曜眷属……185
246　婆藪仙后……185
247　婆藪大仙……185
248　火天后……186
249　火天……186

✡最外院（南方）……188

250　阿詣羅仙……189
251　阿詣羅仙后……189
252　瞿曇仙……189
253　瞿曇仙后……190
254　毘紐女……190
255　自在女……190
256　夜摩女……191
257　賢瓶宮……191
258　摩竭宮……191
259　双魚宮……191
260　羅睺星……192
261　木曜……192
262　火曜……192
263　星宿……193
264　軫宿……193
265　亢宿……193
266　張宿……193
267　翼宿……194
268　角宿……194
269　氐宿……194
270　薬叉持明女……195
271　薬叉持明……195
272　薬叉持明女……195
273　増長天……196
274　増長天使者……196
275　難陀龍王……196
276　烏波難陀龍王……197
277　阿修羅……197
278　〃……197

✡最外院（北方）……224

361　風天眷属……225
362　〃……225
363　光音天女……225
364　光音天……225
365　光音天女……225
366　大光音天女……226
367　大光音天……226
368　大光音天女……226
369　兜率天女……226
370　兜率天……226
371　兜率天女……227
372　他化自在天女……227
373　他化自在天……227
374　他化自在天女……227
375　持鬘天女……227
376　持鬘天……228
377　持鬘天女……228
378　成就持明仙女……228
379　成就持明仙……228
380　成就持明仙女……229
381　摩睺羅迦……229
382　〃……229
383　〃……229
384　緊那羅……229
385　〃……230
386　歌天……230
387　楽天……230
388　歌天……231
389　帝釈天妃……231
390　帝釈天……231
391　倶肥羅……232
392　倶肥羅女……232
393　難陀龍王……232
394　烏波難陀龍王……233
395　毘沙門天……233
396　成就持明仙……233
397　成就持明仙女……234
398　虚宿……234
399　危宿……234
400　室宿……235
401　奎宿……235
402　壁宿……235
403　胃宿……235
404　婁宿……236
405　少女宮……236
406　蟹宮……236
407　師子宮……237
408　金曜……237
409　戦鬼……237
410　毘那夜迦（歓喜天）……238
411　摩訶迦羅……238
412　伊舎那天妃……239

金剛界曼荼羅

金剛界曼荼羅の構造……243

◘成身会……247
◘三昧耶会……250
◘微細会……252
◘供養会……253
◘四印会……256
◘一印会……258
◘理趣会……260
◘降三世会……262
◘降三世会三昧耶会……264

1　毘盧遮那如来……266
2　金剛波羅蜜菩薩……270
3　宝波羅蜜菩薩……271
4　法波羅蜜菩薩……272
5　羯磨波羅蜜菩薩……274
6　阿閦如来……275
7　金剛薩埵……277
8　金剛王菩薩……280
9　金剛愛菩薩……281

10　金剛喜菩薩 …………283
11　宝生如来 …………284
12　金剛宝菩薩 …………286
13　金剛光菩薩 …………288
14　金剛幢菩薩 …………289
15　金剛笑菩薩 …………291
16　無量寿如来 …………292
17　金剛法菩薩 …………294
18　金剛利菩薩 …………296
19　金剛因菩薩 …………297
20　金剛語菩薩 …………298
21　不空成就如来 …………300
22　金剛業菩薩 …………302
23　金剛護菩薩 …………304
24　金剛牙菩薩 …………305
25　金剛拳菩薩 …………306
26　金剛嬉菩薩 …………308
27　金剛鬘菩薩 …………310
28　金剛歌菩薩 …………312
29　金剛舞菩薩 …………314
30　金剛焼香菩薩 …………317
31　金剛華菩薩 …………319
32　金剛燈菩薩 …………321
33　金剛塗香菩薩 …………323
34　金剛鉤菩薩 …………325
35　金剛索菩薩 …………327
36　金剛鏁菩薩 …………329
37　金剛鈴菩薩 …………330
38　地天 …………332
39　水天 …………332
40　火天 …………334
41　風天 …………335
42　慈氏菩薩 …………335
43　不空見菩薩 …………336
44　滅悪趣菩薩 …………338
45　除憂闇菩薩 …………339
46　香象菩薩 …………341
47　大精進菩薩 …………342
48　虚空蔵菩薩 …………344
49　智幢菩薩 …………345
50　無量光菩薩 …………347
51　賢護菩薩 …………348
52　光網菩薩 …………350
53　月光菩薩 …………351
54　無尽意菩薩 …………353
55　辯積菩薩 …………354
56　金剛蔵菩薩 …………356
57　普賢菩薩 …………357
58　那羅延天 …………358
59　倶摩羅天 …………360
60　金剛摧天 …………362
61　梵天 …………364
62　帝釈天 …………365
63　日天 …………366
64　月天 …………368
65　金剛食天 …………369
66　彗星天 …………370
67　熒惑天 …………371
68　羅刹天 …………372
69　風天 …………373
70　金剛衣天 …………374
71　火天 …………376
72　毘沙門天 …………377
73　金剛面天 …………378
74　焔摩天 …………380
75　調伏天 …………381
76　毘那耶迦 …………382
77　水天 …………383
78　賢劫千仏 …………384
79　慾金剛菩薩 …………386
80　触金剛菩薩 …………387
81　愛金剛菩薩 …………388
82　慢金剛菩薩 …………390
83　降三世明王 …………391
84　大威徳明王妃 …………392
85　軍荼利明王妃 …………393
86　降三世明王妃 …………393
87　不動明王妃 …………394

印相索引 …………396
真言索引 …………400
尊名索引（漢訳名・和名） …………406
尊名索引（梵名） …………410

凡　例

本図典は染川英輔筆•観蔵院両部曼荼羅のすべての尊像にわたって、その[密号][種字][三形][尊形][印相][真言]並びに[解説]を施したものである。尊容の確定に当たっては、『秘蔵記』『諸説不同記』『石山七集』『諸尊便覧』等を底本に、所依の経典である『大日経』『金剛頂経』等に基づいた。

1 **[密号]** 密号とは密教における名前で金剛号、潅頂号とも称する。真言行者が潅頂壇で花を投げ結縁の尊が決まるとその金剛号をつける。例えば大日如来は遍照金剛と称し、弘法大師は金剛・胎蔵ともに大日如来に投花したので遍照金剛と称した。その尊の働き、特性を表す名号である。

2 **[種字]** 通常は種子と書きシュジと読む。諸尊の具えている功徳、また、さまざまな事項を表示する梵字。梵字一字が無量の意味を生じるところから草木の種子に喩えて種子と名づける。種子の字の意味で種字とした。金剛界曼荼羅では各会によって種字が異なるので［種字］の項目を出したが、胎蔵曼荼羅では［種字］の項目を立てずに梵字の下にローマ字と読みを記した。二つ以上の種字がある場合は二つまで出した。なお、解説中に「空点」とあるのは、悉曇文字の上の円点をいい、ンと発音する。母音を鼻音化させる記号である。これを空点というのは阿字五転（a 発心　ā 修行　aṃ菩提　aḥ涅槃　āḥ方便）の中で第三の菩提に配当されるからである。すなわち菩提とは諸法皆空を証得することであり、すべてを空じるところから空点といわれる。空点にはほかに仰月点がある。これは空点と同じく母音を鼻音化する記号であるが、カタカナのンはこの仰月点から来たという説もある。また「涅槃点」は文字の右側に付加する二点をいい、ク（ḥ）と発音する。語尾の気音である。これを涅槃点というのは阿字五転の中で、第四の入涅槃に配当するところから名付けられる。

3 **[三形]** 三昧耶形の略。三昧耶形の三昧耶とは諸尊が一切衆生を救済せんがために起こした誓願をいい、その誓願を金剛杵・蓮華・弓・箭・印契などの形に表したもの。胎蔵曼荼羅では新たに描いて別出したが、金剛界曼荼羅では三昧耶会の三昧耶形が通用するので別出していない。二つ以上の三昧耶形がある場合は代表的なものを描いた。

4 **[尊形]** 諸尊の身色、手に結ぶ印、着衣、持ち物など尊容の説明。本曼荼羅は御室版曼荼羅を参考に描いたものであるが、経軌に則って身色や持ち物など訂正を施した箇所がある。その一々にわたっては繁雑を避け記していないが、重要なものは解説において触れた。

5 **[印相]** 尊形における印契とは別に、修行者が本尊との瑜伽観法のために結ぶ印契がある。ここでいう［印相］とは修行者が修法のときに結ぶ印契のことである。この印契は三形と同じく諸尊の誓願を表している。印契の図は結び終えた状態を描いているが、結ぶ過程も重要なので結び方を記した。ただし、二度以上出る印契については印契の名称だけを記し、巻末（索引中）にその結び方を挙げておいた。

6 **[真言]** まず真言の唱え方をカタカナで記し（真言宗智山派の読みに従う）、次にサンスクリット語を挙げ、和訳を（　）内に記した。真言は観誦するものなので和訳は簡潔を旨とした。

7 **[解説]** 密号から真言まで、その尊像の由来や功徳、特性などをできるだけ平易に解説し、他の曼荼羅との異同にも言及した。なお紙数の都合により引用した経軌は経軌名のみを記し、引用箇所は割愛した。

8　巻末には印相・真言・尊名（漢訳名・サンスクリット名）の索引を付した。

9　本図典で参考にした文献は以下のとおりである。

『大日経』（善無畏・一行訳『大毘盧遮那成仏神変加持経』・大正蔵18）
『金剛頂経』（不空訳『金剛頂一切如来真実摂大乗現証大教王経』：施護訳『仏説一切如来真実摂大乗現証三昧大教王経』・大正蔵18）
『大日経疏』（善無畏述・一行記『大毘盧遮那成仏経疏』・大正蔵39）
『略出経』（金剛智訳『金剛頂瑜伽中略出念誦経』・大正蔵18）
『摂真実経』（般若訳『諸仏境界摂真実経』・大正蔵18）
『理趣経』（不空訳『大楽金剛不空真実三摩耶般若波羅蜜多理趣経』・大正蔵８）
『聖位経』（不空訳『略述金剛頂瑜伽分別聖位修證法門』・大正蔵18）
『瑜祇経』（金剛智訳『金剛峰楼閣一切瑜伽瑜祇経』・大正蔵18）
『不空羂索経』（菩提流志訳『不空羂索神変真言経』・大正蔵20）
『浄諸悪趣経』（法賢訳『仏説大乗観想曼荼羅浄諸悪趣経』・大正蔵19）
『五部心観』（『哩多僧蘖哩五部心観』・大正図像２）
『秘蔵記』（空海撰『秘蔵記』・大正図像１）
『諸説不同記』（真寂撰『大悲胎蔵普通大曼荼羅中諸尊種字幖幟形相聖位諸説不同記』・大正図像１）
『石山七集』（淳祐撰『石山七集』・大正図像１）
『諸尊便覧』（菩提華撰『現図曼荼羅諸尊便覧』東京大学所蔵写本：大正大学所蔵写本《大正４年高野山八葉学会刊行の『両部曼荼羅便覧』は下巻のみ入手し得た》）
『胎蔵図像』（大正図像２）
『胎蔵旧図様』（大正図像２）
『青龍寺儀軌』（法全集『大毘盧遮那成仏神変加持経蓮華胎蔵菩提幢幖幟普通真言蔵広大成就瑜伽』・大正蔵18）
『玄法寺儀軌』（法全集『大毘盧遮那成仏神変加持経蓮華胎蔵悲生曼荼羅広大成就儀軌供養方便会』・大正蔵18）

そのほか個々の尊像について参照した経軌は多々あるが、その都度経軌名を挙げてあるのでここには省略する。なお、以下の書物を随時参照した。

密教学会・改訂増補　『密教大辞典』（法蔵館）
大村西崖　『三本両部曼荼羅集』（国書刊行会・復刻）
栂尾祥雲　『曼荼羅の研究』（栂尾全集IV　臨川書店・復刻）
　同　『秘密事相の研究』（栂尾全集II　臨川書店・復刻）
佐和隆研編　『密教辞典』（法蔵館）
　同　『御室版曼荼羅尊像集』（法蔵館）
石田尚豊　『曼荼羅の研究』（東京美術）
堀内寛仁　『初会金剛頂経　梵文校訂篇上・下』（高野山大学）、略号『堀内本』
八田幸雄　『真言事典』（平河出版社）

尊容の見方

1、尊像のなりたち

仏の姿は本来、仏教の開祖・釈尊の姿を後世の人達が想い描いて形に表現したものである。つまり、釈尊の誕生から王子としての成長、出家と修行、成道してからの布教、入滅までの姿が彫られ、描かれてきた。また、そこには釈尊をめぐるさまざまな事物が表現されているが、全て仏教発生の地・古代インドの風俗や自然が素材となっている。

時代を経るに従い、釈尊のイメージは拡大し、多くの仏・菩薩として描かれるようになって行った。さらにその尊容は、仏教の伝播とともに、それぞれの地域の生活・習俗と融合し、その時代の趣向に応じて微妙に変容して行った。特に中国で様式化された仏の姿は、私達に最もなじみやすいものとなっている。そのような流れの中で、両部曼荼羅は文化華やかなりし唐時代の中国で描かれた。その曼荼羅に描かれた尊容は、当時の中国の人々の感得した仏の姿であり、容貌ばかりでなく、着衣・装飾品の類にまでその趣向が表れている。

特に空海によってわが国にもたらされた両部曼荼羅は、当時、人物画においてつとに著名であった宮廷画家・李真を中心に制作されたものであっただけに、端正・優美・繊細を極めていたことであろう。「原本」は既に失われているが、初期の模本などによってそれが偲ばれる。そこには格調の高い墨線による正確なデッサンで、静と動の姿態が伸び伸びと描き出され、印契(いんげい)・持物(じもつ)など複雑な条件が描き分けられている点は、まさに驚異にあたいする。

さらにそこには絢爛たる色彩が施され、截金(きりかね)(金箔を細かく切って画面に貼り、線や模様を形作る技法）などによる極めて高度な表現がなされていて、宗教と芸術との完全な融合を見ることができる。

2、曼荼羅の構成と尊容

曼荼羅には、密教で説かれる夥しい数の仏が描かれている。しかしよく見ると、各尊は共通する尊容をもった幾つかのグループに分けることができる。さらにそのグループは、悟りや誓願の内容によって画面に配列されて全体の構成につながっている。つまり曼荼羅には、悟りの極致を示す大日如来を中央に描き、左右・上下の均衡を保ちながら、そのはたらきに応じて全尊を配している。全体と個とを有機的に作用させながら経典に説かれた世界を表現しているのである。

尊容は大きく分類すると次のようになる。(図例参照)

① 如来形
② 菩薩形（男・女尊）
③ 明王形
④ 天部形（男・女尊）

いずれの尊容も、印を結ぶことによって悟りの境地を示し、また私達へメッセージを送っている。さらに仏化(けぶつ)や持物(じもつ)は、その尊の誓願の内容を示しているので注意しなければならない。

仏画としての曼荼羅の特徴は、多面多臂の像が多く描かれていることである。これは智慧や慈悲の深さや大きさ、誓願の激しさなどを増幅してダイナミックに表現しているのである。

①**如来形(にょらいぎょう)**（作例・宝幢(ほうどう)如来）

悟りを体現し、何ものにもとらわれない境地を示すので、衲衣(のうえ)のみを着し、装飾品は一切身に着けない。比丘形もこれに準ずる。ただし大日如来は除く。

【特徴】

肉髻(にっけい)……智慧の象徴である頭頂のもり上がり。
肉髻珠(にっけいしゅ)……智慧の光り輝くさまを象徴したもの。
螺髪(らほつ)……渦巻き型の毛髪。
白毫(びゃくごう)……額に生えた一筋の長い毛の渦巻きで、智慧の輝きの象徴。
三道(さんどう)……首すじの三本の皺。
衲衣(のうえ)……出家者が身に着ける粗末な継ぎ合わせの

如来形（宝幢如来）

一枚の布。

印相……悟りの境地を手指で示す。作例は与願印。

蓮台座・蓮肉・蓮弁……汚れのないことを示す。

頭光・身光……智慧で光り輝いている尊い姿を表す。

火焔光……清浄に光り輝くさまを火の輝きで象徴する。

蓮華について

蓮華には大別すると、蓮と睡蓮の二種がある。蓮の中の赤いものをパドマ（padma）といい、白いものをプンダリカ（puṇḍarīka）という。

赤蓮華（鉢頭摩と音写）：仏・菩薩が座る蓮台の多くはこの赤蓮華である。インド神話において、ヴィシュヌ神の臍から生じた蓮華から梵天が生まれ、結跏趺坐して万物を創造したと伝えるところから蓮華を台座とするという説がある。

白蓮華（芬陀利迦と音写）：蓮華は泥中に咲いても浄らかであるところから、煩悩に汚されない清浄無垢なことに喩えられる。蓮華の中でも最も尊いものとされ、最高のものの喩えとしても使われる。『妙法蓮華経』（Saddharmapuṇḍarīkasūtra）はこの白蓮華にちなむ名前である。

青蓮華（優鉢羅と音写）：睡蓮の一種で特に青いものをニーラ・ウトパラ（nīlotpala）という。その花弁は鋭いので、剣に見立て、煩悩を断ち切る智慧を象徴する。また、微妙な仏の眼に喩えられ、さらに香気を発するところから仏の口気の高潔なことに喩えられる。

また、蓮華の開き具合で以下の分類の仕方がある。

未開敷蓮華（合または含蓮華）：蓮華の蕾で、心臓の形とされ、菩提心に喩えられる。

初割蓮華：蓮華の少し開いたもので、菩提心を発し、やがて悟りに到達することを表す。

開敷蓮華：蓮華の開花したもので、悟りの結果を表す。

開合蓮華：開合とはあるいは開き、あるいは合するという意味で、蓮華の開き閉じることをいう。

菩薩形（男尊形）

菩薩形（女尊形）

②菩薩形（作例・男尊形……如意輪菩薩。
女尊形……多羅菩薩）

在家者の姿で菩薩行に励むものを表す。臂釧や瓔珞の類は単なる装飾品としてではなく、徳の高さの象徴。羯磨衣を着ることもある。

【特徴】

宝髻……高く宝冠のように結い上げた髪型。
宝冠……誓願の象徴（化仏など）を戴いていることが多い。
宝冠帯……天冠帯ともいう。本来、たすきを頭に巻いて花をかざしたが、その名残りが冠の装飾品となった。
耳璫……耳飾り。
胸飾り・瓔珞……胸飾りに垂らされた飾り物を瓔珞というが、本来は花を差し連ねた飾り物であった。
臂釧……腕輪。
腕釧……手首の装飾品。
持物……誓願を象徴する法具や武器。作例では如意宝珠・念珠・蓮華・法輪。
印相……前出。
天衣……肩かけ。
条帛……上半身に着るサリー状の布。
裳（裙）……下半身にまとう布。
羯磨衣……上半身に着る。本来、作務衣であった。女尊形に多い。
石帯……腰ひも。本来、宝石をちりばめた帯を使用したもので、それに由来している。

③明王形（作例・大威徳明王）

仏の教えに従わない者をこらしめる怒りの姿をして、仏教守護のために猛威をふるう。武器を手にし、多くは多面多臂で力を誇張。

【特徴】

迦楼羅焔光……霊鳥ガルーダの頭を形作る焔。
怒髪……怒りの表情を髪型で表している。
腰布……裙の一種であるが、簡単に腰に着けた布。
裳（裙）……前出。
持物……作例では戟・輪・剣・棒。
瑟瑟座……一種の岩座。磐石座ともいう。

明王形（大威徳明王）

天部形（毘沙門天）

④**天部形**（作例・毘沙門天）

須弥山の頂にある忉利天宮には帝釈天達が、中腹の四天王宮には毘沙門天達が住んで、いずれも仏教守護に励んでいる。

時に暴威をふるう外敵と戦わねばならないので、甲冑を着て武器を持っている。この甲冑の様式も、古代より受け継がれている中国的なものである。これが天部の男尊形の一般的な姿であるが、中には羯磨衣を着けた姿、菩薩形の姿の天もいる。

また女尊では、功徳天のように羯磨衣を着けたもの、弁才天のように菩薩形のものもある。

【特徴】

宝冠（冑）

甲……肩・胸・腹・腰・脛などを守る。

持物……作例では武器の宝棒と、宝塔。

天衣……本来は軽やかな肩掛けであるが、腰帯の役目もしている。

ひれ袖……甲冑の下に着る衣の袖。

沓

吉祥座……めでたいクシャ草でできた座具。

金剛杵について

サンスクリット語で跋折羅（vajra）といい、金剛石（ダイヤモンド）、あるいは稲妻に由来する雷霆神インドラ（帝釈天）のもつ武器を指す。それらから比喩的に堅固なもの、力の偉大なものを意味する。特に煩悩を摧破する菩提心を象徴する法具として密教に取り入れられた。多くは真鍮、金銅などで作り、両端にとがった峰（鈷）があり、その数によって、独鈷・三鈷・五鈷・羯磨などの呼び名がある。また、一端に鈴があるのを金剛鈴と称し、やはり峰の数によって独鈷鈴・三鈷鈴などと呼ぶ。

独鈷杵　一鈷杵とも称し、武器としての原型を留めている。

三鈷杵　仏と衆生の身・口・意の三密が平等であることを表す。シヴァ神の持つ三叉戟とも深く関係し、降伏を意味する。

五鈷杵　五智・五仏を表し、通常、金剛杵という場合はこの五鈷杵をさす。

羯磨杵　十二鈷杵、あるいは十字金剛杵ともいい、三鈷杵を十字形に合わせたもので、仏智が四方八方へ展開し、活動することを表している。

そのほかチベット等に伝わった後期密教（タントラ仏教）では九鈷杵を用いるが、日本密教には伝わっていない。

曼荼羅とは

曼荼羅の語義

曼荼羅はサンスクリット語のマンダラ（maṇḍala）の漢字音写語で、このほかにも曼拏羅、漫陀羅などと音写される。マンダラの意味は「円形の」「円い」という形容詞であるが、名詞に使われて、「円盤、環、車輪；群、集団、全体；地域、領域」などの意味をもつ。インド古代の祭式において、祭壇（ヴェーディ vedi）を築き、そこに神々を招き、供物を捧げ、真言（マントラ mantra）を唱えることによって、さまざまな願いを祈願したことに淵源し、密教でもその初期の段階（5～6世紀）より、土壇を築き、壇上に尊像を安置し、あるいは尊形を描くなどして祈願成就の修法を行なった。最初のうちは、病気平癒とか、豊作祈願など攘災招福を中心とするものであったが、やがて成仏を目的とするものに変わり、祭壇も複雑になっていった。その壇を密教では曼荼羅と称した。

インドでは修法のたびごとに壇を築いては壊していったが、中国や日本では画布に諸尊の姿などを描くようになり、常設の壇を作って、修法に応じてその画布を敷き（敷曼荼羅）、あるいは壇の前方に懸けた（懸曼荼羅）。そして、その画布に描いた諸尊の集合図を曼荼羅と称するようになった。これが通常我々が曼荼羅と称しているものである。そして、この曼荼羅の代表的、かつ総合的なものが胎蔵・金剛の両部曼荼羅である。

密教ではこの曼荼羅という語について独自な語義解釈を行なった。マンダラという語をマンダ（maṇḍa）とラ（la）との二語に分けたのである。マンダとは中心、神髄、本質の意、ラとは所有または成就を表す接尾辞で、マンダラとは本質、神髄を有するものと解釈した。この解釈に従って、曼荼羅にさまざまな意味づけを施した。すなわち「堅固の義」「聚集の義」「極無比味、無過上味の義」「発生の義」「具徳の義」などである。これらは曼荼羅の意味するところを巧みに表現していると思われるので、以下その意味するところを『大日経』の注釈書である『大日経疏』から紹介してみよう。

「梵語のマンダラとは牛乳を酥成したときに一番上に浮かんだ乳脂の固まり、すなわち醍醐のことで、醍醐が精醇で腐りにくいところから〈堅固の義〉があり、また、醍醐には浄妙な味が和合し、夾雑物が無いところから〈聚集の義〉でもある。それゆえ、仏は〈極無比味、無過上味〉という。」

このうち、「聚集の義」については次のようにいう。

「曼荼羅とは〈聚集〉と名付ける。それは如来の真実功徳を一所に集中したもので、全世界の塵の数にも等しい、ありとあらゆる考え方（差別智印）が、車輪の輻が中心に向かって集合しているように、中心の大日如来を取り囲み、ありとあらゆる生きとし生けるものをその中に進み入れさせている。それゆえ、曼荼羅という。」

「発生の義」については次のようにいう。

「曼荼羅とは、発生の義なり。すなわち発生諸仏曼荼羅と名付ける。菩提心という種子を仏心（一切智心）という大地に蒔き、大悲という水で潤し、大慧という日の光で照らし、大方便という風で育成し、大空という空（間）によって碍げることなく、不思議法性なる芽を次第に滋長させ、ついにはこの法界に満ち満ちて仏という大樹を成立する。それゆえ、発生という。」

「具徳の義」とは、

「曼荼羅は種々の徳を具えている。それは如来の秘密の徳なのだが、蓮華が開敷して、自らを飾り立てているようなものである。」

以上紹介した曼荼羅の語義解釈は、曼荼羅がこの上ない味わいをもち、揺るぎなく、あらゆるものを集め、あらゆるものを生じ、あらゆる徳を具えているということを表している。

また、マンダラの語そのものの意味として「菩提座」「輪」の義があるが、それらについて、やはり『大日経疏』から紹介しよう。

「菩提座」とは、釈尊が悟りを開いた場所を菩提道場（bodhimaṇḍa, bodhimaṇḍala）と称するところからいわれるのであるが、次のようにいう。

「世間的な座とは、ただ座る所を指すにすぎないが、インドではこの座をマンダと名付ける。マンダとは、堅固の義、不動の義、最無等比の義、遍周法界の義である。いま、この菩提座を現じたのは、あたかも牛乳を酥成して醍醐ができて、すべての味がそこに集まってきたのと同じである。それは（如来）の加護によるもので、この座とは、如来の功徳が荘厳する所であり、無量の大願が成就する所である。」

「輪の義」とは、

「曼荼羅とは輪円の義なり。（車）輪の行く所、草木を踏み潰し、根も茎も枝も葉もすべてこの（車）輪によって砕破されてしまう。それと同じように、この曼荼羅もよくすべての無知、煩悩を除いて、その向かうところ敵無しということができる。」

以上の二義から、曼荼羅が悟りの座そのものであり、車輪のごとく完全無欠であることが理解される。

上に述べた曼荼羅のすべての意味を表すものとして、「輪円具足」という言葉が当てられる。

また、仏教の宇宙観による須弥山世界の外側を囲む山脈（輪囲山、鉄囲山 cakravāda）の同義語ともされる。

終わりにチベット訳について触れる。チベット語ではマンダラをキンコル（dkyil ḥkhor）と訳す。キルとは中心、コルとは周辺という意味である。キンコル（キルコルが音便化してキンコルと発音する）とは中心と周辺とを具えたものということができる。曼荼羅の中心となる本尊がいてその周りを諸尊が取り囲み、全体として一つの世界を表しているところから翻訳されたものである。

曼荼羅の種類

曼荼羅は悟りの世界そのものであるが、大きく二つの形態が考えられる。それは観想として捉えられたものと、視覚に捉えられたものとである。すなわち、観想曼荼羅（修行上の曼荼羅）と形像曼荼羅（造作の曼荼羅）である。

密教では、悟りの世界を感得するための方法として観想すなわち瑜伽観法という手段を用いる。瑜伽（ヨーガ yoga）とはもと牛や馬を車につなぐくびきのことを指したが、つなぐ意味から本尊と自己とが一体となること、あるいはその手段を瑜伽という。

きわめて優れた神秘的直観力を具えた修行者が瑜伽の行法にのっとり、神秘の啓示（如来の加持力）を受け、真実の世界（曼荼羅）を感得する。そして、その感得した真実の世界を文字によって表す。それが経典であり、さらに、その世界を追体験するために、瑜伽の行法としてより組織化したものが次第であり儀軌である。その一定の次第に従って修行者が曼荼羅世界を観想していくのが観想曼荼羅である。

しかしながら、未熟な者にとっては、経典や儀軌の記述だけではそのイメージを描くことは至難のことである。そこで、視覚的な図画をもって瑜伽観法の一助となした。その描かれたものが形像曼荼羅であり、一般に曼荼羅といわれているものである。この形像曼荼羅は次の四種の曼荼羅に分類される。

1　大曼荼羅（略称；大）　具体的に諸尊の形像を図絵彩色したもの。以下の三種の曼荼羅（三、法、羯）の統合体でもある。大印ともいう。この場合の印とは印契の意味ではなく、印璽のことである。国王の印璽が押してある書類は国王の権威と同じであるように、図絵されたものは図絵された実体と同じであると理解されている。

2　三昧耶曼荼羅（略称；三）　三昧耶（サマヤ samaya）とは約束［事］の意味で、諸尊の誓願（本誓）である。その誓願を象徴した形を三昧耶形という。すなわち、刀剣、輪宝、金剛杵、蓮華などであり、それらを図画し、あるいは仏具として曼荼羅壇上に配置したもの。三昧耶印ともいう。

3　法曼荼羅（略称；法）　諸尊を象徴する梵字（種字）で表したもの。例えば、は阿弥陀如来、は観音菩薩、は大日如来を表す。広い意味では、経典や真言をも指す。法印ともいう。

4　羯磨曼荼羅（略称；羯）　羯磨とは梵語のカルマン（karman）の音写語で、行為という意味である。木造、鋳造、捏造などの尊像を立体的に配置したもの。また、諸尊の身体的動作、ならびに手印の結び方などによって表現されるもの。羯磨印ともいう。

以上の四種の曼荼羅は一つの曼荼羅（真実の世界）をさまざまな角度から見たもので、それぞれを連環したものとして捉えなければならない。例えば、『秘蔵記』に「曼荼羅とはいわく三密円満具足の義なり」とあるように、この四種曼荼羅は修行者のからだ（身）と、ことば（口）と、こころ（意）の三つの働きに配当される。修行者は手（身）に印を結び（羯磨印）、口に真言、あるいは種字を唱え（法印）、意に諸尊の誓願（三昧耶印）を念ずることにより仏と一体になること（大印）が完成する。このような身・口・意の働きを三密瑜伽といい、それを円満したものが曼荼羅そのものであるとされる。本図典では曼荼羅を行としてとらえるために尊形だけではなく、修行者が手に結ぶところの印相、口に唱えるところの真言、そして意に想うところの種字や三昧耶形をあますところなく記した。

以上のように、密教の修行者は図絵の曼荼羅（形像曼荼羅）をかりて、身・口・意の三密行を操作し、真実の世界を観想（観想曼荼羅）し、悟りの体験を得るのである。したがって、この図絵の曼荼羅こそが我々に実感として表現された仏の世界ということができるであろう。

なお、本図典で解説している胎蔵・金剛の両部曼荼羅はすべての仏菩薩たちが集まっているので、都会曼荼羅と称し、特定の尊格を取り出し、その関係の諸尊を周りに配したものを別尊曼荼羅と称している。

両部曼荼羅

曼荼羅には多くの種類があるが、胎蔵曼荼羅と金剛界曼荼羅とは、その規模からしても、教理の表現形式からしても、数多くの種類の曼荼羅を代表する。胎蔵曼荼羅と金剛界曼荼羅とは、その起源を同じくするものではないが、中国から日本に伝えられた密教では、この二つの曼荼羅が一対になり相即することによって密教の教理が完全に表現され得るとされ、両部曼荼羅と称して尊崇されてきた。

このことは、とりもなおさず、この両部曼荼羅の絵画による表現を根拠づける二種類の経典（大日経と金剛頂経）を統一的に受け止める教理的理解に基づく。翻っていうならば、この経典の実践的な教理的理解を容易にするために、両部の曼荼羅が描かれている。次にその経典と曼荼羅との関係を述べておくことにする。

（1）　胎蔵曼荼羅と大日経

胎蔵曼荼羅は、『大日経』に説かれる教えを図にしたものである。『大日経』（詳しくは『大毘盧遮那成仏神変加持経』）は36章から成り、第1章で教理が、第2章以下で曼荼羅の建立方法をはじめ、修行の仕方などが詳細に述べられている。

第1章の「住心品」では仏の智慧とは何かを詳しく述べる。要約すれば、仏の智慧とは「如実に自らの心を知る」（如実知自心）ことであるとされる。つまりそれは、仏の智慧という心（菩提心）を発し、衆生の苦悩を共にする憐愍の心（大悲）に基づき、衆生を救済する全生命活動（方便）を究極的な生き方にすることである、と説かれる。

このような仏の智慧は大日如来によって完全に成就されており、衆生には大日如来の救いの働きが示されているのであるから、それを感得し、さらにはその智慧を獲得することが修行の課題となる。そのために、第2章の「具縁品」以下でその仏の智慧を獲得するために、胎蔵曼荼羅を通じての修行が詳しく説かれる。

胎蔵曼荼羅は、詳しくは大悲胎蔵生曼荼羅といい、先に述べた菩提心・大悲・方便という大日如来に完全に具わっている仏の真実のあり方を図にしたものである。それを『大日経』の注釈書である『大日経疏』は次のように解釈する。

生命の誕生が母胎に生を宿すことから始まり、肉体を形作り誕生するように、菩提心を宿す者が次第に大悲を育むことが「大悲胎蔵」であり、誕生した者が学習により種々の活動を行なうように、大悲を生育させた者が衆生を救済する全生命活動（方便）を展開し、究極の生を満足させるのが「生曼荼羅」である。このようにして「大悲胎蔵生曼荼羅」すなわち胎蔵曼荼羅は菩提心・大悲・方便が全面的に展開した究極的理想の世界であり、それが自らの心に具わることを知り、そこに自己を投げ入れることが修行者に要請されている。

このような根本モチーフを象徴化するために、胎蔵曼荼羅では蓮華が描かれる。既に、仏教では蓮華が仏の境界を表現する譬喩に使われていたが（例えば『妙法蓮華経』や仏像の台座など）、密教ではさまざまな蓮華を種々に象徴化した。

ここでは、「大悲胎蔵生曼荼羅」の蓮華に関する象徴の意味を『大日経疏』に見ておく。

蓮華はその堅い殻の中に、既に花開いたときの茎や葉や花の特質をすべて具えている。それはあたかも、生まれ来たものにはさまざまな働きをする心の特質が具わっているかのごとくである。このような蓮華の殻から芽が出て、つぼみを現したとき、花びらや花芯はまだかたく包み込まれている。それはあたかも迷いの中で、菩提に向かいつつも、それを十全に開花させていない衆生の心に喩えられる。だが、このつぼみは風や寒さなどで萎れたり、中に秘めている色があせることはない。つぼみの中の花びらや花芯は日々栄養を蓄え、美しい花を秘蔵している。これが大悲を胎蔵する様子に喩えられる。そして、このつぼみは日の光をいっぱい浴びて、鮮やかな花を開く。それは仏の働きが完成した方便に喩えられる。

このように、蓮華は「大悲胎蔵生曼荼羅」の根本モチーフとなり、蓮華の完全に花開いた形が中央（中台八葉院）に位置する。

以上に述べたほかにも、胎蔵曼荼羅の意義についての種々の解釈があるが、煩雑を厭い、ここでは言及することを避けておく。ただ、「胎蔵」という考えは仏教教理においては甚だ重要なので、次に述べておくことにする。

一般に、胎蔵とは生命の根源である母胎を意味するが、大乗仏教の展開史においては、仏すなわち如来を宿す母胎を誰もが具えているという考えが有力になり、中国・日本の大乗仏教の主流となった。このような、仏すなわち如来を宿す母胎を「如来蔵」という。如来蔵の考えは、人間が仏となる無限の可能性への賛嘆であり、人間の尊厳を強く主張するものともいえるが、その反面、可能性をもちながらもそれを現実化できない人間に対する悲嘆でもある。

胎蔵曼荼羅は、この如来蔵の考えを受け継ぎながらも、可能性を宿す生命の根源の母胎が具体的に可能性を現実に生み出した姿を描いている。如来蔵は仏の可能性を宿していることに注目したが、胎蔵曼荼羅は如来蔵の考えを越えて、可能性が生み出されている現実に注目し、よりダイナミックな宗教的世界観を形成している。『大日経疏』で「生曼荼羅」と解釈されるゆえんである。それは『大日経』で衆生を救済する全生命的活動を究極的生き方とする（「方便を究竟と為す」）ことが強調され、それが大悲胎蔵生曼荼羅として描かれる根本モチーフになっているといえる。

仏の智慧という心（菩提心）を具えるものが、衆生の苦悩を共にうめきつつ（大悲）、衆生の救済に全生命の活動（方便）を働かせる、このような仏の生命の一大シンフォニーが胎蔵曼荼羅に描かれている。

（２） 金剛界曼荼羅と金剛頂経

胎蔵曼荼羅と対をなす金剛界曼荼羅は『金剛頂経』に説かれる曼荼羅である。『金剛頂経』は『大日経』のように単独の経典ではなく、18種の経典の総称である。そのうち、一般に『初会の金剛頂経』といわれる経典の説示が中心となり、金剛界曼荼羅の図絵のモチーフとなっている。

「金剛界曼荼羅」とは、「金剛界如来」の曼荼羅という意味であり、大日如来が自らを「一切義成就菩薩」として現し、修行の末に「金剛界如来」

となって開顕した悟りの世界である。

大日如来は、成道以前の釈尊すなわち「一切義成就菩薩」（全ての目的を達成する菩薩の意）となってこの世に現れた。この菩薩は苦行の果てに「一切如来」から、悟りに至る真実の修行方法である「五相成身観」の教示を受け、それを実践する。すなわちそれは次の五つである。

（1）通達菩提心……自己の心の根源を洞察するために、「オン　シッタハラチベイトウ　キャロミ　oṃ cittaprativedhaṃ karomi　オーン　我れ、心を洞察す」という真言を唱えて胸に月輪を観る。

（2）修菩提心……清浄な智を豊かにするために、「オン　ボウチシッタ　ボダハダヤミ　oṃ bodhicittam utpādayāmi　オーン　我れ、菩提心を発さん」という真言を唱えて月輪を観じて菩提心を発す。

（3）成金剛心……菩提心を堅固にするために、「オン　チシュタ　バザラ〔ハンドマ〕oṃ tiṣṭha vajra〔padma〕オーン　起てよ　金剛杵〔蓮華〕よ」という真言を唱えて月輪上に金剛杵〔または蓮華〕を観じる。

（4）証金剛身……「オン　バザラ〔ハンドマ〕タマクカン　oṃ vajra〔padma〕ātmako 'ham　オーン　我は金剛杵〔蓮華〕より成る」という真言を唱えて、「一切如来」の智慧の象徴である金剛〔慈悲の象徴である蓮華〕は自己の智慧の象徴でもあることを体得する。

（5）仏身円満……以上の修行により、「一切如来」と自己の本質が全く等しいことを悟り、「オン　ヤタ　サラバタタギャタサ　タタカン　oṃ yathā sarvatathāgatās tathā'ham　オーン　一切如来のある如くに我はあり」という真言を唱えて仏になる。

このような修行、すなわち「五相成身観」によって仏となった釈尊すなわち「金剛界如来」は、色界（肉体を残してはいるが欲望を捨てきった神々の世界）の頂に至り、「一切如来」に囲まれて悟りの世界を現す。そのときに「一切如来」は金剛界如来を囲む四尊の仏（阿閦・宝生・無量寿・不空成就）として現れる。このようにして大日如来すなわち金剛界如来を中心とした曼荼羅が成立する。

しかし、この曼荼羅世界は勝れた菩薩以外の衆生には感得しがたいので、金剛界如来は加持力によって同じ曼荼羅を欲界の頂上である須弥山上に顕現する。それを図絵したのがここにいう「金剛界曼荼羅」である。真言行者はこの須弥山上の曼荼羅を観て、自らがまた金剛界如来になりきる「五相成身観」を修して成仏を期するのである。

ところで、金剛界如来の「金剛」とは、古代インドにおいては、あらゆるものを摧破する雷電、あるいは何ものにも砕かれないダイヤモンドを意味するが、仏教教理史においては、しばしばそれは仏の悟りの智慧を喩えるものであった。したがって、それは金剛のように堅固で、壊れることなく、煩悩を摧破する仏の智慧に喩える。その智慧は金剛界曼荼羅では月輪や金剛杵によって象徴され、胎蔵曼荼羅で清浄な本来の心のありようを蓮華に喩えたのに対応している。

金剛界如来の「界」に関しても種々の語義解釈が伝統的になされてきた。煩を厭いその解釈の検討をここでは省略するが、総じて「金剛界」とは、仏の智慧を本質とする悟りの世界を身体に具現しているものを意味する。

仏の智慧は金剛界如来が一身に具えているが、その智慧はまた衆生を救済するための智慧としての四つの特質を、金剛界如来を囲む四仏（一切如来）もそれぞれにもっている。したがって金剛界曼荼羅は五仏の五智を中心とする表現であるといえる。そして周囲の四仏は仏となった金剛界如来を供養するために四波羅蜜となって金剛界如来を囲み、さらにまた金剛界如来はその供養に応じて四仏のわきに四天女となって現れ、四仏を供養する、といったように相互の供養が金剛界曼荼羅の各尊を有機的に結び付ける。

悟りの智慧とはこのように、それぞれの智慧が他の智慧の十全な働きを助けつつ、それぞれが十分に働くように、常に有機的な連関を保っているのであり、それを曼荼羅の各尊は表現している。このような智慧こそが衆生を救済する智慧となり得るのである。

金剛界曼荼羅とは、智慧の協調のダイナミズムの曼荼羅である。そして衆生の利益を願ってやまない菩薩として生きることを誓う真言行者が、修行の末に一身に体現できると信じ、眼前に観る世界である。それは時間と空間を超えて人間に本質的な、壮大な智慧の活動する世界である。

現図曼荼羅

両部曼荼羅には様々な種類があるが、そのうち代表的なものが現図(げんず)曼荼羅である。

そもそも「現図曼荼羅」とは、「図に現れた曼荼羅」とも、「空中に現れた曼荼羅を図に描いたもの」とも理解されるが、より狭義には大同元年（806）に弘法大師空海が唐よりもたらしたものをいう。その場合には、「現図曼荼羅」とは「現に流布している図の曼荼羅」といった意味に解される。そのほかに、観想された曼荼羅を「現し図す」、「現に図画させる」ことが「現図」の意味であるとする解釈もある。この現図曼荼羅が、わが国の真言宗において空海の流れを汲む、最も正統の曼荼羅とされている。

さて、空海がわが国にもたらした現図曼荼羅については、空海自身の記録が残されている。その記録、すなわち空海が唐から持ってきた経巻や仏具の一覧を帰国に際して朝廷に提出した『御請来目録(ごしょうらいもくろく)』によれば、空海の師である恵果(けいか)が空海のためにわざわざ宮廷画家の丹青(たんせい)や李真(りしん)といった当代一流の画家十数人に描かせた両部曼荼羅が、空海の帰国と共に日本にもたらされた。

この経緯から推測されることは、インドから中国へと種々の曼荼羅がもたらされたが、大きく分けて二つの系統によって伝えられた密教の教えが恵果によって現図曼荼羅として完成し、それが空海によって日本に紹介されたということである。このことは、日本で真言宗が成立した時から、大日経系の胎蔵曼荼羅と金剛頂経系の金剛界曼荼羅の両部を並立させて本尊とする、両系統の統一を図った組織的な教理を準備していたことを予想させる。そして、この両系統を統一した密教的世界観を前提として日本の密教史は展開した。この統一の要(かなめ)に恵果から空海に相伝された密教があり、その確証となるのが現図曼荼羅としての両部曼荼羅である。

しかしながら、この現図曼荼羅は、空海在世中に破損が激しくなり、模写が試みられた。すなわち、空海自身の記録（『性霊集(しょうりょうしゅう)』）によれば、唐から持ち帰って16年経った弘仁12年（821）に、胎蔵曼荼羅・金剛界曼荼羅が新たに作られている。それはおそらく当時の技術を駆使して、空海が唐からもたらしたものに近い彩色が施された、きわめて精巧なものと思われるが、現存はしない。

さらに空海の弟子の実慧(じちえ)（786―847）の指導によって模写されたものが平安時代には東寺の灌頂院に掛けられていたといわれる。

後にもたびたび模写が繰り返されたが、元禄6年（1693）に模写されたものが東寺に現存しており、これが現図曼荼羅の伝統からして、また図像学的な見地からして正統のものとされている。しかし、これも尊容などの絵画的な技法としては、江戸時代の嗜好が反映しており、美術的には平安時代の曼荼羅とは違っている。

また、彩色のものではないが、紫綾地に金銀泥(でい)で描いた有名な現図曼荼羅に高雄(たかお)曼荼羅がある。これは淳和天皇の発願によって、空海が京都の高雄山神護寺の灌頂堂用に天長6年（829）に描かせたもの。現存する現図曼荼羅のうち最古で最大のもので、国宝である。

そのほかにも特に有名な現図曼荼羅としては、次のものがある。

伝真言院(でんしんごんいん)曼荼羅：平安時代の彩色の曼荼羅で、尊容などの特異な表現に見られる、当時の彩色技法等を知るには最も貴重な遺品。空海請来の現図曼荼羅との相異が目立つ。国宝。

子島(こじま)曼荼羅：平安中期の作。奈良県子島寺所蔵の紫綾地に金銀泥のもの。作者は不詳。空海請来の現図曼荼羅の系統とはかなりの異なりがある。国宝。

血(ち)曼荼羅：金剛峯寺の大火の直後、平清盛を奉行に再建された金堂に納められたもの。保元元年（1156）に絵仏師常明が描くとき、平清盛が自らの頭の血を絵具にまぜたと伝えられる。彩色の曼荼羅としては最古で、制作年代も確定されている貴重なもの。重文。

胎蔵曼荼羅

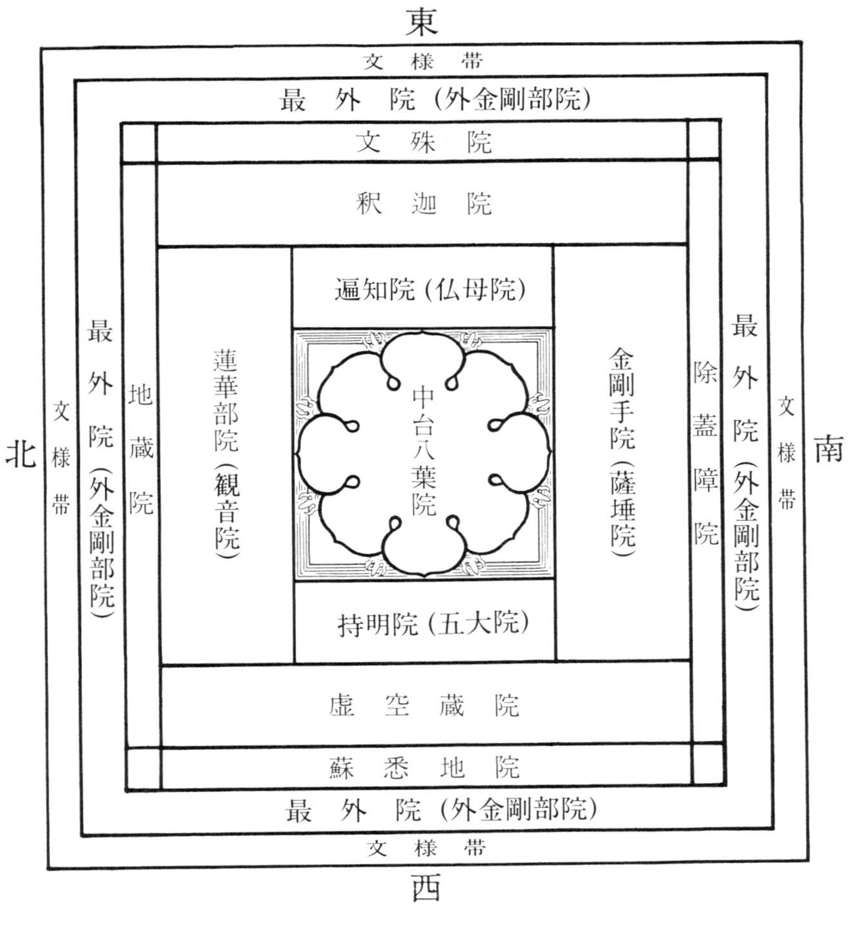

胎蔵曼荼羅の構造

胎蔵曼荼羅は中台八葉院を中心に、各院が順次これを取り巻き、四方に広がる形で構成されている。『大日経』具縁品によれば、胎蔵曼荼羅は三重の組織から構成されている。現図の胎蔵曼荼羅は、具体的には12のグループ（院）より構成されているが、伝統的には三重の構造によって解釈されている。三重とは、中台八葉院を囲んでいる各院を三つに分け構造的に意義づけたものである。初重とは遍知院（仏母院）・持明院（五大院）・蓮華部院（観音院）・金剛手院（薩埵院）の四大院である。第二重とは釈迦院・文殊院・虚空蔵院・蘇悉地院・地蔵院・除蓋障院の六大院である。第三重とは最外院（外金剛部院）を指す。この三重構造は、内から外・外から内へ、という二つの面から解釈できる。

第一の解釈は、『大日経』住心品に説かれる「菩提心を因となし、大悲を根となし、方便を究竟となす」という考え方による。それは、悟りの智慧が、大悲の心によって、あらゆる衆生への働きかけを示す。すなわち、中台八葉院で示される、きわめて深い如来の悟りの徳が流出するさまを、内から外へと展開する見方で捉えるのである。

この考え方より見れば、中央に位置する中台八葉院は、大日如来の悟りの根源を示し、八方に開いた蓮弁上の四仏・四菩薩は悟りの智慧の内実を描いているといえる。この大日如来の悟りが四方に拡がり、現実世界へ機能的に展開していく。それが現実世界のあらゆる衆生に働きかける智慧として、まず第一に示されたものが遍知院である。ここに描かれる三角形は、まさにこの智慧を象徴的に表したものである。

さらに、この大日如来の悟りは、北側の蓮華部院では慈悲、南側の金剛手院においては智慧として展開する。蓮華部院では、種々の観音像を描くことによって、それがそのまま大日如来の慈悲の多様さと深さを表す。これに対し、金剛手院は大日如来の大智の種々相、すなわち煩悩を摧破し、迷いを断つ智慧の働きを示している。そして持明院では、この慈悲と智慧が現実世界の衆生に向けて、慈愛と折伏を巧みに織りなして働く姿を表している。

釈迦院より第二重となる。釈迦院では大日如来が釈迦に変化し、説法する姿を描く。すなわち、歴史上の釈尊の衆生教化の姿を描くことにより、現実世界においての悟りの具体的な働きを表す。蓮華部院の隣に位置する地蔵院は、観音の慈悲心に基づく現実的実践がさらに徹底され、より具体的な衆生済度がなされていることを示す。地蔵院と反対側にある除蓋障院は、金剛手院で示された煩悩を断ずる智慧の、さらに具体的な行為の展開を表す。虚空蔵院は、虚空があらゆるものを包含するように、如来は無限に福徳をもっているという意味で、現実世界での如来の福徳施与の働きが無限であることを示している。文殊院は、現実世界における人間に対する智慧の働き、すなわち釈迦院よりさらに具体的な展開を示す。蘇悉地院は、虚空蔵院で説かれる福徳をもって衆生を教化し、悟りへ向かわしめる働きを表すのである。

一番外側をぐるりと囲んでいる最外院には、四方八方に仏教の守護者たちが描かれ、さらに地獄に至るまでのあらゆる姿が描かれている。それは六道輪廻するいかなる衆生に対しても、大日如来の救いが、あますところなく及ぶことを示す。このように、大日如来の絶対の悟りが、内から外へと無限に展開する過程を示したものが、第一の見方である。

第二の解釈は、外から内へ、すなわち修行者が凡夫から仏へと次第に自身を高めていく、という見方である。これは「三句の法門」に対して、「仏の三身説」の立場に立つ見方である。三身とは、自性身（悟りそれ自体）、受用身（悟りの喜びを味わう仏）、変化身（さまざまな姿で人々を導く仏）である。この中の受用身は自受用身（仏自らが味わう）と他受用身（他に味わわせる仏）に分かれる。この三身を三重構造に当てはめるのであるが、その当てはめ方にはいろいろな考え方があり、簡単に結論づけられない。しかし、ここでは中台八葉院は自性身、初重は自受用身、第二重は他受用身、第三重は変化身に配当されるとしておく。この考え方は、あらゆる立場の人々を導き、大日如来の境地に向かわせる方向性を示したものといえよう。

以上のように、内から外へ、外から内へ、というように大日如来の二面性を同時に示そうとしたのが胎蔵曼荼羅なのである。

なお、現図曼荼羅を四重の構造として解釈する見方もある。すなわち、第二重の文殊院と蘇悉地院を別出して第三重とし、最外院を第四重とする。これは四身説に基づいて、第三重を変化身とし、第四重を等流身とする。これは変化身をさらに分類したものと見ることができる。

以上のものとは質を異にするが、十二大院を仏部・蓮華部・金剛部の三部に配する考え方もある。これは、胎蔵曼荼羅をタテに三つに分けて見る考えで、仏部は智慧と慈悲が円満した姿であり、蓮華部は慈悲を表し、金剛部は智慧を表す。この場合、仏部は中台八葉院・遍知院・釈迦院・文殊院・持明院・虚空蔵院・蘇悉地院をいい、蓮華部は蓮華部院・地蔵院、金剛部は金剛手院・除蓋障院をいう。最外院は含まない。

中台八葉院

中台八葉院は、胎蔵曼荼羅の中央に位置し、まさに十二大院の中核である。花弁を八枚に広げた蓮華の形は、インドでは心臓に喩えられる。ここが胎蔵曼荼羅の最も大事な部分、すなわち悟りそのものを示している。蓮華の色は『大日経』には妙白蓮とあり衆生の清浄心を表すが、現図曼荼羅では心臓になぞらえて赤色となっている。蓮華の花芯には大日如来が据えられ、その周りには東に宝幢如来、南に開敷華王如来、西に無量寿如来、北に天鼓雷音如来の四仏が、そして東南に普賢菩薩、南西に文殊菩薩、西北に観自在菩薩、北東には弥勒菩薩の四菩薩が描かれている。

大日如来をはじめとする五仏は五智を表す。

（1）大日如来の智慧は法界体性智である。この智慧は他の四仏の智慧の総体であり、絶対的な智慧をいう。個別的な智慧の展開は、他の四仏によって示される。

（2）宝幢如来の智慧は大円鏡智である。鏡はあらゆるものを正確にそのまま映し出すように、一切のものをありのままに見る智慧の働きである。

（3）開敷華王如来の智慧は平等性智である。現実の世界では自己と他者を含め、すべてに差別がある。自我意識を除き、その根底にある一切のものの平等を知る智慧を平等性智という。

（4）無量寿如来の智慧は妙観察智である。一切のもののそれぞれの特性を正確に見極めることができる智慧である。人それぞれの機根を捉え、その人に応じた教えを自在に説くことができる。

（5）天鼓雷音如来の智慧は成所作智である。さまざまなことをなしとげる、実践的な智慧である。自分自身の身体を通して具体的に他に働きかけ、人々を教化し救っていく活動をする。

四隅の四菩薩は、四仏の智徳を獲得するまでの段階を表す。例えば、①普賢菩薩は宝幢如来のもとで、悟りへの目覚めとそれを求める行為を表す。②文殊菩薩は開敷華王如来のもとで修行し、悟りに至ることを表す。③観自在菩薩は無量寿如来のもとで悟りを得、理想の境地に至らんことを表す。④弥勒菩薩は天鼓雷音如来のもとで、理想の境地を得て人々に救いの手を差しのべんとすることを表す。

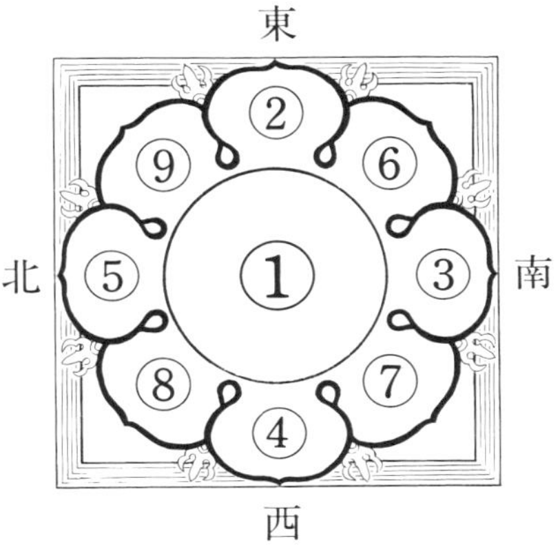

1．大日如来
2．宝幢如来
3．開敷華王如来
4．無量寿如来
5．天鼓雷音如来
6．普賢菩薩
7．文殊師利菩薩
8．観自在菩薩
9．弥勒菩薩

換言すれば、大日如来の智慧の働きが、宝幢如来で発心修行し、開敷華王如来で修行し菩提を得る、というような動きを伴った階程が示される。すなわち、五仏・四菩薩で発心・修行・菩提・涅槃・方便が表現されるのである。

また、蓮華の八葉の間の金剛杵は、さまざまな智慧の働きを表現したものである。そして、中台八葉院の四隅に置かれている四瓶は、大日如来の四徳を示す。すなわち、菩提心・慈悲心・勝れた見解・方便を表す。さらに中台八葉院の回りを囲む五色界道と呼ばれる線がある。内より外に向かい、白・黄・赤・青・黒（暗緑）の順に描かれているが、これは大日如来の徳が四方へ展開する姿を象徴的に示したものである。

1．大日如来

1 大日如来（だいにちにょらい） Mahāvairocana（マハーヴァイローチャナ）

a　āḥ
ア　アク

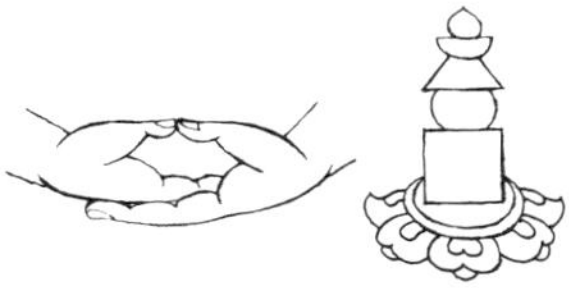

〔**密号**〕遍照金剛　〔**三形**〕五輪塔、如来頂相　〔**尊形**〕黄金色。五仏の冠を戴き、髪を垂れ、条帛（じょうはく）を着した菩薩形。宝蓮華に坐す。〔**印相**〕法界定印（右の掌を左の掌の上におき、両の大指を相い支える）

〔**真言**〕ノウマク　サマンダボダナン　ア　ビ　ラ　ウン　ケン　namaḥ samantabudhānām a vi ra hūṃ khaṃ　（普き諸仏に帰命す　ア　ヴィ　ラ　フーン　カン）

〔**解説**〕胎蔵曼荼羅の主尊・大日如来は、四仏・四菩薩に囲まれ八葉（はちよう）の蓮弁の中央に坐す。『大日経疏』は大日如来について「白蓮華上に、悟りを表す阿字（あじ）が輝く。その阿字が変化し、大日如来となる。大日如来の身体は金色であり、種々な光を放っている。姿は菩薩形で、頭には髪髻（はつけい）の冠を戴き、薄絹の衣を着けている」と説明する。

大日如来の尊名は、太陽に由来する。それゆえ大日如来は太陽に喩えられるが、働きはそれ以上であるから大日といわれる。よって、太陽と比較して、大日如来の働きに関して古くから以下の三種の説明がなされる。①大日如来の智慧の光は陰（かげ）日向（ひなた）なく、あらゆる人々に及ぶことから「除闇遍明（じょあんへんみょう）」といわれる。②大日如来の慈悲の働きは、曇ったりすることなく支障なく平等になされるので「能成衆務（のうじょうしゅうむ）」という。③大日如来の慈悲と智慧の活動は、昼夜を分かたず永劫に亙って不滅であるから「光無生滅（こうむしょうめつ）」という。それゆえ密号を「遍照」という。

種字のア（アク）は真言に由来する。真言のア・ビ・ラ・ウン・ケンは大日如来のことである。この真言は、釈尊が菩提樹下で降魔成道（ごうまじょうどう）したとき神々が「ア　ヴィーラ　フーン　カン（おお勇者よ）」と讃嘆したことに由来する。密教ではこの真言の本義を尋ね、ア（アク）は不変な真理の世界、ビは言葉による表現を超えた世界、ラは過失や汚れのない世界、ウンは執着を離れた世界、ケンは虚空のように障碍の無い自由な世界、と意義づける。そしてこのア・ビ・ラ・ウン・ケンは、そのまま世界を構成する根元的なもの、すなわち地（ア）・水（バ）・火（ラ）・風（カ）・空（キャ）の五大であるとする。これは、方・円・三角・半月・団に形どられる五輪の塔婆（とうば）を意味し、これがそのまま五智・五仏（「中台八葉院」の項参照）を表す。それゆえ大日如来の三昧耶形（さまやぎょう）は塔で表される。印相の法界定印は、一切の煩悩を滅し去った悟りを示したものであり、まさに釈尊が禅定によって悟入した境地そのものを表している。

如来は出家者の理想の姿である。出家者には外見の飾りなどは一切必要としないから、一般の如来像は質素な衣をまとうのみである。それに対し大日如来は、長髪で、頭には宝冠を戴き、身体にはさまざまな瓔珞（ようらく）が飾られている。この姿にはそれまでの出家仏教とは基本的に性格を異にし、大乗仏教の目指すものをより徹底化したことが窺（うかが）われる。大乗仏教とは、出家と在家の菩薩が手を携（たずさ）え、現実世界の中で共に歩む新しい仏教運動である。そこでは、出家仏教で虚飾として否定されていた種々の飾りも、修行を妨げるものではなく、逆に仏・菩薩の智慧や徳を示すもの、と積極的に価値づけた。

宝冠や瓔珞は、世界を支配する理想の帝王・転輪聖王（てんりんじょうおう）が身につけるものである。宝冠や瓔珞を戴く大日如来は、仏教の世界における転輪聖王である。それゆえ大日如来は、出家者の理想としての一切の虚飾を捨て去った如来に対し、冠や種々な瓔珞を身につけることによって、如来の中の最高の如来たることを示す。と同時に、その教えが現実世界に展開されねばならないことが示されている。大乗仏教では、菩薩がこれを実践した。密教では、悟りを得た如来があえて菩薩形をとり、金剛薩埵（こんごうさった）となって衆生済度を実践するのである。

大日如来の宝冠には五仏が描かれる。五仏はそのまま五智を表す。いいかえれば、中台八葉院の四仏・四菩薩はそのまま大日如来の一身に統合される。諸如来の頂点に立つ大日如来は、まさに甚深なる悟りそのものの顕現として曼荼羅の中央に坐し、その慈悲と智慧が曼荼羅全体に展開するのである。

2・宝幢如来

2 宝幢如来（ほうどうにょらい） Ratnaketu（ラトナケート）

a　ram
ア　ラン

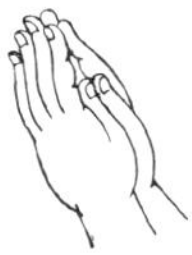

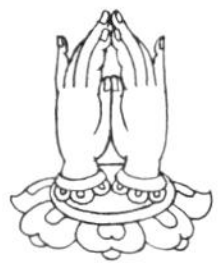

〔**密号**〕福聚（ふくじゅ）金剛　〔**三形**〕光焔印　〔**尊形**〕白黄色。右手は与願印。左手は袈裟の角をとって左胸の前におく。宝蓮華に坐す。〔**印相**〕蓮華合掌　〔**真言**〕ノウマク　サマンダボダナン　ラン　ラク　ソワカ　namaḥ samantabuddhānāṃ raṃ raḥ svāhā

（普き諸仏に帰命す　ラン　ラハ　スヴァーハー）

〔**解説**〕『大日経疏』に「将軍が軍隊を統合するには旗を要（かなめ）とする。旗の振り方ひとつで、敵を破ることができる。同様に、釈尊は智慧と願を幢旗（どうき）とし、菩提樹下で魔の軍団を降伏（ごうぶく）した」とある。すなわち、宝幢如来は大日如来の菩提心を幢旗とする。東方に位置するのは、ここから菩提心が展開することを示す。与願（よがん）の印は、人々に慈悲をそそぐ姿である。また、右肩や右腕を衣から出す偏袒右肩（へんだんうけん）は、釈尊を恭敬（くぎょう）する姿に由来する。金剛界では阿閦（あしゅく）如来（→金6）に当たる。

3・開敷華王如来

3 開敷華王如来（かいふけおうにょらい） Saṃkusmitarāja（サンクスミタラージャ）

ā アー　vaṃ バン

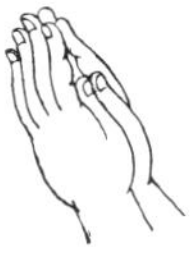

〔密号〕平等金剛　**〔三形〕**五鈷金剛杵、金剛不壊印　**〔尊形〕**黄色。左手は袈裟の角をとり、臍（ほぞ）の前におく。右手は施無畏印をし、胸の前におく。宝蓮華に坐す。**〔印相〕**蓮華合掌　**〔真言〕**ノウマク サマンダボダナン　バン　バク　ソワカ　namaḥ samantabuddhānāṃ vaṃ vaḥ svāhā（普き諸仏に帰命す　ヴァン　ヴァハ　スヴァーハー）

〔解説〕菩提心の種子が成育し、ここに満開した姿を表す。『大日経』は「悟りの華が開き、金色の光明を放ち、諸の汚れを離れ、大空のようである」と説く。施無畏（せむい）の印は、一切の魔を寄せつけないことを示す印で、人々の恐怖や不安を取り除かんとする仏の力を表す。衣が両肩にかかる通肩の姿は、仏弟子が修行するときの正式な装いである。なお、『胎蔵図像』では偏袒右肩（へんだんうけん）となっている。金剛界の宝生（ほうしょう）如来（→金11）に当たる。

4・無量寿如来

4 無量寿如来（むりょうじゅにょらい） Amitāyus（アミターユス）

aṃ アン　saṃ サン

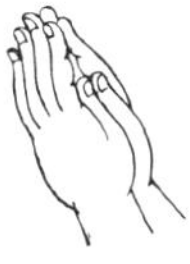

〔密号〕清浄金剛　**〔三形〕**開敷蓮華、初割蓮華
〔尊形〕白赤色。阿弥陀定印。薄衣を着し蓮華に坐す。**〔印相〕**蓮華合掌　**〔真言〕**ノウマク　サマンダ　ボダナン　サン　サク　ソワカ　namaḥ samantabuddhānāṃ saṃ saḥ svāhā（普き諸仏に帰命す　サン　サハ　スヴァーハー）

〔解説〕無量寿如来は阿弥陀如来である。無量光とも呼ばれる。『大日経疏』に「衆生は無尽であるので、如来の大悲・方便も無尽である。それゆえ無量寿と名付ける」とある。悟りの果実を享受し、これを人々に与えんとする姿を示している。すなわち、あらゆる人々の苦悩と疑念を断ち、願をかなえんとすることを表す。無量光とは、この如来の利益が限りないことを意味する。西方に位置するのは、「阿弥陀如来は、今なお西方極楽浄土で説法をする」という『無量寿経』の説示と関係する。金剛界でも四仏の一尊として描かれる（→金16）。

5・天鼓雷音如来

5 天鼓雷音如来

ディヴヤドウンドウビメーガニルゴーシャ
Divyadundubhimeghanirghoṣa

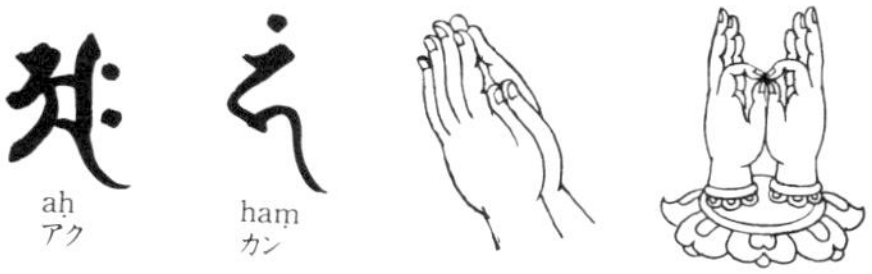

〔**密号**〕不動金剛　〔**三形**〕万徳荘厳印　〔**尊形**〕黄金色。左手は拳印にして臍の前におき、右手は触地印。〔**印相**〕蓮華合掌　〔**真言**〕ノウマク　サマンダボダナン　カン　カク　ソワカ　namaḥ samantabuddhānāṃ haṃ haḥ svāhā（普き諸仏に帰命す　ハン　ハハ　スヴァーハー）

〔**解説**〕『大日経疏』に「熱を離れ、清涼にして寂静に住す」とあるように、一切の煩悩を断じた悟りの境地を表す。その名は天の太鼓、すなわち雷鳴のように法音をとどろかせ、人々を驚悟し、説法教化することを示す。釈尊がまさに成道に入ろうとするとき、悪魔の誘惑に悩まされたが、大地に指を触れて地の神を招き、四魔（蘊魔・煩悩魔・死魔・天魔）に打ち勝ったことが証明された。それゆえに指先が地に触れる触地印を降魔印ともいう。金剛界の不空成就如来（→金21）に当たる。

6・普賢菩薩

6 普賢菩薩（ふげんぼさつ） Samantabhadra（サマンタバドラ）

aṃ
アン

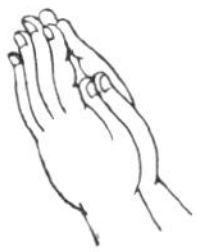

〔密号〕真如金剛　**〔三形〕**蓮上剣、賢瓶　**〔尊形〕**白肉色。左手に蓮華を持つ。蓮華の上に剣を置く。右手は三業妙善印を結ぶ。五仏の冠を戴く。**〔印相〕**蓮華合掌　**〔真言〕**ノウマク　サマンダボダナン　アン　アク　ソワカ　namaḥ samantabuddhānām aṃ aḥ svāhā（普き諸仏に帰命す　アン　アハ　スヴァーハー）

〔解説〕菩提心の徳の展開を表す。『大日経疏』に「普とはあらゆるところに行き亙る意味。賢はすぐれて善いという意味。すなわち菩提心が身・口・意に亙って、すぐれて働く」とある。右手に結ぶ三業妙善印とは、普賢菩薩の身・口・意の三業の十善業道の徳が、普く人々に行き亙ることを示す。蓮華上の剣は、煩悩を断じて普賢の徳をそそぐことを表す。文殊菩薩とならんで大乗仏教を代表する菩薩であり、『華厳経（けごんきょう）』では十大願という広大な誓願をたて衆生救済のために働くことを説く。

7・文殊師利菩薩

7 文殊師利菩薩（もんじゅしりぼさつ） Mañjuśrī（マンジュシュリー）

a
ア

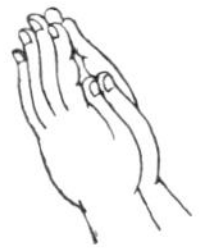

〔密号〕吉祥金剛　**〔三形〕**青蓮華上金剛杵、青蓮華　**〔尊形〕**黄色。左手に蓮華を持ち、その上に五鈷（こ）金剛杵（しょ）を置く。右手は経巻を持つ。五髻（けい）に結う。**〔印相〕**蓮華合掌　**〔真言〕**ノウマク　サマンダボダナン　ア　ベイダビデイ　ソワカ namaḥ samanta-buddhānām ā vedavide svāhā（普き諸仏に帰命す　アー　知識あるものよ　スヴァーハー）

〔解説〕妙吉祥と訳される。『大日経疏』に「文殊とは大いなる智慧である。最も勝れた空の智慧をもって、菩提心を浄め、般若の利剣にて煩悩を根元から断ずる」とある。右手の経巻は空智を説く般若経であり、左手の蓮華上の金剛杵は煩悩の摧（さい）破（は）を表す。文殊菩薩は大乗仏教では、出家（しゅっけ）菩薩の代表であり、特に『華厳経』で重要な役割をはたす。『維摩経（ゆいまきょう）』での維摩居士（ゆいまこじ）との「不二（ふに）の法門」についての問答は有名である。

8・観自在菩薩

8 観自在菩薩かんじざいぼさつ) アヴァローキテーシュヴアラ Avalokiteśvara

bu
ボウ

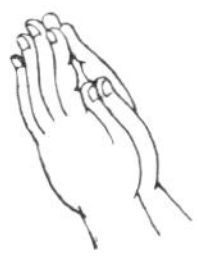

〔密号〕正法金剛 **〔三形〕**開敷蓮華、法住印 **〔尊形〕**白肉色。左手は施無畏をし左胸の前におく。右手は蓮華を持ち右胸の前におく。宝冠に無量寿如来を安ず。**〔印相〕**蓮華合掌 **〔真言〕**ノウマク サマンダボダナン ボダタランジ サンボリチ バラダノウ キャリ ダラ ダラ ダラヤ ダラヤ サラバン バキャバチ アキャラバチ サンマエイ ソワカ namaḥ samantabuddhānāṃ buddhadhāraṇi smṛtibaladhanakāri dhara dhara dhāraya dhāraya sarvaṃ bhagavaty ākāravati samaye svāhā（普き諸仏に帰命す 仏陀の保持者よ 念と力を所有するものよ 保持せよ 保持せよ 一切を保持せよ 保持せよ 〔あらゆる〕形相をそなえた世尊よ 本誓あるものよ スヴァーハー）

〔解説〕無碍自在に一切を観察し、人々の苦悩を自在に見ぬいて救うので観自在という。また『法華経』普門品に「苦悩する無量の人々がいて、一

9・弥勒菩薩

心に観世音菩薩の名を唱えれば、その声を観じて救う」とあるところから、観世音菩薩とも呼ばれる。勢至菩薩とともに阿弥陀如来の脇侍とされ、衆生救済の働きをする。特に三十三に変身し衆生救済を実行する。種字のボウは、真言の buddhadhāraṇī の頭文字をとったものである。なお一般にはその観音の名前である ārolik に呼びかける、オン　アロリキャ　ソワカ　oṃ ārolik svāhā（オーン　観音よ　スヴァーハー）が有名である。（→胎17）

9 弥勒菩薩 Maitreya
みろくぼさつ　マイトレーヤ

yu
ユ

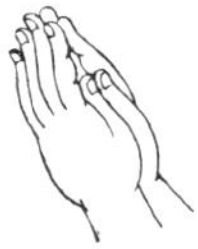

〔密号〕迅疾金剛　〔三形〕蓮華上澡瓶、蓮華上迅疾印　〔尊形〕白肉色。左手は施無畏印。右手は瓶を載せた蓮華を持つ。宝冠に宝塔を戴く。〔印相〕蓮華合掌　〔真言〕ノウマク　サマンダボダナン　マカ　ユギャ　ユギニ　ユゲイシバリ　カンジャリケ

イ ソワカ namaḥ samantabuddhānāṃ mahāyogayogini yogeśvari khāñjalike svāhā（普き諸仏に帰命す 偉大な瑜伽行者よ 瑜伽自在者よ 虚心合掌をするものよ スヴァーハー）

〔解説〕 慈氏と訳す。将来必ず成仏することを約束されているので、当来仏・未来仏ともいわれる。現在は兜率天上で禅定に入っているが、釈尊滅後五十六億七千万年ののち、仏としてこの世に現れ、釈尊の説法にあずからなかった衆生を救済する。また、般若経も弥勒に託されるという。密号の迅疾金剛は、法輪が転ずることの迅速さをいう。『金剛頂経』の纔発心転法輪菩薩は弥勒菩薩と同体とされる。蓮華上の瓶は、智水を灌ぐことにより、すみやかに惑障を除いて菩提に導くことを表す。種字のユは真言の yogeśvarī（瑜伽自在者）に由来する。（→金42）

中台八葉院 華瓶

遍知院

遍知院は中台八葉院を囲む最も内側の院で東方（上段）に位置する。西方（下段）の持明院と共に仏部に配当される。

遍知院は大日如来の智慧の徳を表す。遍知とは普く知る智、一切智の意味である。智慧すなわち般若は悟りに導き仏を生み出すので諸仏の母に喩えられる。そこで仏母院ともいう。

釈尊は6年に及ぶ出家苦行の後、菩提樹下に坐り、四魔を降伏し、成道した。独り悟りの境地を楽しむ中、ついに世間の大衆を哀れみ説法教化の旅に転じた。釈尊の心の軌跡をたどるとき、智慧は煩悩の痴闇を破り、内には怠惰を断じて、艱難辛苦に倦むことなく精進する力となる。それは自己を諦めていく道程でもある。また真実の平安を知らず、我欲に走り、名声・財欲に捉われ、自分自身で自分の首を締めている大衆の姿を直視するとき、智慧は慈しみや哀れみとなって発露する。衆生の苦を抜き楽を与える他に働きかける原動力となる。大乗仏教の根本理念がここに見られる。仏教史をたどれば、この智慧を支える根底が模索され、大乗仏教では般若経などの「空」の考え方に集約された。それは常に現実に妥協せず、現状に安住しない、崇高な菩薩の実践行、自利利他の修行の基盤である。ここで菩薩すなわち菩提薩埵とは何かということに関心が集まり、悟りを求める心、すなわち菩提心が尋求されることになった。

『大日経』には、「菩提とは何か。それは自心を如実に知ることである」また「菩提心を因とし、大悲を根とし、方便を究竟とする」という。これは三句の法門としてまとめられている。真言密教では、菩提は修行して新たに得るものでなく、既に本来自己の内にあるものであるが、ただ衆生は自己の内にある菩提という宝に気がつかないでいる。したがって自己の内にある宝を信じること、信が大きな意味をもつに至った。

遍知院には一切如来智印（10）を中心に北方に伽耶迦葉（16）、仏眼仏母（11）、七倶胝仏母（13）、

10. 一切如来智印
11. 仏眼仏母
12. 大勇猛菩薩
13. 七倶胝仏母
14. 大安楽不空真実菩薩
15. 優楼頻羅迦葉
16. 伽耶迦葉

南方に優楼頻羅迦葉（15）、大勇猛菩薩（12）、大安楽不空真実菩薩（14）が配置され、いずれも智慧の種々の様相を表している。

中央の三角形（『大日経疏』では逆三角形）は一切如来智印といい、火が燃える形とその効能を示している。火が物を焼き、不浄を払うように、如来の智慧は、貪・瞋・痴の三毒煩悩を焼き、修行者を善道に導く。また古代インドでは逆三角形は女性の性器を暗示し、女性が子を産むように、智慧が仏を生み出す力を持っていることを意味する。

三角形の上の左右には優楼頻羅迦葉、伽耶迦葉が描かれている。この二人は兄弟で、火を祭る修行者達の長であったが、釈尊の教化にあい、その神変に降伏し、信順した。これによって釈尊の教団は飛躍的に伸展した。ある説ではすぐ上の釈迦院に配置されるべきところを誤ったともいわれるが、如来の智慧の火が世間外道の火と争い、教団の輪が広がったと考えたほうが面白い。

10・一切如来智印

10 一切如来智印（いつさいによらいちいん）

サルバタターガタジュニヤーナ（マハー）ムドラー
Sarvatathāgatajñāna(mahā)mudrā

aṃ
アン

khaṃ
キャン

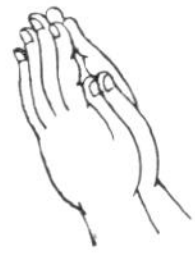

〔密号〕発生金剛　**〔三形〕**三角智印　**〔尊形〕**白光色。円光の内に純白の三角印があり、その光は緑色で、宝蓮華に坐る。**〔印相〕**蓮華合掌　**〔真言〕**ノウマク　サマンダボダナン　サラバ　ボダ　ボヂ　サトバ　キリダヤ　ニヤベイシャニ　ノウマク　サラバビデイ　ソワカ　namaḥ samantabuddhānāṃ sarvabuddhabodhisattvahṛdayanyāveśani namaḥ sarvavide svāhā（普き諸仏に帰命す　一切諸仏菩薩の心中に渉入するものよ　一切智者に帰命す　スヴァーハー）

〔解説〕三角形は降伏、除障を意味し、純白は大慈悲を示す。三角形は五大のうち、火大に当たる。如来の智慧は、火が物を焼き不浄を払うように、貪・瞋・痴の三毒を焼き、障りを除く力があることを示す。従って純白の三角形の中を朱にしている。またアン字を三角形の頂きに、五鈷杵を三角形の中に加えると『大日経』は指示する。今はその代わり卐を二つ描く。卐は古代インドでは吉祥を意味する。また太陽を表すともいう。仏の三十二相の中、髪の右巻毛もこれに由来している。

三重の三角形は三世諸仏の智慧を表す。三角形の頂きの卐はアン字（菩提）で、釈尊が四魔を降伏して正覚したことを示し、中の卐は五鈷杵を表し、本有の菩提心を指す。三重の光焔は三毒もまた本来清浄であり、しかも菩提と不二であることを示している。周縁の光円は智慧より生じる慈と悲の二つを表す。釈尊の智慧の火は優楼頻羅迦葉・伽耶迦葉などの火を祭る修行者集団の長を降伏した。『大日経』では特別な指示はなく空間であるが、修行者の感得によって描き加えてよいことになっている。

11・仏眼仏母

11 仏眼仏母（ぶつげんぶつも） Buddhalocanā（ブッタローチャナー）

ga
ギャ

gaṃ
ゲン

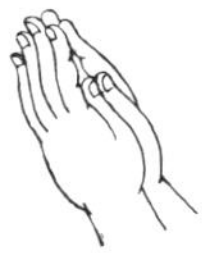

〔密号〕殊勝金剛　**〔三形〕**仏頂眼　**〔尊形〕**黄金色。定印を結んで、赤蓮華に坐す。**〔印相〕**虚心合掌　**〔真言〕**ノウマク　サマンダボダナン　ゲン　ギャギャナバララキシャネディ　ギャギャナサンメ　サラバタトギャタ　ビキ　サラサンバベイ　ジンバラ　ナモ　ボギャナン　ソワカ namaḥ samanta-buddhānāṃ gaṃ gaganavaralakṣaṇe gaganasame sarvatrodgatabhiḥ sārasambhave jvala namo 'moghānāṃ svāhā（普き諸仏に帰命す　ガン　虚空のすぐれた特相をもつものよ　虚空に等しいものよ　すべてのところに出現するものよ〔煩悩〕を降伏するものよ　輝け　効験のあらたかなものたちに帰命す　スヴァーハー）

〔解説〕仏眼仏母尊は諸仏を生み出す母という意味で、智慧のもつ創造性をいう。具体的には大日如来の智慧を指す。仏眼は智慧眼とも虚空眼ともいわれる。虚空が、障りなく、あらゆる所にいきわたり、清浄・平等であり、万物を生み出すように、虚空眼はリーダーとして暗夜に迷う衆生を余すところなく観察し、仏道に導く。『大日経』具縁品に「晃曜真金色」とあり、真言にも「輝け」と

12・大勇猛菩薩

ある。それは金が財宝の王として世人を富貴に導くように、金色は仏眼仏母の智慧の輝きが衆生を向上増進させ、安穏無畏を与えることを示す。種字のギャ・ゲンはgagana（虚空）の頭文字に由来する。

12 大勇猛菩薩（だいゆうみようぼさつ） Mahāvīra（マハーヴィーラ）

ka
キャ

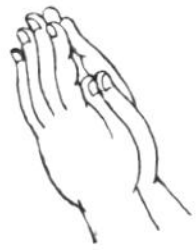

〔密号〕厳迅金剛　**〔三形〕**如意宝珠　**〔尊形〕**肉色。左手を臍下に当て、宝珠を持つ。右手に三鈷剣をとり赤蓮華に坐す。**〔印相〕**蓮華合掌　**〔真言〕**ノウマク　サマンダボダナン　サラバタ　ビマチビキランダ　タラマダドニリジャタ　サン　サン　カ　ソワカ　namaḥ samantabuddhānāṃ sarvathāvimativikīraṇa dharmadhātunirjāta saṃ saṃ hā

13・七俱胝仏母

svāhā（普き諸仏に帰命す　すべてにわたって疑念を取りはらった尊よ　法界から生じたものよ　サン　サン　ハー　スヴァーハー）

〔解説〕智慧の働きを如意宝珠と剣とで表している。大勇猛菩薩は思うがままの願望をかなえる宝のように、衆生の苦悩の叫びに応えて憂いを除く。剣は煩悩を断ち切る智慧である。限りない衆生への働きかけは艱難辛苦の修行であるが、それにひるまない不退転の勇敢さを名前で表している。成道のときに世間の諸天が「大勤勇よ」と称賛したように（→胎１）、決してひるむことのない精進を象徴した尊である。

13 七俱胝仏母（しちぐていぶつも）

サプタコーティブッダマートリーカー　チュンディ
Saptakoṭibuddhamātṛkā,　Cundī

bu
ボウ

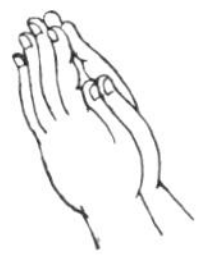

〔密号〕最勝金剛　**〔三形〕**説法印　**〔尊形〕**白黄色。十八臂。腕には白螺の釧（せん）をつける。赤蓮華に坐る。**〔印相〕**蓮華合掌　**〔真言〕**ノウマク　サパタナン　サンミャクサンボダクチナン　タニャタ　オン　シャレイ　シュレイ　シュンディー　ソワカ

namaḥ　saptānāṃ　samyaksaṃbuddhakoṭīnāṃ

14・大安楽不空真実菩薩

tadyathā oṃ cale cule cundi svāhā（七倶胝の正等覚者に帰命す　すなわち　オーン　歩むものよ　髻をもつものよ　チュンディーよ　スヴァーハー）

〔解説〕 七倶胝仏尊は過去に七倶胝（七千万億）もの無数の諸仏を生んだ母の意味である。衆生を無上菩提に導く智慧を示す。智慧の清浄さ（チュンディー）が強調され、一般には准胝観音の名前で知られ、六観音の一に数えられている。十八の手は、胸前で説法印を結び、右に施無畏印・剣・数珠・ビージャプラカの果実・斧・鉤・五鈷杵・宝鬘、左に如意宝幢・蓮華・燥灌・索・輪・螺・賢瓶・経典を持つ。種字のボウはbuddha（仏）の頭文字に由来する。

14 大安楽不空真実菩薩

Vajrāmoghasamayasattva

yu
ユ

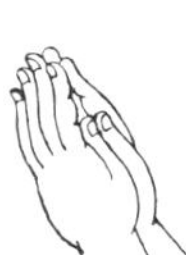

〔密号〕 真実金剛　**〔三形〕** 甲冑三鈷　**〔尊形〕** 白肉色。頭に五仏の冠を戴く。二十臂。赤蓮華に坐る。**〔印相〕** 蓮華合掌、普賢延命菩薩印　**〔真言〕** オン　バザラユセイ　ソワカ　oṃ vajrāyuṣe svāhā（オーン　金剛のような寿命をもつものよ　スヴァーハー）

〔**解説**〕大安楽不空真実菩薩は、普賢延命菩薩ともいわれ、増益・延命の三昧に入っている姿を特別に尊格化したものである。普賢(サマンタバドラ)とは元来、すべてに亙って賢く、しかも善であるという意味であるから、その内実として幸福、長寿の願いがこめられている。二十臂には金剛界の十六大菩薩および四摂(ししょう)の菩薩の持ち物を持っている。それは右手に五鈷杵・五鈷鉤・箭・弾指・三瓣宝珠・日輪・如意幢・双立三鈷・金剛鉤・金剛索、左手に蓮華・利剣・八輻輪・舌中三鈷杵・十字羯磨・甲冑三鈷杵・双立利牙・金剛拳・金剛鏁・金剛鈴である。これら金剛界の諸尊の図像に従って御室版を訂正し、描き改めた。これらの持物は修行者が願望を達成するために、十六大菩薩の徳を身につけ、四摂の菩薩の実践を伴わなければならないこと、あるいは、それほどの慈悲心を具えていなければ人間の苦悩にかかわることはできないことを暗示している。天台密教では特に尊重し、平安末期にはこの尊を本尊として治病、安産が祈祷された。種字のユはāyus(寿命)の第二音に由来する。

15 優楼頻羅迦葉(うるびんらかしよう) Uruvilvākāśyapa(ウルヴィルヴアーカーシヤバ)

he
ケイ

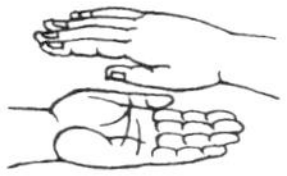

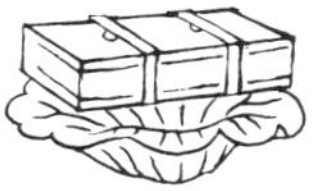

〔**密号**〕善巧金剛　〔**三形**〕梵篋　〔**尊形**〕肉色。合掌して座具に坐る。〔**印相**〕梵篋印　〔**真言**〕ノウマク　サマンダボダナン　ケイトハラチヤヤ　ビギャタ　キャラマ　ニリジャタ　ウン　namaḥ samanta-buddhānāṃ hetupratyayavigata karmanirjāta hūṃ(普き諸仏に帰命す　因縁を離れたものよ　業より生じたものよ　フーン)

〔**解説**〕ウルヴェーラ村の火を祭る修行者集団の長。伽耶迦葉(がやかしよう)と兄弟である。釈尊の神変によって弟子となり、釈尊の教団を飛躍させた。種字のケイはhetu(因縁)の頭文字に由来する。

16 伽耶迦葉(がやかしよう) Gayākāśyapa(ガヤーカーシヤバ)

he
ケイ

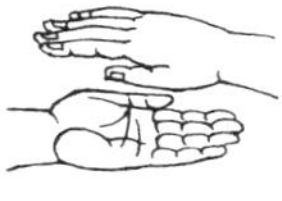

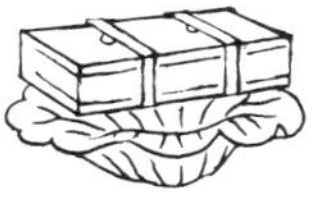

〔**密号**〕離塵(または離魔)金剛　〔**三形**〕梵篋　〔**尊形**〕肉色。右手を外に向け、左手は袈裟の角を持つ。座具に坐る。〔**印相**〕梵篋印　〔**真言**〕15に同じ。〔**解説**〕優楼頻羅迦葉の弟。15参照。

蓮華部院（観音院）

中台八葉院の北方（向かって左側）に位置する。

第一列中央に坐す主尊・聖観自在菩薩を他の変化観音20尊が中台八葉院に向かって三方から囲み、使者として16尊がそれに随う形で構成されている。ただし、使者の数に関しては諸説がある。観蔵院曼荼羅では諸説を比較検討し最も妥当な16尊とした。ちなみに、伝真言院曼荼羅・東寺曼荼羅は15尊、高雄曼荼羅は14尊である。

『大日経』具縁品ではこの院に７尊を記すのみである。その７尊を東方（図の上方）から列挙すると次の順である。明妃（26耶輸陀羅）、得大勢（19大勢至）、毘倶胝（20）、観世自在（17聖観自在）、多羅（21）、白処尊（37）、何耶掲利婆（23馬頭観音）と並ぶ。しかし、この７尊のみでは、この院と相即する金剛手院との対称性に欠けるので、『不空羂索経』などの密教経典（儀軌）から他の14尊を導入したと思われる。そして、発生金剛部菩薩（55→金剛手院）と南北（向かって右左）対称になるように、蓮華部発生菩薩を位置させるなど、経説と現図では異なる。特に、不空羂索観音をはじめとして、ほとんどの尊が『不空羂索経』に由来することから、胎蔵曼荼羅の構成にこの経が大きな役割を果たしていることが分かる。

ところで『大日経疏』によれば、如来が大悲の三昧に住して、衆生のあらゆる善根を成就させる徳を表したのがこの院である。この院の大悲の徳の働きによって、衆生は煩悩の垢に汚されずに、本来具える浄菩提心を現すことができる。それはあたかも泥水に汚されずに清浄無垢な花を開く蓮華のごとくであるから、蓮華部院と称する。またこの働きを司るのが観音菩薩であるので観音院ともいう。

如来の大悲の徳を表すこの院は、中台八葉院の南方（向かって右側）で如来の智慧の働きを表す金剛手院と相即して、中台八葉院の如来の衆生済度の徳の展開を表す。（大悲については19頁以下の「胎蔵曼荼羅と大日経」の項参照）

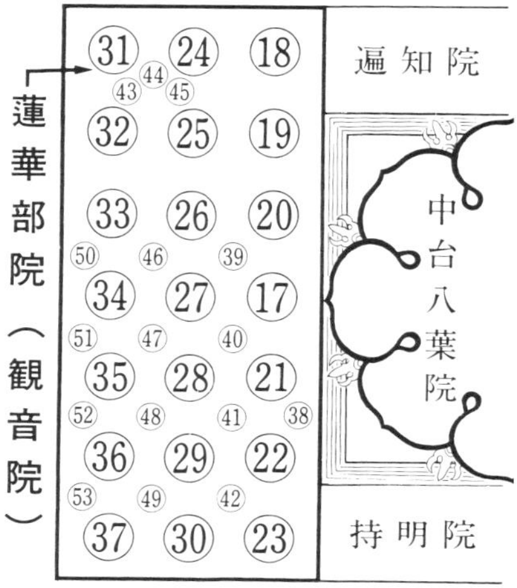

17. 聖観自在菩薩	36. 大吉祥変菩薩
18. 蓮華部発生菩薩	37. 白処尊菩薩
19. 大勢至菩薩	（使　者）
20. 毘倶胝菩薩	38. 多羅使者
21. 多羅菩薩	39. 奉教使者
22. 大明白身菩薩	40. 蓮華軍荼利
23. 馬頭観音菩薩	41. 鬘供養
24. 大随求菩薩	42. 蓮華部使者
25. 窣覩波大吉祥菩薩	43. 〃
26. 耶輸陀羅菩薩	44. 〃
27. 如意輪菩薩	45. 〃
28. 大吉祥大明菩薩	46. 〃
29. 大吉祥明菩薩	47. 宝供養
30. 寂留明菩薩	48. 焼香菩薩
31. 被葉衣菩薩	49. 蓮華部使者
32. 白身観自在菩薩	50. 〃
33. 豊財菩薩	51. 〃
34. 不空羂索観世音菩薩	52. 塗香菩薩
35. 水吉祥菩薩	53. 蓮華部使者

如来の大悲の徳は五智（→中台八葉院、金剛界曼荼羅）のうち、妙観察智に基づく。如来はこの智慧によって、衆生のあらゆる悩み・疑念を見届けて衆生を済度する。この智慧を司るのは中台八葉院のうちの無量寿如来（阿弥陀如来）である。したがって、蓮華部院は中台八葉院の無量寿如来の衆生済度の具体的展開であると考えられる。あるいはまた、蓮華部院の諸尊の活動は究極には無

量寿如来に至って完成するとも考えられる。主尊の聖観自在菩薩が冠に無量寿如来を化仏（けぶつ）として戴くのは、このような理由による。

この院の共通の種字 sa は「真理」を意味する梵語 satya（諦）の sa とされるが、『大日経疏』は蓮華のように汚れに執われていないことを意味する asakta（無執著）の sa とする。

変化観音のうち、古くから最も広範に信仰されていた千手観音と十一面観音は、それぞれ虚空蔵院と蘇悉地院とに配される（→虚空蔵院、蘇悉地院）。

---

17 聖観自在菩薩（しょうかんじざいぼさつ） Āryāvalokiteśvara（アーリヤーヴァローキテーシュヴァラ）

mo
モウ
ボウ

hrīḥ
キリク

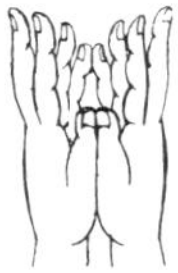

〔密号〕正法金剛、本浄金剛　**〔三形〕**初割蓮華
〔尊形〕白肉色。左手に未開敷（みかいふ）の赤蓮華を胸に当て、右手でその蓮華の一弁を開く。白蓮華に坐す。正面に無量寿如来の化仏ある冠を戴く。**〔印相〕**八葉印　**〔真言〕**ノウマク　サマンダボダナン　サラバタタギャタバロキタ　キャロダマヤ　ラ　ラ　ラ　ウン　ジャク　ソワカ　namaḥ samantabuddhānāṃ sarvatathāgatāvalokita karuṇāmaya ra ra ra hūṃ jaḥ svāhā（普き諸仏に帰命す　一切如来の中のよく観るものよ　慈悲深きものよ　ラ　ラ　ラ　フーン　ジャハ　スヴァーハー）

〔解説〕苦の中に生き続ける衆生がこの尊を念じてその名を唱えると、その音声を観じ、輪廻の苦から解脱せしめるので、旧訳では観世音菩薩とも称される（『法華経』普門品＝『観音経』が有名）。観自在の名は、あらゆる存在のありさまを観察するのに自在な智慧を具え、衆生を自在に救うからであるとされる。この尊は衆生を救うときに、身をさまざまな姿に変化させると考えられ、多くの変化観音が信仰されるようになった。この尊の智慧は、『大日経』住心品に説く「十縁生句」の観察の三昧によって得られる。種字のサ、および冠の化仏については「蓮華部院」の説明の項を参照。種字のキリクは、この尊と密接な関係のある無量寿（阿弥陀）如来（→胎４）の種字でもある。

18・蓮華部発生菩薩

19・大勢至菩薩

れんげぶほつしようぼさつ　　パドマクロードバヴァ

18 蓮華部発生菩薩 Padmakulodbhava

mo
モウ
ボウ

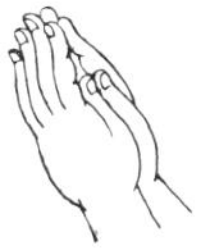

〔密号〕無尽金剛　**〔三形〕**未敷蓮華　**〔尊形〕**白肉色。左手は腰に当て開敷蓮華を持つ。右手を胸に当て無名指を屈す。赤蓮華に坐す。**〔印相〕**蓮華合掌　**〔真言〕**ノウマク　サマンダボダナン　キシャ　ダ　ラ　エン　ケン　ソワカ　namaḥ samanta-buddhānāṃ kṣaḥ ḍaḥ ra yaṃ kaṃ svāhā（普き諸仏に帰命す　クシャハ　ダハ　ラ　ヤン　カン　スヴァーハー）

〔解説〕蓮華部の諸尊が生まれ出る働きを司ることが無尽である尊。『大日経』によれば、ここには耶輪陀羅菩薩（→胎26）が位置し、この尊は説かれない。また『大日経疏』にもこの尊は記されていない。金剛手院の金剛部発生菩薩と相対するように『不空羂索経』に記す蓮華種族生菩薩をここに導いたと思われる。なお真言は『石山七集』によれば namaḥ samantabuddhānāṃ kṣaṇatara yaṃ kaṃ svāhāとなっている。「kṣaṇatara は瞬時に救済するものよ」との意か。

だいせいしぼさつ　　マハースターマプラープタ

19 大勢至菩薩 Mahāsthāmaprāpta

saṃ
サン

saḥ
サク

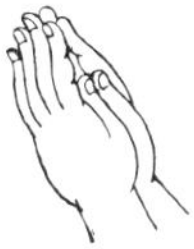

〔密号〕持輪金剛　**〔三形〕**未敷蓮華　**〔尊形〕**肉色。左手に半開の蓮華（『大日経疏』では未敷蓮華）を持ち、右手は頭指以下の四指（『石山七集』では中指以下の三指）を屈して胸に当て、赤蓮華に坐す。**〔印相〕**虚心合掌　**〔真言〕**ノウマク　サマンダボダナン　ザン　ザン　サク　ソワカ　namaḥ samantabuddhānāṃ jaṃ jaṃ saḥ svāhā（普き諸仏に帰命す　ジャン　ジャン　サハ　スヴァーハー）

〔**解説**〕尊名は「大いなる勢力を得たもの」という意味で、『大日経』では「得大勢」と漢訳される。大悲の勢力が自在に働き出ることに由来した尊名である。この尊の右（図では下方）の毘倶胝の大悲の勢力を成就する尊ともいわれる。衆生に菩提心の種子を蒔き、善心の兆しをよく守護するので蓮華部の持明王とされる。『大日経疏』では左手に持つ未敷蓮華は池に喩えられる衆生の心に、慈悲の蓮華を発育させると記す。現図の半開の蓮華は衆生の菩提心を表す。右手は衆生の慈悲の蓮華を開く三叉戟を持っていることを表す。なお『諸説不同記』では山図（円珍将来）に「右手に三叉戟を執る」とされているが、『胎蔵図像』『旧胎蔵図様』（両者とも円珍将来）にはどちらも三叉戟は描かれていない。密教以外でも、阿弥陀三尊の形式で観音とともに阿弥陀如来の脇侍として祀られる（『観無量寿経』による）。

20 毘倶胝菩薩 Bhṛkuṭi

bhṛ
ビリ

trā
タラ

〔**密号**〕定慧金剛　〔**三形**〕数珠鬘　〔**尊形**〕白肉色。四臂。三目。左の第一手に蓮華、第二手に瓶（軍持）、右の第一手に数珠、第二手は与願印にして、赤蓮華に坐す。衣は羯磨衣で、袈裟を着けない。〔**印相**〕内縛し、二頭指を立てて交叉させる。〔**真言**〕ノウマク　サマンダボダナン　サラババヤ　タラサンニ　ウン　ソワタヤ　ソワカ　namaḥ samantabuddhānāṃ sarvabhayatrāsani hūṃ sphoṭaya svāhā（普き諸仏に帰命す　一切の恐怖を退散せしめるものよ　フーン　摧砕せよ　スヴァーハー）

〔**解説**〕毘倶胝とは眉の皺の意で、観自在菩薩の眉間の皺から出現したのでこの名がある。空性を悟らずに迷うものを恐怖せしめ、観自在菩薩の大悲によって調伏する。清らかな体を円光が囲み、その光は黄・赤・白色を含む。黄色は増益、赤色は調伏、白色は息災を象徴する。わが国では独尊の信仰はされなかったが、チベットの初代の王ソンツェン・ガンポがネパールから迎えた第二妃の名をブリクティといい、阿弥陀如来の化身として尊崇されている。

20．毘倶胝菩薩

21・多羅菩薩

22・大明白身菩薩

21 多羅菩薩（たらぼさつ） Tārā（ターラー）

tā タ　tra タラ

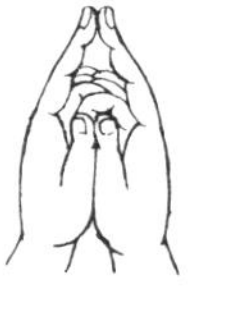

〔密号〕悲生金剛、行願金剛 〔三形〕青蓮華 〔尊形〕青白色（青は調伏、白は慈悲を表す）で、白い羯磨衣（かつまえ）を着る。微笑する中年女人の容姿で、化仏のある低い冠を戴き、合掌して青蓮華を持つ（現図には蓮華が描かれていない）。〔印相〕内縛し、二頭指二大指を立てて各々その端を合わせる。

〔真言〕ノウマク　サマンダボダナン　タレイ　タリニ　キャロダドバベイ　ソワカ　namaḥ samanta-buddhānāṃ tāre tāriṇi karuṇodbhave svāhā（普き諸仏に帰命す　ターラーよ　救度者よ　悲より生まれ出たものよ　スヴァーハー）

〔解説〕多羅は瞳（ひとみ）の意で、観自在菩薩の眼の輝きから生まれたとされる。また多羅には渡すという意味があり、衆生を彼岸に渡すので救度者ともいわれる。観自在菩薩の大悲の三昧の徳を司り、青蓮華のごとき無垢な眼で衆生を救済する。インド・チベットでは聖観音とともに密教の代表的な尊として信仰されるが、日本では一般化しなかった。この尊を象徴する青蓮華は、花弁の先が剣のように鋭いので、衆生の心の汚れを切り取ることを表す。

---

22 大明白身菩薩（だいみようびやくしんぼさつ） Gaurīmahāvidyā（ガウリーマハーヴィドヤー）

sa サ

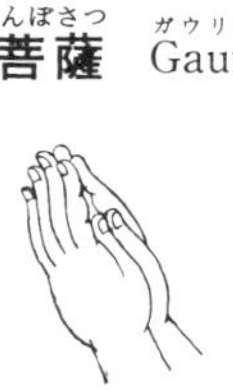

〔密号〕常浄金剛、放光金剛 〔三形〕開敷蓮華（かいふれんげ） 〔尊形〕白黄色。左手に開敷蓮華を持ち、右手を与願印にして、赤蓮華の上に坐す。〔印相〕蓮華合掌

〔真言〕18に同じ

〔解説〕多羅菩薩の右（西方）に位置するが、『大

日経』ではここに白処尊菩薩（→胎37）が位置することになっている。両尊とも印相などは同一であり、女性と男性の異なりのみであるとする説もあるが、確定しえない。尊名は「白く輝ける大いなる智慧あるもの」の意味で、衆生の心の汚れを取り払う働きをする。左手の開敷蓮華は衆生の汚れのない本来の心を表す。

---

23 馬頭観音菩薩（ばとうかんのんぼさつ） Hayagrīva（ハヤグリーヴァ）

haṃ
カン

hraṃ
カラン

〔密号〕迅疾金剛、噉食（たんしょく）金剛 **〔三形〕**白馬頭 **〔尊形〕**赤肉色。三面二臂（ひ）で各面に三目を有し、馬頭の印を結ぶ。右膝を立て、白馬頭を戴き、赤蓮華に坐す。**〔印相〕**馬頭印（虚心合掌をして、二無名指を中に入れ、二頭指を屈して甲を合わせ二大指の下におき麦粒ほど相離す） **〔真言〕**ノウマク　サマンダボダナン　キャダヤ　バンジャ　ソワタヤ　ソワカ　namaḥ samantabuddhānāṃ khādaya bhaṃja sphoṭaya svāhā（普き諸仏に帰命す　噉食し給え　砕き給え　摧破し給え　スヴァーハー）

〔解説〕尊名のサンスクリットは「駿馬の首をもつもの」の意味で、インド神話に起源が求められ、ヴィシュヌ神の第18番目の化身ともいわれる。『大日経』では「大力持明王」と呼ばれる。『大日経疏』によれば転輪聖王（てんりんじょうおう）の宝馬はいつ、どこでも休むことなく疾駆（しっく）するように、身命を惜しまず衆生を救おうとする菩薩の大いなる精進力に喩える。馬は動物の中でも特に水草を求め食べるが、馬の中でも特に飢えた馬はその思いが強いように、菩薩のなかにあって観音は衆生を救う気持ちが強く、特に馬頭観音は衆生救済の思いが強いとされる。蓮華部院では特異な忿怒形（ふんぬぎょう）をしているのは、衆生を救う大悲心の煩悩を断ち切る働きを強調するからとされる。尊形は多種あり、わが国の民間にも広く浸透し、修験道の「馬加持」などの信仰も現れた。

23. 馬頭観音菩薩

24・大随求菩薩

25・窣覩波大吉祥菩薩

24 大随求菩薩（だいずいぐぼさつ） Mahāpratisarā（マハープラティサラー）

pra
ハラ

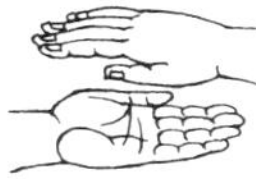

〔**密号**〕与願金剛　〔**三形**〕梵篋　〔**尊形**〕深黄色。化仏の宝冠を戴く。八臂。右第一手は金剛杵を胸に当て、第二手は下に垂らして剣を、第三手は斧を、第四手は三叉戟を持つ。左第一手は光焔のある金輪を、第二手は下に垂らして輪索を、第三手は宝幢を、第四手は経典（梵篋）を持つ。〔**印相**〕梵篋印　〔**真言**〕オン　バラバラ　サンバラ　サンバラ　インダリヤ　ビショーダネイ　ウン　ウン　ロ　ロ　シャレイ　スヴァーハー　oṃ bhara bhara saṃbhara saṃbhara indriyaviśoddhane hūṃ hūṃ ru ru cale svāhā（オーン　もたらせ　もたらせ　かなえよ　かなえよ　諸根を清めるものよ　フーン　フーン　ル　ル　働くものよ　スヴァーハー）
〔**解説**〕サンスクリット名は「大いなる護符をもつもの」の意味で、その護符を衆生が求めるに随って災厄を除き願いをかなえるので、大随求と称す。八臂の持物に象徴されるこの尊の内証として、大随求陀羅尼をはじめとする八種の真言・八種の印契が伝えられている。わが国では、この尊の真言を唱えて滅罪や子授けを祈願する信仰が平安時代以降に盛んに行なわれた。

---

25 窣覩波大吉祥菩薩（そとばだいきちじようぼさつ） Stūpamahāśrī（ストウーパマハーシュリー）

sa
サ

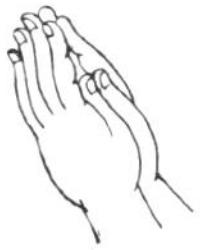

〔**密号**〕利益金剛　〔**三形**〕開敷蓮華　〔**尊形**〕白肉色。左右の手を胸に当て一対の開敷蓮華を持ち、赤蓮華に坐す。〔**印相**〕蓮華合掌　〔**真言**〕18に同じ。または、オン　アリヤサタハ　マカシャリ　ソワカ　oṃ āryastūpamahāśri svāhā（オーン　聖な

る窣覩波大吉祥よ　スヴァーハー）

〔解説〕窣覩波（または薩埵波）はストゥーパ（stūpa）の音写語で仏舎利塔（ぶつしゃりとう）の意味である。塔は釈尊の遺骨を祀るものとして尊崇されたが、真言密教では大日如来の身体そのもの、すなわち法界塔婆として崇拝する。ちなみに舎利とは遺骨のみでなく、身体を意味する。帯塔徳菩薩、戴塔吉祥とも称す。『大日経疏』によれば、頭上に塔を戴くか、持っている蓮華の上に塔を載せることになっているが、現図では塔を描いていない。『不空羂索経』に「両手に蓮華を持ち半跏（はんか）で坐す」とあるのに基づいて描かれている。

---

26 耶輸陀羅菩薩（やしゅだらぼさつ）　Yaśodharā（ヤショーダラー）

ya
ヤ

〔密号〕示現金剛　〔三形〕花枝　〔尊形〕黄金色。右手を与願の印にして、左手には草葉を持ち、左膝を立てて赤蓮華に坐す。〔印相〕内五鈷印

〔真言〕ノウマク　サマンダボダナン　ヤン　ヤシャダラエイ　ソワカ　namaḥ samantabudhānāṃ yaṃ yaśodharāyai svāhā（普き諸仏に帰命す　ヤン　耶輸陀羅に　スヴァーハー）

〔解説〕釈尊の王子の時代の妃として多くの仏典に記される。『大日経』では持明称者という。女性が触れると花が咲くといわれる蔓草の一種のプリヤング（priyaṅgu 鉢胤遇と音写）を手にしている。『大日経疏』によると、この花は西方に産する貴重な花とされ、大勢至菩薩（→胎19）が衆生の心に蒔（ま）いた菩提心の種子の種々の功徳を貯え生み出す働きを表す。

26. 耶輸陀羅菩薩

27・如意輪菩薩

27 如意輪菩薩（にょいりんぼさつ） Cintāmaṇicakra（チンターマニチャクラ）

hrīḥ
キリク

〔密号〕持宝金剛　**〔三形〕**如意宝珠　**〔尊形〕**黄色。世自在王（阿弥陀如来）の化仏（けぶつ）の冠を戴き、半跏（はんか）にて赤蓮華に坐す。六臂（ぴ）。右第一手は思惟の形、第二手は如意宝珠を持ち、第三手は念珠を持つ。左第一手は光明山を按じ、第二手は開敷蓮華（かいふれんげ）を、第三手は宝輪を持つ。**〔印相〕**如意輪観音印（合掌して二頭指を屈し宝形のごとくにし、二中指を蓮葉のごとくにし、二大指を立て合わせる）**〔真言〕**オン　ハンドマ　シンダマニ　ジンバラ　ウン　oṃ padmacintāmaṇi jvala hūṃ（オーン蓮華と如意宝珠を持つものよ　輝け　フーン）

〔解説〕如意輪観音の名で尊崇される。二臂、四臂、六臂、八臂、あるいは坐像、立像など異形が多い。『大日経』や『大日経疏』には説かれないが、現図は『観自在菩薩如意輪瑜伽』に基づく六臂の半跏像とする。如意宝珠は福徳、法輪は智徳を表し、この功徳によって衆生の苦を抜き、世間出世間の願いを悉（ことごと）く満たす。また六臂にそれぞれ六道の救済の働きを見る説もある。

28・大吉祥大明菩薩

28 大吉祥大明菩薩（だいきちじょうだいみょうぼさつ） Mahāśrīmahāvidyā（マハーシュリーマハーヴィドヤー）

sa
サ

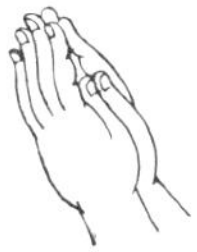

〔密号〕霊瑞金剛　**〔三形〕**開敷蓮華（かいふ）　**〔尊形〕**肉色。左手に開敷蓮華を持ち、右手は掌を外に向け小指を立て、無名指・中指を屈し、頭指をわずかに屈して大指でおさえる。赤蓮華に坐す。**〔印相〕**蓮華合掌　**〔真言〕**18に同じ。

〔解説〕『大日経』にはこの尊の名は記されない

が、『大日経疏』には阿闍梨所伝として大吉祥の名で記される。それによると、両手にそれぞれ蓮華を持っていることになっているが、現図では左手にのみ持つ。この尊は『不空羂索経』に由来する。そこでは左手に蓮華を持ち、右手を仰向けて半跏にして坐すと記されるが、この尊形は現図では大吉祥変菩薩（→胎36）になる。現図では左側に鬘供養（→胎41）を従える。

29・大吉祥明菩薩

だいきちじょうみょうぼさつ　シュリーマハーヴィドヤー
29 大吉祥明菩薩 Śrīmahāvidyā

sa
サ

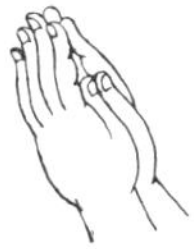

〔密号〕常慶金剛　**〔三形〕**未敷蓮華　**〔尊形〕**白肉色。左手に白色の未敷蓮華を持ち、右手は掌を外に向け小指・無名指を屈し、他の三指を立てる。赤蓮華に坐す。**〔印相〕**蓮華合掌　**〔真言〕**18に同じ。あるいは、オン　マカシリビヂエイ　ソワカ oṃ mahāśrīvidye svāhā（オーン　大吉祥明よ　スヴァーハー）

〔解説〕この尊は『大日経』『大日経疏』には記されないが、『青龍寺儀軌』『玄法寺儀軌』等に見られる。それらは『不空羂索経』に記される「吉祥菩薩」によったものと思われる。そこでは、吉祥菩薩は左手に蓮華を持ち、右手の掌を上げて、半跏に坐すとされる。現図では前方に蓮華部使者（→胎42）を伴う。大吉祥大明（→胎28）とこの尊は名称からして似ているが、三形に見られる通り、大吉祥大明は開敷、大吉祥明は未敷の蓮華を持つ。

じゃくるみょうぼさつ　シヴアーヴアハヴィドヤー
30 寂留明菩薩 Śivāvahavidyā

sa
サ

30．寂留明菩薩

〔密号〕定光金剛　**〔三形〕**開敷蓮華　**〔尊形〕**肉色。左手は頭指を伸ばし、他の四指を屈し独鈷杵の形にする。右手は掌を外に向け高く挙げる。左膝を立て、天衣をまとい、赤蓮華に坐す。**〔印相〕**蓮華合掌　**〔真言〕**18に同じ。あるいは、オン　シババカビヂエイ　ソワカ　oṃ śivāvahavidye svāhā（オーン　寂留明よ　スヴァーハー）

〔解説〕サンスクリット名は「至福をもたらす智慧をそなえたもの」の意味である。『不空羂索経』に由来する忿怒尊（明王）であるが、現図では原名のシヴァ（śiva 至福）を「寂静」と理解した漢訳名に基づき菩薩形にする。「至福」を意味するシヴァとは、ヒンドゥー教の代表的な神で、暴威を振るう怒りの姿としても現れるが、『胎蔵図像』ではそのイメージに近く忿怒尊である。現図の高く上げた右手は障難・煩悩を振り払い、左手の独鈷杵の印契はそれを降伏させることを表す。

31・被葉衣菩薩

31 被葉衣菩薩　Parṇaśabarī

sa
サ

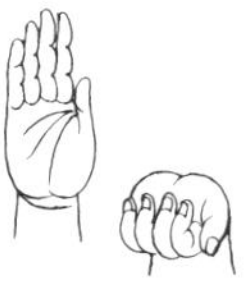

〔密号〕異行金剛　**〔三形〕**未敷蓮華杖　**〔尊形〕**白肉色。左手に羂索、右手に杖を持ち、左膝を立てて赤蓮華に坐す。**〔印相〕**右手を与願印にして、左手に羂索を持つ。**〔真言〕**オン　ハラダシャバリウン　ハッタ　oṃ parṇaśabari hūṃ phaṭ（オーン　葉衣よ　フーン　パット）

〔解説〕この尊のサンスクリット名は伝統的にパラーシャ・ヴァリー（Palāśavalī パラーシャ樹の葉をまとうもの）とされてきたが、近年の研究で「パルナ（パラーシャ）樹の葉をまとうシャバラ族の女性」の意味のパルナ・シャバリーと確定された。シャバラ族は山岳民族で、農耕文化を形成したインドでは、その文化を脅かす存在として大いに恐れられた。それゆえ、元来は忿怒尊の性格が濃厚であったが、わが国に伝えられた密教の系統では柔和な観音の姿でのみ伝えられた。『葉衣陀羅尼経』には12種の息災・増益の法を説く。

---

32 白身観自在菩薩　Śvetabhagavatī

sa
サ

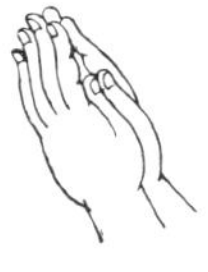

〔密号〕普化金剛　**〔三形〕**開合蓮華　**〔尊形〕**浅黄色。左手に開合蓮華を持ち、右手は掌を立て、

立てた肘を右膝に当てる。赤蓮華（または白蓮華）に坐す。〔**印相**〕蓮華合掌　〔**真言**〕18に同じ。または、オン　マカハンドメイ　シベイタンゲイ　コロコロ　ソワカ　oṃ　mahāpadme　śvetāṅge　huru huru svāhā（オーン　大いなる蓮華よ　白身よ　取り去り給え　取り去り給え　スヴァーハー）

〔**解説**〕身体の白は清らかな大悲の功徳がすべて具わっていることを表す。大悲心によって衆生を普く教化するので、密号を普化金剛という。『不空羂索経』には、この尊は白蓮華を手にして半跏趺坐（はんかふざ）すると説かれているが、現図では手にする蓮華は赤蓮華である。サンスクリットの名称からして、福をもたらす女神のイメージがあったと思われる。

32・白身観自在菩薩

---

33 豊財菩薩（ぶざいぼさつ） Bhogavatī（ボーガヴアティー）

sa
サ

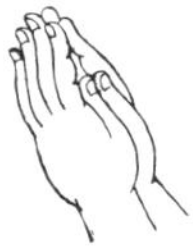

〔**密号**〕如意金剛　〔**三形**〕未敷（みふ）と開敷（かいふ）の二蓮華

〔**尊形**〕白肉色。左手に開敷（一房）と未敷（三房）の二蓮華を持つ。未敷蓮華は頭の左、開敷蓮華は右に伸びる。右手は掌を仰向けて、小指・無名指を屈して、肩の辺に上げる。赤蓮華に坐す。〔**印相**〕蓮華合掌　〔**真言**〕オン　アリヤダラアリ　ソワカ　oṃ　āryadharāri　svāhā（オーン　聖なる保持者よ　スヴァーハー）、または、オン　アリヤ　ボギャバテイ　ソワカ　oṃ āryabhogavati svāhā（オーン　聖なる豊財よ　スヴァーハー）

〔**解説**〕豊財とは財の豊かさを意味する。『大日経』では資財主と記される。『大日経疏』によると、この尊は福徳と智慧の財が豊かで安寧と幸福を求めるものに自在に財を施与する、と説かれる。右手に伸びる開敷蓮華は仏の智慧の財、左手に伸びる未敷蓮華は衆生の心が仏種を具える豊かさを表す、とする解釈も伝統的に行なわれている。この尊はサンスクリットの名称からして、豊かな恵みをもたらす神聖さを見るインドの伝統的な女神のイメージがあったと思われる。

33・豊財菩薩

34・不空羂索観音菩薩

34 不空羂索観音菩薩（ふくうけんじゃくかんのんぼさつ） Amoghapāśa（アモーガパーシャ）

mo
モウ
ボウ

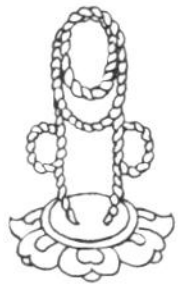

〔密号〕等引金剛　**〔三形〕**羂索　**〔尊形〕**白肉色。宝冠に化仏を戴く。三面各三目。四臂。左第一手に開蓮華、第二手に羂索、右第一手に念珠、第二手に澡瓶（そうびょう）を持つ。鹿皮の衣を着け、赤蓮華に坐す。**〔印相〕**不空羂索印（蓮華合掌をして、二頭指・二大指を外縛し、右大指を左大・頭指の間に入れる）**〔真言〕**オン　アボキャ　ハンドマ　ハンシャ　コロダ　カラシャヤ　ハラベイシャヤ　マカハジャハテイ　エンマ　バロダ　クベイラ　ボラカンマ　ベイシャダラ　ハンドマコラ　サンマヤ　ウン　ウン　oṃ amoghapadmapāśakrodhākarṣaya praveśaya mahāpaśupati yama varuṇa kuvera brahmaveṣadhara padmakulasamaya hūṃ hūṃ（オーン　空しからざる蓮華と羂索を持つ忿怒（ふんぬ）尊よ　引きよせ　入らしめよ　大いなる獣主〔シヴァ神〕よ　閻魔天よ　水天よ　増長天よ　梵天の姿をとるものよ　蓮華部の誓願あるものよ　フーン　フーン）

〔解説〕羂索（けんさく）とは網と釣糸のことで、大悲の網で煩悩にまとわれる衆生という鳥を捕らえ、利益をもたらす釣糸を垂らして生死の苦海に沈む衆生という魚を釣りあげる。この働きが空しくないので不空羂索の名がある。あるいは羂も索も共に衆生を彼岸に導く縄であるとする説もある。この尊には一面、三面、十一面；二臂（ひ）、四臂、六臂、八臂、十臂、十八臂、三十二臂などと異なった像が多い。この尊の密教の修法を説いた『不空羂索経』がある。この経には過去世に観自在菩薩が世間自在王如来より受けた不空羂索観音の陀羅尼（だらに）を誦すると、現世に20の功徳、臨終時に8の利益を得ることが説かれる。ある経典によると、孝行な息子が母の盲目を治すため、鹿皮を着て鹿の乳を求めていたところ、狩人が彼を誤って射ってしまった。神々は彼を哀れみ、蘇生させて母の眼も癒（いや）した。この孝行息子がこの尊の前世であった。この因縁でこの尊は鹿皮を着るともいう。また鹿は獣の中でも特に子を思う気持ちが強いので、鹿皮で衆生を憐れむこの尊の気持ちが特に強いことを表す、ともされる。

---

35 水吉祥菩薩（すいきちじょうぼさつ） Dakaśrī（ダカシュリー）

sa
サ

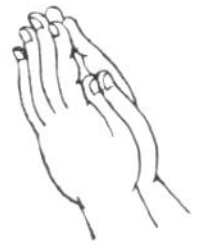

〔密号〕潤生金剛　**〔三形〕**蓮華　**〔尊形〕**浅黄

色。左手に未敷(みふ)蓮華を持ち、右手は施無畏(せむい)にして、赤蓮華に坐す。〔**印相**〕蓮華合掌　〔**真言**〕18に同じ。あるいは、オン　アリヨウダキャシリ　ソワカ　oṃ āryodakaśrī svāhā（オーン　聖なる水吉祥よ　スヴァーハー）

〔**解説**〕『大日経疏』に「水吉祥はあるいは蓮中より水を出し、あるいは手を垂れて水を出す」とある。大日如来の瓶水を衆生に注ぎ、国土や体に潤いを与えるとされ、潤生金剛の密号がある。この尊の由来する『不空羂索経』では左手に蓮華を持ち、右手は掌を挙げて半跏(はんか)に坐す、とされる。伝統的な解釈では水月観音と同体とする。

---

36 **大吉祥変菩薩**(だいきちじようへんぼさつ) Lakṣmīmahāvidyā(ラクシュミーマハーヴィドヤー)

sa
サ

〔**密号**〕動用金剛　〔**三形**〕開合蓮華　〔**尊形**〕白肉色。左手は臂を立て拳を伏せて開合蓮華を持つ。右手は掌を仰向けて大指を屈して左に向ける。顔はやや左上を向く。赤蓮華に坐す。〔**印相**〕蓮華合掌　〔**真言**〕18に同じ。あるいは、オン　ラクシャビ　マカビヂエイ　ソワカ　oṃ lakṣmi mahāvidye svāhā（オーン　吉祥なるものよ　偉大な明妃よ　スヴァーハー）

〔**解説**〕如幻(にょげん)三昧に住し、種々に姿を変現して無量の衆生を救済するので、大吉祥変という。この尊も『不空羂索経』に由来するが、そこでは尊名は落訖悉弭菩薩(らきしびぼさつ)と音写される。これはサンスクリットの lakṣmī（吉祥）にあたる。また上記の真言もそのようになっている。したがって尊名も Lakṣmīmahāvidyā(ラクシュミーマハーヴィドウヤー) であったと思われる。ところが伝統的に尊名は Lakṣmāmahāvidyā(ラクシュマーマハーヴィドヤー) とされてきた。その場合 lakṣma(n)(ラクシュマ)とは善兆を意味し、この尊は祥瑞大明とも称される。

35・水吉祥菩薩

36・大吉祥菩薩

37・白処尊菩薩

37 白処尊菩薩（びゃくしょそんぼさつ） Pāṇḍaravāsinī（パーンダラヴァーシニー）

pa
ハ

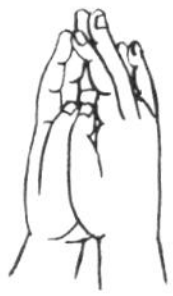

〔密号〕離垢金剛、普化金剛　**〔三形〕**開敷（かいふ）蓮華 **〔尊形〕**白黄色。白衣を着る。左手に開敷蓮華を持ち、右手は与願にして赤蓮華に坐す。**〔印相〕**白処尊印（虚心合掌をして、二無名指を掌中に屈し入れ二大指を並べ屈して無名指に着ける）　**〔真言〕**ノウマク　サマンダボダナン　タタギャタビシャヤ　サンバンベイ　ハンドマママリネイ　ソワカ　namaḥ samantabuddhānāṃ tathāgatavisayasaṃbhave padmamālini svāhā（普き諸仏に帰命す　如来の境界から生じたものよ　赤蓮華の首飾りをするものよ　スヴァーハー）

〔解説〕尊名の梵語は「白き処に住するもの」とも「白衣を着たもの」とも解せる。それゆえ、白処尊とも白衣観音とも漢訳される。『大日経』では多羅菩薩の右に置くとある。そうなると現図では大明白身菩薩（→胎22）の位置となる。しかし御室版では第三列の最下に置かれる。『大日経疏』では白とは仏の境界より生じる菩提心を指す。この菩提心たる白処に住するなら諸仏を生み出すので、この尊は観音の母、蓮華部の主であると説く。この尊を星宿の主として息災等の修法が行なわれる。

38・多羅使者

38 多羅使者（たらししゃ） Tārāceṭī（ターラーチエーテイー）

dhī
チ

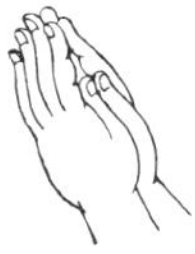

〔密号〕なし　**〔三形〕**未敷（みふ）蓮華　**〔尊形〕**肉色。両手で未敷蓮華を持ち、蓮台上にひざまずく。
〔印相〕蓮華合掌　**〔真言〕**ノウマク　サマンダボダナン　ジ　シリ　カン　ボラン　ソワカ　namaḥ samantabuddhānāṃ dhi śri haṃ braṃ svāhā

（普き諸仏に帰命す　智者よ　吉祥なるものよ　ハン　ブラン　ソワカ）

〔**解説**〕『諸説不同記』や『石山七集』では、多羅菩薩（→胎21）の左後ろに位置すると説かれるが、現図では右前に描かれる。いずれにしろ、『大日経』『大日経疏』には説かれない尊なので、左右のどちらに描くかは、儀軌（ぎき）に根拠をもつものではない。この尊の梵名ターラーチェーティーとは、多羅菩薩の召使いという意味である。この尊の真言は『大日経』普通真言蔵品に説かれる「諸奉教者の真言」である。そして、この真言は以下の蓮華部院の諸使者の共通の真言でもある。

---

39 奉教使者（ぶぎょうししゃ） Pratihārī（プラティハーリー）

dhī
チ

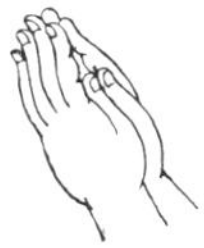

〔**密号**〕なし　〔**三形**〕なし　〔**尊形**〕肉色。左手に蓮華を持ち、右手は股を押え、蓮台に坐す。〔**印相**〕蓮華合掌　〔**真言**〕38に同じ。

〔**解説**〕この尊は東寺（とうじ）曼荼羅（元禄本）には描かれていないが、高雄（たかお）曼荼羅には描かれている。諸説があり、確定しにくいが、観蔵院曼荼羅では、位置は高雄曼荼羅に倣（なら）い、尊容は『石山七集』等を参照した。この尊を描くことにより東寺曼荼羅では蓮華部の使者が15尊であるのに対して、観蔵院曼荼羅では16尊となる。

---

40 蓮華軍荼利（れんげぐんだり） Padmakuṇḍalī（パドウマクンダリー）

ku
コウ

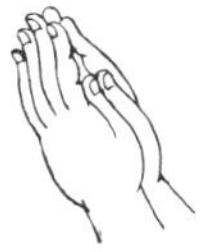

〔**密号**〕降伏金剛　〔**三形**〕未敷蓮華　〔**尊形**〕肉色。火髪を逆立て、天衣を着し、左手に未敷蓮華を持ち、蓮台上に左膝を立てて坐す。〔**印相**〕蓮華合掌　〔**真言**〕38に同じ。

〔**解説**〕聖観自在菩薩（→胎17）の右前に位置する。一般に軍荼利（ぐんだり）明王として知られる。金剛界曼荼羅では宝生如来の教令輪身（きょうりょうりんじん）として働く（→金11）。胎蔵曼荼羅では仏部・蓮華部・金剛部にこの尊が働き出る。ここではそのうちの蓮華部の働きに現れ出た尊として描かれる。ちなみに、仏部の軍荼利明王は蘇悉地院（→胎207）、金剛部のそれは金剛手院（→胎77）に描かれている。軍荼利明王は種々の密教経典や儀軌（ぎき）に説かれ、単独の尊として尊崇された。軍荼利の意味に関しては金剛軍荼利（→胎77、207）の説明を参照。

41 鬘供養（まんくよう） Mālāpūjā（マーラープージャー）

41・鬘供養

ma
マ

〔**密号**〕大輪金剛　〔**三形**〕華鬘（けまん）　〔**尊形**〕肉色。両手に華鬘を持ち(現図にはなし)、天衣を着て蓮台上に坐す。〔**印相**〕蓮華合掌にして額に当てる。

〔**真言**〕ノウマク　サマンダボダナン　マカマイタリヤビユドギャテイ　ソワカ namaḥ samantabuddhānāṃ mahāmaitryabhyudgate svāhā（普き諸仏に帰命す　大いなる慈しみより出現したものよ　スヴァーハー）

〔**解説**〕大吉祥大明菩薩（→胎28）の使者。鬘とはもともと装身具としての花の首飾りを意味し、大乗仏教になって仏・菩薩を供養するために仏堂を荘厳する道具となった。一般に華鬘（けまん）といわれる。ここではこの華鬘の供養の徳が人格的に表現されている。『諸説不同記』には、この尊は両手で一つの華鬘を持つとし、現図はそれを描き落としていると推測する。『石山七集』は両手に香炉を持ち、焼香供養とする可能性を指摘する(『諸尊便覧』は華鬘を持つとする)。観蔵院曼荼羅では本来の意義からして、華鬘を両手に持つことにした。真言は『大日経』具縁品に説かれる「華鬘（けまん）の真言」である。この真言は真言宗の基本的な修法である「十八道」における五供養のうちの華鬘にも使われている。

42・蓮華部使者

42 蓮華部使者（れんげぶししゃ） Padmakulaceṭī（パドウマクラチエーテイー）

dhī
チ

〔**密号**〕なし　〔**三形**〕金剛盤上の蓮華　〔**尊形**〕肉色。天衣を着し、蓮華を盛った金剛盤を持つ。ひざまずき、左膝を立てて、蓮台に坐す。〔**印相**〕蓮華合掌　〔**真言**〕38に同じ。

〔**解説**〕この使者については、種々のテキストで記述が異なる。ここでの尊形は『秘蔵記』の記述が最も近い。『諸尊便覧』では、左手に剣、右手に蓮華を持つと記述され、49の使者と同じ尊形とされている。

43 44 45 蓮華部使者（れんげぶししゃ） Padmaceṭī（パドウマチエーテイー）

dhī
dhī dhī
ジ

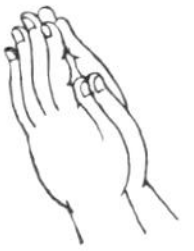

〔**密号**〕なし　〔**三形**〕蓮華剣　〔**尊形**〕肉色。中央の使者は左手に蓮華を、右手に剣を持つ。両脇

の使者は合掌する。各々がそれぞれ蓮台上にひざまずく。〔印相〕蓮華合掌　〔真言〕38に同じ。
〔解説〕東寺曼荼羅では大随求菩薩（→胎24）の右前に描かれる。『石山七集』では窣覩波大吉祥菩薩（→胎25）の前にあるとされる。『秘蔵記』によれば、各使者はそれぞれ蓮華を手にすることになっている。『諸説不同記』は、現図曼荼羅では中央の使者が剣を持ち、左右の使者が合掌すると記す。

43・44・45・蓮華部使者

---

46 蓮華部使者（れんげぶししゃ） Dūtī（ドゥーティー）

dhī
チ

46・蓮華部使者

〔密号〕なし　〔三形〕未敷蓮華　〔尊形〕肉色。半跏にして、左膝を立てて坐す。右手は拳にして腰に安ずる。左手は立てた膝に当てて、未開敷の蓮華を持つ。〔印相〕蓮華合掌　〔真言〕38に同じ。
〔解説〕サンスクリット名のドゥーティーとは、男女の間をとりもつ女性の使者を意味する。『諸尊便覧』では、この位置に当たる使者は蓮華を盛った金剛盤を持つことになっているが、他の使者と混同したものと思われる。

---

47 宝供養（ほうくよう） Ratnapūjā（ラトナプージャー）

ra
ラ

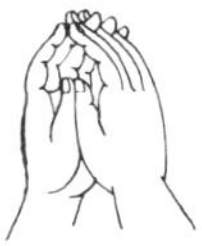

47・宝供養

〔密号〕供奉金剛　〔三形〕金剛盤上の宝珠　〔尊形〕肉色。蓮台上に跪いて、両手に宝珠を載せた金剛盤を持つ。髪を結ぶ布が背後にたなびく。〔印相〕普供養の印　〔真言〕オン　アボキャホジャ　マニハンドマバジレイ　タタギャタビロキテイ　サンマンダハラサラ　ウン　oṃ amoghapūjāmaṇi padmavajre tathāgatavilokite samantaprasara hūṃ（オーン 空しからざる供養の宝珠を具えるものよ 蓮華と金剛を持つものよ 如来の観察をなすものものよ 普く行きわたれ フーン）

〔解説〕 如意輪菩薩（→胎27）の使者で、宝珠を供養する。宝珠はあらゆる願いを満たすことを象徴する。真言は、真言宗の基本的な修法である「十八道」における普供養（広大不空摩尼供養）の真言である（→胎202）。この真言を唱えて供養すると、宝珠があらゆる願いを満たすように、その供養の効験は普きわたって全世界に及ぶとされる。

---

48 焼香菩薩（しょうこうぼさつ） Dhūpapūjā（ドゥーパプージャー）

48・焼香菩薩

dhu
ド

dha
ダ

〔密号〕 なし **〔三形〕** 香炉 **〔尊形〕** 肉色。天衣を着し、蓮台上に坐し、両手で香炉を持つ。**〔印相〕** 小・無名・中指の三指の背を合わせて並べ立て、二頭指の先を相接し、二大指を伸べ二頭指の側につける。**〔真言〕** ノウマク サマンダボダナン タラマダトバドギャテイ ソワカ namaḥ samantabuddhānāṃ dharmadhātvanugate svāhā（普き諸仏に帰命す 法界に行きわたるものよ スヴァーハー）

〔解説〕 香煙を供養する使者である。印相は頭指と大指で香炉を形どり、他の指は香炉から出る煙を表す。香煙が清らかさを行きわたらせるように、この供養はどこまでも行きわたり、あらゆるものを清らかにする。真言は『大日経』における焼香供養の真言で、「十八道」の五供養のうちの焼香供養において唱えられる。塗香（ずこう）菩薩（→胎52）と共に水吉祥菩薩（→胎35）の使者。

---

49 蓮華部使者（れんげぶししゃ） Padmakulaceṭī（パドウマクラチエーテイー）

49・蓮華部使者

dhī
チ

〔密号〕 なし **〔三形〕** 未敷蓮華（みふれんげ）と剣 **〔尊形〕** 肉色。左手に剣、右手に未敷蓮華を持つ。天衣を着し、蓮台上に坐す。**〔印相〕** 蓮華合掌 **〔真言〕** 38に同じ。

〔解説〕 この尊の働きは明確には分からないが、金剛手院の金剛使者（→胎83）と同様の働きをすると対称的に考えられ、智慧の象徴である剣が描かれたとも推測できる。

50 蓮華部使者（れんげぶししゃ） Dūtī（ドウーティー）

dhī
チ

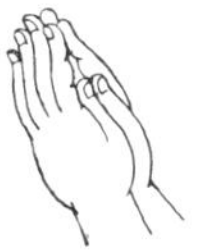

〔**密号**〕なし　〔**三形**〕金剛盤上に花　〔**尊形**〕肉色。蓮台上にひざまずき、左手に花を載せた金剛盤を持ち、右手はそれを支える。〔**印相**〕蓮華合掌〔**真言**〕38に同じ。

〔**解説**〕この尊の働きや功徳は、いずれの注釈書にも説かれていない。

---

51 蓮華部使者（れんげぶししゃ） Dūtī（ドウーティー）

dhī
チ

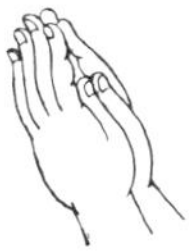

〔**密号**〕なし　〔**三形**〕なし　〔**尊形**〕肉色。天衣を着し、左膝を立てて蓮台上にひざまずき、両手で数房の未敷（みふ）蓮華を載せた金剛盤を捧げる。〔**印相**〕蓮華合掌　〔**真言**〕38に同じ。

〔**解説**〕『諸説不同記』に宝供養菩薩とされるが、注釈にある通り、蓮華部使者である。『石山七集』にはない。不空羂索観世音菩薩（→胎34）の使者。種字は『諸尊便覧』では、ボラン（braṃ）となっているが、ここでは他の使者にならってチ（dhī）とした。

---

52 塗香菩薩（ずこうぼさつ） Gandhapūjā（ガンダプージャー）

ga
ギャ

〔**密号**〕なし　〔**三形**〕塗香器　〔**尊形**〕肉色。蓮

台上にひざまずき、両手は合掌して未敷蓮華を持つ。〔**印相**〕左手で右手首を握り、右手の五指を伸べ、肘を立てて外に向ける。額・口・胸に当てて垂れおろし、塗香を塗るしぐさをする。〔**真言**〕ノウマクサマンダボダナン　ビシュダゲンドドハンバヤ　ソワカ　namaḥ samantabuddhānāṃ viśuddhagan-dhodbhavāya svāhā（普き諸仏に帰命す　清らかなる香気より生じるものに　スヴァーハー）

〔**解説**〕焼香菩薩（→胎48）と共に水吉祥菩薩（→胎35）の使者。この使者のサンスクリット名は香気を供養する者の意味である。漢訳名の塗香とは、元来インドで体臭を消すために用いられ、密教では行者が仏の境地を体現するために体に塗る香を意味する場合と、本尊に香気を供養する場合とがあり、ここでは後者の意味である。真言は『大日経』の塗香供養の真言であり、「十八道」の修法の五供養のうちの塗香供養の真言として唱えられている。

53 蓮華部使者 Dūtī

dhī
チ

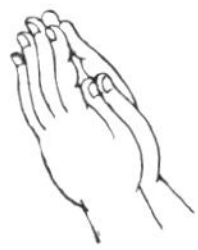

〔**密号**〕なし　〔**三形**〕合掌手　〔**尊形**〕肉色。天衣を着し、蓮台上にひざまずき、両手は合掌する。

〔**印相**〕蓮華合掌　〔**真言**〕38に同じ。

〔**解説**〕大吉祥変菩薩（→胎36）の使者。

金剛手院

中台八葉院の南方、向かって右側に位置し、蓮華部院（観音院）に対する。薩埵院とも金剛部院ともいう。金剛薩埵を主尊とするので薩埵院であり、仏部・蓮華部・金剛部の三部の中では金剛部、すなわち、如来の智慧（大智）の徳を表しているので金剛部院と名付ける。金剛手とは手に金剛（杵）を持つとの意味で、金剛薩埵のことである。金剛薩埵は大日如来から密教を受けた第二祖でもあり、大日如来の教令を実践する密教の中心となる菩薩である。

この院の諸尊は、蓮華部院の諸尊が如来の慈悲（大悲）の徳を表すのに対し、大智の徳を表す。すなわち、智慧を象徴する金剛の杖器をもって、あらゆる惑障を摧破し、大智を輝き出さんとするのである。大悲と大智とは車の両輪のように揃わなければならず、中台八葉院を挟んで蓮華部院、金剛手院の両院が位置しているのも、そのことの肝要さを示唆している。

この院には主尊が三列に21尊、間に小さく描かれた使者が12尊あり、合計33尊から成っている。このうち主尊の21尊を『大日経』に説かれる諸尊と対照させると次頁の表のようになる。

すなわち、主尊21尊のうち「具縁品」に説かれるのは5尊のみであり、「秘密曼荼羅品」に依拠している院であることが分かる。

また、使者の12尊のうち、85の金剛使者は高雄曼荼羅と御室曼荼羅には欠いており、東寺曼荼羅と伝真言院曼荼羅に登場している。

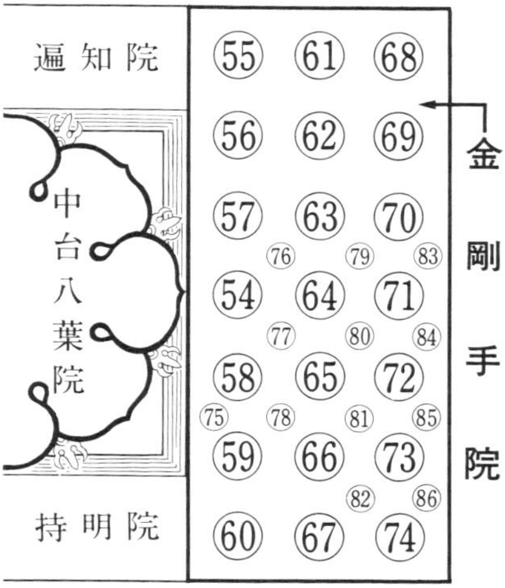

54. 金剛薩埵
55. 発生金剛部菩薩
56. 金剛鉤女菩薩
57. 金剛手持金剛菩薩
58. 持金剛鋒菩薩
59. 金剛拳菩薩
60. 忿怒月黶菩薩
61. 虚空無垢持金剛菩薩
62. 金剛牢持金剛菩薩
63. 忿怒持金剛菩薩
64. 虚空無辺超越菩薩
65. 金剛鏁菩薩
66. 金剛持菩薩
67. 持金剛利菩薩
68. 金剛輪持菩薩
69. 金剛説菩薩
70. 懌悦持金剛菩薩
71. 金剛牙菩薩
72. 離戯論菩薩
73. 持妙金剛菩薩
74. 大輪金剛菩薩

（使　者）

75. 金剛使者
76. 〃
77. 金剛軍荼利
78. 金剛鉤女
79. 金剛使者
80. 大力金剛
81. 金剛童子
82. 孫婆
83. 金剛使者
84. 金剛拳
85. 金剛使者
86. 金剛王菩薩

	現図曼荼羅	「秘密曼荼羅品」	「具縁品」	「密印品」
54	金剛薩埵	持金剛慧者	金剛蔵	勤勇
55	発生金剛部	金剛部主		
56	金剛鉤女	金剛鉤		
57	金剛手持金剛		忙莽鶏	部母
58	持金剛鋒		大力金剛針	素支
59	金剛拳			金剛拳
60	忿怒月黶		月黶尊	大徳持明王
61	虚空無垢持金剛	虚空無垢		
62	金剛牢持金剛	寂然金剛		
63	忿怒持金剛	大忿		
64	虚空無辺超越	無量虚空歩		
65	金剛鎖		金剛商佉羅	商佉
66	金剛持	金剛		
67	持金剛利	迅利		
68	金剛輪持	金剛輪		
69	金剛説	名称		
70	懌悦持金剛	妙住		
71	金剛牙	牙		
72	離戯論	住無戯論		
73	持妙金剛	妙金剛		
74	大輪金剛	大金剛		

---

54 金剛薩埵（こんごうさった） Vajrasattva（ヴアジュラサットヴア）

hūṃ
ウン

vaṃ
バン

〔密号〕真如（しんによ）金剛　〔三形〕五鈷（こしよ）金剛杵　〔尊形〕白黄色。左手を拳にして左の胸に当てる。右手は右の胸に当て、三鈷杵を持つ。赤蓮華に坐る。

〔印相〕内五鈷印　〔真言〕ノウマク　サマンダバザラダン　センダマカロシャダ　ウン　namaḥ samantavajrāṇāṃ caṇḍamahāroṣaṇa hūṃ（普き金剛部族に帰命（きみよう）す　威猛にして大忿怒なるものよ　フーン）

〔解説〕金剛手院の主尊である。金剛薩埵とは「金剛石のように堅固な意志を持って悟りに向かう人」という意味である。種字のバンはヴァジュラサットヴァの頭文字である。ウンは金剛手院の共通の種字であり、金剛の武器をもって一切の怨敵を撃ち破るように、金剛杵に喩える智慧をもって一切の惑障を摧破(さいは)する能破の意味である。金剛界曼荼羅の金剛薩埵は左手に鈴、右手に金剛杵を持つが、胎蔵曼荼羅では鈴は持っていない。虚空蔵院の一百八臂(ぴ)金剛蔵王菩薩（→胎199）と同体である。（→金７）

---

55 発生金剛部菩薩（ほっしょうこんごうぶぼさつ） Vajrakulodbhava（ヴァジュラクロードバヴァ）

va
バ

〔**密号**〕不壊金剛　〔**三形**〕独鈷杵（とっこしょ）　〔**尊形**〕浅黄色。定印の上に独鈷杵を立て、天衣を着けて赤蓮華に坐る。〔**印相**〕持地印　〔**真言**〕ノウマク　サマンダバザラダン　ウン　ウン　ウン　ハッタ　ハッタ　ザン　ザン　ソワカ　namaḥ samantavajrāṇāṃ hūṃ hūṃ hūṃ phaṭ phaṭ jaṃ jaṃ svāhā（普き金剛部族に帰命す　フーン　フーン　フーン　パット　パット　ジャン　ジャン　スヴァーハー）〔一切持金剛真言〕

〔**解説**〕金剛部発生とも称し、金剛手院中の第一尊であり、金剛部の諸尊を金剛手院中に発生させることを司る菩薩。独鈷杵は菩提心を表す。護身法の第四金剛部三昧耶の印と真言はこの尊の名前であり、そのときの真言は、オン　バゾロ　ドハンバヤ　ソワカ　oṃ vajrodhavāya svāhā（オーン　金剛部発生菩薩に　スヴァーハー）である。この真言は一百八臂金剛蔵王菩薩（→胎199）の真言でもある。なお真言の意味については76頁参照。

54・金剛薩埵

55・発生金剛部菩薩

56・金剛鉤女菩薩

57・金剛手持金剛菩薩

56 金剛鉤女菩薩（こんごうこうにょぼさつ） Vajrāṅkuśī（ヴアジュラーンクシー）

āḥ
アク

〔密号〕召集（しょうしゅう）金剛　**〔三形〕**三鈷鉾（ほこ）　**〔尊形〕**白肉色。左手に金剛鉤を持つ。右手は与願印。左の足を右の足の上に立て、赤蓮華に坐る。**〔印相〕**大鉤召印　**〔真言〕**ノウマク　サマンダボダナン　アク　サラバタラ　ハラチカテイ　タタギャタン　クシエイ　ボウジシャリヤ　ハリホラケイ　ソワカ
namaḥ samantabuddhānām āḥ sarvatrāpratihate tathāgatāṅkuśe bodhicaryaparipūrake svāhā（普き諸仏に帰命す　アーハ　一切所に障り無きものよ　如来を鉤召するものよ　菩提行を円満させるものよ　スヴァーハー）〔大鉤召真言〕

〔解説〕この菩薩の印を結び真言を唱えて、諸仏諸菩薩を曼荼羅壇に招くのである。また手にした三鈷杵は智慧を表し、その鉤で衆生を引き寄せ、与願印をもって金剛部の智慧を得せしめるという解釈もある。十八道加行の召請の印と真言はこの菩薩のものである。金剛界曼荼羅の金剛鉤菩薩（→金34）と同体であるが、金剛界の鉤菩薩は右手に鉤を持つ。

---

57 金剛手持金剛菩薩（こんごうしゅじこんごうぼさつ）

Vajrahasto（ヴアジュラハストー） vajradharaḥ（ヴアジュラダラツハ）

triṃ
チリン

〔密号〕堅固金剛　**〔三形〕**三鈷杵　**〔尊形〕**浅黄色。左手に三鈷杵を持つ。右手は与願印。赤蓮華に坐る。**〔印相〕**持地印　**〔真言〕**一切持金剛真言→55

〔解説〕金剛手も持金剛も「金剛杵を手に持つもの」という意味であり、金剛薩埵の異名である。

なぜ金剛手と持金剛の二語を続けて尊名となすのか不明である。この尊は経軌(きょうき)に説かれる忙莽鶏(もうもうけい)（Māmakī）に該当する。『大日経』には「堅慧の杵を持ち、身を厳(かざ)るに瓔珞(ようらく)をもってす」とある。マーマキーのマーの字は母の義、マキーは多の義とされ、衆多の母、すなわち、金剛薩埵をはじめ、金剛部の諸尊の母とされる。経軌に説かれる真言は以下のごとし。

ノウマク　サマンダバザラダン　タリタ　タリタ　ジャエンチ　ソワカ　namaḥ samantavajrāṇāṃ triṭ triṭ jayanti svāhā（普き金剛部族に帰命す　トリット　トリット　勝れる尊よ　スヴァーハー）

---

58 持金剛鋒菩薩(じこんごうほうぼさつ)　Vajrāgradhāri(ヴアジュラーグラダーリ)

hūṃ
ウン

〔密号〕迅利金剛　**〔三形〕**一鈷戟(げき)　**〔尊形〕**赤肉色。左手を拳に作り、仰向けて臍下におく。右手は棒を持つ。赤蓮華に坐る。**〔印相〕**持地印　**〔真言〕**一切持金剛真言→55

〔解説〕金剛鋒の鋒とは鋭利な槍のことで、大慧をもって煩悩を貫き破る徳を表す。『大日経』に説く真言は以下のごとし。

ノウマク　サマンダバザラダン　サラバ　タラマニリベイダニ　バザラソシ　バラデイ　ソワカ

namaḥ samantavajrāṇāṃ sarvadharmanirvedhane vajrasūci varade svāhā（普き金剛部族に帰命す　一切法を貫通するものよ　金剛針よ　誓願をかなえるものよ　スヴァーハー）

『大日経』具縁品にこの菩薩の形容句として、大力（mahābala）の語がある。この形容詞は独立して尊名となり、使者である大力金剛（→胎80）となる。この「大力なるもの」は、入壇潅頂の受者を加持して曼荼羅に引き入れ摂取する尊であり、この尊の大悲を具えた智慧により受者はもろもろの成就を得ることができる。そのときの真言は以下のごとし。

オン　ハラチキリカンダ　タバエイマン　サトバ　マカバラ　oṃ pratigṛhṇa tvam imaṃ sattvaṃ mahābala（オーン　大力あるものよ　汝はこのもの〈受者〉を摂取せよ）

59・金剛拳菩薩

60・忿怒月黶菩薩

59 金剛拳菩薩（こんごうけんぼさつ） Vajramuṣṭi（ヴアジュラムシュテイ）

hūṃ
ウン

〔密号〕秘密金剛　**〔三形〕**十字独鈷杵　**〔尊形〕**白肉色。左手を拳に作り、仰向けて腰におく。右の手に十字独鈷杵を執る。**〔印相〕**両の手を拳になし、胸におく。**〔真言〕**ノウマク　サマンダバザラダン　ソワタヤ　バザラ　サンバベイ　ソワカ namaḥ samantavajrāṇāṃ sphoṭaya vajrasaṃbhave svāhā（普き金剛部族に帰命す　摧破せよ　金剛より生じるものよ　スヴァーハー）

〔解説〕金剛界曼荼羅の金剛拳菩薩(→金25)と同体であるが図像的には異なる。この尊は勇猛精進を司る菩薩であり、金剛慧の槌（つち）をもって三毒の煩悩を撃ち散じ破壊する。十字金剛杵は羯磨（かつま）金剛杵ともいい、羯磨とは作業、行為の意味で、良く為すこと勇猛迅速なることを表す。また、この尊は金剛牙菩薩(→胎71)の使者としても登場する。「金剛より生じるもの」とは智慧より生じるものの意味である。

---

60 忿怒月黶菩薩（ふんぬがつてんぼさつ） Krodhacandratilaka（クローダチヤンドラテイラカ）

hrīṃ
キリン

〔密号〕底利（ていり）金剛　**〔三形〕**三鈷戟　**〔尊形〕**青黒色。四臂（ひ）。左右の第一手は印を結ぶ。左の第二手は三鈷戟（げき）を持ち、左の第二手は独鈷杵を持つ。赤蓮華に坐る。**〔印相〕**内五鈷印　**〔真言〕**ノウマク　サマンダバザラダン　キリク　ウン　ハッタ　ソワカ namaḥ samantavajrāṇāṃ hrīḥ hūṃ phaṭ svāhā（普き金剛部族に帰命す　フリーヒ　フーン　パット　スヴァーハー）

〔解説〕月黶は「がつえん」とも読む。月は清浄を意味する。黶(tilaka)とは黒子(ほくろ)のことで、仏の額の白毫を指す。また、これは第三の眼であり、智慧の眼であるといわれる。護摩の灰を額に点(つ)けることによって呪力を発揮し、もろもろの障害を破壊するのである。『大日経』にこの尊を忿怒降三世(ふんぬごうざんぜ)と称しているように、大なる障害を鎮(しず)めるものとして、降三世明王と同じ性格を持つものとされる。四本の牙は空・無相・無願・自性明亮の四解脱を表す。なお、種字に関して、その真言から類推されるキリク(hrīḥ)ではないかという説があるが、ティラカは空点とも解せられるので、キリン(hrīṃ)の種字が作られたと考えられる。

61 虚空無垢持金剛菩薩(こくうむくじこんごうぼさつ)

Gaganāmalavajradhara(ガガナーマラヴアジュラダラ)

hūṃ
ウン

〔密号〕離染金剛　〔三形〕独鈷杵(とっこしょ)　〔尊形〕肉色。左手に独鈷杵を持ち、右手は与願印。白蓮華に坐る。〔印相〕戟印　〔真言〕一切持金剛真言→55
〔解説〕『大日経』「住心品」に、大日如来の対告(たいごう)衆(しゅ)として十九執金剛が登場するが、この菩薩はその第一に挙げられ、衆生が本来具有する菩提心の徳を表す。すなわち、清らかな虚空が何の障(さわ)りも無いように、一切の執着戯論(けろん)を離れて、無垢にして無染、妄分別のない心を表したものである。

62 金剛牢持金剛菩薩(こんごうろうじこんごうぼさつ) Śivajradhara(シヴアジュラダラ)

hūṃ
ウン

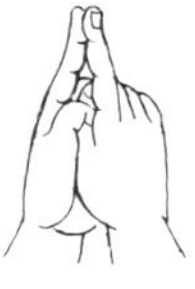

〔密号〕守護金剛　〔三形〕独鈷杵　〔尊形〕白肉色。左手に独鈷杵を持つ。右手は与願印。赤蓮華

61・虚空無垢持金剛菩薩

62・金剛牢持金剛菩薩

63・忿怒持金剛菩薩

に坐る。〔印相〕槌印（内縛して二頭指を並べ立て二肘並べ合わす）〔真言〕一切持金剛真言→55

〔解説〕梵名のシ（śi）の字は「鋭い」という意味で、研ぎ澄まされた智慧を身に具える。すなわち、堅牢であることを表す。一切衆生を堅く守護する尊である。『大日経』秘密曼荼羅品の寂然金剛に当たる。寂然の語はシの語をシー（śī）「横たわる、休む」の意味に解したものと思われる。

---

63 忿怒持金剛菩薩（ふんぬじこんごうぼさつ）

ヴァジュラーグラバジュラダラ
Vajrāgravajradhara

hūṃ
ウン

〔密号〕威猛金剛　〔三形〕三鈷杵　〔尊形〕赤肉色。左手に三鈷杵を持つ。右手は与願印。右膝を立て、白蓮華に坐る。〔印相〕戟印　〔真言〕一切持金剛真言→55

〔解説〕梵名のヴァジュラ・アグラ（vajrāgra）は突端の鋭い武器であろう。忿怒持金剛ならば、クローダヴァジュラダラ（Krodhavajradhara）の梵名が考えられる。鋭利な金剛杵を持つところから忿怒の名を付けたのであろう。この尊はその武器に象徴される極猛利なる智慧をもって惑障を摧破することを表す。『大日経』秘密曼荼羅品には大忿とあり、『大日経疏』には大分とある。分は忿の誤りと思われるが、同疏には「大者の分なり、即ち、これ大心衆生の体分なり」と釈している。

64・虚空無辺超越菩薩

64 虚空無辺超越菩薩（こくうむへんちょうおつぼさつ）

ガガナーナンタヴィクラマ
Gaganānantavikrama

hūṃ
ウン

〔**密号**〕広大金剛　〔**三形**〕三鈷杵　〔**尊形**〕浅黄色。左手に三鈷杵を持つ。右手は与願印。右膝を立て、赤蓮華に坐る。〔**印相**〕持地印　〔**真言**〕一切持金剛真言→55

〔**解説**〕第二列目の中心に位置し、この列の中心尊である。『大日経』秘密曼荼羅品の無量虚空歩、住心品の十九執金剛の第二虚空遊歩持金剛である。虚空無辺とは、如来の智慧は天空のように広大で、無量であるところからの名であり、さらには天空をも越えたものであるところから超越の名がある。広大無辺の利益をもたらす浄菩提心の徳を表す。ヴィクラマ(vikrama)とは勇気をもって歩む意味であり、遊歩と訳される。『大日経疏』には遊歩に不住・勝進・神変の義があるとし、浄菩提心は決して一所に留まることなく、常に進んで万行を修行し、大神通を起こすという。

---

65 金剛鏁菩薩（こんごうさぼさつ）　Vajraśṛṅkhara（ヴアジュラシュリンカラ）

baṃ
バン

〔**密号**〕堅持金剛　〔**三形**〕金剛鎖　〔**尊形**〕浅黄色。左手を拳になし、仰向けて腰におく。右手に鎖を持ち、右膝を立て、赤蓮華に坐る。〔**印相**〕転法輪印　〔**真言**〕ノウマク　サマンダバザラダン　マンダヤ　マンダヤ　ボウタ　ボウタヤ　バザロードハンベイ　サラバタラ　ハラチカティ　ソワカ

namaḥ samantavajrāṇāṃ bandhaya bandhaya moṭa moṭaya vajrodbhave sarvatrapratihate svāhā（普き金剛部族に帰命す　縛れや　縛れ　砕けや　砕け　金剛より生じるものよ　一切所に障りなきものよ　スヴァーハー）

〔**解説**〕梵名のシュリンカラは足枷、鎖の意味で、両端に金剛杵の頭が付いた鎖をもって、頑固で導き難い衆生を悟りにつなぎ止めることを表す。種字のバンは真言のバンダヤ（bandhaya）の頭文字であり、束縛の意味である。「縛れや　縛れ」とは悟りに縛り付ける意味であるが、一説に、二種の束縛、すなわち煩悩障と所知障を離れしめることであるとされる。「砕けや　砕け」の真言はこの二障を砕くことを表す。

66・金剛持菩薩

66 金剛持菩薩 Vajradhara

hūṃ
ウン

〔**密号**〕常定金剛　〔**三形**〕独鈷杵　〔**尊形**〕白黄色。左右の手に各独鈷杵を持つ。天衣を着し、赤蓮華に坐る。〔**印相**〕持地印　〔**真言**〕一切持金剛真言→55

〔**解説**〕梵名は単に金剛杵を持つものの意味であるが、この尊の場合は密号に常定金剛とあるように、金剛のように堅固でこれ以上勝れたものがない禅定に入り、如来の智慧を常に蓄え持して退失させないことを表す。真言は金剛部の通真言であるが、三個のフーンは大空行三昧、すなわちこの尊の三昧（無勝定）を表し、二個のパットは煩悩・所知の二障を摧破し、ジャンは生の意味で、これを二つ重ねるのは再生を意味し、もろもろの障害を破し、大空のような法界（真実の世界、仏の身）に生を得ることを表している。

67・持金剛利菩薩

67 持金剛利菩薩 Vajrāgradhara

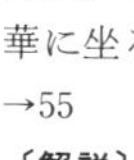

hūṃ
ウン

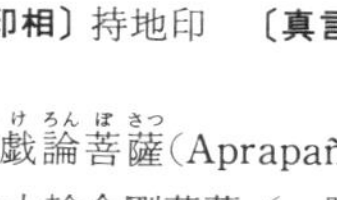

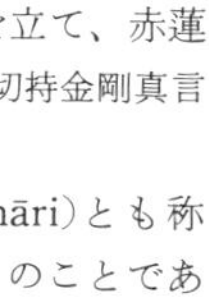

〔**密号**〕無量語金剛　〔**三形**〕独鈷杵　〔**尊形**〕赤肉色。左手に独鈷杵を持つ。右の膝を立て、赤蓮華に坐る。〔**印相**〕持地印　〔**真言**〕一切持金剛真言→55

〔**解説**〕住無戯論菩薩（Aprapañcavihāri）とも称す。この尊は大輪金剛菩薩（→胎74）のことであるともされるが、持ち物の器杖が合わない。『大日経』秘密曼荼羅品の迅利菩薩に当たる。『秘蔵記』には住無戯論菩薩・持金剛利菩薩・離戯論菩薩の三菩薩が説かれるが、現図では住無戯論が省かれている。また住無戯論と離戯論とは同じ意味であり、秘密曼荼羅品の住無戯論は現図の離戯論に当たる。この三者は『秘蔵記』によれば、「左に独鈷杵を持つ」とのみあり、図像的には近似している。住無戯論と離戯論とを同体となし、持金剛利と離戯論の二菩薩に統一するのが妥当と思われるが、ここでは持金剛利と住無戯論とを一緒にする従来の説に従った。金剛利とは鋭利な武器にも喩えられる鋭い智慧を表している。密号の無量語金剛は無異語金剛の誤りで、住無戯論菩薩の密号である。

---

68 金剛輪持菩薩（こんごうりんじぼさつ） Cakravajradhara（チャクラヴアジュラダラ）

ca　　　striya
シャ　　シチリヤ

〔密号〕摧伏（さいぶく）金剛　**〔三形〕**金剛輪　**〔尊形〕**肉色。左手を覆（ふ）せて膝におき、右手は胸の前で中指・無名指を屈して、余の三指を立て、頭指の先端に輪を水平におく。**〔印相〕**大金剛輪懺悔印（虚心合掌し、二無名指と二頭指を内に交え、二小指・二中指・二大指を相い合して輪のようにする。三角の光明炎あり、二大指の頂上にあって歓喜するくと想え〉）**〔真言〕**ノウマク　シッチリヤ　ヂビキャナン　サラバタタギャタナン　アン　ビラジ　ビラジ　マカシャキャラ　バジリ　サタ　サタ　サラテイ　サラテイ　タライ　タライ　ビタマニ　サンハンジャニ　タラマチ　シッタ　ギリヤタラン　ソワカ　namaḥ tryadhvikānāṃ sarvatathāgatānāṃ aṃ viraji viraji mahācakravajri sata sata sarate sarate trāyi trāyi vidhamani saṃbhañjani tramatisiddhāgrya trāṃ svāhā（三世の一切如来に帰命す　アン　離垢なるものよ　離垢なるものよ　大輪金剛よ　サタ　サタ　サラテー　サラテー　救済するものよ　救済するものよ　破壊するものよ　粉砕するものよ　三慧を成就したものの中の最勝なるものよ　トラーン　スヴァーハー）

〔解説〕チャクラ（輪）は太陽の光線を象徴した日輪で、ヴィシュヌ神の持つ円盤形の武器となった。鋭い刃を持った飛び道具で怨敵（おんてき）を摧破（さいは）するように、金剛輪に喩える智慧をもって罪障を摧伏（さいぶく）することを表す。種字のシチリヤは真言の冒頭から取ったもの。この金剛輪は罪障を摧破するところから、この菩薩の印と真言は修行者の修法中の過誤を消滅するとされ、常に修法の最後に唱えられる。なお、印相については現今使用されている大金剛輪印（二手内縛して二頭指を直く立て合わせ、二中指を二頭指の上節の上にまとい、頭相い拄え、二大指を二頭指の中間に並べそえる）を挙げた。

69・金剛説菩薩

69 金剛説菩薩（こんごうせつぼさつ） Khyātovajradharaḥ（クャートーヴアジュラダラハ）

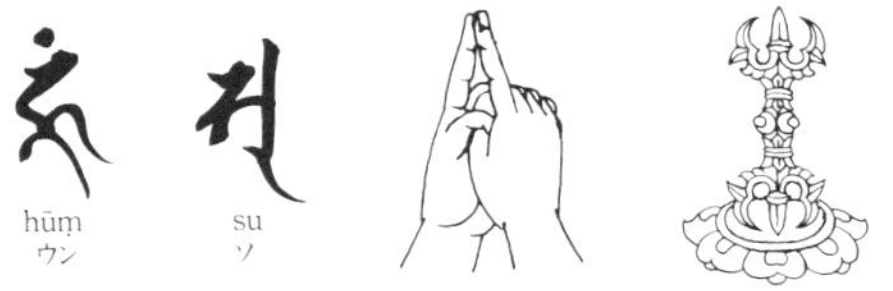

〔密号〕刃迅（じんじん）金剛　**〔三形〕**三鈷杵　**〔尊形〕**白肉色。左手に蓮華を持ち、その上に三鈷杵を立てる。右膝を立て、赤蓮華に坐る。**〔印相〕**金剛針印　**〔真言〕**ノウマク　サマンダバザラダン　サラバタラマニベイダ　バザラソシ　バラデイ　ソワカ　namaḥ samantavajrāṇāṃ sarvadharmanivedhavajrasūci varade svāhā（普き金剛部族に帰命す　一切法を貫く金剛の針よ　誓願を叶えるものよ　スヴァーハー）

〔解説〕この尊は金剛鋭（えい）と呼ばれていたが、梵名からして、鋭は説の誤りで、説は名声が高いという意味である。『大日経』秘密曼荼羅品の名称金剛が当たる。具縁品に説く金剛針菩薩（Vajrasūci）と同体であるという説があるが、この金剛針菩薩は既に持金剛鋒菩薩（→胎58）として登場しており、持ち物も異なるところから別であると考えられる。ただし、印と真言は金剛針菩薩のものであり、種字のソ（su）も sūci（針）から来ている。

70・懌悦持金剛菩薩

70 懌悦持金剛菩薩（ちゃくえつじこんごうぼさつ） Suratavajradhara（スラタヴアジュラダラ）

〔密号〕慶喜（けいき）金剛　**〔三形〕**独鈷杵　**〔尊形〕**浅黄色。左手は拳印を結び、仰向けて臍下におく。右手の掌に独鈷杵を立てる。赤蓮華に坐る。**〔印相〕**持地印　**〔真言〕**一切持金剛真言→55

〔解説〕『大日経』秘密曼荼羅品には妙住とあり、『大日経疏』には蘇喇多（すらた）金剛とある。「妙住なり、いわく共住安穏なり」とあるように、唯だ仏と仏のみ共に安住して、法の楽しみを享受する悦楽の境地を表している。梵名のスラタとは妙適（みょうてき）とも訳され、男女の交わりから生じる性的快楽を意味する言葉であり、修行者が本尊と合一し、一体となった境地に喩えた。妙住とはその合一の状態を指し示した訳語でもあり、密号の慶喜（Ānanda）も肉体的快楽を意味している。

71・金剛牙菩薩

71 金剛牙菩薩（こんごうげぼさつ） Vajradaṃṣṭra（ヴァジュラダンシュトラ）

hūṃ
ウン

〔**密号**〕調伏（ちょうぶく）金剛　〔**三形**〕蓮華上に牙　〔**尊形**〕赤肉色。左手を腰に当て蓮華を持つ。蓮華上に半三鈷杵を置く。右手は四指を屈し胸に当てる。天衣を着し赤蓮華に坐る。〔**印相**〕金剛薬叉大悲三昧耶明印（合掌して上に挙げ、二頭指を曲げて、谷口を作り撥す）　〔**真言**〕ノウマク　サマンダバザラダン　ガビハラ　トロタ　ウン　ソワカ　namaḥ samantavajrāṇāṃ gavībala truṭa hūṃ svāhā（普き金剛部族に帰命す　雌牛の力をもつものよ　破れ　フーン　スヴァーハー）

〔**解説**〕蓮華上の半三鈷杵は牙を表示している。牛が反芻（はんすう）して物をかみ砕くように、苦海に群れをなす剛強難化の衆生を噉食（たんしょく）して調伏することを表す。真言のトロタは音写語に咄嚕烏（トロウ）(tru　u)とあるを改めた。真言の出典は『金剛薬叉瞋怒王息災大威神験念誦儀軌』であるが、そこでは咄嚕烏（トロウ）は設咄嚕烏（シトロウ）（śatru　u）とあり、訳は「怨敵よ　ウ」となる。この怨敵とは魔怨に対する敵の意であろう。

72・離戯論菩薩

72 離戯論菩薩（りけろんぼさつ） Niṣprapañcavihārivajradhara（ニシュプラパンチャヴィハーリヴァジュラダラ）

hūṃ
ウン

〔**密号**〕真行金剛　〔**三形**〕独鈷杵　〔**尊形**〕肉色。左手に独鈷杵を執り立てる。右手は胸前におき、頭指を立てる。右膝を立てて赤蓮華に坐る。
〔**印相**〕持地印　〔**真言**〕一切持金剛真言→55
〔**解説**〕梵名は戯論を滅した世界に住む持金剛の意味で、住無戯論菩薩（67持金剛利菩薩）と同体と考えられる。密号によれば、妄想戯論を滅し離れて真理に安住すべきことを示している。真行とは、すなわち空に住することである。縁起の実相は不生不滅、不断不常、不来不去、不一不異であることを観ずれば、そこにすべての戯論は滅することを表す。

73・持妙金剛菩薩

73 持妙金剛菩薩　Suvajradhara

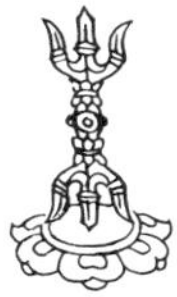

〔**密号**〕微細金剛　〔**三形**〕羯磨鎮壇　〔**尊形**〕白肉色。左手を腰に当て、降三世会の三鈷杵を持つ。右手に独鈷杵を立て、赤蓮華に坐る。〔**印相**〕持地印　〔**真言**〕一切持金剛真言→55
〔**解説**〕『諸説不同記』には梵名をSuvajravajradharaḥ（妙金剛持金剛）とする。妙金剛の妙とは「比べるもののない、これ以上過ぎたるものはない」との意で、微に入り細に亙って、すべての功徳がこれ以上比べるもののないことを示している。『大日経』住心品の十九執金剛の第十妙執金剛に当たる。

74・大輪金剛菩薩

74 大輪金剛菩薩　Mahācakravajra

〔**密号**〕般若金剛　〔**三形**〕三鈷杵、独鈷杵　〔**尊**

形〕白黄色。右手に数珠、左手に五鈷金剛杵を持ち左膝を立て白蓮華に坐る。〔**印相**〕持地印　〔**真言**〕一切持金剛真言→55

〔**解説**〕『大日経』秘密曼荼羅品の大金剛に当たるとされる。また、持金剛利菩薩（→胎67）のことであるともされ、金剛輪持菩薩（→胎68）と同体であるともされる。大輪明王として知られ、虚空蔵院の曼荼羅菩薩（→胎198）と同名であり同体である。大輪の輪、すなわち梵名のチャクラは輪宝のことであるが、曼荼羅のことでもあり、曼荼羅菩薩と同じく曼荼羅を成就する尊である。『諸尊便覧』には左手に独鈷杵を持ち、右膝を立てるとあり、現図とはかなり異なる。尊形の相違など不明の点が多い。

---

75 金剛使者（こんごうししゃ） Vajraceṭa（ヴァジュラチェータ）

75・金剛使者

he
ケイ

〔**密号**〕護法（ごほう）金剛　〔**三形**〕独鈷戟　〔**尊形**〕肉色。右手に棒を持つ。〔**印相**〕奉教刀印　〔**真言**〕ノウマク　サマンダバザラダン　ケイ　ケイ　キンシラヤシ　ギャリカンダ　ギャリカンダ　キャダ　キャダ　ハリホラヤ　サラバ　ハラチゼン　ソワカ

namaḥ samantavajrāṇāṃ he he kiṃcirāyasi gṛhṇa gṛhṇa khāda khāda paripūraya sarvapratijñāṃ svāhā（普き金剛部族に帰命す　オー　オー　汝は何を躊躇しているのか　つかめ　つかめ　食らえ　食らえ　一切の誓願を満たしたまえ　スヴァーハー）〔一切奉教者真言〕

〔**解説**〕持金剛鋒の右前に位置する。梵名のチェータとは奴僕（ぬぼく）の意味で、金剛部の菩薩に奉仕する使者であるところから、金剛使者の名がある。専ら本尊のそばにあって、主尊の命を受け、往ったり来たり、本尊の為すところに従うものである。種字のケイは真言の冒頭にある句で、呼び掛けの間投詞である。

---

76 金剛使者（こんごうししゃ） Vajraceṭa（ヴァジュラチェータ）

76・金剛使者

he
ケイ

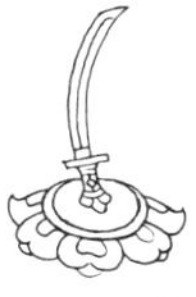

〔**密号**〕護法金剛　〔**三形**〕刀　〔**尊形**〕肉色。忿怒形（ふんぬぎょう）。右手に刀を持って坐る。〔**印相**〕奉教刀印　〔**真言**〕ノウマク　サマンダバザラダン　ケイ　ケイ　キン　シラヤシ　ギャリカンダ　ギャリカンダ　ハリホラヤ　キンキャラダン　ソバ　ハラチゼン　ソ

ワカ namaḥ samantavajrāṇāṃ he he kiṃ cirāyasi gṛhṇa gṛhṇa paripūraya kiṃkarāṇāṃ svapratijñāṃ svāhā（普き金剛部族に帰命す オー オー 汝は何を躊躇しているのか つかめ つかめ 使者たちの各自の誓願を満たしたまえ スヴァーハー）

〔解説〕忿怒持金剛の右前に位置する。75に同じだが、真言に多少の相違がある。

77・金剛軍荼利

77 金剛軍荼利（こんごうぐんだり） Vajrakuṇḍalī（ヴァジュラクンダリー）

hūṃ
ウン

〔密号〕甘露金剛 **〔三形〕**三鈷杵（さんこしょ） **〔尊形〕**肉色。**〔印相〕**大三昧耶印（両の小指を相い交え、掌に入れ、並べて両の無名指を屈し叉間を押す。両の中指を並べ伸べ、両の頭指を屈して鉤のごとくし、中指の初節の後に拄だて、三鈷杵の形のごとくす。両の大指を無名指の背に並べ伸べ、中指の間におく） **〔真言〕**ノウボ アラタンノウ タラヤーヤ ノウマク センダ マカバザラ クロウダヤ オン コロ コロ チシュタ チシュタ バンダ バンダ カナ カナ アミリテイ ウン ハッタ ソワカ namo ratnatrayāya namaś caṇḍamahāvajrakrodhāya oṃ huru huru tiṣṭha tiṣṭha bandha bandha hana hana amṛte hūṃ phaṭ svāhā（三宝に帰命す 猛威なる大金剛忿怒尊に帰命す オーン フル フル 起て 起て 縛せ 縛せ 殺せ 殺せ 甘露尊よ フーン パット スヴァーハー）

〔解説〕金剛薩埵の左前に位置す。軍荼利明王として知られる。仏・蓮・金の三部に各々分けられて、仏部は蘇悉地院の甘露軍荼利、蓮華部は観音院の蓮華軍荼利、金剛部は金剛手院の金剛軍荼利となる。梵名のクンダリーは環の形をしたるものの意で、蛇のことである。軍荼利明王は蛇を体にまとっており、蛇の神秘的な力を象徴したものとして捉えられる。常に蛇を身にまとうシヴァ神と関連づけられる。

78・金剛鉤女

78 金剛鉤女（こんごうこうによ） Vajrāṅkuśī（ヴァジュラーンクシー）

hūṃ
ウン

āḥ
アク

〔密号〕召集金剛 **〔三形〕**鉤 **〔尊形〕**肉色。右膝を立て左足の掌を踏む。左手に金剛鉤を持ち、右腕を右膝におく。天衣を着す。**〔印相〕**大鉤召印 **〔真言〕**大鉤召真言→56

〔解説〕持金剛鋒の左前に位置す。金剛鉤女菩薩

(→胎56)と同体である。種字のアークは修行を意味し、よく一切の衆生を招いて、一切如来の功徳を円満せしめることを行じるところからきている。

---

79 金剛使者（こんごうししゃ） Vajraceṭa（ヴァジュラチェータ）

79・金剛使者

he
ケイ

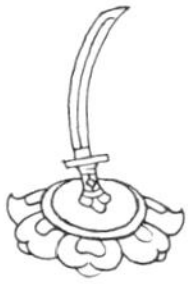

〔**密号**〕護法金剛　〔**三形**〕刀　〔**尊形**〕肉色。忿怒形。左手に独鈷杵を持つ。〔**印相**〕奉教刀印　〔**真言**〕一切奉教者真言→75

〔**解説**〕忿怒持金剛の左前に位置す。

---

80 大力金剛（だいりきこんごう） Mahābala（マハーバラ）

80・大力金剛

he
ケイ

〔**密号**〕大勤（だいごん）金剛　〔**三形**〕独鈷杵　〔**尊形**〕肉色。忿怒形。左手に独鈷杵を持ち、天衣を着す。

〔**印相**〕棒印（内縛拳にして中指を立てる）

〔**真言**〕一切奉教者真言→75

〔**解説**〕大力とは根本無明を破るところから名付けられる。顕教より密教に入らしめる尊で、潅頂引入の尊である。(→胎58)

---

81 金剛童子（こんごうどうじ） Kanikrodha（カニクローダ）

81・金剛童子

hūṃ
ウン

〔**密号**〕事業金剛　〔**三形**〕三鈷杵　〔**尊形**〕肉色。忿怒形。左手に三鈷杵を持ち、右肩より七仏

を現ず。〔印相〕虚心合掌して、両の無名指を交え、虎口に入れ、頭指を鉤にして大指の下を捻じ、小指を立てて、牙のごとくす。〔真言〕ウン バザラクマラ カニドニ ウン ウン ハッタ hūṃ vajrakumāra kanidhūni hūṃ hūṃ phaṭ（フーン 金剛童子よ 少しく奮迅せるものよ フーン フーン パット）

〔解説〕梵名のカニクローダは少しく忿怒せるもの、あるいは忿怒せる童子の意にもとれる。梵名としては真言に出る Vajrakumāra が妥当であろう。右肩から出る七仏は毘婆尸仏（びばしぶつ）をはじめとする過去七仏。大力金剛の摂取にもれた衆生を七仏によって教化引導し、金剛童子の三昧に摂取して、大力金剛に渡して正しく入壇せしめるのである。

---

82 孫婆（そんば） Śumbha（シュンバ）

su ソ

gṛ ギャリ

〔密号〕最勝金剛 〔三形〕独鈷杵、索 〔尊形〕肉色。左手に独鈷杵を持ち天衣を着す。〔印相〕降三世印 〔真言〕オン ソバニ ソバウン ギャリカンダ ギャリカンダ ウン ギャリカンダ ハヤウン アノウヤ コク バギャバン バザラ ウン ハッタ oṃ śumbha niśumbha hūṃ gṛhṇa gṛhṇa hūṃ gṛhṇāpaya hūṃ ānaya hoḥ bhagavan vajra hūṃ phaṭ（オーン シュンバよ ニシュンバよ フーン 捉えよ 捉えよ フーン 捉え寄せよ フーン 導け オー 世尊よ 金剛よ フーン パット）
〔解説〕シュンバ（Śumbha）をスンバ（Sumbha）とするものもあるが、正しくはシュンバ（Śumbha）。ニシュンバ（Niśumbha）と共に阿修羅（Asura）の兄弟。降三世明王のこと。ヒンドゥー教ではシヴァ（大自在天）の妃であるアンビカー（Ambikā）に降伏されたものであるが、仏教では一転して大自在天（Maheśvara）とその妃ウマー（Umā）を降伏する降三世明王となった。（→胎90）

83 金剛使者（こんごうししゃ） Vajraceṭa（ヴァジュラチェータ）

he ケイ

〔密号〕護法金剛 〔三形〕三鈷戟（さんこげき） 〔尊形〕肉色。忿怒形。左手に杵を持つ。〔印相〕奉教刀印
〔真言〕一切奉教者真言→75
〔解説〕懌悦持金剛の左前に位置する。

84 金剛拳（こんごうけん） Vajradaṇḍa（ヴァジュラダンダ）

hūṃ ウン　da ダ

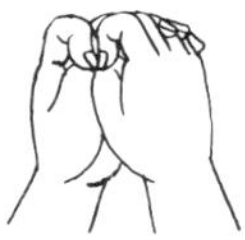

〔**密号**〕秘密金剛　〔**三形**〕棒、十字独鈷杵　〔**尊形**〕肉色。忿怒形。右手に棒を持つ。　〔**印相**〕左右の手をもって拳になし、胸におく。　〔**真言**〕ノウマク　サマンダバザラダン　ソワタヤ　バザラサンバベイ　ソワカ　namaḥ samantavajrāṇāṃ sphoṭaya vajrasambhave svāhā（普き金剛部族に帰命す　摧破せよ　金剛より生じるものよ　スヴァーハー）

〔**解説**〕金剛拳菩薩（→胎59）と同体である。梵名のダンダ（daṇḍa）は棒、杖の意味で、拳または棒をもって業障（ごっしょう）たる煩悩を打破することを表す。種字のダはダンダの頭字である。

---

85 金剛使者（こんごうししや） Vajraceṭa（ヴァジュラチエータ）

he ケイ

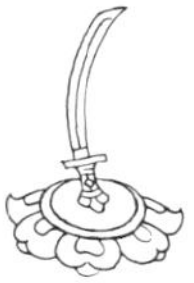

〔**密号**〕護法金剛　〔**三形**〕刀　〔**尊形**〕青色。右手に刀を持つ。　〔**印相**〕奉教刀印　〔**真言**〕一切奉教者真言→75

〔**解説**〕離戯論菩薩の左前に位置する。

86・金剛王菩薩

86 金剛王菩薩（こんごうおうぼさつ） Vajrarāja（ヴァジュララージャ）

jaḥ
ジャク

〔密号〕自在金剛、または執鉤金剛　**〔三形〕**隻鉤 **〔尊形〕**肉色。**〔印相〕**二拳を交えて胸を抱き、二頭指を鉤にして招く。**〔真言〕**オン　バザラ　アランジャ　ジャク　oṃ vajrarāja jaḥ（オーン　金剛王よジャハ）

〔解説〕金剛界十六大菩薩の金剛王菩薩(→金８)と同体。密号にもあるように金剛鉤をもって一切衆生を自在に鉤召し、すべてを帰服させること王のごとくであるから、この名がある。

持明院

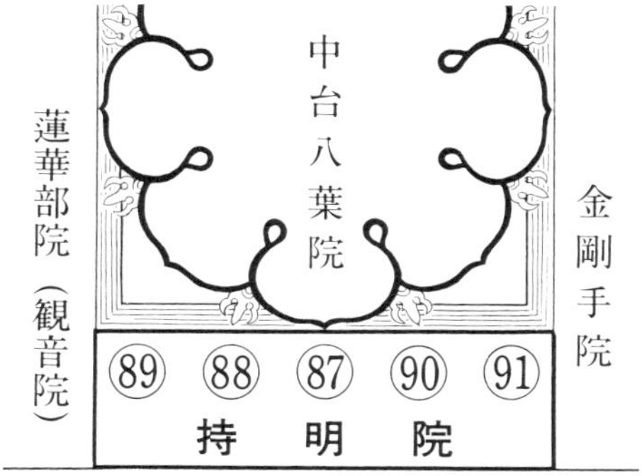

87. 般若菩薩
88. 大威徳明王
89. 勝三世明王
90. 降三世明王
91. 不動明王

持明院は、中台八葉院の下段（西側）に位置し、初重・仏部に配される。五尊が描かれているので五大院とも呼ばれている。持明という名は、『大日経疏』に「この第一重の上方はこれ仏身の衆徳荘厳なり。下方はこれ仏の持明使者なり。皆如来部門と名付く」との言葉に由来する。持明とは、智慧を持つという意味である。つまり持明院は、慈悲を示す蓮華部院と智慧を示す金剛手院に対して、これらが実践的に展開するあり方を示す。この智慧が具体的な言葉として示されたものが、真言や陀羅尼である。それゆえ、持明は、智慧そのものを持つ、すなわち真言を持つという理解がなされている。

持明院の構成を見ると、『大日経』では、勝三世明王と不動明王の二尊が説かれるのみであるが、現図曼荼羅では般若菩薩と二明王が付加されている。すなわち、院の中央には般若菩薩、その向かって左側（北側）には大威徳明王（閻曼徳迦菩薩）と勝三世明王（勝三世金剛菩薩）、向かって右側（南側）には降三世明王（抜折羅吽迦羅金剛）と不動明王（無動尊金剛）が描かれている。

この院では、尊名に混乱が見られる。例えば、勝三世明王は『大日経』では勝三世とあるが、『大日経疏』では降三世、あるいは勝三世とも呼ぶ。また、明王・菩薩・金剛などの名称もさまざまに使用されており、一定していない。その理由の一つには、現図曼荼羅には『金剛頂経』系の影響が考えられる。例えば、降三世明王は『金剛頂経』に、大威徳明王は『聖閻曼徳迦威怒王立成大神験念誦法』に説かれているものが、持明院のここに挿入されているのである。このようなことが、尊名の混乱を招く一つの理由であろう。

中央の般若菩薩が描かれている場所は、実際には阿闍梨が坐し曼荼羅の前でさまざまな所作を行なう処である。それゆえここは本来空位にすべきであるが、現図曼荼羅では阿闍梨に代わるものとして般若菩薩を描く。般若菩薩は、大日如来の教えが智慧として具体的に活動する姿を示したものである。

大日如来と般若菩薩と明王は、三輪身として関係づけられる。三輪身とは、自性輪身・正法輪身・教令輪身である。すなわち、大日如来は自性輪身、般若菩薩は正法輪身、明王は教令輪身に配される。輪とは法輪で、煩悩を摧破し、法を説くことを意味する。そこで、自性輪身は如来の教えそのものを示す。正法輪身とは、如来の正法が展開し、実際に衆生を導くことを示したものである。教令輪身は、済度し難い衆生に対し忿怒の姿で真っ向から対立し、これを導かんとするものである。

このように、四大明王は大日如来の使者として、衆生済度のより具体的実践を司ることを示す。それゆえ、不動明王と勝三世明王の二尊によって、大日如来の断徳（あらゆる煩悩を断じ尽くした徳）が示される。すなわち、不動明王は断徳の初めを示し、勝三世はその終極を表す。このような考えから不動明王は童子の姿で示し、勝三世は老成の姿で描かれるのである。

87・般若菩薩

87 般若菩薩 Prajñāpāramitā
はんにゃぼさつ
プラジニヤーパーラミター

jña
ギャ

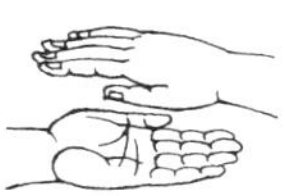

〔**密号**〕大慧金剛　〔**三形**〕梵篋　〔**尊形**〕白肉色。三目。六臂。左手の第一手は梵篋を持ち臍の前におく。第二手は掌を仰げて臍の下に安じ、第三手は頭指を屈し四指を伸べる。右手の第一手は持華印。第二手は施無畏印にし膝に当てる。第三手は掌を立て無名指を屈する。甲冑を着け、赤蓮華に坐す。〔**印相**〕梵篋印　〔**真言**〕オン　チ　シュリシュロダ　ビジャエイ　ソワカ　oṃ dhīḥ śrīśrutavijaye svāhā（オーン　智あるものよ　吉祥なる聖典を勝ち取れるものよ　スヴァーハー）

〔**解説**〕詳しくは般若波羅蜜多菩薩という。この菩薩は仏の智慧を本質とする尊である。三目は、真実を観る般若菩薩の智目である。すなわち、悟りの当体である仏部、慈悲を示す蓮華部、智慧を示す金剛部の三部の徳を表す。六本の手は、布施・持戒・忍辱・精進・禅定・智慧の六波羅蜜を意味し、福徳と智慧の円満を示す。右手の施無畏印は布施、無名指を屈し三鈷印のようにしているのは持戒、持華印は忍辱を表す。左の第三手は精進、第二手の半定印は禅定、梵篋を持つ手は智慧を表す。手に持つ梵篋は般若経である。身に着けた甲

88・大威徳明王

冑は襲いくる悪魔に対し厳然と立ち向かう、菩薩の勇猛な姿勢を表している。甲冑は堅固な菩提心を意味する。種字のギャは、般若菩薩のサンスクリット名の中の jñā をとったものである。

---

88 大威徳明王 Yamāntaka
だいいとくみょうおう　ヤマーンタカ

hrīḥ
キリク

〔密号〕 大威徳金剛、持明金剛　**〔三形〕** 棒　**〔尊形〕** 青黒色。三面。各面に三目ある。六臂。六足。頭に三面を安ず。左右の第一手を内縛し、二中指を立てる。左の第二手は戟、第三手は輪を持つ。右手第二手は剣、第三手は棒を持つ。瑟々座に坐す。**〔印相〕** 普通根本印　**〔真言〕** オン　キリク　シュチリ　ビキリタダノウ　ウン　サラバシャトクロン　ノウシャヤ　サタンバヤ　サタンバヤ　ソハタ　ソハタ　ソワカ　oṃ hrīḥ ṣṭrī vikṛtānana hūṃ sarvaśatrūṃ nāśaya stambhaya stambhaya sphoṭa sphoṭa svāhā（オーン　フリーヒ　シュトリー　種々な面貌を持つものよ　フーン　一切の怨敵を破壊せよ　降伏せよ　降伏せよ　粉砕せよ　粉砕せよ　スヴァーハー）

〔解説〕 六足尊ともいう。『阿毘遮魯迦儀軌品』に
あびしゃるかぎきほん

— 89 —

「ルドゥラを破壊し、ヤマの命を断つ」とある。ルドゥラは暴悪を意味し、シヴァ神を指す。ヤマは死の神である。彼らを破滅するこの恐ろしい神が、仏教に帰依すると力強い守護神となる。六面の忿怒相や手に持つさまざまな武器は、いかなる敵に対しても真っ向から対決することを示す。無量寿如来の教令輪身(きょうりょうりんじん)であり、文殊菩薩の化身(けしん)とされる。種字は、無量寿如来の種字キリク、あるいは真言のhrīḥより付けられた。

89・勝三世明王

89 勝三世明王(しょうさんぜみょうおう) Trailokyavijaya(トライロークヤヴィジャヤ)

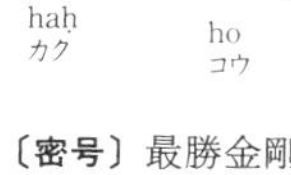

haḥ
カク

ho
コウ

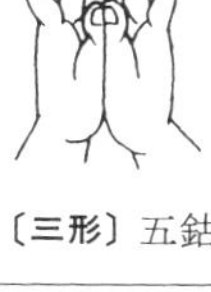

〔**密号**〕最勝金剛　〔**三形**〕五鈷金剛杵　〔**尊形**〕

青黒色。三目。左手は三鈷杵(さんこしょ)を持つ。右手は三鈷戟(げき)を持つ。瑟々座(しつしつざ)に坐す。〔**印相**〕外五鈷印（外縛し、中指を立て合わせ、頭指を伸べ屈して鉤のようにし、小指と大指は立て合わせ独鈷のようにする）〔**真言**〕ノウマク　サマンダバザラダン　カ　カ　カ　ビサンマエイ　サラバタタギャタ　ビシャヤ　サンバンバ　タレイロキャ　ビジャヤ　ウン　ジャク　ソワカ　namaḥ samantavajrāṇāṃ ha ha ha

vismaye sarvatathāgataviṣayasambhava trailokya-vijaya hūṃ jaḥ svāhā（普き金剛部族に帰命す　ハ　ハ　ハ　奇怪なるものよ　一切如来の境界より生じたものよ　三世に打ち勝つものよ　フーン　ジャハ　スヴァーハー）

〔解説〕 降三世あいは金剛吽迦羅（うんきやら）ともいう。三世は過去・現在・未来、あるいは三界（欲界・色界・無色界）を指す。ここでは特に三世を、時間・空間にうごめく貪（とん）・瞋（じん）・痴（ち）の三毒をいう。この尊の老成の姿は、三毒を降伏しおわり、勝利を得たことを表す。左右の手の三鈷杵や三鈷戟は、身（しん）・口（く）・意（い）に亙る智の働きをもって、あらゆる障害を克服したことを示すのである。

90 降三世明王（ごうざんぜみょうおう） Vajrahūṃkara（ヴァジュラフーンカラ）

hūṃ
ウン

〔密号〕 吽迦羅金剛　**〔三形〕** 五鈷金剛杵　**〔尊形〕** 青黒色。三面。各面に三目ある。八臂。左右の第一手で降三世の印を結ぶ。左手は弓・索・三鈷戟を持ち、右手は矢・剣・五鈷鈴（『諸尊便覧』では五鈷杵）を持つ。赤蓮華に坐る。**〔印相〕** 降三世印　**〔真言〕** オン　ソバ　ニソバ　ウン　ギャリ　カンダ　ギャリカンダ　ウン　ギャリカンダハヤ　ウン　ア

91・不動明王

ノウヤ　コク　バギャバン　バザラ　ウン　ハッタ
oṃ śumbha niśumbha hūṃ gṛhṇa gṛhṇa hūṃ gṛhṇāpaya hūṃ ānaya hoḥ bhagavan vajra hūṃ phaṭ（オーン　シュンバよ　ニシュンバよ　フーン　捉えよ　捉えよ　フーン　捉え寄せよ　フーン　導け　オー　世尊よ　金剛よ　フーン　パット）

〔解説〕大自在天は自らを三界の主であり、自分に勝るものはいないとして、大日如来の教勅に従わなかった。そこで金剛薩埵は身を降三世に変じ、大自在天と妃の烏摩(うま)とを踏みつけ懲(こ)らしめた。この二人は貪(とん)・瞋(じん)・痴(ち)の三毒であり、彼らを踏みつけた降三世の両足は禅定と智慧を意味する。シュンバ、ニシュンバは阿修羅の兄弟で、かつて大自在天に降伏された。密教ではこのシュンバ・ニシュンバは、降三世が大自在天と妃を降伏させたときの異名とする。（→胎315・316、金83）

---

91 不動明王(ふどうみょうおう) Acalanātha(アチャラナータ)

hāṃmāṃ
カンマン

hāṃ
カン

〔密号〕常住金剛　**〔三形〕**慧剣　**〔尊形〕**青黒色。頭頂に蓮華を戴き、髪は編んで長く垂らす。

左手は索を持つ。右手は剣を持つ。瑟々座に坐る。
〔印相〕独鈷印（内縛し、頭指を並び立てる）
〔真言〕ノウマク　サラバタタギャテイビャク　サラバボケイビャク　サラバタ　タラタ　センダ　マカロシャダ　ケン　ギヤキ　ギヤキ　サラバビキナン　ウン　タラタ　カン　マン　namaḥ sarvatathāgatebhyaḥ sarvamukhebhyaḥ sarvathā traṭ caṇḍamahāroṣaṇa khaṃ khāhi khāhi sarvavighnaṃ hūṃ traṭ hāṃ māṃ（全てに顔を向けたる一切如来に　普く　帰命す　トラット　猛威なる大忿怒尊よ　カン　一切の障害を摧破せよ　摧破せよ　フーン　トラット　ハーン　マーン）
〔解説〕不動明王について『大日経疏』には、『不動明王は如来の使者である。右手に大慧刀を、左手には羅索を持つ。頭髪は左の肩に長く垂らし、左目は細く閉じ、下の歯で右辺の唇を嚙み、左辺の下唇はやや外に出す。極めて恐ろしい忿怒の形相をしている。石の上に坐し、額に水波のような皺があり、童子の姿をとり、その身は卑しい。」とある。不動とは、菩提心の堅固なることをいう。悟りの智慧が動揺しないことを示す。この尊は大日如来の教令輪身であり、その具体的な実践者である。仏法を障害する者に対し、怒りをもって対決し、その者の命を断つという。右手の剣は煩悩障・所知障を断じ、左手の索はあらゆる衆生を引きよせ、正しい道に導くことを表す。火焰の中にあるのは、自らが火焰となり、あらゆる煩悩を焼きつくす凄まじいばかりの姿勢を示す。これを火生三昧という。髪を編み垂らした弁髪の姿は、奴僕のかたちを意味する。すなわち、大日如来の下僕として、ひたすら衆生済度に没頭することを示したのである。頭頂の蓮華は忿怒形に対して、内に秘めた慈悲を表す。額の水波の皺は、六道（地獄・餓鬼・畜生・修羅・人・天）に輪廻して苦しむ衆生を思いやる心である。童子形は如来に仕える姿であるとともに、降三世の老成の姿に対応したものと解釈されている。（→87頁）すなわち、一切の煩悩を断じ尽くした徳が、まず不動明王によって新たに展開することを示している。

不動明王は五大明王、すなわち降三世明王・軍荼利明王・大威徳明王・金剛夜叉明王（天台では烏枢沙摩明王）の主尊として位置される。五大明王は、五仏の教令輪身としてそれぞれ以下のように配される。

大日如来　→不動明王
宝幢如来　→降三世明王
開敷華王如来→軍荼利明王
無量寿如来　→大威徳明王
天鼓雷音如来→金剛夜叉明王

種字のカンマンは、真言の終わりの言葉である。

釈迦院

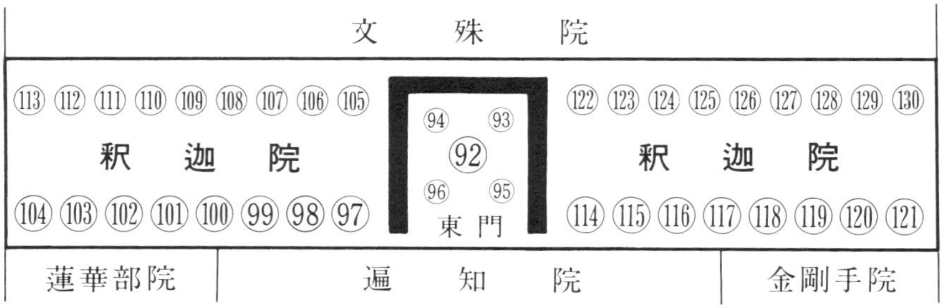

釈迦院は遍知院の東方（上段）に位置し、仏部・蓮華部・金剛部の三部のうち仏部に配される。釈迦院の名称は、釈尊を中心に描かれていることによる。これより第二重となる。

密教では古くから、大日如来と釈尊の関係についていろいろと取り沙汰されている。胎蔵曼荼羅では釈尊について三つの受け止め方がある。すなわち、第一は釈尊の悟りそのものを中台八葉院の中央に坐す大日如来（法界体性智）として示し、第二はその悟りの智慧の一展開を北方の天鼓雷音如来（成所作智）で示し、第三としてこの釈迦院として示される。釈迦院では、釈尊の行なった具体的な衆生教化としての智慧の実際が語られている。

釈迦院には、釈尊を中心に39もの尊者が描かれている。これらを大別すれば四種に分けられる。すなわち、①釈尊と四侍尊、②仏頂尊、③仏徳を示す諸尊、④声聞・縁覚、の諸尊である。

①を見れば、釈尊の前方右の無能勝と左の無能勝妃は、釈尊が菩提樹下で四魔を降伏した力を示す。背後の二尊、つまり左の観自在菩薩は法宝、右の虚空蔵菩薩は僧宝、中央の釈尊は仏宝を表し、ここに三宝が形成される。門の中に描かれるこの五尊によって、歴史上の釈尊の身を通して仏教教団がなりたつ姿が示される。すなわち、ここで悟りの智慧が三宝という形で展開することが示唆されているのである。

92. 釈迦如来
93. 観自在菩薩
94. 虚空蔵菩薩
95. 無能勝妃
96. 無能勝明王
97. 一切如来宝
98. 如来毫相菩薩
99. 大転輪仏頂
100. 高仏頂
101. 無量音声仏頂
102. 如来悲菩薩
103. 如来愍菩薩
104. 如来慈菩薩
105. 如来爍乞底
106. 栴檀香辟支仏
107. 多摩羅香辟支仏
108. 大目犍連
109. 須菩提
110. 迦葉波
111. 舎利弗
112. 如来喜菩薩
113. 如来捨菩薩
114. 白傘蓋仏頂
115. 勝仏頂
116. 最勝仏頂
117. 光聚仏頂
118. 摧砕仏頂
119. 如来舌菩薩
120. 如来語菩薩
121. 如来笑菩薩
122. 如来牙菩薩
123. 輪輻辟支仏
124. 宝輻辟支仏
125. 拘絺羅
126. 阿難
127. 迦旃延
128. 優波離
129. 智拘絺羅菩薩
130. 供養雲海菩薩

②の仏頂尊とは、仏の智慧を仏の頭頂に表れた肉髻として象徴的に示したものである。これを尊格として表したものが仏頂尊である。ここには八仏頂が描かれている。八仏頂について『大日経疏』に「五仏頂は釈尊の五智を表す。そしてその功徳はまさに転輪聖王が大勢力をもっているごとくである」「三仏頂は仏のあらゆる徳の頂点であり、一切の願をかなえる」とあるように、これら八仏頂尊によって法の理想的な展開が示されるのである。

現図曼荼羅の八仏頂尊の配置は、『大日経』の記述とは異なっている。現図曼荼羅では、北側下段に大転輪仏頂・火聚仏頂・無量音声仏頂の三仏頂尊、南側下段には白傘蓋仏頂・勝仏頂・最勝仏頂・高仏頂・摧砕仏頂の五仏頂尊が描かれている。しかし、観蔵院曼荼羅では、『大日経』の所説に従い、図のように火聚仏頂は南側へ、高仏頂は北側へと訂正した。

③の中、一切如来宝は慈悲の眼をもって衆生を観察し導き、如来毫相は限りない福行そのものを表し衆生の願をかなえる。これら二尊をはじめ、如来慈・悲・喜・捨などの14尊によって如来の限りない功徳を表す。

なお、『大日経』では五浄居天、すなわち自在天・普華天・光鬘天・意生天・名称遠聞天を描くように説かれているが、現図曼荼羅には描かれていない。伝統的には、五浄居天は、如来慈・悲・喜・捨・愍として表されているといわれている。

④は、4人の縁覚と8人の声聞より構成されている。これらにより、法が現実世界に実際に展開されているさまを示すのである。

94. 虚空蔵菩薩　　93. 観自在菩薩
92. 釈迦如来
96. 無能勝明王　　95. 無能勝妃

92・釈迦如来

92 釈迦如来（しゃかにょらい） Śākyamuni（シャーキャムニ）

bhaḥ
バク

〔**密号**〕寂静金剛　〔**三形**〕鉢　〔**尊形**〕黄色。説法印をし、これを胸に当てる。赤色の衣を着し蓮華上に坐す。〔**印相**〕智吉祥印（大指と中指を相い捻じ、他の指は伸べる）、鉢印（二手合掌し、小指・無名指・中指の指先はつけたまま開き、二大指を頭指の側につける。鉢のような形にする）〔**真言**〕ノウマク　サマンダボダナン　ハク　サラバキレイシャ　ニソダノウ　サラバタラマ　バシタハラハタ　ギャギャノウ　サンマサンマ　ソワカ　namaḥ samantabuddhānāṃ bhaḥ sarvakleśaniṣūdana sarvadharmavasitāprāpta gaganasamāsama svāhā（普き諸仏に帰命す　バハ　一切の煩悩を破壊するものよ　一切法に自在をえたものよ　虚空に等しく　無比なるものよ　スヴァーハー）

〔**解説**〕釈迦院の主尊。天鼓雷音（てんくらいおん）如来と同体とされる。天鼓雷音如来は、一切の煩悩を断じた悟りの境地を表す。これに対しここでの釈迦如来は、歴史上の釈尊が具体的に法を説く姿を意味するものであり、より現実的な法の展開を示す。転法輪印を結ぶ釈迦如来の姿は、まさに釈尊が菩提樹下より立ち、45年間説法して歩き、法輪を展開していった事実を示している。赤い衣を着ているのは、赤色で慈悲の心を示し、衆生済度の実際を表している。

93・観自在菩薩

93 観自在菩薩（かんじざいぼさつ） Avalokiteśvara（アヴァローキテーシュバラ）

sa
サ

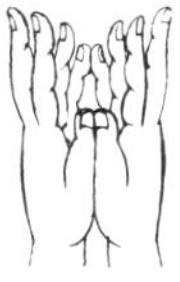

〔**密号**〕清浄金剛、正法金剛　〔**三形**〕未開敷（みかいふ）蓮華、白払　〔**尊形**〕白肉色。右手に払子（ほっす）を持ち、左

手は腰におき、蓮華上に立つ。〔**印相**〕八葉蓮華印〔**真言**〕ノウマク　サマンダボダナン　サ　namaḥ samantabuddhānāṃ sa（普き諸仏に帰命す　サ）
〔**解説**〕払子を持っているのは、侍者であることを表す。払子は払塵ともいい、塵や蝿や蚊などを払う道具であったが、密教では転じて、煩悩を払う意味とした。観自在菩薩は、ここでは釈迦如来の侍者の役を果たすことになる。すなわち、釈迦如来の無礙自在の観察力を担っている。（→胎8、17）

94 虚空蔵菩薩（こくうぞうぼさつ） Ākāśagarbha（アーカーシャガルバ）

ī
イ

〔**密号**〕無尽金剛　〔**三形**〕蓮華上如意宝　〔**尊形**〕肉色。右手は払子を持ち、左手は宝珠をのせた蓮華を持つ。蓮華上に立つ。〔**印相**〕虚心合掌をし、二頭指を屈して中指の下におき、大指を掌中に入れる。〔**真言**〕ノウマク　サマンダボダナン　アキャシャ　サンマンダドギャタ　ビシッタラン　バラダラ　ソワカ　namaḥ samantabuddhānāṃ ākāśa-samantānugata vicitrāmbaradhara svāhā（普き諸仏に帰命す　虚空のあまねくゆきわたるものよ　美しい衣服をまとうものよ　スヴァーハー）
〔**解説**〕観自在菩薩（→胎93）と同様、侍者の役目を持つ。蓮華上の宝珠は、釈迦如来の広大な智徳と福徳を意味し、釈迦如来の説法の無尽なることを表す。種字のイは、この尊が衆生を利益するのに自在であることから、īśvara（自在）の頭文字とした。またイ字は、三形の如意宝を表している。（→胎174）

95 無能勝妃（むのうしょうひ） Aparājitā（アパラージター）

a
ア

〔**密号**〕長生金剛　〔**三形**〕持蓮華、鉞　〔**尊形**〕青黒色。三目。左手は拳にして胸の前におき、頭

指を伸ばす。右手は拳にして高くあげ、頭指を伸ばす。天衣を着す。〔**印相**〕左右の拳を内に向け、二大指を離して立て、これを屈して口の形にする。〔**真言**〕ノウマク　サマンダボダナン　アハラジテイ　ジャエンチ　タニテイ　ソワカ　namaḥ samanta-buddhānāṃ aparājite jayanti taḍite svāhā（普き諸仏に帰命す　無能勝妃よ　勝利者よ　打ち砕くものよ　スヴァーハー）

〔**解説**〕この尊は無能勝明王の妃であり、明王と同じ徳を具える。『大日経疏』には、釈尊が四魔を降伏し成道したとき、無能勝・無能勝妃が重要な働きをした、と説く。それで無能勝妃は、菩提樹下での釈尊の降魔の徳を示す尊として曼荼羅に描かれる。現図曼荼羅では、この尊を釈迦の右前に置くが、観蔵院曼荼羅では『大日経』の説に従い左前に改めた。

---

96 無能勝明王（むのうしょうみょうおう） Aparājita（アパラージタ）

96・無能勝明王

dhriṃ
ジリン

〔**密号**〕勝妙金剛　〔**三形**〕黒蓮上大口、鉞　〔**尊形**〕青黒色。四面四臂各三目。右の一手は拳にして頭指を伸ばし高くかかげる。次の手は拳にして頭指を伸ばし胸に当てる。左手の一手は内に向け鉞斧を持ち、次の手には三鈷戟を持つ。〔**印相**〕右手を心に当てる持蓮華の印。左手は五指を伸ばし、外に向け頭より高く掲げる。〔**真言**〕ノウマク　サマンダボダナン　ヂリョウ　ヂリョウ　ジリョウ　ジリョウ　ソワカ　namaḥ samantabuddhānāṃ dhriṃ dhriṃ jriṃ jriṃ svāhā（普き諸仏に帰命す ドゥリン　ドゥリン　ジュリン　ジュリン　スヴァーハー）

〔**解説**〕八大明王の一。この尊は、釈尊の成道のときの降魔の徳を表す。釈尊の成道を妨げようと押しかけた魔王に対し、釈尊の悟りの偉大さを認めさせ魔王を退散させた。それゆえ、無能勝の真言は魔を破す、優れた効力を持つことになる。また、この尊は釈尊の分身といわれ、無量にして自在な神力を持ち、忿怒身をもって現れ、さまざまな障害を粉砕する徳を表す。無能勝妃と同様、観蔵院曼荼羅では『大日経』により、無能勝明王を釈尊の右前に置く。

---

97 一切如来宝（いっさいにょらいほう） Sarvatathāgatamaṇi（サルバタターガタマニ）

ta
タ

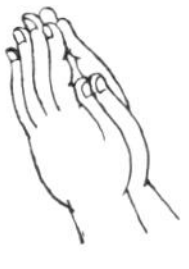

〔**密号**〕宝相金剛　〔**三形**〕蓮華上如意宝、仏頂眼　〔**尊形**〕黄色。左手は宝珠をのせた蓮華を持つ。右掌を立て、中・無名・小の三指を屈す。〔**印相**〕蓮華合掌　〔**真言**〕ノウマク　サマンダボダナン　サラバタ　ビマチ　ビキランダ　タラマ　ダトニリジャタ　サン　サン　カ　ソワカ　namaḥ samanta-buddhānāṃ sarvathā vimativikiraṇa dharma dhātunirjāta saṃ saṃ ha svāhā（普き諸仏に帰命す　すべて疑惑を除いたものよ　法界より生じたものよ　サン　サン　ハ　スヴァーハー）

〔**解説**〕この尊は、『大日経』では遍知眼・能寂母といい、『大日経疏』では仏眼•仏母とも称せられる。『大日経疏』に「世尊の北辺に仏眼を安置せよ。この尊は世尊の母であるので能寂母ともいう。すなわち衆生を救うため、如来はさまざまな姿に身を変え、慈眼をもって衆生を観察し導く」とある。それゆえ如来宝菩薩は、すべての衆生の願いに応じてさまざまな宝を生み出す。この仏母の働きによって、この尊は宝珠三昧ともいわれる。三形の如意宝珠は、このような徳を示したものである。

97・一切如来宝

---

98 如来毫相菩薩（にょらいごうそうぼさつ） Tathāgatorṇā（タターガトールナー）

hūṃ
ウン

ta
タ

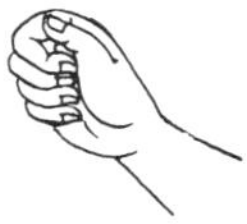

〔**密号**〕妙用金剛　〔**三形**〕黄蓮華上光、如意宝珠
〔**尊形**〕黄色。左手に金輪をのせた蓮華を持つ。右手は掌を仰げて腰に当てる。赤蓮華に坐す。〔**印相**〕右手を拳にして眉間におく。〔**真言**〕ノウマク　サマンダボダナン　バラデイ　バラハラハテイ　ウン　ソワカ　namaḥ samantabuddhānāṃ varade varaprāpte hūṃ svāhā（普き諸仏に帰命す　誓願を叶えるものよ　誓願を得たものよ　フーン　スヴァーハー）

〔**解説**〕この尊は、如来の三十二相の一つ白毫相（びゃくごう）の功徳を表す。『大日経疏』に「この如来は限りない福業の集成であり、これにより衆生の願いを満たす」とある。白毫とは、如来の眉間にある細毛で、光沢があって引けば長くのび、放せば右旋するという。すなわち、この白毫より発する光で衆生を照らし、その光に当たったものは業障（ごっしょう）が除かれ、心身ともに安楽になるという。尊像の手に持つ金輪は、御室版では宝珠の形をしている。

98・如来毫相菩薩

99・大転輪仏頂

99 大転輪仏頂（だいてんりんぶつちょう）

マホーシュニーシャチャクラヴァルテイン
Mahoṣṇīṣacakravartin

ṭrūṃ
トロン

〔**密号**〕破魔金剛　〔**三形**〕独鈷杵　〔**尊形**〕黄色。右手に独鈷杵を載せた蓮華を持つ。左手は掌を立て、中・無名・小指を屈す。赤蓮華に坐す。

〔**印相**〕如意宝印（虚心合掌し、小指と大指を合わせ立て、残りの六指は少し屈して開敷蓮華のごとくにする）　〔**真言**〕ノウマク　サマンダボダナン　トロン　ウシュニシャ　ソワカ　namaḥ samanta-buddhānāṃ ṭrūṃ uṣṇīṣa svāhā（普き諸仏に帰命す　トルーン　仏頂よ　スヴァーハー）

〔**解説**〕広大発生仏頂ともいう。高仏頂・無量音声仏頂とともに三仏頂に数えられる。この三仏頂は順次、仏部・金剛部・蓮華部の三部の徳を表したものという。大転輪の輪は、輪宝である。本来は転輪聖王の持ち物で、戦争のとき軍隊の前にこれを掲げ、敵を破る象徴とした。仏教ではこれを転じて、煩悩を破す武器として用いた。それゆえこの尊は、如来が煩悩を摧破する力を尊徳とする。なお種字のトロンは『諸尊便覧』ではシュロン（śrūṃ）につくる。三形の独鈷杵は『諸説不同記』では五鈷杵となっているが、『諸尊便覧』による。

100・高仏頂

100 高仏頂（こうぶつちょう）　Abhyudgatoṣṇīṣa

アビウドガトーシュニーシャ

śrūṃ
ショロン

〔**密号**〕難覩（なんと）金剛　〔**三形**〕蓮華上如意宝　〔**尊形**〕黄色。右手は無名指を屈し、他の四指を立てる。左手は宝珠を載せた蓮華を持つ。赤蓮華に坐す。

〔**印相**〕合掌し、無名指を屈して外に相交え、小指と中指を立て合わす。頭指は伸ばし三節を屈す。

大指はわずかに屈す。執金剛印とも称される。

〔真言〕ノウマク　サマンダボダナン　シュロン　ウシュニシャ　ソワカ　namaḥ samantabuddhānāṃ śrūṃ uṣṇīṣa svāhā（普き諸仏に帰命す　シュルーン　仏頂よ　スヴァーハー）

〔解説〕三仏頂の一。極広生仏頂•広生仏頂ともいう。三形の如意宝は、菩提心を表す。広生という名のごとく、この尊は人々の菩提心を目覚めさせる徳を司る。尊形の右手は、御室版による。『諸尊便覧』では「右手、無名指・中指を屈し、他の三指はたてる」とある。なお、現図曼荼羅では、この尊は釈迦院の南側前列の最勝仏頂の左に置かれているが、『大日経』では北側前列の如来白毫相菩薩の右とあるので、観蔵院曼荼羅では『大日経』の所説に従いこの場所に置いた。種字のシュロンは『諸尊便覧』にはトロン（ṭrūṃ）とある。すなわち大転輪仏頂との混乱が見られる。

---

101 無量音声仏頂（むりょうおんじょうぶっちょう）

Anantasvaraghoṣacakravartin（アナンタスヴアラゴーシヤチヤクラヴアルテイン）

hūṃ
ウン

〔密号〕妙響金剛　〔三形〕蓮上螺貝（らばい）　〔尊形〕黄色。左手に螺貝をのせた蓮華を持つ。右手は胸の前で掌を立て、頭・中指を屈す。赤蓮華に坐す。

〔印相〕法螺印（ほうら）（二手虚心合掌し、両頭指をもって大指の背上におく）　〔真言〕ノウマク　サマンダボダナン　ウン　ジャヨウシュニシャ　ソワカ　namaḥ samantabuddhānāṃ hūṃ jayoṣṇīṣa svāhā（普き諸仏に帰命す　フーン　勝仏頂よ　スヴァーハー）

〔解説〕三仏頂の一。無辺声・無量声などともいう。密号に妙響とあるように、いかなる機根の衆生に対しても、限りない音声をもって優れた如来の法を漏らすことなく説く。三形の螺貝は響きわたる説法を表すものである。すなわちこの尊は、如来の説法の徳を示している。

102・如来悲菩薩

102 如来悲菩薩（にょらいひぼさつ） Tathāgatakaruṇā（タターガタカルナー）

ka
キャ

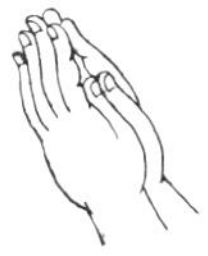

〔密号〕慈化金剛　**〔三形〕**合掌印、如意珠　**〔尊形〕**肉色。髪を垂れ、金鬘を戴き合掌する。天衣を着し、荷葉に坐す。**〔印相〕**蓮華合掌　**〔真言〕**オン　マカキャロダヤ　ソワカ　oṃ mahākaruṇāyai sphara（オーン　大悲あるものに　遍ぜよ）

〔解説〕この尊は、四無量心（慈・悲・喜・捨）の悲無量心を表す。悲無量心とは、あらゆる衆生の困苦を除かんとする心であり、特に怒り（瞋）の心を除くことである。すなわち『秘蔵記』によれば、悲無量心観を修することにより第七末那識（まなしき）（自我意識）を転じて平等性智を得て、虚空のごとき心になる。それゆえこの尊は、大悲の心をもって一切の衆生を念じ、彼らをして虚空蔵菩薩と等しい境地に至る願いを表す。

103・如来愍菩薩

103 如来愍菩薩（にょらいみんぼさつ） Tathāgatāmreḍitā（タターガタームレーディター）

mre
ボレイ

yaṃ
ヤン

〔密号〕教令金剛　**〔三形〕**宝珠、宝華　**〔尊形〕**肉色。左手は宝珠をのせる。右手は花を盛った荷葉を持ち股の上に安ず。荷葉に坐す。**〔印相〕**右手で胸を覆い、中指をやや屈す。**〔真言〕**ノウマク　サマンダボダナン　ヤン　カロダボレイジタ　ソワカ　namaḥ samantabuddhānāṃ yaṃ karuṇāmreḍita svāhā（普き諸仏に帰命す　ヤン　慈悲深いものよ　スヴァーハー）

〔解説〕尊名のアームレーディターは、繰り返されたという意味である。倦むことなく愍みを起こすことで、慈悲深い、憐れみ深いという意味になる。種字の mre は『諸尊便覧』では mai とある。

三形の宝珠は『諸説不同記』によった。この尊は、如来慈・如来悲・如来喜・如来捨の四無量尊との五尊で一組となっている。すなわち『大日経』では五浄居天(じょうごてん)を描くことになっているが、現図曼荼羅には五浄居天はいない。そこでこの五尊が五浄居天に当たるとされているが、直接つながる点は見いだせない。→95頁参照

---

104 如来慈菩薩(にょらいじぼさつ) Tathāgatamaitrī(タターガタマイトリー)

mai
マイ
バイ

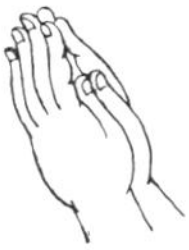

〔**密号**〕護念金剛　〔**三形**〕蓮上華、如意珠　〔**尊形**〕肉色。両手に花を盛った蓮葉を持つ。荷葉に坐す。〔**印相**〕蓮華合掌　〔**真言**〕オン　マカマイタラヤ　ソハラ　oṃ mahāmaitryai sphara（オーン　大慈あるものに　遍ぜよ）

〔**解説**〕この尊は、四無量心の一つ慈無量心を表す。慈無量心とは、あらゆる衆生に安楽を施さんとする心で、与楽の意味をもつ。特に貪りの心を除く。『秘蔵記』によれば、慈無量心観を修することにより第八阿頼耶識(あらやしき)（根本的な潜在意識）を転じて大円鏡智(だいえんきょうち)を得て、大慈の心をもってあらゆる衆生を念じ、彼らを普賢菩薩と等しい境地に導かんとする。三形は『諸説不同記』によった。

104・如来慈菩薩

---

105 如来爍乞底(にょらいしやきち) Tathāgataśakti(タターガタシヤクティ)

śa
シャ

〔**密号**〕衆行金剛　〔**三形**〕鉾鉞(ぼうえつ)　〔**尊形**〕肉色。右手は槍をとる。左手は拳にして股上に安ずる。蓮華に坐す。〔**印相**〕左手は跏上に仰げる。右手は大指と無名指を捻じ、残りの三指は戟(げき)のようにする。

105・如来爍乞底

〔**真言**〕オン　タタギャタシャキチ　ソワカ　oṃ tathāgataśakti svāhā（オーン　如来威力よ　スヴァーハー）
〔**解説**〕尊名のシャクティは、能力、威力、神力などの意味である。また、槍の意味もある。三形の鉾鋮とは槍のことである。すなわち、この尊は威神力をもってあらゆる衆生を護る徳を司る。手に持つ槍は煩悩を摧破（さいは）する力を示す。力がさまざまに働くことを密号が表す。

---

106 栴檀香辟支仏（せんだんこうびゃくしぶつ）

チャンダナガンダプラティエーカブッダ
Candanagandhapratyekabuddha

vaḥ
バク

〔**密号**〕清涼金剛　〔**三形**〕錫杖　〔**尊形**〕黄色。左手は掌を外に向け、右手は袈裟の角を執る。如来形で痩身。赤蓮華に坐す。〔**印相**〕円満錫杖印
〔**真言**〕ノウマク　サマンダボダナン　ハク　namaḥ samantabuddhānāṃ vaḥ（普き諸仏に帰命す　ヴァハ）
〔**解説**〕辟支仏は縁覚（えんがく）とも独覚（どっかく）ともいう。縁覚は、十二因縁の理法を悟ったということから名付けられたとされる。独覚は、師の教えなくして独りで悟ったということである。尊名の栴檀香は、栴檀が最も香りがよいことから名付けられた。すなわち、この尊は多くの辟支仏のなかで特に優れている麟喩（りんゆ）独覚であることを示している。麟喩独覚とは、麒麟（きりん）のように、世に出ることが稀であることから、こう喩えられる。『法華経』では経を受持する功徳として、八百鼻の功徳があるという。すなわち多くの匂いをかぎわけ、人々の所在を知ることができると説かれる。なお、『石山七集』や『諸尊便覧』には、尊の左右の手が掲載図とは逆に描かれている。

---

107 多摩羅香辟支仏（たまらこうびゃくしぶつ）

タマーラパトラプラティエーカブッダ
Tamālapattrapratyekabuddha

vaḥ
バク

〔**密号**〕氛氳（ふんいん）金剛　〔**三形**〕錫杖（しゃくじょう）　〔**尊形**〕白黄色。

左手は袈裟の角を執る。右手は中指と頭指をのべ、無名指と小指を屈す。如来形で痩身。赤蓮華に坐す。〔**印相**〕円満錫杖印　〔**真言**〕106に同じ。
〔**解説**〕タマーラパトラとは、タマラ樹の葉をいう。この葉はきわめてよい香りを発するため、この尊も栴檀香辟支仏（→胎106）と同様にこの名をとって、尊名とした。この尊も麟喩独覚とされる。密号の氛氳は、香気の盛んなさまの意味である。

107・多摩羅香辟支仏

---

108 大目犍連（だいもくけんれん） Maudgalyāyana（マウドガルヤーヤナ）

he
ケイ

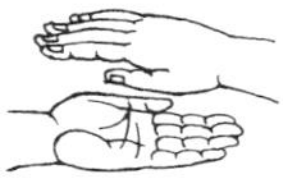

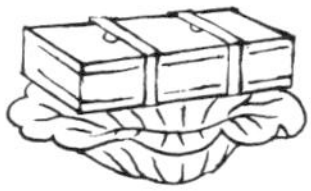

〔**密号**〕妙用金剛　〔**三形**〕梵篋（ぼんきょう）　〔**尊形**〕肉色。左手は袈裟の角を執る。右手は拳にして頭指を伸ばす。比丘形。赤蓮華に坐す。　〔**印相**〕梵篋印
〔**真言**〕ノウマク　サマンダボダナン　ケイトハラチヤヤ　ビギャタキャラマ　ニラジャタ　ウン　namaḥ samantabuddhānāṃ hetupratyayavigata karma-nirjāta hūṃ（普き諸仏に帰命す　因縁を離れたものよ　業より生じたものよ　フーン）
〔**解説**〕釈尊の十大弟子の一人で、神通第一といわれる。最初は舎利弗（しゃりほつ）と共にサンジャヤの弟子であったが、後に釈尊に帰依した。しばしば釈尊の代行を勤めるなどして、弟子を導いた。デーヴァダッタ（提婆達多）の反逆のとき、舎利弗と共に教団を守った功績は高く評価され、釈尊の後継者の一人と目されていたが、晩年に外道に傷つけられ、釈尊より早く死んだ。目連は特に天眼・天耳通に勝れ、人の心や過去・未来などを知ることができたという。なお、目連が餓鬼道に堕ちた母を救うために行なった盂蘭盆（うらぼんく）供の営み、すなわちお盆の行事はこの神通力にちなんで起こったものとされる。『諸尊便覧』『石山七集』には印相を「内縛して中指をたて、錫杖の如くする」とあるが、ここでは声聞の通印である梵篋印とした。

108・大目犍連

109・須菩提

109 須菩提 Subhūti

he
ケイ

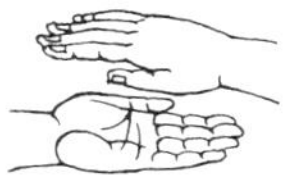

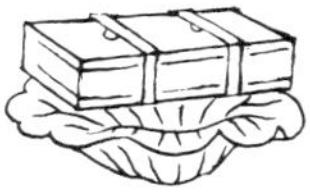

〔**密号**〕無相金剛　〔**三形**〕梵篋　〔**尊形**〕肉色。左手は袈裟の角を執る。右手は与願印にする。比丘形。赤蓮華に坐す。〔**印相**〕梵篋印　〔**真言**〕108に同じ。

〔**解説**〕釈尊の十大弟子の一人。空に通達していること随一であるので解空第一といわれる。また、他人と争わないことから、無諍第一ともいわれる。『般若経』に登場し、釈尊に代わって法を説く役割をもつ。また、『維摩経』では空を説く場面で登場する。初期の大乗仏教、特に般若経系統ではきわめて重要視される人物である。

110・迦葉波

110 迦葉波 Kāśyapa

he
ケイ

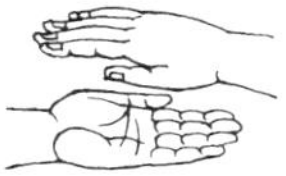

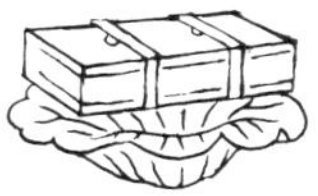

〔**密号**〕離塵金剛　〔**三形**〕梵篋　〔**尊形**〕肉色。左手は袈裟の角を執る。右手は掌を外に向ける。比丘形。赤蓮華に坐す。〔**印相**〕梵篋印　〔**真言**〕108に同じ。

〔**解説**〕釈尊の十大弟子の一人。大迦葉・摩訶迦葉ともいう。質素な生活に満足し、自分に厳しく難行を行なったので、頭陀第一といわれた。釈尊の死後、その教団の中心者となった。さらに、釈尊の教えを正しく後世に伝えるため、多くの弟子を集め結集を開いた。すなわち、阿難に教法を説かしめ、優波離に律を説かしめ、弟子たちがこれを唱和し、教えを確認した。正法を後世に伝えた第一の功労者である。

111 舎利弗（しゃりほつ） Śāriputra（シャーリプトラ）

111・舎利弗

he
ケイ

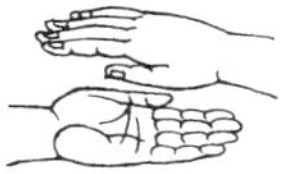

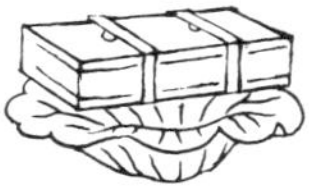

〔解説〕般若金剛、巧智金剛　**〔三形〕**梵篋（ぼんきょう）　**〔尊形〕**肉色。合掌して赤蓮華に坐す。比丘形。**〔印相〕**梵篋印　**〔真言〕**108に同じ。

〔解説〕釈尊の十大弟子の一人。目連（→胎108）と一緒に釈尊の弟子となる。智慧第一といわれるように、教えの理解においては舎利弗の右に出るものはいないといわれた。経典の中にもしばしば登場する。『般若経』では、最初は須菩提が主役の座を得るなどあまり高い評価を受けないが、後には重視される。釈尊は舎利弗を非常に信頼し、弟子の指導などを任せたりもした。しかし、釈尊より先に死んだため、大いに惜しまれた。

---

112 如来喜菩薩（にょらいきぼさつ） Tathāgatamuditā（タターガタムディター）

112・如来喜菩薩

mu
モウ
ボウ

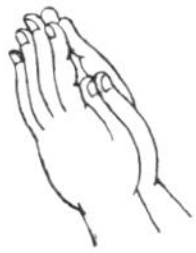

〔密号〕称法金剛　**〔三形〕**蓮上華、黄蓮華　**〔尊形〕**肉色。蓮華を盛った蓮葉を持つ。右手は胸の前で仰げて、中指・無名指・小指を屈す。赤蓮華に坐す。**〔印相〕**蓮華合掌　**〔真言〕**オン　シュダハラボダ　ソハラ　oṃ śuddhapramoda sphara（オーン　清らかな喜びあるものよ　遍ぜよ）

〔解説〕この尊は、四無量心のうち喜無量心を表す。この心は、衆生の愚かさ（痴）によって起こる嫉妬心を除く。すなわち、他人の楽しみを我がことのようにして妬（ねた）まない心である。『秘蔵記』によれば、喜無量心観を修することにより、第六意識を転じて妙観察智を得ることができる。この清らかな心をもって、遍く衆生を観察して大いなる喜を与えようとする。すなわち、この尊は喜心をも

113・如来捨菩薩

114・白傘蓋仏頂

って衆生を念じ、観自在菩薩と等しい境地に導かんとする。『諸尊便覧』は三形を黄蓮華とする。

---

113 如来捨菩薩（にょらいしゃぼさつ） Tathāgatopekṣa（タターガタトーペークシャ）

pe
ヘイ

〔密号〕平等金剛　**〔三形〕**白珠　**〔尊形〕**肉色。左手は白珠を持ち、右手は股におく。蓮葉に坐す。

〔印相〕蓮華合掌　**〔真言〕**オン　マゴヘイキシャ　ソハラ　oṃ mahopekṣa sphara（オーン　大捨よ　遍ぜよ）

〔解説〕この尊は、四無量心の捨無量心を表す。これは怨（うら）みの念を捨て、苦楽喜憂を離れる心である。また、貪（とん）・瞋（じん）・痴（ち）の三毒の煩悩を捨てることである。『秘蔵記』によれば、捨無量観を修することにより、前五識を転じて成所作智を得て、あらゆる衆生を観想し一切の執着を離れさせる。すなわち、衆生はすべて平等という立場から、彼らを虚空庫（こくうこ）菩薩と等しい境地に導かんとする。虚空庫菩薩とは、虚空が平等であるように、平等心という功徳を自在に衆生に施す菩薩をいう。

---

114 白傘蓋仏頂（びゃくさんがいぶっちょう） Sitātapatroṣṇīṣa（シタータパトローシュニーシャ）

laṃ
ラン

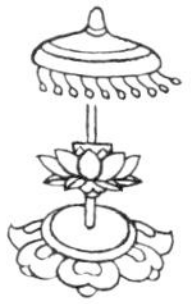

〔密号〕異相金剛　**〔三形〕**蓮華上白傘蓋（さんがい）　**〔尊形〕**黄色。左手に傘を載せた蓮華を持つ。右手は仰げて、四指を屈し大指を伸ばす。赤蓮華に坐す。

〔印相〕白傘蓋仏頂印　**〔真言〕**ノウマク　サマンダ　ボダナン　ラン　シタタハタラ　ウシニシャ　ソワカ　namaḥ samantabuddhānāṃ laṃ sitātapatroṣṇīṣa svāhā（普き諸仏に帰命す　ラン　白傘蓋仏頂よ　ス

ヴァーハー）

〔解説〕五仏頂の一。インドでは、国王や貴人を雨や日差しから護るため、侍者が背後から傘をかざす。仏教では傘に関してこんな話がある。村人が須菩提のために住居をつくったが、屋根を葺くのを忘れてしまった。雨が降ってきたので、このことを思い出した村人は、あわてて須菩提のところへ駆けつけてみると、そこだけ雨が降らなかった、という。須菩提の神通力をいうための一つの説話であるが、後に仏にはこのような徳があるとされた。尊像の上にかかっている傘を仏天蓋といい、仏徳を示すものとした。すなわち、白傘蓋仏頂尊はこのような徳の傘をもって衆生にかざし、衆生を純白な心で覆い護る誓願を表している。種字のランは『諸説不同記』の ran をとらず、『石山七集』の lan とした。

115 勝仏頂（しょうぶつちょう） Jayoṣṇīṣa（ジャヨーシュニャ）

〔密号〕大尊金剛、無比金剛　〔三形〕蓮上宝剣

〔尊形〕黄色。右手は斜め仰げて、頭・中・無名指を屈して合蓮華を執る。左手は剣をのせた蓮華を持つ。赤蓮華に坐す。〔印相〕大慧刀印（金剛合掌し、二大指を並び立て、二頭指を屈して二大指の頭に当てる）　〔真言〕ノウマク　サマンダボダナン　シャン　ジャヨウシニシャ　ソワカ namaḥ samanta-buddhānāṃ śaṃ jayoṣṇīṣa svāhā（普き諸仏に帰命す　シャン　勝仏頂よ　スヴァーハー）

〔解説〕五仏頂の一。勝頂輪王菩薩ともいう。『大日経義釈』には、この尊を大寂の頂のゆえに勝と名付ける、とある。寂とは、涅槃の境地を意味する。声聞・縁覚などの小乗の人はここに留まるため小寂といい、この尊はさらに法を転じるので大寂といい、仏慧の徳を司る。三形の宝剣は、無明の闇を断ち仏慧を展開することを示している。なお『諸尊便覧』では梵名を cakravarti-uṣṇīṣa とし、法輪を転ずるものの意味をもたせているが、これは他の仏頂尊にもいえることなので、いまは採用しない。

115・勝仏頂

116・最勝仏頂

116 最勝仏頂（さいしょうぶっちょう） Vijayoṣṇīṣa（ヴィジャヨーシュニーシャ）

śī
シ

〔密号〕最勝金剛、上行金剛　**〔三形〕**蓮華上金剛輪　**〔尊形〕**黄色。左手に輪を載せた蓮華を持つ。右手は掌を立てて胸に当て、中指と無名指を屈す。赤蓮華に坐す。**〔印相〕**転法輪印　**〔真言〕**ノウマク　サマンダボダナン　シ　シ　ビジャヨウシュニシャ　ソワカ　namaḥ samantabuddhānāṃ śī śī vijayoṣṇīṣa svāhā（普き諸仏に帰命す　シー　シー　最勝仏頂に　スヴァーハー）

〔解説〕五仏頂の一。一字金剛・高頂輪王ともいう。三形にも示されるように、この尊は仏の転法輪の徳を司る。輪は古代インドの武器の一つであった。仏教ではこれは法輪であり、あらゆる煩悩を摧破（さいは）し仏道に導くための説法を意味する。

117・光聚仏頂

117 光聚仏頂（こうじゅぶっちょう） Tejorāśyuṣṇīsa（テージョーラーシウシュニーシャ）

trīṃ
チリン

〔密号〕神通金剛　**〔三形〕**仏頂髻　**〔尊形〕**黄色。左手に仏頂形をのせた蓮華を持つ。右手は胸の前で掌を立て無名・小指を屈す。赤蓮華に坐す。**〔印相〕**虚心合掌をし、無名・小指の甲を合わせて掌に入れ、頭指を中指の背につけ、大指を並べ立て三目の形にする。**〔真言〕**ノウマク　サマンダボダナン　チリン　テイジョラシ　シャニシャ　ソワカ　namaḥ samantabuddhānāṃ trīṃ tejorāśyuṣṇīsa svāhā（普き諸仏に帰命す　トリーム　光聚仏頂よ　スヴァーハー）

〔解説〕五仏頂の一。放光とも訳すように、輝く光を意味する。太陽が昇れば夜があけるように、如来の光明は普く衆生の闇を照らし功徳を与える。

その徳を司る尊である。密号の神通は、まさにその力を表している。種字のチリンは真言の trīṃである。なおこの尊は現図曼荼羅では、釈尊の北側の大転輪仏頂の右側位置に描かれているが、『大日経』では南側の最勝仏頂の左側に配されているので、観蔵院曼荼羅では『大日経』の所説に従い、この位置とした。

---

118 摧砕仏頂（さいさいぶつちょう） Vikiraṇoṣṇīṣa（ヴィキラノーシュニーシャ）

hrūṃ
コロン

118・摧砕仏頂

〔密号〕除魔金剛　**〔三形〕**蓮華上鉤　**〔尊形〕**黄色。左手は独鈷鉤（とっここう）をのせた蓮華を持つ。右手は無名指を屈して、他の四指を立てる。赤蓮華に坐す。**〔印相〕**除業仏頂印（右手を拳にし、頭指を立て、これを少し屈する）　**〔真言〕**ノウマク　サマンダ　ボダナン　カロン　ビキラダ　ハンソシニシャ　ソワカ　namaḥ samantabuddhānāṃ hrūṃ vikiraṇa pañcoṣīṣa svāhā（普き諸仏に帰命す　フルーム　摧破せよ　第五の仏頂よ　スヴァーハー）

〔解説〕五仏頂の一。除障仏頂ともいう。この尊は煩悩を摧破し捨除する徳を司る。密号の除魔は、まさにこの意を表す。三形の鉤は、執拗にはびこる煩悩を引き寄せ、打ち砕くことを示している。

---

119 如来舌菩薩（にょらいぜつぼさつ） Tathāgatajihva（タターガタジフバ）

ji
ジ

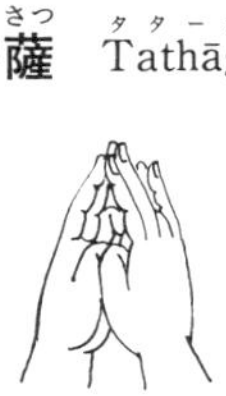

119・如来舌菩薩

〔密号〕弁舌金剛　**〔三形〕**蓮華上舌　**〔尊形〕**肉色。左手は舌の三昧耶形を置いた蓮華を持つ。右手は掌を仰げて胸の前におく。　**〔印相〕**如来甲印（虚心合掌し、無名指を屈し掌に入れ、二大指を

屈して無名指に当てる）〔**真言**〕ノウマク　サマンダボダナン　タタギャタジカバ　サチヤタラマハラチ　シタ　ソワカ　namaḥ samantabuddhānāṃ tathāgatajihva satyadharmapratiṣṭhita svāhā（普き諸仏に帰命す　如来舌よ　真理の法に住するものよ　スヴァーハー）
〔**解説**〕この尊は、如来の説法は常に真実のみ語ることを示すために、如来舌という。すなわち『大日経疏』に、「如来とは真如である。如来の舌はいつも真実語であり、あざむくことなく、嘘偽り（うそいつわ）がない」と説く。説法の巧みさをいうのではなく、言葉のすべてが真実であることをいう。

120・如来語菩薩

120 **如来語菩薩**（にょらいごぼさつ） Tathāgatavaktra（タターガタヴアクトラ）

va
バ

〔**密号**〕性空金剛　〔**三形**〕蓮上唇、蓮華上宝形
〔**尊形**〕肉色。左手は宝形をのせた蓮華を持つ。右手は、掌を仰げて胸に当てる。赤蓮華に坐す。〔**印相**〕如来語門印　〔**真言**〕ノウマク　サマンダボダナン　タタギャタマカバキタラ　ビシバジ　ナノウマカダヤ　ソワカ　namaḥ samantabuddhānāṃ tathāgatamahāvaktra viśvajñānamahodaya svāhā（普き諸仏に帰命す　如来の偉大な御口よ　さまざまな智慧の大いなる生起があるものよ　スヴァーハー）
〔**解説**〕如来の説法は円（まど）かであり、その言葉を聞いた衆生は皆よく理解したという。この尊は、如来の智慧から発した言葉の徳、すなわち如来が説法している口の徳を司る。三形の唇は如来の言葉を象徴し、宝形は仏の智慧が言葉として具現化し、思いのままに衆生に降り注ぐことを表している。

121 **如来笑菩薩**（にょらいしょうぼさつ） Tathāgatahāsa（タターガタハーサ）

ho
コウ

〔**密号**〕歓喜金剛、破顔金剛　〔**三形**〕三鈷中に歯
〔**尊形**〕肉色。右手は口のそばに当て、左手は蓮華を持つ。赤蓮華に坐す。〔**印相**〕二拳口に仰げて散

ず。〔真言〕オン　バザラカサ　oṃ vajrahāsa（オーン　金剛笑よ）

〔解説〕如来の歓喜の徳を司る。すなわち、如来の教えを聞き、心の底から喜びが涌き、心身ともに喜びに満ちる。小乗仏教はもちろん、大乗仏教でも如来が大口をあけて笑うという記述はない。密教では、むしろこれを積極的に肯定し、喜びを喜びとして表そうとしたと考えられる。

122 如来牙菩薩（にょらいげぼさつ） Tathāgatadaṃṣṭra（タターガタダンシュトラ）

daṃ
ダン

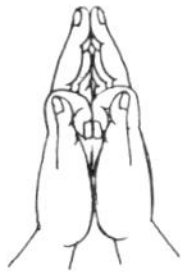

〔密号〕護法金剛、調伏金剛〔三形〕蓮上牙〔尊形〕肉色。左手は牙を載せた蓮華を持つ。右手は小指・頭指・大指を伸ばし、無名指と中指を屈し、胸の前におく。〔印相〕如来牙印（虚心合掌し、二頭指を屈して掌中に入れる）〔真言〕ノウマク　サマンダボダナン　タタギャタノウシタラ　ラサラサギャラサンハラハキャ　サラバタタギャタビシャヤ　サンババ　ソワカ　namaḥ samantabuddhānāṃ tathāgatadaṃṣṭra rasarasāgrasamprāpaka sarvatathāgataviṣayasambhava svāhā（普き諸仏に帰命す　如来牙よ　味の中の最上味を得るものよ　一切如来の境界より生じたものよ　スヴァーハー）

〔解説〕この尊は、煩悩を噛み砕き、その結果得た無上の悟りの法味を咀嚼（そしゃく）する徳を司る。密号にあるように、如来の教えを護り、煩悩を調伏する。三形の牙は、その象徴である。御室版曼荼羅では蓮上の牙は描かれていない。ここでは『諸尊便覧』の記述に従って牙を描いた。

121・如来笑菩薩

122・如来牙菩薩

123・輪輻辟支仏

123 輪輻辟支仏 Nemipratyekabuddha

りんぷくびゃくしぶつ　ネーミプラティエーカブッダ

vaḥ
バク

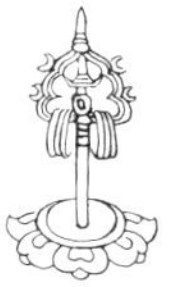

〔**密号**〕摧障金剛　〔**三形**〕錫杖　〔**尊形**〕白黄色。右手は拳にし胸に当てる。左手は袈裟の二角をとり、胸に当てる。赤蓮華に坐す。〔**印相**〕円満錫杖印　〔**真言**〕ノウマク　サマンダボダナン　ハク namaḥ samantabuddhānāṃ vaḥ（普き諸仏に帰命す　ヴァハ）

〔**解説**〕輪輻とは車輪と輻をいう。サンスクリットのネーミは、輪ぶち、へり、ふちなどの意味であるから、輪輻とは輪を指すと思われる。すなわち、密号に摧障とあるように、輪輻は煩悩を打ち砕く武器と考えられる。種字のバクは、バはヴァーチュ（vāc）で、言葉の意。涅槃点が付いて言語道断の意味となる。（→胎106、107）

124・宝輻辟支仏

124 宝輻辟支仏 Ratnanemipratyekabuddha

ほうぷくびゃくしぶつ　ラトナネーミプラティエーカブッダ

vaḥ
バク

〔**密号**〕円寂金剛　〔**三形**〕錫杖　〔**尊形**〕肉色。右手は掌を外に向け胸に当てる。左手は袈裟の二角をとり、臍下に当てる。赤蓮華に坐す。〔**印相**〕円満錫杖印　〔**真言**〕123に同じ。

〔**解説**〕『石山七集』『諸尊便覧』『諸説不同記』などには、輻のサンスクリットをニミとしているが、ネーミの誤記である（→123）。密号の円寂とは輪宝によって煩悩を打ち払った境地を表している。（→胎106、107）

125 拘絺羅 Kauṣṭhila

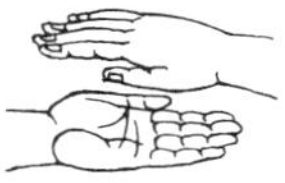

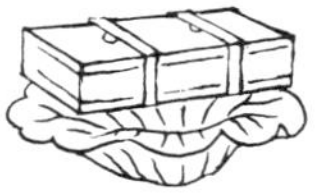

〔密号〕悟性金剛　**〔三形〕**梵篋　**〔尊形〕**肉色。右手は小・大指を立て無名・中・頭指を屈す。左手は袈裟の角をとり、胸に当てる。比丘形。蓮葉に坐す。**〔印相〕**梵篋印　**〔真言〕**ノウマク　サマンダボダナン　ケイトハラチヤヤ　ビギャタキャラマニ　ジャタ　ウン namaḥ samantabuddhānāṃ hetu-pratyayavigata karmanirjāta hūṃ（普き諸仏に帰命す　因縁を離れたものよ　業より生じたものよ　フーン）

〔解説〕舎利弗（→胎111）の母の弟。すなわち舎利弗の叔父に当たる。あるとき拘絺羅は、身重の姉と議論をしたが、歯が立たなかった。そのわけは姉のお腹にいる子供の力によるものであり、この子は将来畏るべき人になるだろうと予言した。その後、拘絺羅は出家し、爪を切る暇も惜しんで学問に励み、長爪梵志と称せられた。後に、釈尊の弟子となった。

---

126 阿難 Ānanda

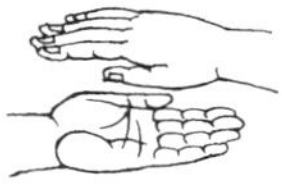

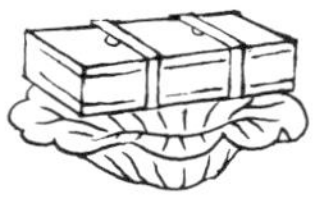

〔密号〕集法金剛　**〔三形〕**梵篋　**〔尊形〕**肉色。合掌して蓮葉に坐す。比丘形。**〔印相〕**梵篋印　**〔真言〕**125に同じ。

〔解説〕釈尊の十大弟子の一人。釈尊の従兄弟で、釈尊が成道した日の夜に生まれた。25歳で釈尊の弟子となり、釈尊が入滅するまでの25年間、そのそばを離れず附き従った。釈尊の教えを一番多く聞いたので多聞第一といわれる。密号の集法は結集において経蔵を誦出したことによる。

127・迦旃延

127 迦旃延（かせんねん） Kātyāyana（カーテイヤーヤナ）

he
ケイ

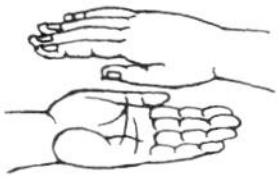

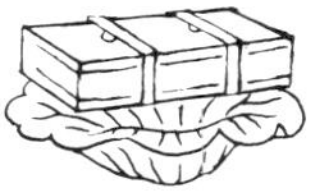

〔密号〕弁才金剛、涌泉金剛　**〔三形〕**梵篋（ぼんきょう）　**〔尊形〕**肉色。右手は小指・無名指を屈し、大指・・中指・頭指を伸ばし胸に当てる。左手は袈裟の角をとる。比丘形。蓮葉に坐す。**〔印相〕**梵篋印　**〔真言〕**125に同じ。

〔解説〕釈尊の十大弟子の一人。論義第一といわれる。もとはクシャトリヤであったが、釈尊に帰依し出家した。釈尊の教えを分析し、他の人々に分かり易く説明する能力に優れていたという。それゆえ、進んで衆生教化を実践していった。仏教を広めた功績者の一人である。

128・優波離

128 優波離（うばり） Upāli（ウパーリ）

he
ケイ

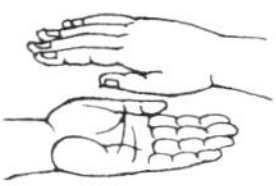

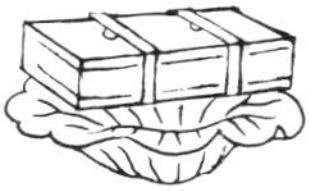

〔密号〕尸羅金剛　**〔三形〕**梵篋（ぼんきょう）　**〔尊形〕**肉色。左手は小指・無名指・中指を屈し、大指・頭指を伸ばして胸に当てる。右手は掌を立て、無名指・中指を屈し、小指・頭指・大指を立てて胸に当てる。比丘形。**〔印相〕**梵篋印　**〔真言〕**125に同じ。

〔解説〕釈尊の十大弟子の一人。持律第一といわれる。すなわち『増一阿含経』に「我が弟子の中で、戒律を守り犯さないものは優波離比丘である」と記されている。身分は低く、理髪師であった。釈尊の弟子となったとき、貴族階級のものと一緒であったが、釈尊は優波離を兄弟子とした。もと貴族のものが優波離に礼拝するのを躊躇したとき、釈尊は、教団にあっては受戒の前後はあっても身分の差はない、として諫（いさ）めた。また結集のとき特に律蔵の誦出を行なった。

129 智拘絺羅菩薩（ちくちらぼさつ） Jñānakauṣṭhila（ジュニヤーナカウシュテイラ）

jña ギャ　he ケイ

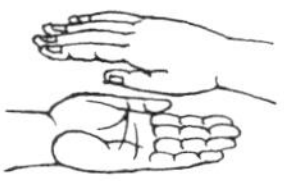

〔**密号**〕正円金剛、宿慧金剛　〔**三形**〕未開敷蓮華（みかいふれんげ）、承花　〔**尊形**〕肉色。合掌し、掌の上に未開敷蓮華。蓮葉に坐す。〔**印相**〕梵篋印　〔**真言**〕125に同じ。

〔**解説**〕如来の精進の徳を司るという。未開敷の蓮華を持った姿は、まさしく菩提心の種を育てようとするひたむきさを表している。『諸尊便覧』には尊形を比丘形とするが、ここでは御室版によった。なお、この尊が長爪梵志（ちょうそうぼんし）であるとの説もある。（→胎125）

129・智拘絺羅菩薩

---

130 供養雲海菩薩（くよううんかいぼさつ） Pūjāmeghasamudra（プージャメーガムドラ）

pu フ

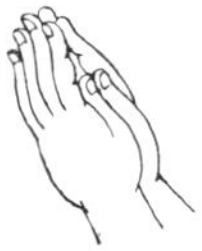

〔**密号**〕普覆金剛　〔**三形**〕蓮葉上に花　〔**尊形**〕肉色。両手に花を盛った蓮葉を持つ。蓮葉に坐す。〔**印相**〕蓮華合掌　〔**真言**〕ノウマク　サラバタタギャテイビユ　ビシバモクケイビャク　サラバタケン　ウダギャテイ　ソハラケイマン　ギャギャナケン　ソワカ　namaḥ sarvatathāgatebhyo viśvamukhebhyaḥ sarvathā khamudgate sphara hemaṃ gaganakaṃ svāhā（すべてに顔を向けた如来に普く帰命す　虚空に涌（わ）きおこれるものよ　広がれ　黄金の虚空に　スヴァーハー）

〔**解説**〕『廣大軌』に「雲雨のように供養する。一一の仏海の、諸々の如来・菩薩・金剛衆に供養する」とある。すなわち、この尊は諸尊に供養することを誓願とする。雲海とは、限りなく広大なことを表している。

130・供養雲海菩薩

文殊院

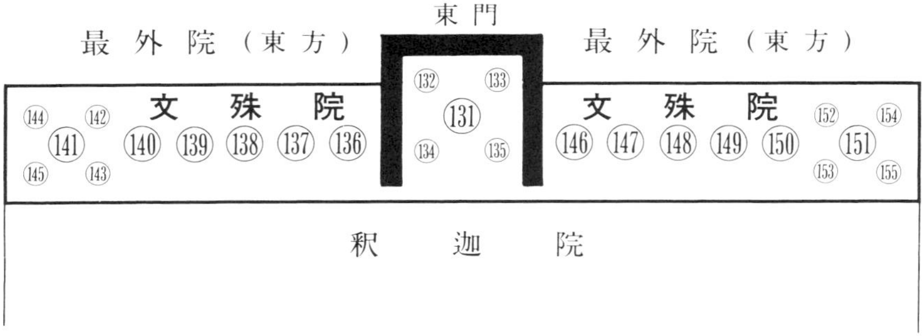

131.文殊師利菩薩	144.肥者耶
132.観自在菩薩	145.者耶
133.普賢菩薩	146.髻設尼童女
134.不可越守護	147.優婆髻設尼童女
135.相向守護	148.質怛羅童女
136.光網菩薩	149.地慧童女
137.宝冠菩薩	150.召請童女
138.無垢光菩薩	151.不思議慧童女
139.月光菩薩	152.文殊奉教者
140.妙音菩薩	153.　〃
141.瞳母嚕	154.　〃
142.阿耳多	155.　〃
143.阿波羅耳多	

文殊院は、釈迦院の東方（上段）に位置する。そこには中央の門の中に５尊、左右に各10尊、合計25尊が描かれている。門の中、その中心に文殊菩薩が坐り、その右側後方に観自在菩薩、右側後方には普賢菩薩を配し、前方には２人の門衛を置いている。門の外側左方には、髻設尼・優波髻設尼・質怛羅・地慧・召請の５人の女性の使者と不思議慧を中心に女性５人の奉教者が描かれる。右方には、光網・宝冠・無垢光・月光・妙音の５尊と左方の５使者と対応して、瞳母嚕天を中心とする５侍者が描かれている。

文殊菩薩は、般若経の教義を宣揚する菩薩として、弥勒菩薩と共に出家菩薩の代表者である。また、妙吉祥とも呼ばれ、勝れた智慧を象徴する菩薩として知られている。文殊院に描かれる文殊菩薩は、左手に金剛杵をのせた細葉の青蓮華を持ち、右手は与願印を結んでいる。そして頭には五髻冠を戴き、姿は童子形である。

青蓮華は煩悩に汚れていないことを示し、金剛杵は煩悩を砕破する智慧の働きを表す。与願の印は、人々に勝れた智慧を与えようとする誓願である。五髻冠は大日如来の五智を表し、文殊菩薩が仏に代って法を説くことを示す。また、姿を童子形としているのは、文殊が大日如来の悟りを求め、法王子として現実の場で修行し、人々を導く姿を表すのである。

文殊菩薩の右方の観自在菩薩は、妙観察智をもって文殊の智慧を代表し、左方の普賢菩薩によって文殊菩薩の方便・慈悲の徳を表している。そして、文殊菩薩の左方の５人の女性の随伴者は、人々を救う文殊の智慧の働きのさまざまなありようを示し、右方の男性の５尊によって、文殊の智慧が光輝く荘厳さを象徴しているのである。

このような観自在菩薩と普賢菩薩に代表されるように、同じ智慧であっても、左方は文殊の智慧そのものを示し、右方は智慧の働きの荘厳さを示すのであり、より実践的な智慧のあり方を文殊院の諸尊によって表すのである。

133・普賢菩薩　131・文殊師利菩薩　135・相向守護

132・観自在菩薩　134・不可越守護

131 文殊師利菩薩（もんじゆしりぼさつ）

Mañjuśrīkumārabhūta（マンジュシュリークマーラブータ）

maṃ
マン

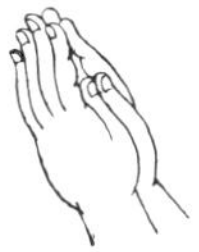

〔**密号**〕般若金剛　〔**三形**〕青蓮華上三鈷杵（さんこしょ）

〔**尊形**〕黄金色。五髻（けい）に結い、童子形。右手は与願印。左手は三鈷杵を載せた青蓮華を持ち、慈眼にして微笑し白蓮華に坐す。〔**印相**〕虚心合掌し、二中指を無名指の背につけ、二頭指の先を大指の先につける。〔**真言**〕ノウマク　サマンダボダナン　マン　ケイケイ　コモラキャ　ビモキチハタシッチタ　サンマラサンマラ　ハラチゼン　ソワカ　namaḥ samantabuddhānāṃ maṃ he he kumāraka vimuktipathasthita smara smara pratijñāṃ svāhā（普き諸仏に帰命す　マン　オー　オー　童子よ　解脱の道を歩むものよ　誓願を憶念せよ　憶念せよ　ス

131・文殊師利菩薩

ヴァーハー）

〔**解説**〕妙吉祥、文殊師利童真、文殊師利法王子などと称される。この尊は、中台八葉院にも登場し、四如来の因位である菩薩の一人として描かれる。しかし、文殊院では主尊としての役を担う。ここでの文殊菩薩は童子形に描かれている。これは文殊に童真の文字を加えていることから分かるように、童子の心が汚れがなく天真爛漫であることから、翻ってこの姿は明瞭で無礙なる智慧を意味する。『大日経疏』に「文殊とは大いなる智慧である。この最もすぐれた智慧をもって心を清める。智剣をもって一切の迷いを断つのである」とある。すなわち、文殊菩薩は、法王子として現実の場で実践しつつ大日如来の悟りを求め、衆生を導く役割を示している。密号の般若や尊形の髪を五髻に結い上げた姿は、大日如来の五智が具体的に展開することを文殊菩薩に代表していることを表す。

文殊菩薩は、このほか一字文殊・五字文殊・八字文殊などとも称される。それは、真言の違いから区別されるが、髻の数によって区別するという説もある。普通、文殊の真言というと「オン　アラ　ハ　シャ　ノウ」の五字文殊をいう。（→胎7）

132・観自在菩薩

〔**解説**〕ここでの観自在菩薩は、普賢菩薩と共に文殊菩薩の背後に坐し、文殊菩薩の働きの一翼を担う。すなわち、無礙自在に一切を観察し、救いを求める衆生の苦悩を見抜き、これを救う働きを司る。なお、御室版曼荼羅ではこの尊の左手は蓮華を持たず、小指・無名指を立て、頭指・中指を屈して大指を捻ずる印を作る。しかし『諸尊便覧』『秘蔵記』などでは蓮華を持つという記述があるので、観蔵院曼荼羅では蓮華を描いた。（→胎17）

132 観自在菩薩（かんじざいぼさつ） Āryāvalokiteśvara（アールヤアヴアローキテーシユバラ）

sa
サ

〔**密号**〕正法金剛　〔**三形**〕開敷蓮華　〔**尊形**〕白肉色。左手に蓮華を持つ。右手は仰げて股上におく。蓮華上に坐す。　〔**印相**〕八葉印　〔**真言**〕ノウマク　サマンダボダナン　サ　namaḥ samanta-buddhānāṃ sa（普き諸仏に帰命す　サ）

133 普賢菩薩（ふげんぼさつ） Samantabhadra（サマンタバドラ）

ka
キャ

〔**密号**〕真如金剛　〔**三形**〕蓮華上三鈷杵　〔**尊形**〕肉色。左手に三鈷杵を載せた蓮華を持ち、右手は小指・無名指を立て、頭指・中指を屈して大指を捻ずる印。蓮華上に坐す。〔**印相**〕内五鈷印　〔**真言**〕ノウマク　サマンダボダナン　サンマンダバダラ

ヤ　ソワカ　namaḥ samantabuddhānāṃ samantabhadrāya svāhā（普き諸仏に帰命す　普賢に　スヴァーハー）

〔**解説**〕ここでの普賢菩薩は、観自在菩薩と共に文殊菩薩の背後に坐し、文殊菩薩の実践の徳を司る。すなわち、身・口・意の三業がすぐれて行き亙ることを意味する。『華厳経』では、現世における菩薩の理想的な実践の姿を普賢菩薩とする。蓮華上の三鈷杵は、一切の障害を摧破することを示している。（→胎６）

133・普賢菩薩

---

134 不可越守護　Durdharṣadvārapāla

〔**密号**〕金剛　〔**三形**〕剣　〔**尊形**〕赤肉色。右手に剣を持ち、左手は拳にして胸におく。蓮華上に坐す。〔**印相**〕不可越守護印　〔**真言**〕ノウマク　サマンダバザラダン　ドラダリシャ　マカロシャダ　キャダ　サラバン　タタギャタジナン　コロ　ソワカ　namaḥ samantavajrāṇāṃ durdharṣamahāroṣaṇa khādaya sarvān tathāgatājñāṃ kuru svāhā（普き金剛部族に帰命す　近寄り難き大忿怒なるものよ　一切の〔敵〕を嚙み砕け　如来の教令をなすべし　スヴァーハー）

〔**解説**〕『大日経疏』には「門には二守護がいる。不可越と相向という。一切を成就して、いまは門の守護を要としている」とある。このように、この尊は門の守護者としての役割を担っている。文殊院では使者として文殊菩薩の実践を守護する。異名が多く、例えば、不可越・威光難視・無能見者・奉教者などがある。不可越とは、近寄り難い、踏み越えてはならないという意味であるが、また密教の教えを守り絶対に違背しないことから名付けられた。無能見とは、この尊があまりにも威猛熾盛で恐ろしいので、誰も見ることができないことから名付けられた。奉教者とは、いつも仏の内門にあってその教えをひたすら実行するので、こう名付けられた。すなわち、如来の本誓があまりにも偉大であるため、誰も窺い知ることができないことを示している。（→胎341）

134・不可越守護

135 相向守護（そうごうしゅご） Abhimukhadvārapāla（アビムツカドウヴアーラパーラ）

kha キャ　he ケイ

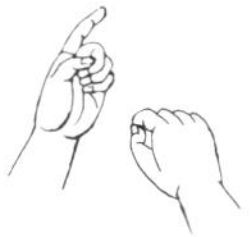

〔密号〕金剛　〔三形〕剣　〔尊形〕赤肉色。左手に剣を持ち、右手を拳にして頭指を伸ばし胸の前におく。蓮華上に坐す。〔印相〕相向守護印　〔真言〕ノウマク　サマンダバザラダン　ケイ　アビボキャ　マカハラセンダ　キャダヤ　キンチラヤシ　サンマヤマドサンマラ　ソワカ　namaḥ samantavajrāṇāṃ he abhimukhamahāpracaṇḍa khādaya kiṃcirāyasi samayam anusmara svāhā（普き金剛部族に帰命す　オー　対面する大暴悪なるものよ　食らえ　なぜためらうのか　誓いを思い出せ　スヴァーハー）

〔解説〕外敵と相対しているので、この名がある。不可越（ふかおつ）守護と同じ尊徳を持つ。『大日経疏』に「如来の教えを奉じて、衆生にとりつく教化し難い煩悩を食らいつくす」とある。（→胎134，340）

136 光網菩薩（こうもうぼさつ） Jālinīprabha（ジャーリニープラバ）

jaṃ ジャン

〔密号〕色相金剛　〔三形〕鉤、羂索　〔尊形〕黄色。左手に青蓮華を持ち、右手に羂索を持つ。髪を三髻にし、童子形。赤蓮華に坐す。〔印相〕光網鉤印　〔真言〕ノウマク　サマンダボダナン　ケイ　ケイ　コモラ　マヤギャタ　ソワハンバシチタ　ソワカ　namaḥ samantabuddhānāṃ he he kumāra māyāgata svabhāvasthita svāhā（普き諸仏に帰命す　オー　オー　童子よ　〔一切諸法は〕如幻と知るものよ　〔諸法の〕実相に安住せるものよ　スヴァーハー）

〔解説〕『大日経疏』に「文殊は形に表し得ないすぐれた智慧である。光網は荘厳されたあらゆる徳を表す。『智度論』に、「塩はあらゆる食べ物に調和しその味を倍増させる」とある。そのように真言行人は、実践のない空の智慧を修行するだけでは一方にかたよってしまう。また「世間での福徳の実践だけでもいけない」とある。つまりこの尊は、文殊菩薩の智慧が現実に生かされることを示している。すなわち、文殊菩薩の徳の荘厳さを司るのである。

137 宝冠菩薩（ほうかんぼさつ） Ratnamakuṭa（ラトナマクタ）

ka
キャ

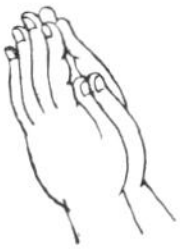

〔密号〕荘厳金剛　〔三形〕宝珠　〔尊形〕黄色。左手は宝冠を載せた青蓮華を持つ。右手は宝珠を載せ胸の前におく。童子形。髪は三髻にする。赤蓮華に坐す。　〔印相〕蓮華合掌　〔真言〕ノウマク　サマンダボダナン　サラバタ　ビマチビキラダ　タラマダトニリジャタ　サン　カ　ソワカ　namaḥ samantabuddhānāṃ sarvathā vimativikiraṇa dharmadhātunirjāta saṃ ha svāhā（普き諸仏に帰命す　常に疑念を摧伏するものよ　法界より生じたものよ　サン　ハ　スヴァーハー）

〔解説〕宝冠童子ともいう。この尊は『大日経』『攝大儀軌』『広大儀軌』などにも記されていない。蓮華上の宝冠に示されるように、勝れた文殊の智慧をこの尊が荘厳していることを表す。宝珠は、法の宝を普く生み出すことを示す。すなわちこの尊は、文殊菩薩の智徳・福徳を自ら荘厳するだけでなく、あらゆる衆生を荘厳するという誓願を表す。

137・宝冠菩薩

138・無垢光菩薩

138 無垢光菩薩（むくこうぼさつ） Vimalaprabha（ビマラプラバ）

tra
タラ

〔密号〕離塵（りじん）金剛　〔三形〕未開敷（みかいふ）蓮華　〔尊形〕

黄色。左手は未開敷蓮華を持つ。右手は臍前に仰げ鉢を載せる。童子形。髪は三髻にする。赤蓮華に坐す。〔**印相**〕光網鉤印　〔**真言**〕ノウマク　サマンダボダナン　ケイ　コモラ　ビシッタラギャチクモラ　マドサンマラ　ソワカ　namaḥ samantabuddhānāṃ he kumāra vicitragatikumāra〔pratijñā〕m anusmara svāhā　（普き諸仏に帰命す　オー　童子よ　種々に実践する童子よ〔誓願〕を念ぜよ　スヴァーハー）

〔**解説**〕尊名に表されているように、煩悩に汚されず光輝く文殊の智慧を示す。密号の離塵とは、煩悩を離れている意味である。右手に持つ鉢は、その中にある智慧の功徳を衆生に与えんとするものである。この尊は『大日経』具縁品には説かれないが、秘密曼荼羅品に登場する。また他の経軌にも説示されている。真言の〔pratijñā〕に『大日経』のチベット訳によって補った。

---

139 月光菩薩（がっこうぼさつ） Candraprabha（チャンドラプラバ）

ca
シャ

〔**密号**〕威徳金剛　〔**三形**〕青蓮華上半月形　〔**尊形**〕黄色。左手には未開敷蓮華を持つ。右手には半月をのせた青蓮華を持つ。童子形。髪は三髻にする。赤蓮華に坐す。〔**印相**〕執蓮華印（右手の大指と頭指をつけ、これを伸ばす）〔**真言**〕ノウマク　サマンダボダナン　センダラハラバヤ　ソワカ　namaḥ samantabuddhānāṃ candraprabhāya svāhā（普き諸仏に帰命す　月光に　スヴァーハー）

〔**解説**〕日光菩薩と共に、薬師如来の脇侍にもなっている。青蓮上の半月は、法王を目指す文殊菩薩の修行中の智慧を表す。すなわち、現実に衆生を導く姿を、半月が次第に満ちていくさまとして示している。金剛界曼荼羅にも登場する。(→金53)

---

140 妙音菩薩（みょうおんぼさつ） Mañjughoṣa（マンジュゴーシャ）

maṃ
マン

〔**密号**〕吉祥金剛　〔**三形**〕梵篋（ぼんきょう）　〔**尊形**〕黄色。左手は梵篋を持ち、右手には青蓮華を持つ。童子形。髪を三髻にする。赤蓮華に坐す。〔**印相**〕継室尼刀印（右手を拳にし、中指と頭指をつけ、これを伸ばす）　〔**真言**〕ノウマク　サマンダボダナン　ケイ　ケイ　コモリケイ　ダヤジャナン　サンマラ　ハラチゼン　ソワカ　namaḥ samantabuddhānāṃ he he kumārike〔kleśaṃ che〕dayājñāṃ smara pratijñāṃ〔smara〕svāhā（普き諸仏に帰命す　オー　オー　童女よ　〔煩悩を〕断ぜよ　教令を念ぜよ　誓願を〔念ぜよ〕　スヴァーハー）

〔**解説**〕妙徳ともいう。『大日経疏』に「この尊は、大慈悲の心から妙なる法音をもって、衆生に説法し導く」とあるように、妙音菩薩は文殊菩薩の説法の徳を表す。『秘蔵記』や『石山七集』などでは、この尊を五字文殊（→胎131）あるいは五髻（こけい）文殊などとも称す。五髻文殊の名は、この院の文殊菩薩が髪を五髻にしていることによる。五字文殊も五髻文殊も、本来はこの院の主尊の文殊菩薩を指すものと思われる。ここでいう妙音菩薩は、文殊菩薩の五智の一智を司る尊である。髪も三髻となっている。真言は『大日経』のチベット訳により訂正した。

140・妙音菩薩

---

141 瞳母嚕（とむろ） Tumra（トウムラ）

tu
トウ

〔**密号**〕金剛　〔**三形**〕棒　〔**尊形**〕赤黒色。右手に独鈷棒を持ち、左手は拳にし、頭指と中指をつけ、これを伸ばし、腰のあたりに仰げる。吉祥座に坐す。〔**印相**〕諸奉行者印　〔**真言**〕ノウマク　サマンダボダナン　アク　ビサンマヤニエイ　ソワカ

namaḥ samantabuddhānāṃ āḥ vismayanīye svāhā

（普き諸仏に帰命す　アーハ　驚かせるものよ　スヴァーハー）

〔**解説**〕図にあるように、瞳母嚕は中心に坐し、向かって左側に肥者耶（びじゃや）・者耶（じゃや）、右側に阿耳多（あじた）・阿波羅耳多（あはらじた）を配している。すなわちこれは、『般若理趣経』に説かれる四姉妹の考えに基づくものである。四姉妹については『文殊根本儀軌』に、文殊菩薩の眷属として世間にあって衆生を救う、とある。また『理趣釈』には、この尊は四姉妹の兄で毘盧遮那（びるしゃな）如来を表し、四姉妹は常・楽・我・浄を示す、という。文殊院南側に配される不思議慧童子を中心とした五奉教者と対照となっている。なお尊名の瞳母嚕はTumulu、Tumburuなど不明な点が多い。ここではTumra（強大なもの）とした。

141・瞳母嚕

142・阿耳多　143・阿波羅耳多

142 阿耳多（あじた） Ajitā（アジター）

a
ア

〔密号〕金剛　**〔三形〕**棒　**〔尊形〕**肉色。左手を拳にして腰に当て、右手は独鈷棒を持つ。童女形。吉祥座に坐す。**〔印相〕**諸奉教者印　**〔真言〕**141に同じ。

〔解説〕アジタとは、征服されないという意味である。この尊に勝ちうるものがない、ということから無能勝と漢訳される。四姉妹女天（→141）の一人。涅槃の境地の中の浄徳、すなわち清らかさを表す。金剛界の四波羅蜜菩薩の一人、法波羅蜜菩薩（→金4）と同体とされる。

143 阿波羅耳多（あはらじた） Aparājitā（アパラージター）

a
ア

〔密号〕金剛　**〔三形〕**棒　**〔尊形〕**142に同じ。**〔印相〕**諸奉教者印　**〔真言〕**141に同じ。

〔解説〕四姉妹の一人。この尊は、涅槃の境地の中の我徳、すなわち心の自由自在さを表す。金剛界の四波羅蜜菩薩の一人、羯磨波羅蜜菩薩(→金５)に相当する。

144・肥者耶　145・者耶

144 肥者耶（びじやや） Vijayā（ビジャヤー）

vi
ビ

〔密号〕金剛　**〔三形〕**棒　**〔尊形〕**肉色。左手を仰げて腰に当て、右手は独鈷杵を持つ。童女形。

吉祥座に坐す。〔**印相**〕諸奉教者印　〔**真言**〕141に同じ。

〔**解説**〕四姉妹の一人。この尊は、涅槃の境地の中の楽徳、すなわち苦を離れた安楽さを表す。金剛界の四波羅蜜菩薩の一人、宝波羅蜜菩薩(→金 3）に相当する。

145 者耶（じゃや） Jayā（ジャヤー）

ja
ジャ

〔**密号**〕金剛　〔**三形**〕棒　〔**尊形**〕144に同じ。〔**印相**〕諸奉教者印　〔**真言**〕141に同じ。

〔**解説**〕四姉妹の一人。この尊は、涅槃の境地の中の常徳、すなわち悟りの不変堅固さを表す。金剛界の四波羅蜜菩薩の一人、金剛波羅蜜菩薩（→金 2）に相当する。

---

146 髻設尼童女（けいしにどうにょ） Keśinī（ケイシニー）

146・髻設尼童女

ke
ケイ

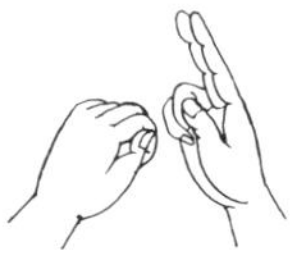

〔**密号**〕密持金剛　〔**三形**〕利剣、大刀　〔**尊形**〕黄色。右手に剣を持ち、左手は青蓮華を持つ。童女形。　〔**印相**〕剣印（右手拳にし、頭指と中指を並び立てる）　〔**真言**〕ノウマク　サマンダボダナン　キリ　ケイ　ケイ　コモウリケイ　ダヤジャナン　サンマラ　ハラチゼン　ソワカ　namaḥ samanta-buddhānāṃ hrī he he kumārike〔kleśaṃ che〕dayājñāṃ smara pratijñāṃ〔smara〕svāhā（普き諸仏に帰命す　フリー　オー　オー　童女よ　〔煩悩を〕断ぜよ　教令を念ぜよ　誓願を〔念ぜよ〕　スヴァーハー）

〔**解説**〕尊名のサンスクリットは、美しい髪などの意味がある。『大日経疏』に、髻設尼は文殊の五使者の一人で、その美髪は文殊の智慧の一智を表す、とある。すなわち、髪は心智の標幟であるから、美髻は心智の清らかさを意味する。なお、童女とは10～12歳くらいの純潔の少女をいう。なお伝統的には文殊八大童子と称されるが、明らかに尊名が女性形なので、すべて童女とした。

147・優婆髻設尼童女

148・質怛羅童女

147 優婆髻設尼童女（うばけいしにどうにょ） Upakeśinī（ウパケーシニー）

dili
ジリ

u
ウ

〔**密号**〕妙慧金剛　〔**三形**〕輸羅（しゅら）、戟　〔**尊形**〕黄色。右手に独鈷戟を持ち、左手は掌を立てて、中指と無名指を屈す。赤蓮華に坐す。〔**印相**〕右手拳にして、中指を伸ばし戟のようにする。〔**真言**〕ノウマク　サマンダボダナン　ジリ　ビンナヤキジャナン　ケイ　コモリケイ　ソワカ　namaḥ samanta-buddhānāṃ dili bhinnayājñānaṃ he kumārike svāhā（普き諸仏に帰命す　ジリ　無智を破壊せよ　オー　童女よ　スヴァーハー）

〔**解説**〕三形の輸羅（śūla）は、鋭い槍である。『大日経疏』に「妙慧を以て、無智を穿ち実相に達す」とあるように、鋭い智慧を表す。また、種字の dili は、『大日経疏』によれば、di は施者を表し、li は三昧の相を表す。無相三昧の中においてよく一切の願を成就すると説く。それゆえこの尊は、文殊菩薩の布施の徳を司る。

---

148 質怛羅童女（しつたらどうにょ） Citrā（チトラー）

mili
ミリ

mṛ
ミリ

〔**密号**〕吉祥金剛　〔**三形**〕幢幡　〔**尊形**〕黄色。右手風天幢をとり、左手青蓮華を持つ。赤蓮華に坐す。〔**印相**〕右拳風輪杖印（右手拳にして頭指と大指を伸ばす）〔**真言**〕ノウマク　サマンダボダナン　ミリ　ソワカ　namaḥ samantabuddhānāṃ mili svāhā（普き諸仏に帰命す　ミリ　スヴァーハー）

〔**解説**〕『大日経疏』に、「質多羅は雑色の義なり」とある。サンスクリットでは、種々の、明白なる、などのほか、鮮やかに彩られたもの、という意味がある。すなわち、この尊は文殊菩薩の身体に現れた徳を表す。種字の mili は、『大日経疏』によれば、mi は我を表し、li は相を表す。相を離れるがゆえに無我となると説く。三形は『諸説不同記』には杖とある。

149・地慧童女

149 地慧童女（じえどうにょ） Vasumatī（バスマティー）

hili
キリ

kṛ
キリ

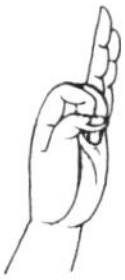

〔密号〕般若金剛　**〔三形〕**幢幡　**〔尊形〕**黄色。右手に幢幡を持ち、左手に青蓮華を持つ。赤蓮華に坐す。　**〔印相〕**左手を拳にして小指•無名指を立てる。　**〔真言〕**ノウマク　サマンダボダナン　キリ　ケイ　サンマラ　キジャノウ　ケイト　ソワカ
namaḥ samantabuddhānāṃ hili he smara jñānaketu svāhā（普き諸仏に帰命す　ヒリ　オー　念ぜよ　智幢よ　スヴァーハー）
〔解説〕財慧ともいう。それは、サンスクリット語のバスが財産、マティが智慧との理解から財慧とした。地慧とは大地を意味するバスマティー（Vasumatī）の mati を智慧と解釈し、訳語を重ねて地慧とした。財慧とは、財宝が豊かであれば自在に施与ができ、また地慧とは大地があらゆる財宝を蔵しているように、この尊の智慧が尽きることなく自然に働くことを表している。

150・召請童女

150 召請童女（ちょうしょうどうにょ） Ākarṣaṇī（アーカルシャニー）

a
ア

aḥ
アク

〔密号〕普集金剛　**〔三形〕**鉤　**〔尊形〕**黄色。右手に独鈷鉤（とっここう）を持ち、左手に青蓮華を持つ。童子形。赤蓮華に坐す。**〔印相〕**右手を拳にして頭指を伸ばし鉤の形にする。　**〔真言〕**ノウマク　サマンダボダ

ナン　アキャラシャヤ　サラバン　コロ　アゼン　コモラ　シャ　ソワカ　namaḥ samantabuddhānāṃ ākarṣaya sarvāṃ kuru ājñāṃ kumārasya svāhā（普き諸仏に帰命す　一切を鉤召せよ　〔文殊〕童子の教令を実行せよ　スヴァーハー）

〔解説〕鉤召ともいう。鉤をもって衆生を引き寄せ菩提へ導くので、この名がある。この尊形は、御室版曼荼羅では独鈷戟を持つが、鉤召の意味からすれば、鉤を描くべきであろう。それゆえ観蔵院曼荼羅では鉤を描いた。また『石山七集』では三形を幢とするが、ここでは『諸説不同記』によって鉤とした。

151・不思議慧童女

151 不思議慧童女（ふしぎえどうによ） Acintyamati（アチントヤマティ）

a
ア

〔密号〕なし　**〔三形〕**独鈷棒　**〔尊形〕**肉色。両手で杖を持つ。杖の上に半月があり、その上に星形がある。ひざまずいて蓮華に坐す。**〔印相〕**諸奉教者印　**〔真言〕**ノウマク　サマンダボダナン　アク　ビサンマヤニエイ　ソワカ　namaḥ samanta-buddhānāṃ āḥ vismayanīye svāhā（普き諸仏に帰命す　アーハ　驚かせるものよ　スヴァーハー）

〔解説〕『諸尊便覧』や『諸説不同記』には、サンスクリット名をキンカリニー（kiṃkariṇī）とある。キンカリニーとは、召使の女の意味であり、不思議慧童女の尊名というより、この尊の左右に配された奉教者を指すと思われる。不思議慧童女の尊名は文殊八大童女の一であるが、その由来は不明である。不思議慧童女を中心とした５尊は、瞳母嚕（とむろ）の５尊と対照に配されており、真言も同じものを用いている。

152・文殊奉教者
153・文殊奉教者

154・文殊奉教者
155・文殊奉教者

152 153 154 155 文殊奉教者（もんじゆぶぎようしや） Kiṃkariṇī（キンカリニー）

ki
キ

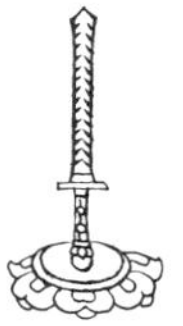

〔密号〕 なし　**〔三形〕** 鋸歯の刀　**〔尊形〕** 肉色。152・153は両手に棒のようなものを持つ。154・155は独鈷戟（とっこげき）を持つ。皆天衣（てんね）を着し、右に向かって覆蓮華上に坐す。 **〔印相〕** 諸奉教者印　**〔真言〕** 151に同じ。

〔解説〕『大日経疏』に「専ら本尊のかたわらにあって、命を承（う）けて仕事をする」とある。尊名のキンカリニーは「何でも実行するもの」の意味であるが、使者（ドゥータ）とは区別されている。すなわち『大日経疏』に「文殊の奉教者は使者と少し異なる」とある。これら奉教者についてはあまり説明がなく、『諸尊便覧』に「四隅に使者あり、肉色。各々棒を持つ」とあるのみである。ここでは使者とするなど、尊名に混乱があるが、観蔵院曼荼羅では奉教者とした。

地蔵院

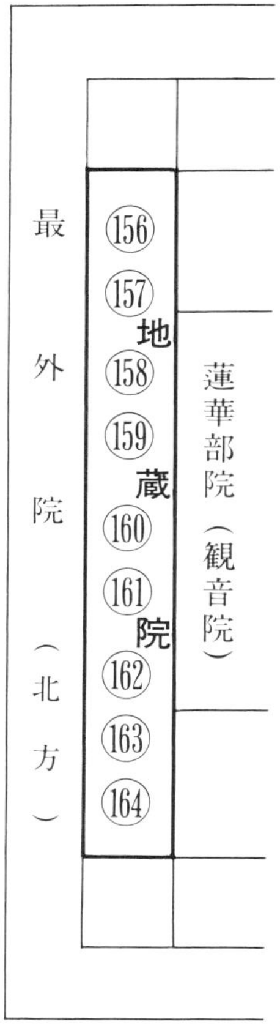

156. 除一切憂冥菩薩
157. 不空見菩薩
158. 宝印手菩薩
159. 宝処菩薩
160. 地蔵菩薩
161. 宝手菩薩
162. 持地菩薩
163. 堅固深心菩薩
164. 日光菩薩

蓮華部院の北方（向かって左側）に位置し、中台八葉院の南（向かって右側）の金剛手院が蓮華部院と相対し合うのと同じように、金剛手院の外側の除蓋障院と対応している。すなわち、除蓋障院において金剛手院の智慧の働きがさらに展開したのに即応し、地蔵院では蓮華部院の大悲の救済の働きをより一層展開している諸尊が描かれる。

この院は地蔵菩薩を主尊とする。地蔵菩薩という名には、大地を包含するものの意味がある。ここでは大地が次のように表象される。①あらゆるものの基盤となり、決して破壊されることのない広大で堅固な大地。②あらゆる生命を無限に育む豊饒の大地。③金銀や宝石などの鉱石を無尽蔵に含有している大地。まさに大地は我々の生活に無限の富を与えてくれる。

このように象徴される大地をイメージした地蔵菩薩を中心に、地蔵院は堅固な菩提心という種子を育み、如来の限りない果実をもたらす密教の修行の場面に擬せられている。

現図では、地蔵菩薩を中心に9尊が描かれているが、『大日経』具縁品では6尊が説かれるのみである。3尊を付加したのは除蓋障院の9尊と対称するように描いたためと思われる。

上方の除一切憂冥(156)と不空見(157)の2菩薩は金剛界曼荼羅の賢劫十六尊の中から取り出されたとされる。ところで、最下の菩薩(164)に関しては解釈が分かれる。伝統的な解釈では、除蓋障院に描かれるはずが、描かれていない除蓋障菩薩がここに位置するとして、その理由を都合よく教理的に説明することを試みてきた。ところが、近年の研究では多く日光菩薩とし、『薬師本願経』に由来するとされた。しかし、現図の日光菩薩は左手に持つ蓮華上に日輪を置くことになっているが、伝統的な現図曼荼羅ではこの院の最下の尊は蓮華を持たないので、日光菩薩と確定することは、図像学的には困難である。

ここでは、今までの現図曼荼羅で描かれてきた除蓋障院の最下の尊（かつてはそこに日光菩薩または不思議慧菩薩を位置づけてきた）を地蔵院の最下に移して日光菩薩とし、今まで地蔵院の日光菩薩とされていた尊を除蓋障院の中央に移して除蓋障菩薩とする。（→除蓋障院）

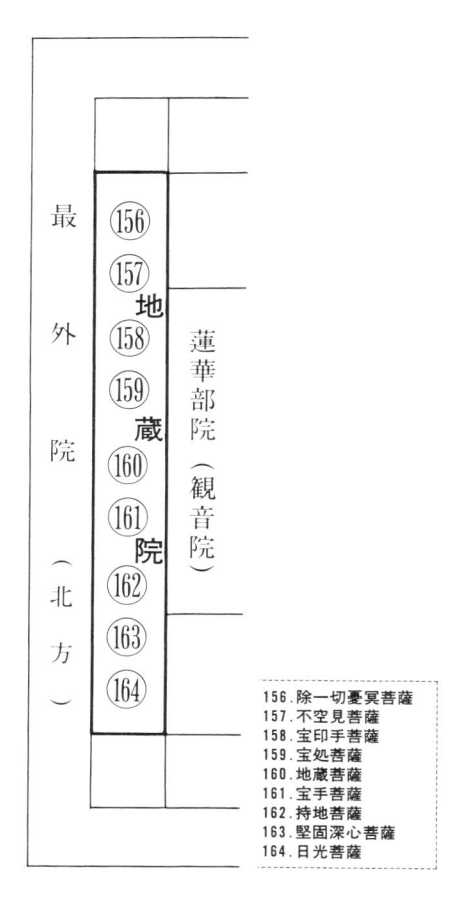

156 除一切憂冥菩薩（じょいっさいうみょうぼさつ）

サルヴァショーカタモーガータマティ
Sarvaśokatamoghātamati

daṃ
ダン

〔密号〕大赦（たいしゃ）金剛　**〔三形〕**樹枝　**〔尊形〕**浅黄色。右手は肘を立て掌を外に向けて親指をかすかに屈し、左手には樹枝を持つ。赤蓮華に坐す。**〔印相〕**除疑怪金剛印（内縛し二中指を立て第三節を屈す）　**〔真言〕**ノウマク　サマンダボダナン　ビマテイセイダキャ　ソワカ　namaḥ samantabuddhānāṃ vimaticchedaka svāhā（普き諸仏に帰命す　疑惑を断ち切るものよ　スヴァーハー）

〔解説〕地蔵院の東端（上方）に位置する。サンスクリットの尊名は「一切の憂悩や迷妄を破壊する智慧を具えるもの」の意味であるが、その名が地蔵院におけるこの尊の働きを示している。この尊は『大日経』『大日経疏』などには説かれない。金剛界曼荼羅の賢劫十六尊中の除憂闇（じょうあん）菩薩（→金45）が現図曼荼羅に描き加えられたのであろう。ただし、真言は『大日経』密印品に説く除疑怪（じょぎげ）菩薩の真言が当てられている（→胎168）。左手に持つ樹枝の種類は、一説には楊柳ともされるが、無憂樹（アショーカ）であり、この樹枝は憂悩と迷妄を取り払うことを象徴している。印相は『諸尊便覧』によった。

---

157 不空見菩薩（ふくうけんぼさつ）　Amoghadarśana（アモーガダルシャナ）

aḥ
アク

〔密号〕普観金剛　**〔三形〕**蓮華上有仏頂　**〔尊形〕**肉色。左手に蓮華を持つ。その蓮華上に光焔、その中に目・鼻・口がある。右手は掌を伸ばして外に向ける。赤蓮華に坐す。**〔印相〕**仏眼印　**〔真**

言〕オン　アボキャ　ダラシャノウヤ　ソワカ　oṃ amoghadarśanāya svāhā（オーン　不空見に　スヴァーハー）

〔解説〕『大日経』には説かれず、除一切憂冥菩薩（156）と同様に金剛界曼荼羅の賢劫十六尊中より取り出し（→金43）、ここに加えられたとされる。五眼（肉眼、天眼、慧眼、法眼、仏眼）によって普く一切の衆生を見ることが確実（不空）で、一切の悪趣を除き、涅槃に導くのでこの名がある。左手の蓮華上の光焔の中には不空見の特質を表す眼のみを描けばよいのであるが、現図では顔面全体を描くようになった。

---

158 宝印手菩薩（ほういんしゅぼさつ） Ratnamudrāhasta（ラトナムドウラーハスタ）

158・宝印手菩薩

haṃ
カン

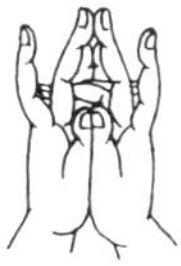

〔密号〕執喫（しゅうきつ）金剛・執持（しゅうじ）金剛　**〔三形〕**宝珠上に独鈷杵　**〔尊形〕**肉色。左手に蓮華を持ち、蓮上に独鈷杵あり。右手に月輪形を持つ。赤蓮華に坐す。**〔印相〕**外五鈷印　**〔真言〕**ノウマク　サマンダボダナン　ラタナニラジャタ　ソワカ　namaḥ samanta-buddhānāṃ ratnanirjāta svāhā（普き諸仏に帰命す　宝より生じたものよ　スヴァーハー）

〔解説〕『大日経』では地蔵院の東端（図では上方）に位置する。同経「秘密曼荼羅品」では三形を「宝上の五鈷金剛」としており、それに対して宝手菩薩（胎161）の三形を「宝上の一鈷金剛」としているので、元来は宝印手菩薩の左手の蓮上には五鈷金剛杵を描き、三形は宝珠上に五鈷金剛杵とするのがふさわしい。『石山七集』は三形を「三鈷上宝珠」とし、『諸説不同記』は「宝上一鈷」とするなど、諸説に混乱が見られる。また尊形が右手に月輪形を持つと古来より解釈されてきたが、同じくこの形を持つ地蔵菩薩に比して、これは宝珠であるとも理解し得る（→胎160）。この尊のサンスクリット名は「宝に象徴されるものを手にする尊」の意であり、地蔵菩薩の本誓を体現し、大悲の手を衆生に差しのべ菩提に導く働きをする。

---

159 宝処菩薩（ほうしょぼさつ） Ratnākara（ラトナーカラ）

jaṃ
ジャン

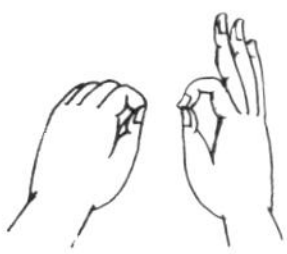

〔密号〕祥瑞金剛　**〔三形〕**宝珠上（または蓮華上）三鈷金剛杵　**〔尊形〕**白黄色。左手に蓮華を持ち、蓮上に三鈷杵あり。右手は施無畏の印を作り、赤蓮華の上に坐す。**〔印相〕**宝処菩薩印（右手は胎拳にして中・無名・小指を並べ立てる）　**〔真言〕**ノウマク　サマンダボダナン　ケイ　マカマカ　ソワカ　namaḥ samantabuddhānāṃ he mahāmaha svāhā（普き諸仏に帰命す　オー　大いなるうちでも特に大いなるものよ　スヴァーハー）

〔解説〕 尊名の Ratnākara は「ratna 宝の ākara 鉱山」の意で、それを『大日経疏』では「宝処」（宝を生み出す処）と理解している。また尊名を Ratnakara とし、kara には作為・能生・手・光明などの意味があるので、漢訳では種々に訳され『大日経』具縁品には「宝掌」とする。また「宝作」（宝を作り出すもの）・「宝光」（宝の輝く光明）・「宝生」（宝を生みだすもの）ともいわれている。この尊は『大日経』『大日経疏』によれば、地蔵菩薩の右側（図では下方）に位置することになっている。あらゆる願いを満たす如意宝珠を、この尊は三昧の境地から生み出すとされる。

159・宝処菩薩

---

160 地蔵菩薩（じぞうぼさつ） Kṣitigarbha（クシティガルバ）

ha
カ

〔密号〕 悲願金剛・悲愍金剛・与願金剛　**〔三形〕** 蓮華上に宝珠幢　**〔尊形〕** 白肉色。右手に宝珠を持ち、左手に宝珠のついた幢幡を立てた蓮華を持ち、赤蓮華に坐す。**〔印相〕** 地蔵旗印（内縛して二中指を散じ立てる）　**〔真言〕** ノウマク　サマンダボダナン　カ　カ　カ　ビサンマエイ　ソワカ　namaḥ samantabuddhānāṃ ha ha ha vismaye svāhā（普き諸仏に帰命す　ハ　ハ　ハ　稀有なるものにスヴァーハー）

〔解説〕 尊名は「大地を包含するもの」の意味であるが、その働きについては地蔵院の解説を参照。この尊の右手の持ち物を月輪または日輪とする説もあるが、地蔵はその三昧から如意宝珠のように無限の功徳を生み出すという『大日経疏』の考えからしても、如意宝珠を持つと理解できる（→胎158）。左手に持つ宝珠幢も、大地が種々の宝を蔵し生み出すように、無量の功徳の宝を生み出し、無量の衆生を救済する働きを表す。地蔵菩薩の尊形は種々に異なって伝えられている。日本で最も

160・地蔵菩薩

代表的な地蔵菩薩の尊形は右手に錫杖（しゃくじょう）を持つ比丘（びく）形の像であるが、それは『大日経』とは異なった密教の儀軌の伝統による。『地蔵本願経』に基づき六道（地獄・餓鬼・畜生・修羅・人・天）の救済にあたる六道能化（のうけ）の尊としての信仰を集めるようになった。印相は『諸尊便覧』によった。

161 宝手菩薩（ほうしゅぼさつ） Ratnapāṇi（ラトナパーニ）

ṣaṃ
シャン

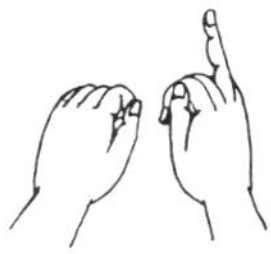

〔密号〕満足金剛　**〔三形〕**宝上三鈷杵　**〔尊形〕**肉色。左手に蓮華を持ち、三鈷杵を立て、その上に光焔ある宝珠を載せる。右手は掌を上に向け胸に当てる。**〔印相〕**宝手菩薩印（右手は拳にして大指で他の指を圧し、無名指を立てる）　**〔真言〕**ノウマク　サマンダボダナン　アラタンノウドハンバ　ソワカ　namaḥ samantabuddhānāṃ ratnodbhava svāhā（普き諸仏に帰命す　宝を生み出すものよ　スヴァーハー）

〔解説〕尊名は宝掌菩薩とも称されるが、いずれにしても「宝珠を手にする尊」の意味であり、『大日経』によれば、その三形は独鈷杵とされる（『諸説不同記』では五鈷杵）。それゆえに本来この尊には宝印手菩薩（→胎158）が該当する。そして『大日経疏』によれば、地蔵菩薩の左（図では上方）に位置することになっている（現図の159宝処菩薩の位置）。このような混乱は『大日経』具縁品の漢訳に基因すると思われる。そこでは地蔵菩薩の両わきの尊が宝掌菩薩・宝手菩薩と解釈できる。この両尊が『大日経疏』では宝掌→宝手、宝手→宝処に尊名が変化したものと思われる。

162 持地菩薩（じじぼさつ） Dharaṇidhara（ダラニダラ）

ṅaṃ
ゲン

〔密号〕内修（ないしゅう）金剛・浄戒金剛　**〔三形〕**宝珠上に二首金剛（独鈷杵に五鈷杵のある形、両頭金剛）、または蓮華上に三鈷杵　**〔尊形〕**白黄色。左手に三鈷杵を載せた蓮華を持ち、右手は施無畏印にし、赤蓮華に坐す。**〔印相〕**金剛部三昧耶印　**〔真言〕**ノウマク　サマンダボダナン　ダラニダラ　ソワカ　namaḥ samantabuddhānāṃ dharaṇidhara svāhā

（普き諸仏に帰命す　持地よ　スヴァーハー）

〔解説〕 持地とは「大地を支え持つ」の意味で、大地が万物を支え持つように、菩提心は善根の功徳を支え持ち、あらゆる活動をなりたたせるが、この尊はこのような大地に喩えられる菩提心を支え持つ働きをする。この尊の名はヒンズー教の聖典である『ヴィシュヌプラーナ』ではヴィシュヌ神またはクリシュナの名前としても登場する。インドの地母神信仰との結び付きが深いと想像される。

---

163 堅固深心菩薩（けんごじんしんぼさつ） Dṛḍhādhyāśaya（ドリダードヤーシヤヤ）

naṃ
ダン

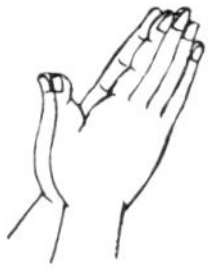

〔密号〕 超越（ちょうおつ）金剛　**〔三形〕** 宝珠上に羯磨（かつま）杵　**〔尊形〕** 肉色。右手に羯磨杵を載せた蓮華を持ち、左手は掌を仰向けて股に当て、赤蓮華に坐す。**〔印相〕** 蓮華合掌して大指・頭指を離す。**〔真言〕** ノウマク　サマンダボダナン　バザラサンハンバ　ソワカ

namaḥ samantabuddhānāṃ vajrasambhava svāhā

（普き諸仏に帰命す　金剛より生じたものよ　スヴァーハー）

〔解説〕 サンスクリットの尊名は「堅固な向上心あるもの」の意味で、仏の境界を自らの胸中に深く求める堅固な心を表す。その場合の堅固な心とは浄菩提心のことであり、真言の金剛（vajra）に喩えられている。また、大地は堅固で、いかなる重圧にもよく耐えるように、浄菩提心の堅固さはどのような困難にも耐えるという徳をこの尊は司る。この堅固深心は大乗の菩薩が発心をし、修行の結果、仏の境界に至るまで菩薩が向上するのを支える大事な心持ちとして重視されてきた。

162・持地菩薩

163・堅固深心菩薩

164 日光菩薩（にっこうぼさつ） Sūryaprabha（スールヤプラバ）

ka
キャ

〔密号〕威徳金剛　〔三形〕日輪　〔尊形〕白肉色。左手に日輪を載せた蓮華を持ち、右手は与願印。赤蓮華に坐す。〔印相〕外縛し二頭指を屈し宝形にし、二大指を立て合わせ、他の六指を開く（日輪からの放光をかたどる）。〔真言〕オン　ソリヤハラバヤ　ソワカ　oṃ sūryaprabhāya svāhā（オーン　日光に　スヴァーハー）

〔解説〕この尊は地蔵菩薩の徳のうちで、煩悩の闇を除き、普く衆生に光明をもたらす働きを司る。それゆえに太陽の輝きに喩えられる。この尊を地蔵院に位置づけることに関しては、地蔵院と除蓋障院の解説を参照。またこの尊は『大日経』『大日経疏』には説かれず、金剛界曼荼羅の金剛光（→金13）と同体とされるので、三形・印相・真言は金剛界三昧耶会のそれを用いる。ただし『諸尊便覧』にはその真言を　namaḥ samantabuddhānāṃ hasana vima〔ti〕cchedaka svāhā　（普き諸仏に帰命す　哄笑するものよ　疑惑を切断するものよ　スヴァーハー）とある。また『諸尊便覧』には種字をkaとする。『薬師本願経』には月光菩薩（→胎139）と共に、薬師如来の脇侍として説かれる。

〔次頁の解説参照〕

	観蔵院曼荼羅	現図曼荼羅	「具縁品」	「真言蔵品」	「密印品」
165	悲愍	悲愍	救意慧菩薩	哀愍慧	救護慧
166	破悪趣	破悪趣	除一切悪趣	除一切悪趣	除悪趣
167	施無畏	施無畏	施一切無畏	施一切衆生無畏	施無畏者
168	賢護	賢護	除疑怪	除疑怪	除疑怪
169	除蓋障	不思議慧	除一切蓋障	除一切蓋障	除蓋障
170	悲愍慧	慈発生	悲念具慧者	大慈生	大慈生
171	慈発生	悲愍慧	慈起大衆生	大悲纏	悲念者
172	折諸熱悩	折諸熱悩	除一切熱悩	除一切熱悩	除一切熱悩
173	不思議慧	日光	不可思議慧	不思議慧	不思議慧

除蓋障院

除蓋障院は金剛手院の南方、向かって右側に位置する。金剛手院が大智の徳を表すのに続き、その智慧が具体的に展開することを表している。蓋障とは蓋をする障り（煩悩）のことであり、煩悩が人の心を覆って善心を生じさせないところからの異名である。すなわち、この院は人々をしてその煩悩を除かしめんとする誓願を表している。煩悩を蓋障と呼ぶときには五種類あり、五蓋という。①貪欲蓋（けち、貪り）　②瞋恚蓋（怒り、憎しみ）　③昏眠蓋（心身の落ち込みと眠り込み）　④掉悔蓋（浮つきと後悔）　⑤疑蓋（うたぐり深さ）の五つである。『大日経疏』にはこの煩悩障に加え、業障・生障・法障・所知障の五障を挙げる。これらの蓋障を除くことによって「諸仏菩薩と同等に住す」ることができるとする。

この院は除蓋障院と名づけられるにもかかわらず、中心となるべき除蓋障菩薩がいない。除蓋障院の中央に位置する不思議慧菩薩が除蓋障菩薩であるという説、また、対応する地蔵院の最下に位置する日光菩薩が除蓋障菩薩であるとされることなど、種々の問題が存する。このたび新しく曼荼羅を描くに際し、従来の現図曼荼羅の尊容と尊名、ならびにその位置を変更した。『大日経』でも説かれる諸品によってその尊名がまちまちであり、その尊名を対照すると前頁下の表のようになる。

このように同定した結果、観蔵院曼荼羅では以下のように配置転換を行なった。すなわち、現図曼荼羅の不思議慧菩薩は尊名も尊容も変えずにそのまま最下の不思議慧（173）の位置に、日光菩薩は地蔵院の日光菩薩（164）の位置に顔向きを変えて移動し、地蔵院の日光菩薩は尊名を除蓋障菩薩と改め、顔向きを変えて除蓋障院の中央除蓋障（169）の位置に移動する。また、悲愍慧菩薩（170）と慈発生菩薩（171）も、説かれる諸品によって位置が転倒しており、現図では名称と尊容が相異している。これも『大日経』具縁品に則って名称を改めた。

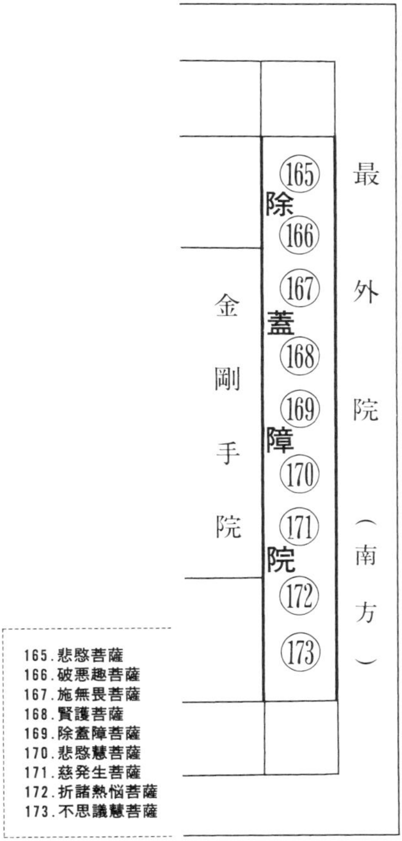

165・悲愍菩薩

165 悲愍菩薩（ひみんぼさつ） Karuṇāmreḍita（カルナームレーディタ）

yaṃ
ヤン

〔**密号**〕救護金剛　〔**三形**〕悲手印、未開敷蓮華〔**尊形**〕肉色。左手で股を押さえ、右手の中指（御室版は無名指）を屈し、小指と無名指と大指を伸べ、仰向けて胸に当てる。赤蓮華に坐る。〔**印相**〕悲念者印（右手で胸を覆って少しく中指を屈す）〔**真言**〕ノウマク　サマンダボダナン　ヤン　キャロダ　ボレイチリタ　ソワカ　namaḥ samantabuddhānāṃ yaṃ karuṇāmreḍita svāhā（普き諸仏に帰命す　ヤン　繰り返し哀れむものよ　スヴァーハー）

〔**解説**〕『諸説不同記』には悲敏菩薩とある。衆生救済の悲愍の徳を表した菩薩。左手で股を押すのは悲愍をもって衆生を覆うことを示し、右手を発起して胸に当てるのは救済を示している。種字のヤンは乗り物（yāna）の頭字で去来の意味があり、衆生を乗せて運ぶに倦（う）むことがないことを示している。この菩薩の梵名は決定しがたい。カルナーは悲愍の意味で問題はないが、後半のアームレーディタの語は従来はムリディタ（mṛdita）とされ、「悲愍に纏（まと）われたもの」の意に解されている。今はアームレーディタ（āmreḍita）を採り、「繰り返し悲愍を起こすもの」の意に解した。尊形の右手の中指を屈しているのは『諸尊便覧』によった。御室版では無名指を屈している。

166・破悪趣菩薩

166 破悪趣菩薩（はあくしゅぼさつ） Apāyajaha（アパーヤジャハ）

dhvaṃ
ドボウ

〔**密号**〕除障（じょしょう）金剛　〔**三形**〕発起手、樹枝　〔**尊形**〕浅黄色。左手を仰向けて中指を屈し、他の余指を

伸べ胸の上に当てる。右手は施無畏印。赤蓮華に坐る。**〔印相〕**施無畏印　**〔真言〕**ノウマク　サマンダボダナン　ドボウサナン　アビユダラネイ　サトバダトン　ソワカ　namaḥ samantabuddhānāṃ dhvaṃsanam abhyuddhāraṇe sattvadhātuṃ svāhā（普き諸仏に帰命す　〔悪趣を〕破壊せるものに〔帰命す〕　衆生界を救済したまえ　スヴァーハー）

〔解説〕滅悪趣(めつあくしゅ)菩薩とも称し、三悪趣（地獄・餓鬼・畜生）の苦しみを除滅する菩薩である。種字はドボウシャ（破壊したまえ）のドボウである。「生きとし生けるものたちは無明の闇に覆われ、常に三悪趣の中にある。そこでこの破悪趣菩薩は五種の力（信仰・精進・思念・禅定・智慧）を獲得して、生きとし生けるものたちを清らかな世界に引き上げようと願う」と『大日経疏』にあるように、この菩薩は一切の衆生を悪趣から救い上げようとの誓願をもつものであり、左手を仰向けて下から上に挙げる姿勢を取っているのは、その深意を表している。

167 施無畏菩薩(せむいぼさつ)　Abhayaṃdada(アバヤンダダ)

ra
ラ

〔密号〕自在金剛　**〔三形〕**施無畏手　**〔尊形〕**肉色。右手は施無畏印にし、赤蓮華に坐る。**〔印相〕**施無畏印　**〔真言〕**ノウマク　サマンダボダナン　アラサナン　アバエンダダ　ソワカ　namaḥ samantabuddhānāṃ rasanam abhayaṃdada svāhā（普き諸仏に帰命す　味あるものに〔帰命す〕　無畏を与えるものよ　スヴァーハー）

〔解説〕種字のラはラサナ（味）の頭字である。『大日経疏』によれば、「阿字本不生を体得すれば、一切の恐れがなくなり、この上無い法味をもって、一切の願いを満たすことができる」とある。未だ目覚めていない衆生に対し、真実への畏怖心を除く菩薩である。右手の五指を外に向ける施無畏の印は五種の力（五根）を表しており、それぞれ小指は信仰、無名指は精進、中指は思念、頭指は禅定、大指は智慧である。この五種の力を我々に得させ、無畏を施し、破悪趣へと向かわしめるのである。

168・賢護菩薩

169・除蓋障菩薩

168 賢護菩薩（けんごぼさつ） Bhadrapāla,Kautūhala（バドラパーラ カウトウーハラ）

vi
ビ

〔密号〕功済（こうさい）金剛　〔三形〕宝瓶半独鈷杵、独鈷杵　〔尊形〕肉色。右手に独鈷杵、左手は掌を仰向けて瓶を持つ。瓶の口より独鈷杵を出す。赤蓮華に坐る。〔印相〕救護慧印（右手で胸を覆う）　〔真言〕ノウマク　サマンダボダナン　ケイ　マカマカ　サマラ　ハラチゼン　ソワカ　namaḥ samantabuddhānāṃ he mahāmaha smara pratijñāṃ svāhā（普き諸仏に帰命す　おお　大いなるものの中の大なるものよ　誓願を憶念せよ　スヴァーハー）

〔解説〕「具縁品」の除疑怪菩薩が当たる。「密印品」に説く真言は、namaḥ samantabuddhānāṃ vimaticchedaka svāhā（普き諸仏に帰命す　疑惑を切断するものよ　スヴァーハー）とあり、『諸尊便覧』や『石山七集』に挙げる真言とは異なる。『諸尊便覧』に挙げる真言は「密印品」では救護慧菩薩の真言として出る。救護慧菩薩は「具縁品」の救意慧菩薩であり、現図の悲愍菩薩（→胎165）のことである。しかし悲愍菩薩の真言は全く異なっており、混乱がある模様である。種字のビはヴィハサナ（vihasana）の頭字で歓喜勇躍の義である。右手の独鈷杵と左手の瓶は疑惑を断じて衆生救済の誓願を護るに賢善なることを表す。

---

169 除蓋障菩薩（じょがいしょうぼさつ）

Sarvanivaraṇaviṣkaṃbhin（サルヴアニヴアラナヴイシユカンビン）

āḥ
アク

〔密号〕離悩（りのう）金剛　〔三形〕蓮上宝珠、宝幢　〔尊形〕肉色。左手に宝幢を持つ。右手は与願印。赤蓮華に坐る。〔印相〕除蓋障印（左右の小指・無名指・

大指を掌に入れ、頭指と中指を宝形にする）〔**真言**〕ノウマク　サマンダボダナン　アク　サトバケイタ　ビユドギャタ　タラン　タラン　ラン　ラン　ソワカ　namaḥ samantabuddhānāṃ āḥ sattva-hitābhyudgata trāṃ trāṃ raṃ raṃ svāhā（普き諸仏に帰命す　アーハ　衆生を利益せんがために出現したものよ　トラーン　トラーン　ラン　ラン　スヴァーハー）

〔**解説**〕この院の主尊である。従来はこの位置に不思議慧菩薩が位置し、除蓋障菩薩は地蔵院の最下に位置する日光菩薩であるとされてきた。『大日経疏』に記される除蓋障菩薩の尊容により不思議慧菩薩が除蓋障菩薩であるとの同定が為されているが、この観蔵院曼荼羅では地蔵院の日光菩薩を除蓋障菩薩と定め、この院の中央に位置せしめた。種字のアクは降伏を意味する。

---

170 悲愍慧菩薩（ひみんえぼさつ） Karuṇāmreḍita（カルナームレーディタ）

vi　yaṃ
ビ　ヤン

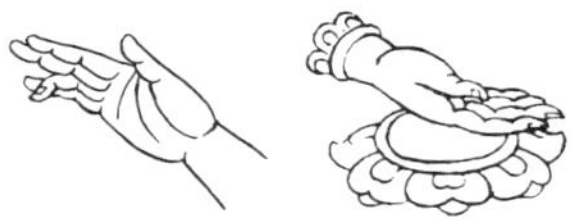

〔**密号**〕救護（くご）金剛　〔**三形**〕悲手、未開敷蓮華　〔**尊形**〕肉色。右手に開敷蓮華を載せ、左手に草花を持ち赤蓮華に坐る。〔**印相**〕悲愍者印（右手で胸を覆い、少しく無名指を屈す）　〔**真言**〕165に同じ。

〔**解説**〕悲念具慧者、大悲纏、悲念者などさまざまな名前があり、悲愍菩薩（→165）と混乱されやすい。悲愍は衆生救済の大悲を示すが、悲愍慧はその上に救済手段たる大方便の智慧を表している。左手に持つ草花は無憂（むゆう）樹の花葉で、無憂樹はその名のとおり憂いや悲しみを除く瑞兆の木である。種字のビはヴィハサナ（vihasana「真言蔵品」では哀愍慧〔悲愍菩薩〕の真言として出る）の頭字で、歓喜の意味である。種々の巧みな手だてをもって衆生を教化し、歓喜愉悦させて、仏界へと運ぶ（もう一つの種字ヤンは乗り物の意）のである。

171・慈発生菩薩

171 慈発生菩薩（じほっしょうぼさつ） Maitryabhyudgata（マイトリアビウドガタ）

ṭhaṃ
タン

〔**密号**〕悲念金剛　〔**三形**〕執華手、梵篋　〔**尊形**〕肉色。左手に蓮華を持ち赤蓮華に坐る。〔**印相**〕大悲生印（右手をもって持花の形にする）　〔**真言**〕ノウマク　サマンダボダナン　ソハセイトウドギャタ　ソワカ　namaḥ samantabuddhānāṃ svacittodgata svāhā（普き諸仏に帰命す　自心より〔慈しみを〕発生するものよ　スヴァーハー）

〔**解説**〕大慈生ともいう。悲は苦を抜き、慈は楽を与えるといわれるように、悲にて悪趣を破した後、仏界の楽しみを得ることを表す。真言の自心とは自性清浄心のことであり、単に心に慈しみを生じるというものではなく、本来持っている清浄な心が現れ出ることを強調している。種字のタンはヴィタパナ（Viṭhapana 長養）のタ（ṭha）に空点を付したものであり、増長積集の義で、大慈によって一切を育むことを示している。このことは左手の蓮華によっても表されている。左手の未敷蓮華は大慈の徳によって次第に清らかな心が開いていくことを示し、右手の印は水を注いで花を開く楽しみを表している。

172・折諸熱悩菩薩

172 折諸熱悩菩薩（せつしょねつのうぼさつ） Sarvadāhapraśamita（サルヴアダーハプラシヤミタ）

i
イ

〔**密号**〕離怖畏（りふい）金剛　〔**三形**〕与願手　〔**尊形**〕肉色。左手に梵篋を持つ。右手は与願印。赤蓮華に坐る。〔**印相**〕施無畏印　〔**真言**〕ノウマク　サマンダボダナン　イ　ケイ　バラダ　バラハラハタ　ソワカ　namaḥ samantabuddhānām i he varada varaprāpta svāhā（普き諸仏に帰命す　イ　おお誓願をかなえるものよ　誓願を獲得したものよ　スヴァーハー）

〔解説〕除一切熱悩菩薩ともいう。熱悩とは我々を焼き尽くす煩悩の火のことで、特にその根本である三毒（貪欲・瞋恚・愚痴）を指す。種字のイ字は三点からなり、この三点をもって三毒を除くことを表す。左手の梵篋はそのための智慧の獲得を示し、右手の与願印は無畏を与える。真言のバラダは一切衆生の願を満たすことを表し、バラハラハタは人の願いを満たすには、まず自分も願を満たしていなければならないことを示す。かつてこの尊も願を起こし、仏道を志求し満願した結果、その願を忘れることなく一切衆生に施し、一切の熱悩を取り除かしめ、すべてを仏道に入らしめることを表している。

---

173 不思議慧菩薩（ふしぎえぼさつ）　Acintyamatidatta（アチントヤマテイダッタ）

173・不思議慧菩薩

u
ウ

〔密号〕難測量（なんじきりょう）金剛　**〔三形〕**宝手、宝珠形　**〔尊形〕**白黄色。左手に蓮華を持ち、上に宝珠を置く。右手は剣印を結び外に向ける。赤蓮華に坐る。**〔印相〕**不思議慧印（右手で如意宝珠を持つ形にする）

〔真言〕ノウマク　サマンダボダナン　ウ　サラバアシャ　ハリホラキャ　ソワカ　namaḥ samantabuddhānām u sarvāśāparipūraka svāhā（普き諸仏に帰命す　ウ　一切の願望を円満するものよ　スヴァーハー）

〔解説〕この尊はその名前のとおり、計り知れない智慧を授けてくれる尊であり、また、真言にもあるように、一切の所願を満たしてくれる尊でもある。左手に持つ宝珠、あるいは宝珠を持つがごとき印はその福徳の面を表し、右手の剣印は慧剣であり、一切の惑障を断じる姿を表している。種字のウは最極の意で、ウッタマ（uttama 最高、最上）のウであろう。不可思議慧をもって無知の暗闇を取り除き、あらゆる願いを満たすこと如意宝珠のような最上の尊である。従来はこの尊は除蓋障院の主尊として院の中央に位置していたが、最下に移した。（→胎169）

虚空蔵院

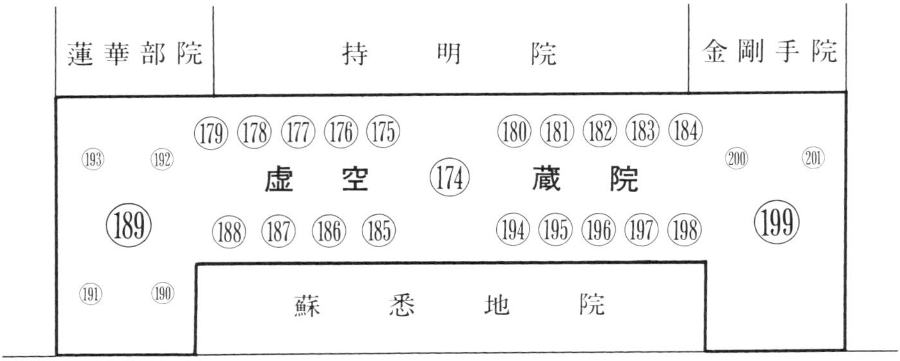

174. 虚空蔵菩薩
175. 檀波羅蜜菩薩
176. 戒波羅蜜菩薩
177. 忍辱波羅蜜菩薩
178. 精進波羅蜜菩薩
179. 禅波羅蜜菩薩
180. 般若波羅蜜菩薩
181. 方便波羅蜜菩薩
182. 願波羅蜜菩薩
183. 力波羅蜜菩薩
184. 智波羅蜜菩薩
185. 共発意転輪菩薩
186. 生念処菩薩
187. 忿怒鉤観自在菩薩
188. 不空鉤観自在菩薩
189. 千手千眼観自在菩薩
190. 婆藪大仙
191. 功徳天
192. 飛天
193. 〃
194. 無垢逝菩薩
195. 蘇婆呼菩薩
196. 金剛針菩薩
197. 蘇悉地羯羅菩薩
198. 曼荼羅菩薩
199. 一百八臂金剛蔵王菩薩
200. 飛天使者
201. 〃

虚空蔵院は西方第二重で、持明院の下方に位置する。この院の主尊は中央の虚空蔵菩薩で、向かって左に千手千眼観自在菩薩、右に一百八臂金剛蔵王菩薩を配し、十波羅蜜菩薩の10と他の9菩薩の合計22尊と4人の飛天、2人の眷属からなる。

この院は仏部・蓮華部・金剛部の三部の果徳、すなわち、すべてが完成した徳を表している。虚空蔵菩薩は虚空のように広大で障りのない福徳と智慧を蔵しており、自由自在に人々を利益する菩薩で仏部の果徳を表している。千手千眼観自在菩薩は慈悲である蓮華部の果徳を、一百八臂金剛蔵菩薩は智慧である金剛部の果徳を表している。

十波羅蜜菩薩の波羅蜜とは、サンスクリット語のパーラミター（pāramitā）の音写語で、到彼岸と訳す。十の徳目を修行すれば必ず迷いの此の岸より悟りの彼の岸に到達することができるという意味で、虚空蔵菩薩に付属する菩薩たちである。

他の9菩薩のうち、向かって左側の4菩薩は千手千眼観自在に、右側の5菩薩は一百八臂金剛蔵王に付属する菩薩たちである。

この虚空蔵院の諸尊は現図曼荼羅と経軌の間にその尊名や数において著しい相違がある。『大日経』の「具縁品」「密印品」「秘密曼荼羅品」等には虚空無垢菩薩以下5尊のみしか説かれておらず、それも各品に多少の相違がある。現図曼荼羅に出る諸尊との対照に異説が存在するが、今は、種字、持ち物、真言等を比較して、「具縁品」等に出る諸尊と現図の諸尊とを以下のように同定した。

	現図曼荼羅	「具縁品」等
185	共発意転輪	虚空慧
186	生念処	清浄慧
188	不空鉤観自在	行慧
194	無垢逝	虚空無垢
195	蘇婆呼	安慧

174・虚空蔵菩薩

174 虚空蔵菩薩（こくうぞうぼさつ） Ākāśagarbha（アーカーシャガルバ）

i
イ

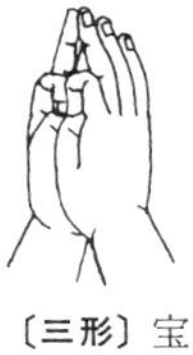

〔密号〕如意金剛　**〔三形〕**宝剣　**〔尊形〕**肉色。左手を胸に当て、上に宝珠を置く蓮華を持つ。右手に剣を持ち、頭に五仏の冠を戴く。宝蓮華に坐る。**〔印相〕**虚空印（虚心合掌して、二大指を中に入れ、二頭指で二大指の甲を押す）　**〔真言〕**ノウマク　サマンダボダナン　アキャシャ　サンマンダドギャタ　ビシッタラン　バラダラ　ソワカ

namaḥ samantabuddhānāṃ ākāśasamantānugata vicitrāmbaradhara svāhā（普き諸仏に帰命す　虚空に等同なるものよ　色とりどりの衣をまとうものよ　スヴァーハー）

〔解説〕虚空蔵菩薩はその名前のとおり、虚空のように広大な智徳と福徳を蔵している菩薩という意味である。右手に持つ剣は智慧を、左手に持つ蓮上の宝珠は福徳を表す。この菩薩の衣は「具縁品」では「白衣を被る」とある。白衣を被服するのは白浄無垢なることを明かしている。しかし、真言のなかに、色とりどりの衣をまとうもの（vicitrāmbaradhara）という語があり、これは五色の衣を指している。五仏の宝冠を戴き、福智を円満し、諸仏の万徳で身を荘厳する虚空蔵菩薩に

は白一色より五色のほうがよりふさわしい。なお、この同じ語のなかのアンバラ（ambara）には衣のほかに、虚空という意味があり、「勝れた虚空の（徳）を持つもの」と解する説もある。蓮上の宝珠は三瓣宝珠であり、種字のイと印相の虚空印も三瓣宝珠を表す。三瓣宝珠は法身・般若・解脱の三徳を意味している。金剛界曼荼羅の金剛宝菩薩（→金12）と同体である。また、この虚空蔵菩薩を本尊とする虚空蔵求聞持法は百日の間に根本ダラニ（ここでの真言とは別）を百万返唱える大法で、これを修すれば一切の教法の文義を暗記することができるとされる。弘法大師空海もこれを修したことで有名であり、興教大師覚鑁も生涯に9度修したという。

175 檀波羅蜜菩薩（だんはらみつぼさつ） Dānapāramitā（ダーナパーラミター）

175・檀波羅蜜菩薩

da
ダ

〔密号〕普施金剛 **〔三形〕**甘菓、現図では花 **〔尊形〕**肉色。左手に金剛盤を持ち、花を盛る。右手は無名指・中指・頭指を屈し、小指と大指を立てる。赤蓮華に坐り、羯磨衣（かつまえ）を着す。**〔印相〕**檀波羅蜜印（右手を仰向けて、中指と大指を相い捻ず）**〔真言〕**オン バギャバティ ダノウ ヂハテイ ビシャリジャ ホラヤ ダナン ソワカ oṃ bhagavati dānādhipati visṛja pūraya dānaṃ svāhā（オーン 尊き施妃よ 喜捨したまえ 布施を円満したまえ スヴァーハー）

〔解説〕十波羅蜜の第一で、布施の徳を表す。十波羅蜜菩薩はすべて女尊の姿である。羯磨衣は作業のための衣であり、働きやすい。すなわち、波羅蜜行の実践を強調している。金剛盤に盛られた花は七宝（金・銀・瑠璃（るり）・玻璃（はり）・硨磲（しゃこ）・珊瑚（さんご）・瑪瑙（めのう））から成る花で、それらを衆生たちに施すことを示す。布施には財施・法施・無畏施の三種がある。

176 戒波羅蜜菩薩（かいはらみつぼさつ） Śīlapāramitā（シーラパーラミター）

śī
シ

〔密号〕尸羅（しら）金剛 **〔三形〕**宝珠 **〔尊形〕**肉色。右手は小指・無名指・大指を伸べて、中指と頭指を屈す。左手は股の上を押す。羯磨衣を着て赤蓮華に坐る。**〔印相〕**戒波羅蜜印（内縛して両の大指を立てる）**〔真言〕**オン シラ ダリジ バギャバテイ ウン キャク oṃ śīladhāriṇi bhagavati hūṃ haḥ（オーン 戒を堅持する女尊よ フーン ハッハ）

〔解説〕十波羅蜜の第二で、戒の徳を表す。右手に持つ宝珠は三瓣宝珠である。宝珠をもって戒の徳を表すのは、如意宝珠が七宝を生み出すように、浄戒は禅定や智慧を生じて一切の功徳を円満させるからである。また、この三瓣宝珠は三聚浄戒を表す。三聚浄戒とは大乗の菩薩戒で、①一切の戒を受持する摂律儀戒、②一切の善を行なうことを戒とする摂善法戒、③一切の衆生を利益することを戒とする饒益有情戒の三種である。

---

177 忍辱波羅蜜菩薩 Kṣāntipāramitā

kṣaṃ
キシャン

〔密号〕帝利金剛　**〔三形〕**宝鏡　**〔尊形〕**肉色。左手に鏡を持ち、右手を鏡辺に当てる。赤蓮華に坐り、羯磨衣を着す。**〔印相〕**忍辱波羅蜜印　**〔真言〕**オン　バギャバテイ　キシャンテイ　ダリジ　ウン　ハッタ　oṃ bhagavati kṣāntidhāriṇi hūṃ phaṭ（オーン　忍耐を堅持する女尊よ　フーン　パット）

〔解説〕十波羅蜜の第三、忍耐の徳を表す。忍耐には三種あり、①怨敵に対してさえも哀れみを持つ耐怨害忍、②寒さや熱さなどを忍ぶ安住苦忍、③すべての存在は縁起性のものであり、不生不滅であると諦らかに察して迷妄のない諦察法忍、の三である。手に鏡を持っているのは諦察法忍を示している。鏡は対象を写すのみで鏡のなかには対象は存在しないように、すべての存在の無自性であることを示している。現図では鏡の裏面を描いているが、ここでは真理に安忍する忍辱波羅蜜菩薩の微笑している顔を写している。密号の帝利はクシャトリヤ（kṣatriya）の音写語であり、クシャーンティ（kṣānti）と似ているところから誤記されたと思われる。

176・戒波羅蜜菩薩

177・忍辱波羅蜜菩薩

178・精進波羅蜜菩薩

しょうじんはらみつぼさつ　ヴィールヤパーラミター
178 精進波羅蜜菩薩 Vīryapāramitā

vī
ビ

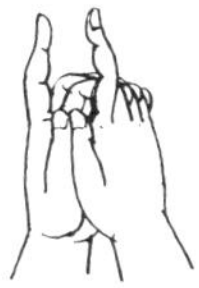

〔密号〕慧護金剛　**〔三形〕**戟　**〔尊形〕**肉色。左手に戟を持ち、右手は小指と無名指を屈し、中指・頭指・大指を立てる。赤蓮華に坐り、羯磨衣を着す。**〔印相〕**精進波羅蜜印（内縛して両の頭指と大指を立て、両の頭指を折り開く）**〔真言〕**オン　ビリヤキャリ　ウン　ビリエイ　ビリエイ　ソワカ　oṃ vīryakari hūṃ vīrye vīrye svāhā（オーン　精進に励む女尊よ　フーン　精進女尊よ　精進女尊よ　スヴァーハー）

〔解説〕十波羅蜜の第四、精進の徳を表す。左手に持つ戟は勇猛精進の義を示す。三種の精進がある。①甲冑を被れば恐れる敵はないように菩薩が精進の甲冑を被て難行を恐れることのない被甲精進、②善行を修するのに倦むことのない摂善精進、③衆生を教化して倦むことのない利楽有情精進。

179・禅波羅蜜菩薩

ぜんはらみつぼさつ　ドウヤーナパーラミター
179 禅波羅蜜菩薩 Dhyānapāramitā

dhyā
ジャ

hūṃ
ウン

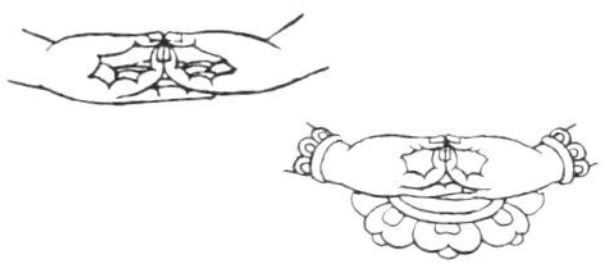

〔密号〕正念金剛　**〔三形〕**定印　**〔尊形〕**肉色。妙観察智の印を結ぶ。羯磨衣を着し、赤蓮華に坐る。**〔印相〕**弥陀定印　**〔真言〕**オン　バギャバテイ　サラバ　バンパカリニ　マカナチエイ　ウン　ウン　ウン　パット　oṃ bhagavati sarvapāpahāriṇi mahānāṭye hūṃ hūṃ hūṃ phaṭ（オーン　一切の罪悪を運び去る女尊よ　偉大な舞姫よ　フーン　フーン　フーン　パット）

〔解説〕十波羅蜜の第五、禅定の徳を表す。妙観察智印とは阿弥陀の定印のことである。妙観察智は西方阿弥陀如来の智徳である。この禅定を修して、一切の妄想を離れれば、①心身ともに安楽となり（安住静慮）、②六神通を獲得し（引発（いんぽつ）静慮）、③さまざまな働きをなして、衆生を利益することができる（弁事（べんじ）静慮）という。真言の mahānāṭye は naitye（永劫よ）とする説もあるが、ここでは「偉大な舞姫」の意に取って、禅定の衆生を利益する徳を表すものと理解した。

180・般若波羅蜜菩薩

180 般若波羅蜜菩薩（はんにゃはらみつぼさつ） Prajñāpāramitā（プラジュニャーパーラミター）

pra
ハラ

dhi
ジ

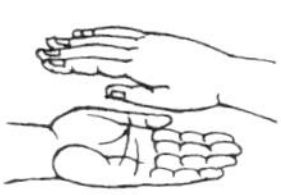

〔密号〕大慧金剛　**〔三形〕**宝剣　**〔尊形〕**肉色。右手に剣を持つ。左手は中指と頭指を屈し、小指・無名指・大指を立て、右膝を立て赤蓮華に坐る。

〔印相〕梵篋印　**〔真言〕**オン　チシュリ　シュロタ　ビジャエイ　ソワカ　oṃ dhīḥ śrīśrutavijaye svāhā（オーン　ディーヒ　吉祥なる〔般若〕経典を勝ちとれる女尊よ　スヴァーハー）

〔解説〕十波羅蜜の第六、智慧の徳を表す。宝剣は切断の徳があり、智慧に喩える。あらゆる存在の真実の相を照らし出す智慧で、この智慧をもって生死の海を渡り、彼岸に到達するのである。真言のディーヒ（dhīḥ）は智慧という意味で、般若菩薩の種字でもある。この般若には三種あり、①人は五蘊（ごうん）によって成り、実体的な我は無いと知る人空（にんくう）無分別慧、②あらゆる存在（法）は因縁によって生じるもので何ら実体は無いと知る法空（ほうくう）無分別慧、③人法ともに実体無しと知る倶空（くくう）無分別慧の三である。

181・方便波羅蜜菩薩

181 方便波羅蜜菩薩（ほうべんはらみつぼさつ） Upāyapāramitā（ウパーヤパーラミター）

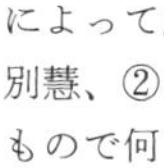

mai
マイ
バイ

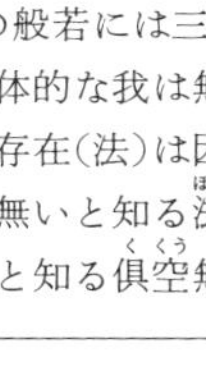

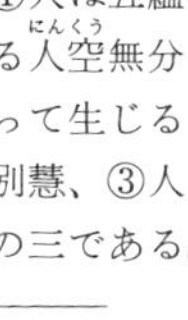

〔**密号**〕究竟金剛　〔**三形**〕羂索（けんさく）　〔**尊形**〕肉色。右手に索を持ち、羯磨衣を着し、赤蓮華に坐る。〔**印相**〕方便波羅蜜印（左の小指と無名指で大指を握る。右もこれに準じ、両の中指を相い背け、頭指を平らに伸べて、側めて相い拄う）〔**真言**〕オン　マカ　マイタラ　シッテイ　ソワカ　oṃ mahāmaitracitte svāhā（オーン　広大な慈心を持つ女尊よ　スヴァーハー）

〔**解説**〕十波羅蜜の第七、方便の徳を表す。羂索は摂取の働きがあり、方便を示す。方便とは具体的な手段の意味で、菩薩が種々の方便をもって衆生を済度することを示す。これに二種あり、①以上の六波羅蜜によって得た善根を衆生に回向して、共に無上菩提を求める回向（えこう）方便、②生きとし生けるものを救済する救済有情方便の二である。種字のマイは真言のマイトラの頭字である。

182・願波羅蜜菩薩

182 願波羅蜜菩薩（がんはらみつぼさつ）

Praṇidhānapāramitā（プラニダーナパーラミター）

saṃ サン　pra ハラ

〔**密号**〕成就金剛　〔**三形**〕水囊（すいのう）　〔**尊形**〕肉色。左手に水囊を持ち、羯磨衣を着し、赤蓮華に坐る。〔**印相**〕施無畏印　〔**真言**〕オン　キャロニ　キャロニ　カ　カ　カ　サン　ソワカ　oṃ karuṇīkaruṇi ha ha ha saṃ svāhā（オーン　悲の中の悲ある女尊よ　ハ　ハ　ハ　サン　スヴァーハー）

〔**解説**〕十波羅蜜の第八、願の徳を表す。右手に持つ水囊は魚を取る網である。『華厳経』に「八地の菩薩は大悲の網を下して人天の魚を捕らえ、涅槃の岸に置く」とあり、この尊の三昧耶形もそれと同じで、五大願のうち衆生無辺誓願度に当たる。また、ここでいう願には二種あって、①仏果菩提を得んと願う求無上菩提願、②一切の衆生を救済せんと願う利楽有情願である。

183 力波羅蜜菩薩（りきはらみつぼさつ）　Balapāramitā（バラパーラミター）

ba バ

jaḥ ジャク

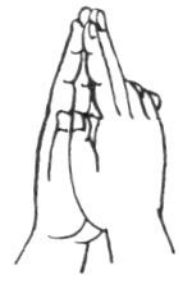

〔**密号**〕勇力金剛　〔**三形**〕荷葉上獅子　〔**尊形**〕

肉色。右手に荷葉を持つ。上に獅子あり。羯磨衣を着し、赤蓮華に坐る。〔**印相**〕力波羅蜜印（内縛して両の大指•頭指•中指の頭を相い合す）〔**真言**〕オン　ダマニ　モヂテイ　ウン　カ　カ　カ　ウン　ジャク　ソワカ　oṃ damanīmudite hūṃ ha ha ha hūṃ jaḥ svāhā（オーン　調伏の歓喜女尊よ　フーン　ハ　ハ　ハ　フーン　ジャハ　スヴァーハー）

〔**解説**〕十波羅蜜の第九、力の徳を表す。力には二種あり、思択（判断力）と思住（習得力）である。これを展開すれば、深心・深信・大悲・大慈・総持・弁才・波羅蜜・大願・神通・加持の十力の行となる。これらを行ずる勇猛心を荷葉上の獅子で表す。獅子とは勇勤の菩提心であり、初発心より精進大勢力を得て、くじけることのないことを表す。例えば、百獣の王であるライオンが狙った獲物をけっして取り逃がすことがないように、衆生を救済するに一人も漏れることのないことを示している。

183・力波羅蜜菩薩

---

184 智波羅蜜菩薩（ちはらみつぼさつ） Jñānapāramitā（ジュニヤーナパーラミター）

jña
ギャ

〔**密号**〕円静金剛　〔**三形**〕梵篋　〔**尊形**〕肉色。右手に梵篋を持つ。羯磨衣を着し、下に白帖衣を着す。白蓮華に坐る。〔**印相**〕智波羅蜜印（外縛して、二小指を直く立て、少分交え、二頭指を屈して頭をまるくし、二中指を立てて相い合す）〔**真言**〕オン　ママ　キジャノウ　キャリ　ウン　ソワカ　oṃ mama jñānakari hūṃ svāhā（オーン　我が智を行じる女尊よ　フーン　スヴァーハー）

〔**解説**〕十波羅蜜の第十、智の徳を表す。第六の般若波羅蜜が剣を持して煩悩を切断し、彼岸に渡らしめる実相智（世俗を越えた智）を示すのに対し、この智波羅蜜は梵篋を持して世俗的な智である差別智を示している。すなわち、一切の衆生を正しく見て教化する智慧を表す。

184・智波羅蜜菩薩

185・共発意転輪菩薩

185 共発意転輪菩薩（ぐうほついてんりんぼさつ）

サハチツトートウパーダダルマチヤクラ
Sahacittotpādadharmacakra

ca
シャ

〔**密号**〕法輪金剛　〔**三形**〕蓮華上金剛輪　〔**尊形**〕肉色。左手に蓮華を持ち、蓮華上に輪を置く。右手は掌を仰向け、独鈷金剛杵を立てる。赤蓮華に坐る。〔**印相**〕転法輪印　〔**真言**〕ノウマク　サマンダボダナン　シャキャラ　バリチ　ソワカ　namaḥ samantabuddhānāṃ cakravartin svāhā（普き諸仏に帰命す　法輪を転ずるものよ　スヴァーハー）

〔**解説**〕『大日経』には虚空慧菩薩とある。虚空が限りなく、妨げるものがないように、この菩薩の智慧も虚空のようである。纔発心（ざいほっしん）転法輪菩薩ともいい、弥勒菩薩と同体である。共発意も纔発心も「菩提心を発すと同時に」という意味で、発心するやいなや、悟り（法輪）を得て、一切衆生のために法輪を転ぜんとする誓願を表す。千手千眼観自在菩薩の眷属である。『大日経疏』普通真言蔵品には種字をリン（riṃ）とする。

186・生念処菩薩

186 生念処菩薩（しようねんじよぼさつ）

スムリテイサジヤートヤ
Smṛtisajātya

ga
ギャ

gaṃ
ゲン

〔**密号**〕憶念金剛　〔**三形**〕蓮華上商佉　〔**尊形**〕肉色。右手に蓮華を持ち、蓮上に月輪を置く。中に法螺貝あり。左手は掌を仰向け胸に当てる。赤蓮華に坐る。〔**印相**〕商佉印（虚心合掌し、二頭指を二大指の上に繞（めぐら）しおき、爪の甲を相い着ける）〔**真言**〕ノウマク　サマンダボダナン　ギャタン　タラマサンハンバ　ソワカ　namaḥ samantabuddhānāṃ gataṃ dharmasaṃbhava svāhā　（普き諸仏に帰命す　ガタン　法より生じるものよ　スヴァ

ーハー）

〔**解説**〕『大日経』に説く清浄慧菩薩が当たる。自性清浄なる法より生じた菩薩で、虚空のように無執着な正念を表す。その正念に基づき煩悩を摧破し、説法を司らんがために蓮華上に法螺貝を持つ。法螺貝は仏の説法を喩えている。『諸尊便覧』には蓮華上羯磨杵とあるが、法螺貝に改めた。

187・忿怒鉤観自在菩薩

187 忿怒鉤観自在菩薩（ふんぬこうかんじざいぼさつ）

アモーガクローダーンクシヤラージヤ
Amoghakrodhāṅkuśarāja

o
オウ

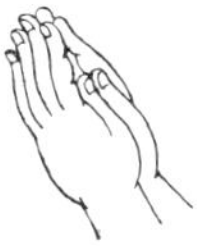

〔**密号**〕持鉤金剛　〔**三形**〕鉞（えっ）鉤（こう）金剛　〔**尊形**〕三面あり各三目。正面肉色。左面青色。右面黒色。頂きに菩薩あり。両手に剣を執る。その正体（忿怒鉤菩薩）は四臂あり。右の第一の手に三鈷鉤を持ち、次の手は施無畏。左の第一の手に蓮華を持ち、次の手は羂索を持つ。面ごとに頂きに化仏あり。赤蓮華に坐る。〔**印相**〕蓮華合掌あるいは開蓮華印　〔**真言**〕ノウマク　サマンダボダナン　クバレイヤ　ソワカ　namaḥ samantabuddhānāṃ kuvalaya svāhā（普き諸仏に帰命す　青睡蓮〔を持つもの〕よ　スヴァーハー）

〔**解説**〕『広大軌』などには蓮華印菩薩とある。忿怒の三昧に入った観自在菩薩が、慈悲の鉤をもって衆生を化導することを表す。

188・不空鉤観自在菩薩

188 不空鉤観自在菩薩（ふくうこうかんじざいぼさつ）

アモーガーンクシヤ
Amoghāṅkuśa

a
ア

dhiraṃ
ジラン

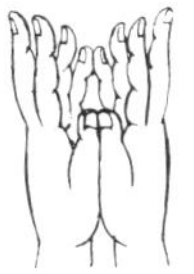

〔**密号**〕化（け）現（げん）金剛　〔**三形**〕蓮華上鉤　〔**尊形**〕肉色。三面各三目四臂。左右の面は青色。右の第一

189.千手千眼観自在菩薩

の手は三鈷杵を持ち、下し垂れる。第二の手は三鈷鉤を捧げ持つ。左の第一の手は蓮華を持つ。蓮華上に独鈷鉤あり。第二の手は羂索を下し垂れる。赤蓮華に坐る。**〔印相〕**八葉印　**〔真言〕**ノウマク　サマンダボダナン　ヂラン　ハンドマ　アラヤ　ソワカ　namaḥ samantabuddhānāṃ dhi raṃ padmālaya svāhā（普き諸仏に帰命す　ディ　ラン　蓮華の蔵よ　スヴァーハー）

〔解説〕『大日経』の行慧菩薩が当たる。智慧を行じて衆生を利益する菩薩である。鉤は一切衆生を引き寄せ救い上げる誓いを表す。不空羂索観音と同体である。千手千眼観自在菩薩の眷属である。

---

189 千手千眼観自在菩薩（せんじゅせんげんかんじざいぼさつ）

Sahasrabhujāryāvalokiteśvara（サハスラブジャールヤーヴアローキテーシュヴアラ）

hrīḥ
キリク

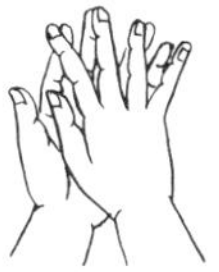

〔密号〕大悲金剛　**〔三形〕**開敷蓮華　**〔尊形〕**黄金色。二十七面。千臂（このうち四十二臂を強調する）。宝蓮華に坐る。**〔印相〕**九山八海印（金剛合掌し、少しく手の背を曲げる。合掌を相い離し、二中指を合わせ、二小指と二大指を折り開き、各々直立す）　**〔真言〕**オン　バザラ　タラマ　キリク　oṃ vajradharma hrīḥ（オーン　金剛法よ　フリーヒ）

〔解説〕通常は千手観音という。観音菩薩の誓願は慈悲に外ならないが、中でも千手千眼観自在菩薩は、千の手、千の目をもって衆生を済度する尊で、慈悲の究極である大悲の徳を表す。現図の尊形は二十七面、千臂（このうち四十二臂を強調する）である。二十七面は二十五有（地獄から無色界までの衆生輪廻の世界の二十五種）を済度する二十五面と本面と本地の阿弥陀仏（頂上の中央）とである。四十二臂のうち、両の第二手と第三手は合掌印と弥陀の定印（じょういん）を結ぶ。持ち物は以下順に

＜右手＞　青蓮・鉢・蒲桃（ほとう）・梵篋（ぼんきょう）・三鈷杵・宝印・錫杖（しゃくじょう）・施願印・数珠・胡瓶・箭・五色雲・剣・白蓮・髑髏・鏡・月・鉤・化仏

＜左手＞　紅蓮・経篋・宝珠・螺・独鈷杵・鐸・三鈷杵・釧（せん）・索・澡瓶（そうびょう）・弓・榜排（ぼうはい）（楯）・鉞（えつ）・紫蓮・楊柳・白払・輪・日・宮殿

を持つ。この尊は本来ならば観音院に位置すべきものであるが、観音に託される一切の誓願を具備した果徳の尊であるところから、仏・蓮・金の三部の果徳を表す虚空蔵院に配される。蓮華部の主尊であり、蓮華王ともいわれる。京都三十三間堂は千手観音を千体祀っており、正式には蓮華王院と称する。金剛界曼荼羅の金剛法菩薩と同体である。（→金17）

190 婆藪大仙（ばそだいせん）　Vasurṣi（ヴアスルシイ）

rṣam
アラシャン

〔密号〕護法金剛　**〔三形〕**仙杖　**〔尊形〕**肉色。苦行仙の姿。右手は弾指形のごとし。左手に仙杖

を持つ。〔**印相**〕成就持明仙印　〔**真言**〕ノウマク　サマンダボダナン　バシシュタリシ　ソワカ　namaḥ samantabuddhānāṃ vasiṣṭharṣi svāhā（普き諸仏に帰命す　ヴァシシュタ仙よ　スヴァーハー）

〔**解説**〕ヴァス（vasu）とは「善良な」という意味で、神々の通称であり、水天、火天の意味もある。仏教では千手観音の眷属である二十八部衆の一、あるいは火天の眷属の五仙の一として取り入れられた。ヴァシシュタはヴェーダの有名な聖仙の名前でもある。また、ヴァスには財宝、財物の意味があり、水天ヴァルナ（Varuṇa）の意もあるところから、ヴァスヴァルナ（Vasuvaruṇa）とも呼ばれる。対応して位置する次の功徳天（吉祥天）の兄とされる。種字のアラシャン（rṣaṃ）はリシ（ṛsi 仙人）から変化したものである。

191・功徳天

191 功徳天（くどくてん） Śrīdevī（シュリーデーヴィー）

śri
シリ

〔**密号**〕護法金剛　〔**三形**〕盛花、宝珠　〔**尊形**〕白肉色。天女形。盛花を持って千手千眼観自在の前右方に立つ。〔**印相**〕八葉印（吉祥天女印）　〔**真言**〕ノウマク　サマンダボダナン　オン　マカシュリヤエイ　ソワカ　namaḥ samantabuddhānāṃ oṃ mahāśriyai svāhā（普き諸仏に帰命す　オーン　大吉祥天女のために　スヴァーハー）

〔**解説**〕吉祥天女のことである。インド古代神話のラクシュミー（Lakṣmī）女神でヴィシュヌ（Viṣṇu）神の后。仏教では毘沙門天の后とされ、福徳を司る女神として古くから信仰されている。種字のシリは梵名のシュリー（Śrī）からきている。

---

192 193 飛天（ひてん） Devatā（デーヴァター）

ro
ロウ

〔**解説**〕千手千眼観自在の上に供養仙が二人いる。雲に乗り、空を飛ぶ。天女の形に作るので飛天という。一手に花を持ち、一手で花を散じている。瑞兆を表す。

193・飛天

192・飛天

194 無垢逝菩薩（むくぜいぼさつ） Vimalagati（ヴィマラガティ）

haṃ
カン

〔密号〕明徹（めいてつ）金剛　**〔三形〕**蓮華索　**〔尊形〕**肉色。左手に羂索を持ち、右手は施無畏印。赤蓮華に坐る。別説に、白黄色。左手に羂索を持つ。羂索の頭に蓮華あり。赤蓮華に坐る。**〔印相〕**左右二手を刀印に作る。**〔真言〕**ノウマク　サマンダボダナン　ギャギャナ　アナンタ　グシャラ　ソワカ

namaḥ samantabuddhānāṃ gaganānantagocara svāhā（普き諸仏に帰命す　虚空なる無辺の境界を持つものよ　スヴァーハー）

〔解説〕『大日経』の虚空無垢菩薩である。虚空のように無垢なる清浄慧の徳を表す。尊名の無垢逝は無垢（vimala）なる慧をもって空を行じ、真如に去り（gati）行くことを示す。手に持つ蓮華索は自性清浄なることを表す。『諸尊便覧』などには三形を蓮華上青蓮華とするが、蓮華索に改めた。

194・無垢逝菩薩

195・蘇婆呼菩薩

196・金剛針菩薩

195 蘇婆呼菩薩（そばこぼさつ） Subāhu（スバーフ）

hūṃ
ウン

〔**密号**〕悉地（しっち）金剛　〔**三形**〕蓮華上青蓮華　〔**尊形**〕肉色。左手に蓮華を持つ。蓮華の上に青蓮華を立てる。〔**印相**〕青蓮華印（内縛して二頭指を立て合せ、二大指を並べ立てる）　〔**真言**〕オン　アリヤ　ソバコ　ソワカ　oṃ āryasubāhu svāhā（オーン　聖なる妙臂よ　スヴァーハー）

〔**解説**〕蘇婆呼(subāhu)は訳して妙臂。この妙臂菩薩が質問して金剛薬叉大将が答説するという『蘇婆呼童子請問経』という経典がある。印と種字が一致するところから『大日経』の安慧菩薩と同体と考えられる。安慧菩薩は住慧菩薩ともいい、真言は、ノウマク　サマンダボダナン　キジャノウドハンバ　ソワカ　namaḥ samantabuddhānāṃ jñānodbhava svāhā（普き諸仏に帰命す　智より生じたものよ　スヴァーハー）である。安慧、住慧とは常にその慧に安住して衆生を利するところから名付けられる。『諸尊便覧』などには三形を蓮華上一鈷杵とあるが、蓮華上青蓮華に改めた。なお蘇婆呼菩薩は童子形に描かれるのを常とする。

---

196 金剛針菩薩（こんごうしんぼさつ） Vajrasūci（ヴアジュラスーチ）

hūṃ
ウン

〔**密号**〕精進金剛　〔**三形**〕蓮華上独鈷杵　〔**尊形**〕白黄色。左手に蓮華を持ち、上に独鈷杵を立てる。右手の無名指・中指・大指を屈し、小指と頭指を伸べる。白蓮華に坐る。〔**印相**〕金剛針印　〔**真言**〕ノウマク　サマンダバザラダン　サラバタラマ　ニベイダニ　バザラソチ　バラデイ　ソワカ　namaḥ samantavajrāṇāṃ sarvadharmanivedhanivajrasūci

varade svāhā（普き金剛部族に帰命す　一切法を貫くものよ　願をかなえるものよ　スヴァーハー）
〔解説〕印と真言が同じであるところから、金剛手院の金剛説菩薩（→胎69）と同体であると考えられる。金剛の針が何ものをも穿つように、針のような智慧をもって、一切法を貫き通す徳を表す。

---

197 蘇悉地羯羅菩薩（そしつちからぼさつ） Susiddhikara（スシツディカラ）

ji
ジ

〔密号〕成就金剛　**〔三形〕**剣　**〔尊形〕**白黄色。胸に当てて印を結ぶ。赤蓮華に坐る。**〔印相〕**蓮華合掌、または軍荼利印　**〔真言〕**ノウマク　サマンダボダナン　ジ　バザラ　シッチラ　ボテイ　フラバタマ　マンタラ　サラ　ソワカ　namaḥ samanta-buddhānāṃ ji vajrasthirabuddhe pūrvātmamantra sara svāhā（普き諸仏に帰命す　ジ　金剛のような堅固な覚智を持つものよ　本初の自己の真言を出すものよ　スヴァーハー）
〔解説〕『広大軌』などでは出現智菩薩といい、『大日経』には出ない。蘇悉地（susiddhi）とは妙成就と訳し、羯羅（kara）とは作るという意味で、妙成就を完成したものの意である。妙成就には五種あり、①精進、②明王、③除障、④もろもろの勇猛事、⑤一切の真言、である。（蘇悉地経巻上）

197・蘇悉地羯羅菩薩

---

198 曼荼羅菩薩（まんだらぼさつ） Mahācakra（マハーチャクラ）

hūṃ
ウン

maṃ
マン

〔密号〕大輪金剛　**〔三形〕**輪　**〔尊形〕**黒緑色。忿怒形。三目六臂。右の第一の手に三鈷杵を持つ。左の第一の手に独鈷杵を持つ。次に左右の両手は

198・曼荼羅菩薩

199．一百八臂金剛蔵王菩薩

印を結び頂上におく。次に右の第三の手に剣を持つ。次に左の第三の手に輪を持つ。〔**印相**〕小金剛輪印（金剛拳にし、二小指と二頭指を鉤にして結ぶ）〔**真言**〕オン　バザラ　シャキャラ　ウン　ジャク　ウン　バン　コク　oṃ vajracakra hūṃ jaḥ hūṃ vaṃ hoḥ（オーン　金剛輪よ　フーン　ジャハ　フーン　ヴァン　ホーホ）
〔**解説**〕転法輪菩薩すなわち纔発心転法輪菩薩のことで、弥勒菩薩の教令輪身である。真言は小金剛輪の真言といい、行者が曼荼羅観想の後、この真言を唱え、曼荼羅の諸尊がすべて出現するように祈願するものである。ここでいう輪（cakra）とは曼荼羅のことである。

---

200 201 飛天使者 Devatā

ro
ロウ

〔**解説**〕一百八臂金剛蔵王菩薩の上部に飛天二を配す。雲に乗り空を飛ぶ。一手に花を持ち、一手で花を散じている。瑞兆を表す。

199 一百八臂金剛蔵王菩薩 Aṣṭottaraśatabhujavajra

hūṃ
ウン

〔**密号**〕秘密金剛　〔**三形**〕瓶の口に蓮華　〔**尊形**〕青色。一百八臂に種々の器杖を持つ。二十二面あり、この中に仏面が一つある。宝蓮華に坐る。〔**印相**〕金剛羅闍一切見法印（金剛部三昧耶印。右手の掌を仰向け、左手の掌の背を押す。すなわち、右の大指をもって左の小指の下に交え、左の大指をもって右の小指の上に交える。手の背を相い着ける。残りの三指は真っすぐ伸べ手の背に縛す）
〔**真言**〕オン　バゾロウ　ドハンバヤ　ソワカ　oṃ vajrodbhavāya svāhā（オーン　金剛部の諸尊を出生するもののために　スヴァーハー）
〔**解説**〕千手千眼観自在が蓮華部の果徳を表すのに対し、この金剛蔵王は金剛部の果徳を表す。智慧を完成し、百八臂に示される百八の煩悩、すなわち無数の煩悩を退治したことを示す。尊形に二十二面とあるが、現図では十六面である。十六面は金剛界十六大菩薩の徳を表し、二十二面のときは、六度の菩薩の徳を加える。金剛蔵王自体は金剛拳菩薩と同体である。蔵王権現とは別である。百八臂の中、左の第一の手に賢瓶を持つのは、この瓶の中に万法を含蔵していることを表す。残りの諸手は印を結び、あるいは種々の器杖を持つ。

200・飛天使者

201・飛天使者

蘇悉地院

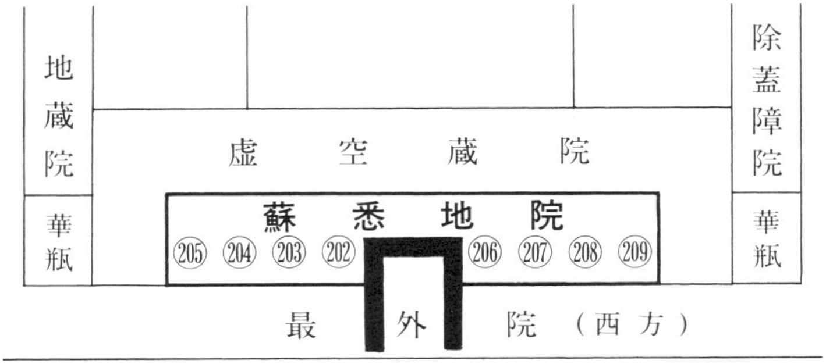

202. 不空供養宝菩薩
203. 孔雀王母
204. 一髻羅刹
205. 十一面観自在菩薩
206. 不空金剛菩薩
207. 金剛軍荼利
208. 金剛将菩薩
209. 金剛明王

虚空蔵院に接して、その西方（下方）に位置する。中心となる尊はおらず、左右に4尊ずつ、計8尊が並ぶ。蘇悉地とはサンスクリット語スシッディ susiddhi の音写語で、「素晴らしき完成」（妙成就）を意味する。

この院の名称は『大日経』には説かれておらず、独立した院とは見なされていなかった。本来この院は虚空蔵院の一部として描かれていた。だが、虚空蔵院と対照になる東方（上方）が釈迦院・文殊院の二院になっているので、それに応じて虚空蔵院を二院に分けて、均衡を保つようになった。これは現図曼荼羅にのみ見られる院の構成の特徴である。

このように虚空蔵院を二院に分ける解釈は『秘蔵記』からである。『秘蔵記』によれば、この院は虚空蔵院から独立されて、「四波羅蜜院」とされた。四波羅蜜とは、本来、金剛界曼荼羅の毘盧遮那如来を囲む四菩薩の名称である。しかし、蘇悉地院には金剛界のこの四菩薩は登場せず、単に院の名称として借用されてはいるが、金剛界曼荼羅との教理的な関係についての解釈はなされていない。

この院に蘇悉地院の名称が付されるようになったのは、日本に密教が移入されてからしばらく経った九世紀半ば以降である。そこには、胎蔵・金剛界の両部の不二の境地を特別に蘇悉地として立てる天台密教（台密）の教理的解釈が入り込んでいることも予想される。その根拠になったのは『玄法寺儀軌』（唐、九世紀中頃）の「虚空蔵及び蘇悉眷属」の文であった。この『玄法寺儀軌』を撰した法全のもとで円珍・円仁などの日本の天台僧が受法しているので、天台密教とこの蘇悉地院の虚空蔵院からの独立には深い関係があったと思われる。

この院は本来、虚空蔵院なのであるから、虚空蔵院の構造を念頭において理解されるべきである。虚空蔵院は胎蔵曼荼羅の基本的な構成要素である仏部・金剛部・蓮華部の三部（→胎蔵曼荼羅の構造）の特質が表現されているが（→虚空蔵院）、向かって左（虚空蔵菩薩の右手）に位置する千手千眼観自在菩薩が蓮華部の、右（虚空蔵菩薩の左手）の一百八臂金剛蔵王菩薩が金剛部の徳の代表であるから、それに準じて、この院の向かって左の4尊が蓮華部の、右の4尊が金剛部の徳を体現する。

向かって左端の十一面観自在菩薩は、観音であるから蓮華部院（観音院）の尊に属するはずであるが、教理的解釈によれば、観音の中でもこの尊はとりわけ蓮華部の徳「素晴らしき完成」が優れているので蘇悉地院に帰属するとされる。

202 不空供養宝菩薩（ふくうくようほうぼさつ） Amoghapūjāmaṇi（アモーガプージャーマニ）

oṃ
オン

〔**密号**〕如意金剛　〔**三形**〕宝珠、三鈷杵　〔**尊形**〕肉色。四臂、右の第一手に剣、第二手に三鈷戟、左の第一手に宝珠を載せた開蓮華、第二手に羂索を持ち、赤蓮華に坐す。〔**印相**〕普供養印　〔**真言**〕オン　アボキャホジャマニ　ハンドマバジレイ　タタギャタビロキテイ　サンマンダハラサラ　ウン　oṃ amoghapūjāmaṇi padmavajre tathāgatavilokite samantaprasara hūṃ（オーン　空しからざる供養の宝珠を具えるものよ　蓮華と金剛を持つものよ　如来の観察をなすものよ　普く行きわたれ　フーン）

〔**解説**〕サンスクリットの尊名は「空しからざる供養の宝珠を具えるもの」の意味で、不空供養珠とも訳される。それゆえに、左の第一手に持つ開蓮華の上には宝珠を載せていることになっている。御室（おむろ）版の現図ではそれを描いていないが、観蔵院曼荼羅では宝珠を描く。尊名に見られる供養とは、塗香・華鬘・焼香・飲食などを諸仏諸菩薩に供養することである。その空しからざる供養によって、衆生の苦を除き安楽をもたらす功徳が、如意宝珠のように思いのままであるのがこの尊の特質である。右手に持つ二種の武器は煩悩の摧破を、左手の羂索は衆生の救済を、そして開蓮華（上の宝珠）は慈悲の働きとその功徳が思いのままであることを表している。なお、真言は普供養（広大不空摩尼供養）の真言といわれる（→胎47）。

---

203 孔雀王母（くじゃくおうも） Mahāmayūrī（マハーマユーリー）

ma
マ

yu
ユ

〔**密号**〕仏母金剛　〔**三形**〕孔雀の尾羽　〔**尊形**〕

肉色。右手に孔雀の尾羽を、左手に開蓮華を持ち、赤蓮華に坐す。〔**印相**〕内縛し、大・小指を立てる。〔**真言**〕オン　マユラキランテイ　ソワカ　oṃ mayūrākrānte svāhā（オーン　孔雀の歩みをするものよ　スヴァーハー）

〔**解説**〕インドでは古来より孔雀は猛毒の蛇を食するので、不思議な霊力があるとされた。それゆえ、孔雀の真言を唱えることで毒を払うと信じられた。釈尊の弟子の阿難は、ある比丘が毒蛇に咬まれて苦しむのを釈尊に伝えたところ、この孔雀の真言を伝授されたと伝えられる。この真言＝明呪の霊験が特に顕著なので孔雀明王とも称されるが、一般の忿怒形の明王とは異なり、本来は菩薩であるとされる。漢訳の尊名に王母とするのは、真言陀羅尼を司る王（明王）の功徳を生み出す力を明王の母に喩えた命名である。手に持つ蓮華は大悲の徳を、孔雀の尾羽は障難を払う息災の徳を表す。この尊を単独で修法する一尊法の場合には、孔雀に乗った四臂あるいは六臂の像がしばしば用いられる。

204・一髻羅刹

204 一髻羅刹（いちけいらせつ） Ekajaṭārākṣasa（エーカジヤターラークシヤサ）

〔**密号**〕雷電金剛　〔**三形**〕剣、鉤　〔**尊形**〕青黒色。髪は赤色。忿怒形で髑髏の冠を戴き、三目で四臂。右の第一手に剣、第二手に鉞斧鉤を、左の第一手に羂索、第二手に三鈷杵を持ち、赤蓮華に坐す。〔**印相**〕左右の大・頭・中指を内に向け、相叉し、右で左を押え、無名指は立て合わせ、小指は相押す。〔**真言**〕エイキャジャタ　ママ　ボウキャジャヤ　ソワカ　ekajaṭa mama mukhajāya svāhā（一髻尊よ　私の頂きより出たものに　スヴァーハー）

〔**解説**〕尊名は「怒髪を一つに結髪する羅刹」の意味である。羅刹とは、インドの神話では人を食べてしまうとまで恐れられた悪鬼、後に仏教の守護神になる。『一髻尊陀羅尼経』には、観自在菩薩が無能勝三昧の境地にあるとき、頂より出てきた化身とされる。そして、観自在菩薩の働きを具現するために、諸々の悪魔・悪鬼・災厄を撃ち破る。また、羅刹は人を食べると信じられていたが、ここでは人の苦悩を食べると考えられた。手にする三種の武器は人の苦悩の原因の煩悩を撃ち破るためであり、羂索は余すところなく衆生を救いとるための道具である。

205 十一面観自在菩薩（じゆういちめんかんじざいぼさつ） Ekadaśamukha（エーカダシャムカ）

ka キャ　sa サ

〔密号〕変異金剛　**〔三形〕**澡瓶　**〔尊形〕**肉色。左右の面は青黒色。十一面、本面の両側に二面、中段に五面、上段は中央が如来面の三面で、本面と合して十一面。四臂、右手は施無畏印と念珠、左手は開敷蓮華と澡瓶を持つ。**〔印相〕**十一面観自在菩薩印（金剛合掌の十指を深く交える）を頭上におく。**〔真言〕**オン　ロケイジンバラ　キリク　ソワカ　oṃ lokeśvara hrīḥ svāhā（オーン　世自在尊よ　フリーヒ　スヴァーハー）

〔解説〕観音菩薩は種々に（一説には三十三種に）変化するが、その変化観音の一尊。この尊が十一面を持つのは、インドの十一面を持つ神に淵源があると推測される。十一面の意義に関しては、蓮華部（観音院）の功徳の完成を意味し、頂上の如来面がその完成の果を、他の十面がその完成の因である菩薩の十地を意味するとも説かれる。また『十一面観世音神呪経』では、十一億の諸仏の説く心呪を表したものとされる。そのほかにも十一面の意味は多様に解釈されてきた。十一面の配列も多様である。三形の澡瓶（そうびょう）は、衆生に甘露を灌（そそ）ぎ、煩悩の熱をさます働きを象徴する。この尊は雑密（ぞうみつ）の時代から広く尊崇され、造像の作例も多い。わが国でも天平時代からその信仰が見られる。

---

206 不空金剛菩薩（ふくうこんごうぼさつ） Amoghavajra（アモーガヴアジュラ）

jaḥ ジャク　hūṃ ウン

〔密号〕辦事金剛　**〔三形〕**未詳、ただし金剛界の金剛王と同体とすれば、金剛鉤とすべきか。**〔尊形〕**白肉色。胸の前で印を結び、赤蓮華に坐す。**〔印相〕**

左右の拳を胸の前で交え、頭指を鉤形にし、真言を唱えつつ招く。**〔真言〕**オン　バザララジャ　ジャク　oṃ vajrarāja jaḥ（オーン　金剛王よ　ジャハ）
〔解説〕不空とは悟りの智慧の働きが空しくないことを表し、またその智慧は金剛のように堅固であるからこの名がある。この智慧は、衆生が縁起の理法である空性を悟れない執着心を摧破し、声聞・縁覚が空性を虚無として把握する執着心も撃ち破り、あらゆる仏法をかなえる。伝統的な解釈では、この尊は金剛界曼荼羅の三十七尊のうち、東方阿閦如来の四親近の中の一尊である金剛王菩薩（→金８）と同体と見なす。ちなみに、『石山七集』に基づき、この尊の印相・真言としてここに掲げたのは、元来は『金剛頂経』に記される金剛王菩薩のそれである。

207 金剛軍荼利（こんごうぐんだり） Vajrakuṇḍalī（ヴアジユラクンダリー）

hūṃ
ウン

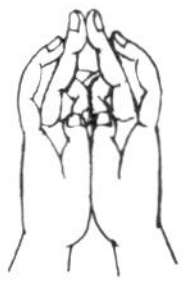

〔密号〕甘露金剛　**〔三形〕**三鈷杵　**〔尊形〕**浅黄色。胸の前で印を結び、赤蓮華に坐す。**〔印相〕**左右の小指を相交えて掌に入れ、無名指を屈し、中指を並べ立て、頭指を鉤形にし、それぞれ中指の初節を押え三鈷杵の形にし、親指は無名指に当てる。**〔真言〕**ノウボ　アラタンノウタラヤーヤ　ノウマク　センダマカバザラ　カロダヤ　オン　コロ　コロ　チシュタ　チシュタ　マンダ　マンダ　カノウ　カノウ　アミリテイ　ウン　ハッタ　ソワカ namo ratnatrayāya namaś caṇḍamahāvajrakrodhāya oṃ huru huru tiṣṭha tiṣṭha bandha bandha hana hana amṛte hūṃ phaṭ svāhā（三宝に帰命す　猛々しい大いなる金剛忿怒尊に帰命す　オーン　奪え　奪え　立て　立て　繋縛せよ　繋縛せよ　殺害せよ　殺害せよ　甘露尊よ　フーン　パット　スヴァーハー）
〔解説〕軍荼利明王ともいわれる。軍荼利とは甘露を入れた水瓶を意味するとも、あるいは巻いているものの意味で、特に蛇を指す。ウパニシャッドでは男根に巻き付く性力は蛇の形をしていると考えられた。さらにシヴァ神の象徴である男根の性力を崇拝するシャクティ信仰はインドに根強いが、軍荼利明王もこのような猛々しい力を持つ蛇を体に巻き付けた姿で表象されることが多い。だがここでは、密号からして、軍荼利は甘露を入れた水瓶とする説もある。金剛界曼荼羅では宝生如来の教令輪身として、忿怒形（ふんぬぎょう）で描かれる（→金90）。胎蔵曼荼羅では、仏部・蓮華部・金剛部にこの尊が働き出る。ここではそのうちの仏部の働きにあらわれ出た軍荼利明王として描かれる。（→胎40、77）

208・金剛将菩薩

209・金剛明王

208 金剛将菩薩（こんごうしょうぼさつ） Vajrasena（ヴァジュラセーナ）

ni ニ　hūṃ ウン

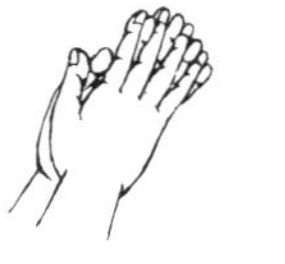

〔**密号**〕首領金剛　〔**三形**〕手印　〔**尊形**〕肉色。胸の前で印を結び、赤蓮華に坐す。〔**印相**〕金剛合掌　〔**真言**〕オン　バザラセイナ　ソワカ oṃ vajrasena svāhā（オーン　金剛將よ　スヴァーハー）

〔**解説**〕尊名の將（セーナ）とは軍隊を意味する。仏の金剛不壊なる智慧を具体的に展開する無数の菩薩を軍隊に喩え、その軍隊を司る働きを象徴したものと思われる。それゆえに、密号が首領金剛とされたのであろう。

209 金剛明王（こんごうみょうおう） Vidyottama（ヴィドゥヨーッタマ）

ha カ　hūṃ ウン

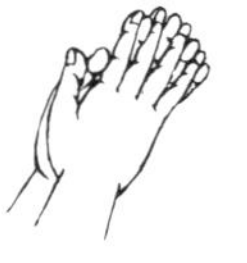

〔**密号**〕持明金剛　〔**三形**〕手印　〔**尊形**〕肉色。胸の前で印を結び、赤蓮華に坐す。〔**印相**〕金剛合掌　〔**真言**〕オン　バザラビジャアラジャ　ソワカ oṃ vajravidyārāja svāhā（オーン　金剛明王よ　スヴァーハー）

〔**解説**〕明とは仏の智慧、ひいてはその威力を持つ呪文を意味する。この尊の尊名である vidyottama は、その明を保つのが最高なるもの、の意味である。それゆえに密号を持明金剛という。このような呪文を保持し、宣布する威力ある働きを具象化して金剛明王 vajravidyārāja とする。

最外院

〔名称といわれ〕最外院(さいげいん)は胎蔵曼荼羅の一番外側に位置する。また外金剛部(げこんごうぶ)とも呼ばれる。外金剛部の名は金剛界曼荼羅に由来し「金剛界の畔の外側にある」という意味である。

最外院が何故あるのか、どのような役割をしているのか、最外院の諸尊に出会う前に検討しておく必要があるだろう。

釈尊の説法教化の生涯を辿るとき、その意義や役割を解く鍵があると思われる。たとえ釈尊であっても、すべての人々が直ちに教えに信順し、弟子や信徒になったとは考えられない。それよりもその教えが誤解されたり、反対されたり、霊験がどんなものか、その優劣が競われたに違いない。ウルヴェーラの神変による三迦葉の帰依は、この推測を如実に物語るものである。

現実的には、根強いヒンドゥー教の世界が目の前にあった。『金剛頂経』には次のような逸話を紹介して、ヒンドゥー教と仏教の関わりを述べている。ヒンドゥー教の神マヘーシュヴァラは性質が強情で、しかも強大な勢力をもっていた。釈尊は彼を鎮め、仏教に信順させようとした。しかし、マヘーシュヴァラは抵抗し、その結果、命尽きて下界に落ちた。釈尊は彼を哀れんで蘇生させた。しかも身内の一員に加えるために、彼に新しい名前（金剛名）を名づけて天部の一尊として位置づけた。以前の強情な性質をそのまま生かし、しかもその個性を発展させたのであった。

ここに最外院が設けられた理由と、そこに位置する諸尊の出自や背景、そしてその役割が端的に示されている。このように、始めは仏教に何の縁もゆかりも無かったものでも、仏教に出会い、そして智慧の光を当てられることによって、仏教、特に密教の世界の一員として位置づけらる。それだけでなく本来的に具えていた個性や能力を自らに再発見させるということになる。

ここに我々は曼荼羅の受容性、包括性、総合性あるいは多様性を見ることができる。それらはすべてが中央の大日如来が具える普遍的、根本的な特性、能力に集約されていくのである。

次に真言密教はこの世界をどう見るのか、その世界観から最外院の問題を考えてみよう。

真言密教ではこの世界を「法爾(ほうに)」つまり永遠、無限の絶対的な立場、および「随縁(ずいえん)」つまり我々が経験する有限の立場との両面から説明する。随縁という立場では、最外院という周辺に、さまざまなヒンドゥー教の神々が諸天として現れているが、法爾という立場では、いずれもが中央であり、大日如来以外の何ものでもないのである。むしろ周辺も中央もないし、個々の区別もないのである。こうして一切は本尊・大日如来に集約される。一方では各尊はそのようにして集約された本尊・大日如来の徳の一部を与(あずか)って、縁に随って現れてきている。

このように自心を観察して自分の一切の執着を捨て去り、この世の因縁をすべて離れて、その先に本来の自己を見いだしていくことになる。その本来の自己を自覚し、それを力にして心を深めていくことになる。それは周辺から中央に向かってたくましく生きていくことでもあるだろう。

〔構造、成り立ち〕最外院の構造は『倶舎論』の須弥山(しゅみせん)世界観が基調となっている。『大日経疏』が曼荼羅は須弥山の山頂に築くと指示することからも明らかである。

まず方角でいえば、須弥山を中心にして、東南西北の四方と四維に横の広がりがある。縦には天上と地下とである。そして空間に日・月が浮かぶ。

以上の四方・四維で八方、および天上・地下で十方、さらに日月で十二の方角に諸尊が配置される。この十二方向があらゆる方向を意味し、十二天が全方向を守護する役目を担う。

日・月は星宿などの天体の運行を司る。

また曼荼羅図では当時の宮殿をヒントとしているので、城門、門衛、宮殿、庭園などが『倶舎論』

に基づいて構成されている。

曼荼羅世界を立体的なモデルにすれば、さらにその構想の大きさが分かるだろう。この世界の中央に聳える須弥山をはさんで日月が虚空に相対して浮かんでいる。須弥山の中腹には帝釈天など四方を守護する四天王が宮殿を構えている。上方を望めば梵天の天上界、さらに上方には禅定の境地に応じた天が続いている。下方へ目を転じれば地天が大地を治め、その下には地獄、餓鬼の世界が広がり、さらにこの世界を支える金輪(地輪)、水輪、風輪そして果てしない下方世界が続く。上を見ても下を見ても無限に世界が広がっている。東西を眺めれば、須弥山を中心に九山八海が広がる。その一番外側を鉄囲山といい、これをその形状から曼荼羅という。領域の意味である。

最外院は東南西北の四方に分けることができ、そこに40、62、49、52の合計203尊が配されている。これらの諸尊は『大日経』が成立した当時、インド各地で流行し、人気を集めていたヒンドゥー教の諸神である。それらが真言密教に取り込まれたのである。

〔方位、護世天〕曼荼羅の東南西北には四方を守護する持国天・増長天・広目天・毘沙門天の四天王が位置し、東北に伊舎那天、東南に火天、西南に羅刹天、西北に風天が位置する。これらの護世(方)神の名は方角の別名にもなっているので、伊舎那の方向にといえば、東北を意味する。

この八方に上下の二方を加え、上に梵天、下に地天を位置させる。さらに須弥山をはさんで天空の東に日天、西に月天を加えて十二天が完成する。

十二天は方角を守護し、諸天善神として仏法を守護する。

十二天を屏風に描いた十二天屏風は曼荼羅世界を端的に示すものとして、また善神が修法者を守護することを願って、入壇灌頂(にゅうだんかんじょう)などの真言密教の秘密儀礼に用いられている。

〔天体について〕太陽・月・星など天体の運行は人間の生活に深く関わっている。農耕の民には作物の豊作、不作を左右し、砂漠の民、海運に携わる人々には進路を選び、生死を分ける目印であった。そればかりでなく特に星の動きは人間の一人一人の運命に深く関係し、その生涯を支配する不思議な力があるものと信じられてきた。九曜、二十八宿、十二宮として『宿曜経(しゅくよう)』にまとめられている。

十二宮は太陽が一年間に天球を一周する黄道を十二に区分した十二星座に相当する。師子宮、少女宮、秤宮、蝎虫宮、弓宮、摩蝎宮、賢瓶宮、双魚宮、牛密宮、白羊宮、夫婦宮、蟹宮の十二が、四方に三宮ずつ配置されている。

十二星座は約3,000年前、古代バビロニヤで発生した。その当時は牡羊座が春分の日に当っていたので、第1に数えられ、それに続いて2牡牛座、3双子座、4蟹座、5獅子座、6乙女座、7天秤座、8蠍座、9射手座、10山羊座、11水瓶座、12魚座の順となった。しかし現在では春分点は隣の魚座に移っている。

九曜は、日曜から月・火・水・木・金・土の七曜に羅睺星・計都星の九である。羅睺星(ラーフ)は日蝕・月蝕をいい、計都星は彗星である。九執ともいう。

二十八宿の宿は星を意味する。月が星を宿として天空を進むと考えた詩的な呼び名である。

二十八宿は新月から満月、そして再び新月までの月の運行を二十八に区分したものである。二十七宿説もあるが、曼荼羅では二十八宿とし、四方に七宿ずつ均等に配されている。

最外院は釈尊の昔から『大日経』が形成される6～7世紀頃までの古代インドの宗教界の動向や文化の諸相を物語っている。そればかりでなく曼荼羅が図絵として図像化される精神の過程や中国の文化、習俗の影響も読み取ることができる。古代から現代に至る精神文化の百科全書の趣がある。また最外院のほとんどの尊は吉祥座というクシャ草を編んだ敷物に坐っている。

《東方》

最外院（さいげいん）の東方（上部）には、東北（左上隅）の伊舎那天（210）から東南（右上隅）の火天（249）までの40尊が位置する。

中央の東門には東方守護の天として、持国天（229）、およびヒンドゥー教より取り入れられた護方神である帝釈天（224）が守護に立っている。

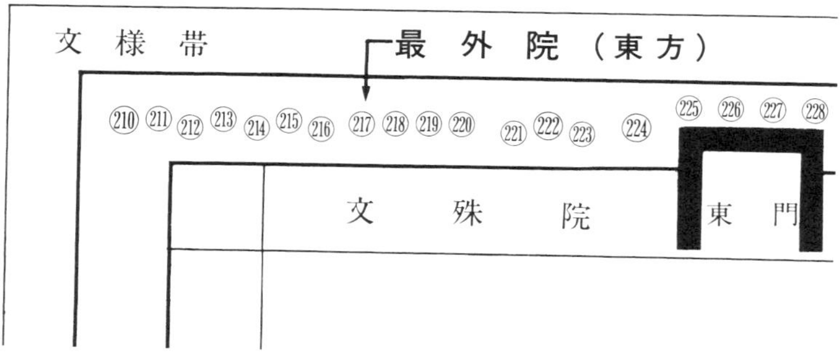

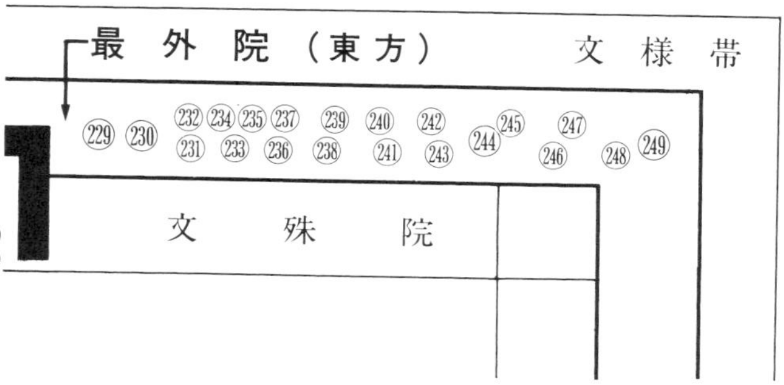

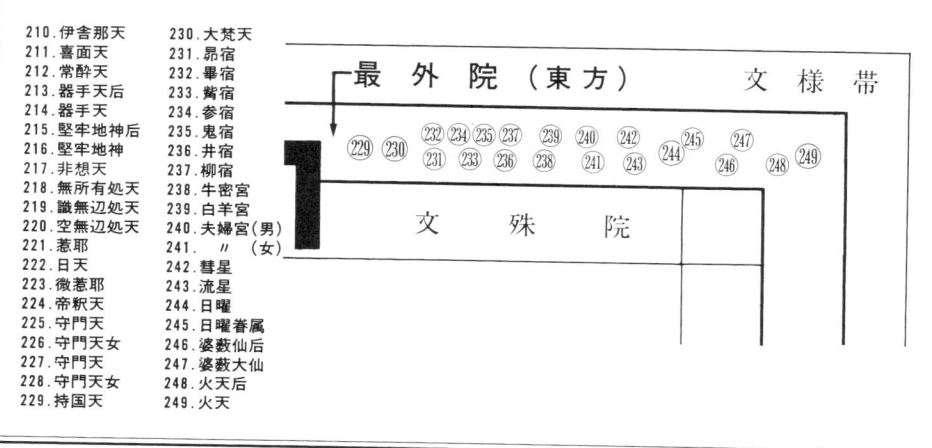

210. 伊舎那天
211. 喜面天
212. 常酔天
213. 器手天后
214. 器手天
215. 堅牢地神后
216. 堅牢地神
217. 非想天
218. 無所有処天
219. 識無辺処天
220. 空無辺処天
221. 惹耶
222. 日天
223. 微惹耶
224. 帝釈天
225. 守門天
226. 守門天女
227. 守門天
228. 守門天女
229. 持国天
230. 大梵天
231. 昴宿
232. 畢宿
233. 觜宿
234. 参宿
235. 鬼宿
236. 井宿
237. 柳宿
238. 牛密宮
239. 白羊宮
240. 夫婦宮(男)
241. 〃 (女)
242. 彗星
243. 流星
244. 日曜
245. 日曜眷属
246. 婆藪仙后
247. 婆藪大仙
248. 火天后
249. 火天

210 伊舎那天（いしやなてん） Īśāna（イーシャーナ）

i
イ

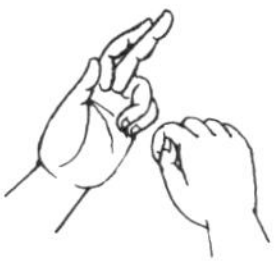

〔**三形**〕三鈷戟　〔**尊形**〕青黒色。赤髪。三目。右手に三鈷戟、左手に血を満たした杯を持つ。頭蓋骨を瓔珞とし、天衣を着る。〔**印相**〕伊舎那天印（左手を拳にし、中指を立て、頭指をその背につけて、やや曲げる）　〔**真言**〕ノウマク　サマンダボダナン　ロダラヤ　ソワカ　namaḥ samantabuddhānāṃ rudrāya svāhā（普き諸仏に帰命す　ルドラ〔伊舎那天〕に　スヴァーハー）

〔**解説**〕護世八方天、十二天の一で、東北方を守護する。伊舎那天は大自在天（→胎315）の忿怒身とされる。伊舎那はヒンドゥー教のシヴァ神（仏教では大自在天）の別名であり、ルドラとも呼ばれる。ルドラは吠える、暴悪を意味し、自然の暴威を司る神である。後に破壊を主宰するシヴァ神と同一視された。この妃の伊舎那天妃（→胎412）は西北隅に位置する。眷属として次の喜面天、常酔天、器手天、器手天妃を従える。

211 喜面天（きめんてん） Nandīmukha（ナンディームツカ）

na
ダ

ro
ロウ

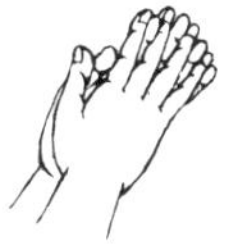

〔**三形**〕盃　〔**尊形**〕肉色。右手を伸ばし掌を上にし、左手は拳になし、頭指を立て喜びを表す。〔**印相**〕金剛合掌　〔**真言**〕ノウマク　サマンダボダナン　ロキャ　ロキャ　キャラヤ　サラバデイバ　ノウギャ　ヤキシャ　ケンダツバ　アシュラ　カルラ　キンナラ　マゴラギャジ　カリダヤニ　キャラシャヤ　ビシッタラギャチ　ソワカ　namaḥ samantabuddhānāṃ lokālokākarāya sarvadevanāgayakṣagandharvāsuragaruḍakiṃnaramahoragādihṛdayāny ākarṣaya vicitragati svāhā（普き諸仏に帰命す　明暗の世間を照らすものに〔帰命す〕　一切の天龍・夜叉・乾闥婆・阿修羅・迦楼羅・緊那羅・摩睺羅伽等の心臓を引き出せ　さまざまな境涯にあるものよ　スヴァーハー）〔普世天明妃の真言〕

〔**解説**〕伊舎那天の子といわれる。種字のダは尊名の頭文字。ロウは世間を意味するローカの頭文字。普世天とは世間でひろく信仰されている神々や女神。

212 常酔天（じょうすいてん） Sadāmada（サダーマダ）

sa
サ
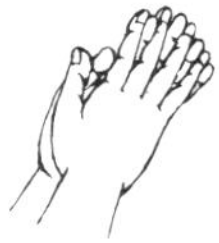

〔三形〕盃 〔尊形〕赤肉色。左手に器を持ち、右手を腰におく。〔印相〕金剛合掌 〔真言〕普世天明妃の真言→211
〔解説〕『瑜伽論』は須弥山の第三層に住む夜叉（やしゃ）とする。恒憍（こうきょう）とも呼ばれる。

213 器手天后（きしゆてんこう） Karoṭapāṇinī（カロータパーニニー）

ka
キャ
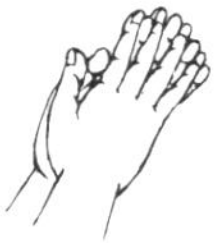

〔三形〕盃 〔尊形〕肉色。右手に盃を持ち、左手は五指を伸ばして、腰におく。〔印相〕金剛合掌
〔真言〕普世天明妃の真言→211
〔解説〕器手天の后。

214 器手天（きしゆてん） Karoṭapāṇi（カロータパーニ）

ka
キャ
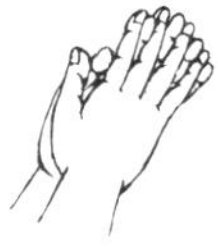

〔三形〕盃 〔尊形〕肉色。右手に盃を持ち、左手を外に向ける。〔印相〕金剛合掌 〔真言〕普世天明妃の真言→211
〔解説〕カロータは器、頭蓋骨を意味する。伊舎那天は頭蓋骨を器として血を飲むので、その眷属と考えられる。『瑜伽論』では須弥山の第二層に住む夜叉に血手天がいるという。

215 堅牢地神后（けんろうじしんこう） Dharī（ダリー）

dha
ダ

〔三形〕鉢 〔尊形〕赤肉色。右手を胸前で仰げ、左手は腰に当て拳にする。〔印相〕鉢印 〔真言〕216に同じ。
〔解説〕堅牢地神の后。大地が万物を生育する徳を司る。

216 堅牢地神（けんろうじしん） Dhara（ダラ）

pr
ハリ

215・堅牢地神后

216・堅牢地神

〔三形〕鉢　**〔尊形〕**白肉色。左手に花が盛られた鉢を持ち、右手を外に向ける。**〔印相〕**鉢印

〔真言〕ノウマク　サマンダボダナン　ビリチビエイソワカ　namaḥ samantabuddhānāṃ pṛthivyai svāhā（普き諸仏に帰命す　地神に　スヴァーハー）

〔解説〕十天、十二天の一。種字は、大地を意味するプリティヴィーの頭文字。地神は元来は女尊で、万物を成育する徳を司る。尊名のダラは支持するものという意味で、ここでは万物を堅牢に支え保つ徳を表示する。男尊と見なされ、女尊を伴う。『大日経疏』は、釈尊が成道したとき、成道を疑問視する魔王に対して、地神が悟りを証明したと説く。これにならい、曼荼羅など壇を築くときには、地神に呼びかけ、助力を願う作法が行なわれている。

---

217 **非想天**（ひそうてん） Naivasaṃjñāyatana（ナイヴアサンジュニヤーヤタナ）

nai
ネイ

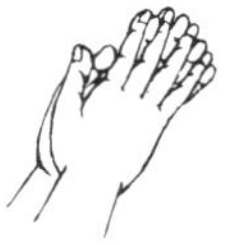

〔三形〕宮殿　**〔尊形〕**黄金色。二重楼閣の中に化仏がある。**〔印相〕**金剛合掌　**〔真言〕**普世天明妃の真言→211

〔解説〕四無色天の第 4 天。有頂天ともいう。禅定の境地を指す。詳しくは非想非非想定といい、それは想もなく、想がないのでもない境地のこと。四無色天は四無色定という禅定の境地の神格化で、空無辺処定・空無辺処天を第一天とする四段階である。色や形を離れた禅定、すなわち無色定を修行することによって無色界の四天に生まれる。一般には禅定の境地は形に顕されないとするが、真言密教では「色心不二」の立場から、楼閣の形で表し、その中に禅定の境地に入っている姿を描く。

217・非想天

218・無所有処天

219・識無辺処天

220・空無辺処天

218 無所有処天（むしょうしょてん） Ākiñcanāyatana（アーキンチャナーヤタナ）

a
ア

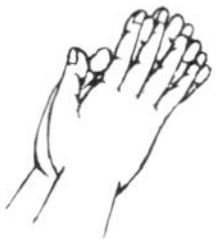

〔三形〕宮殿　**〔尊形〕**黄金色。二重楼閣の中に化仏がある。**〔印相〕**金剛合掌　**〔真言〕**普世天明妃の真言→211

〔解説〕四無色天の第3天。所有とは心の活動、働き方をいう。したがって心の活動がとらわれたり、滞りがない無所有処定によって到達する天。

219 識無辺処天（しきむへんしょてん） Vijñānānantyāyatana（ヴィジュニャーナーナントヤーヤタナ）

vi
ビ

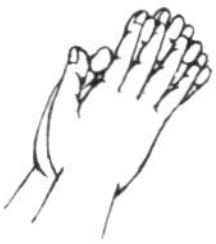

〔三形〕宮殿　**〔尊形〕**黄金色。二重楼閣の中に化仏がある。**〔印相〕**金剛合掌　**〔真言〕**普世天明妃の真言→211

〔解説〕四無色天の第2天。識は無限、無辺であると思惟する禅定によって到達する天。

220 空無辺処天（くうむへんしょてん） Ākāśānantyāyatana（アーカーシャーナントヤーヤタナ）

ā
アー

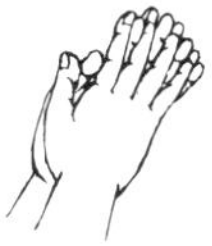

〔三形〕宮殿　**〔尊形〕**黄金色。二重楼閣の中に化仏がある。**〔印相〕**金剛合掌　**〔真言〕**普世天明妃の真言→211

〔解説〕四無色天の第1天。虚空は無限無辺であると思惟する禅定によって到達する天。

---

221 惹耶（じゃや） Jayā（ジャヤー）

ja
ジャ

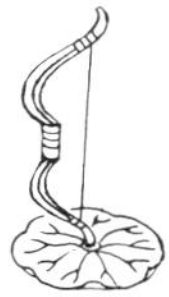

〔三形〕弓　**〔尊形〕**白肉色。**〔印相〕**如来語門印　**〔真言〕**ノウマク　サマンダボダナン　マカギャナハチ　ソワカ　namaḥ samantabuddhānāṃ mahāganapati svāhā（普き諸仏に帰命す　偉大なガナパティよ　スヴァーハー）

〔解説〕微惹耶（→胎223）とともに日天の后。四

221・惹耶

222・日天

223・微惹耶

姉妹女天の一。名前のジャヤーは勝利の意味で、太陽があらゆるものを凌駕する徳を示す。『理趣経』には四姉妹天女（221惹耶・223微惹耶・142阿耳多・95無能勝妃）の一とし、四波羅蜜菩薩の中では、金剛波羅蜜菩薩（→金２）とする。

222 日天（にってん） Āditya（アーディトヤ）

a
ア

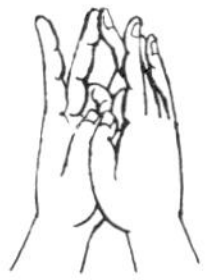

〔三形〕 金剛輪　**〔尊形〕** 赤肉色。天衣を着、左右の手に蓮華を持ち、５頭の馬が牽く車に乗る。**〔印相〕** 二無名指を掌に入れ、二大指はその側につけ、二中指は並べ合わせ、二小指は伸べ合わせ、二頭指は開く。**〔真言〕** ノウマク　サマンダボダナン　アニチヤ　ソワカ　namaḥ samantabuddhānām āditya svāhā（普き諸仏に帰命す　日天よ　スヴァーハー）

〔解説〕 太陽を神格化した尊。『大日経疏』は馬の数を８頭としている。古代インドのヴェーダ神話によると、太陽は７頭の馬が牽く車に乗って天空を走り、また光り輝く灼熱や、闇を払う暁のすがたで人間に富をもたらすと考えられている。それらの徳が惹耶・微惹耶に神格化されている。

223 微惹耶（びじゃや） Vijayā（ヴィジャヤー）

vi
ビ

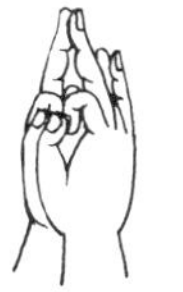

〔三形〕 弓箭　**〔尊形〕** 肉色。左手に弓、右手に箭を持ち、顔を右に向ける。**〔印相〕** 如来語門印　**〔真言〕** 221に同じ。

〔解説〕 日天の妃。惹耶の姉妹。

224 帝釈天 Śakra

śa
シャ

〔**三形**〕独鈷杵　〔**尊形**〕赤肉色。忿怒形。右手に杵を持ち、左手は拳にして腰におく。甲冑・天衣を着ける。〔**印相**〕忍辱波羅蜜印　〔**真言**〕ノウマク　サマンダボダナン　シャカラヤ　ソワカ　namaḥ samantabuddhānāṃ śakrāya svāhā（普き諸仏に帰命す　帝釈天に　スヴァーハー）

〔**解説**〕護世八方天、十二天の一で、東方を守護する。忿怒形で外敵、魔障を遠ざける役割をつとめる。古代インド神話で最も人気のある英雄神、武勇神であるインドラに由来する。仏教の伝説では、帝釈天は釈尊が悟りを開いたとき、梵天と共に説法を要請した。また般若経典に登場し、仏法の宣布と守護の役割を果たしている。仏教守護の善神として、須弥山の頂にある忉利天（三十三の天上の神々の意味）の長として、天界の神々を支配する。帝釈天の名は、神々の支配者・帝王の「帝」と、力強さを意味するサンスクリット語のシャクラを音写した「釈」との合成である。釈提桓因とも呼ばれるが、それはシャクラデーヴァーナームインドラを音写したもので、力強い神々の中の帝王という意味である。真言には、ノウマク　サマンダボダナン　インダラヤ　ソワカとインドラの名を含むものもある。インドラは元来は自然現象の雷、稲妻と推測され、神話では神酒ソーマを痛飲し、天女と戯れ、また金剛杵をふるって悪魔を退治する。それはアーリヤ人がインドに侵入した過程であると想定する説もある。なお金剛（ヴァジュラ）には稲妻の意味もある。（→胎390）

224・帝釈天

226・守門天女

225・守門天

225 守門天（しゅもんてん） Dvārapāla（ドヴァーラパーラ）

ro
ロウ

〔三形〕慧剣　**〔尊形〕**肉色。四天王形で、右手に蓮華、左手に剣を執り、左膝を立てて坐す。**〔印相〕**不可越守護印　**〔真言〕**ケイ　アビボキャ　マカハラセンダ　キャダヤ　キンシラシ　サンマヤマドサンマラ　ソワカ　he abhimukha mahāpracanda khādayakiṃcirāsi samayam anusmara svāhā（ヘー　対面天よ　大猛威よ　食らえ　なぜ行動しないのか　誓いを思い出せ　スヴァーハー）

〔解説〕東門の外側に位置し、外敵を退散させる門衛。種字は普世天明妃の種字。印相・真言は不可越守護のものが用いられている。この尊は高雄・御室曼荼羅では、左手に剣を執り裸形の菩薩形である。一方、伝真言院・東寺・子島曼荼羅では持ち物がそれと左右逆である。守門天（227）に対比するため観蔵院曼荼羅では甲冑（かっちゅう）をつけさせている。

227・守門天

228・守門天女

226 守門天女（しゅもんてんにょ） Dvārapālī（ドヴァーラパーリー）

ro
ロウ

〔三形〕開敷（かいふ）蓮華　**〔尊形〕**肉色。両手で開敷蓮華を持ち、ひざまずく。**〔印相〕**不可越守護印　**〔真言〕**225に同じ。

〔解説〕守門天の妃。

227 守門天（しゅもんてん） Dvārapāla（ドヴァーラパーラ）

ro
ロウ

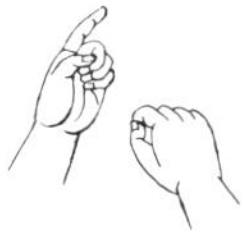

〔三形〕慧剣　**〔尊形〕**肉色。四天王形で、右手は剣を執り、左手は腰に当て、右膝を立てて坐す。**〔印相〕**相向守護印　**〔真言〕**ノウマク　サマンダバザラダン　ケイ　アビボキャ　マカハラセンダ　キャダヤ　キンチラヤシ　サンマヤ　マドサンマラ　ソワカ　namaḥ samantavajrāṇāṃ he abhimukhamahāpracaṇḍa khādaya kiṃcirayasi samayam anusmara svāhā（普き金剛部族に帰命す　ヘー　対面する大猛悪なるものよ　食らえ　なぜためらうのか　誓いを思い出せ　スヴァーハー）

〔解説〕225の尊と対である。東門を守護する。

228 守門天女（しゅもんてんにょ） Dvārapālī（ドヴァーラパーリー）

ro
ロウ

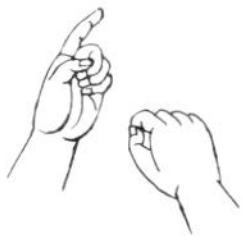

〔三形〕独鈷杵　**〔尊形〕**肉色。天女形で、右手を胸に当て、左手で独鈷を執る。**〔印相〕**相向守護印　**〔真言〕**227に同じ。

〔解説〕守門天の妃。226の尊と対である。

229 持国天（じこくてん） Dhṛtarāṣṭra（ドリタラーシュトラ）

dhṛ
ジリ

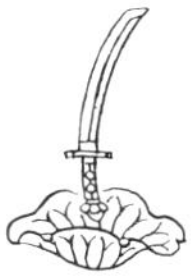

229・持国天

〔三形〕刀　**〔尊形〕**赤肉色。忿怒形。左手に刀を執り、右手は股の上を押す。**〔印相〕**持国天印（両手を拳にし、頭指を伸ばして下に曲げ、腕を交えて右を上、左を下に降三世明王のようにし、拳を伏せる）**〔真言〕**ノウマク　サマンダボダナン　オン　ダラシタラ　ラ　ラ　ハラマダナ　ソワカ　namaḥ samantabuddhānām　oṃ dhṛtarāṣṭra ra ra　pramadana　svāhā（普き諸仏に帰命す　オーン　持国天よ　ラ　ラ　傲慢なものよ　スヴァーハー）

〔解説〕四天王の一で、東方を守護する。須弥山の東腹に住する。六欲天の第二に位置づけられる。ヒンドゥー教神話では、インドラ（帝釈天）に仕える武将で、ガンダルヴァ（乾達婆）の長である。サンスクリット語のラーシュトラは統治されるべきもの、国土を指す。持国・国を支え持つものとは、王・支配者をいう。真言の「傲慢な」という意味は、支配者のガツガツした征服欲や権勢欲などをいい、古代インドでは王の性格の一面と考えられていた。なお、古代インドの叙事詩『マハーバーラタ』には、この持国天と同じ名前のドリタラーシュトラという盲目の王が登場し、この王は実は持国天がこの世に化身したものであるという。日本では、持国天の像は、右手に宝珠、左手に刀、あるいは右手に刀、左手を腰に当てる立像が広く知られている。

230・大梵天

230 大梵天（だいぼんてん） Brahmā（ブラフマー）

bra
バラ

〔三形〕紅蓮華、与願手　**〔尊形〕**肉色。四面で各々に三目。四臂の中、右の第１手は与願の印、第２手は戟を持つ。左の第１手は蓮華、第２手は瓶を持つ。蓮華座に坐る。**〔印相〕**月天印（右拳は腰に当て、左は無名指と大指を捻じ、他は直に立てる）**〔真言〕**ノウマク　サマンダボダナン　ハラジャハタエイ　ソワカ　namaḥ　samantabuddhānāṃ　prajāpataye　svāhā（普き諸仏に帰命す　生類の主に　スヴァーハー）

〔解説〕伝説では、釈尊に説法を要請した、いわゆる梵天勧請（かんじょう）の場面で登場する。帝釈天と共に、仏法を守護する代表的な尊。元来は古代インドの宗教では宇宙の根本原理であるブラフマン(梵)。後世の神話では、人格神として宇宙の創造を司る。それが真言で生類の主と呼ばれるいわれである。さらに後代の神話では、ヴィシュヌ神の臍に生えた蓮華から自力で生まれたので、別名をスヴァヤンブー（自ら生まれたもの）ともいう。生まれるとすぐ四方を見回したので、顔を四つ持つことになった。最外院の尊でこの梵天だけが蓮華座に坐るいわれも、これらの神話に由来する。第３の目は人智を超えた智慧の目である。オン　ボラカンマネイ　ソワカ　oṃ brāhmaṇe svāhā（オーン　梵天に　スヴァーハー）という真言もある。

231 昴宿（ぼうしゆく） Kṛttikā（クリッティカー）

kṛ
キリ

〔三形〕蓮上星　〔尊形〕肉色。左手に蓮華を持つ。その上に星がある。右手は腰におく。〔印相〕二十八宿総印　〔真言〕ノウマク　サマンダボダナン　キリチキヤ　ダキシャタラ　ソワカ　namaḥ samantabuddhānāṃ kṛttikānakṣatra svāhā（普き諸仏に帰命す　昴宿よ　スヴァーハー）

〔解説〕二十八宿の一。スバル星といわれる。6の星からなる。牛密宮・牡牛座に位置する。

232 畢宿（ひつしゆく） Rohiṇī（ローヒニー）

ro
ロウ

〔三形〕蓮上星　〔尊形〕肉色。左手に蓮華を持つ。その上に星がある。〔印相〕二十八宿総印　〔真言〕ノウマク　サマンダボダナン　ロウキニダキシャタラ　ソワカ　namaḥ samantabuddhānāṃ rohiṇīnakṣatra svāhā（普き諸仏に帰命す　畢宿よ　スヴァーハー）

〔解説〕二十八宿の一。8の星からなる。牛密宮・牡牛座に位置する。

233 觜宿（ししゆく） Mṛgaśiras（ムリガシラス）

mṛ
ミリ

〔三形〕蓮上星　〔尊形〕肉色。右手は胸前で伏せ、左手に蓮華を持つ。その上に星がある。〔印相〕二十八宿総印　〔真言〕ノウマク　サマンダボダナン　モリガシャラ　ダキシャタラ　ソワカ　namaḥ samantabuddhānāṃ mṛgaśironakṣatra svāhā（普き諸仏に帰命す　觜宿よ　スヴァーハー）

〔解説〕二十八宿の一。オリオン座の中の3星といわれる。牛密宮・夫婦宮に位置する。

234 参宿（しんしゆく） Ārdrā（アールドラー）

a
ア

〔三形〕蓮上星　〔尊形〕肉色。左手に蓮華を持つ。その上に星がある。〔印相〕二十八宿総印　〔真言〕ノウマク　サマンダボダナン　アルドラダキシャタラ　ソワカ　namaḥ samantabuddhānām ārdrā-nakṣatra svāhā（普き諸仏に帰命す　参宿よ　スヴァーハー）

〔解説〕二十八宿の一。6の星からなる。オリオン座の全体を指すという。夫婦宮に位置する。

（左から）231・昴宿／232・畢宿／233・觜宿／234・参宿／235・鬼宿／236・井宿／237・柳宿

235 鬼宿（きしゅく） Puṣya（プシュヤ）

pu
フ

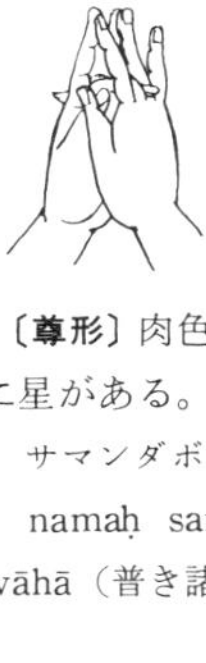

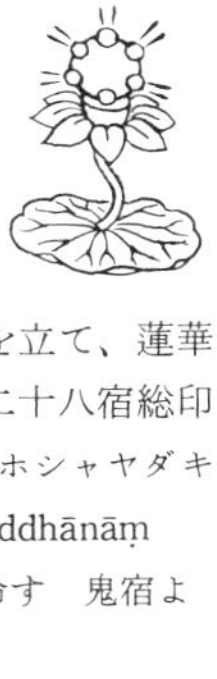

〔三形〕 蓮上星　**〔尊形〕** 肉色。左手を立て、蓮華を持つ。その上に星がある。**〔印相〕** 二十八宿総印　**〔真言〕** ノウマク　サマンダボダナン　ホシャヤダキキャタラ　ソワカ　namaḥ samantabuddhānāṃ puṣyanakṣatra svāhā（普き諸仏に帰命す　鬼宿よ　スヴァーハー）

〔解説〕 二十八宿の一。5の星よりなる。蟹宮・蟹座に位置する。

236 井宿（せいしゅく） Punarvasu（プナルヴァス）

pu
フ

〔三形〕 蓮上星　**〔尊形〕** 肉色。左手に蓮華を持つ。その上に星がある。**〔印相〕** 二十八宿総印

〔真言〕 ノウマク　サマンダボダナン　ホダラバソダキシャタラ　ソワカ　namaḥ samantabuddhānāṃ punarvasunakṣatra svāhā（普き諸仏に帰命す　井宿よ　スヴァーハー）

〔解説〕 二十八宿の一。8の星よりなる。夫婦宮・蟹宮に位置する。

237 柳宿（りゅうしゅく） Āśleṣa（アーシュレーシャ）

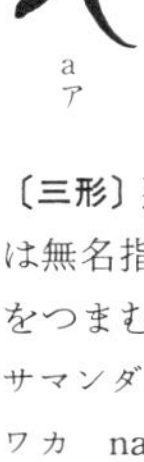

a
ア

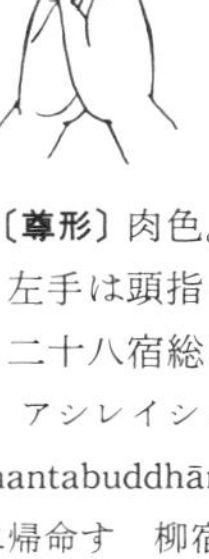

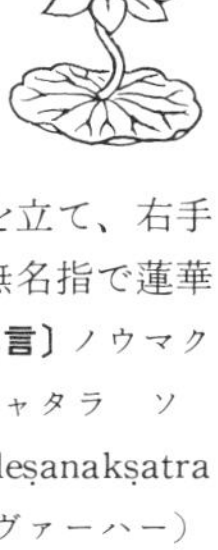

〔三形〕 蓮上星　**〔尊形〕** 肉色。両手を立て、右手は無名指を曲げ、左手は頭指・中指・無名指で蓮華をつまむ。**〔印相〕** 二十八宿総印　**〔真言〕** ノウマク　サマンダボダナン　アシレイシャダキシャタラ　ソワカ　namaḥ samantabuddhānām āśleṣanakṣatra svāhā（普き諸仏に帰命す　柳宿よ　スヴァーハー）

〔解説〕 二十八宿の一。螃蟹（ほうかい）宮・山羊座に位置する。

238 牛密宮（ごみつくう） Vṛṣa（ヴリシャ）

vṛ
ビリ

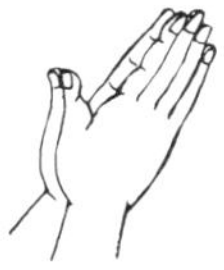

238・牛密宮

〔三形〕宮殿　**〔尊形〕**赤黄色の牛。**〔印相〕**諸曜印 **〔真言〕**ノウマク　サマンダボダナン　ビリシャハタエイ　ソワカ　namaḥ samantabuddhānāṃ vṛṣa-pataye svāhā（普き諸仏に帰命す　牡牛の長に　スヴァーハー）

〔解説〕十二宮の一。牡牛座に当たる。

---

239 白羊宮（はくようくう） Meṣa（メーシャ）

me
メイ

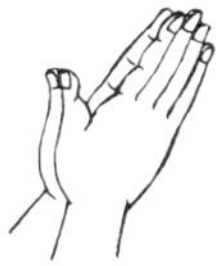

239・白羊宮

〔三形〕宮殿 **〔尊形〕**白色の羊。**〔印相〕**諸曜印 **〔真言〕**ノウマク　サマンダボダナン　メイシャハタエイ　ソワカ　namaḥ samantabuddhānāṃ meṣapataye svāhā（普き諸仏に帰命す　羊の長に　スヴァーハー）

〔解説〕十二宮の一。牡羊座に当たる。

240, 241 夫婦宮（ふうふくう） Mithuna（ミトナ）

mi
ミ

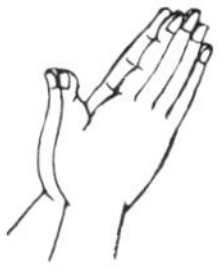

〔三形〕宮殿　**〔尊形〕**肉色（240）白肉色（241）。男女が向かい合う。妻は蓮上星を持つ。**〔印相〕**諸曜印　**〔真言〕**ノウマク　サマンダボダナン　ミタナハタエイ　ソワカ　namaḥ samantabuddhānāṃ mithunapataye svāhā（普き諸仏に帰命す　夫婦の長にスヴァーハー）

〔解説〕十二宮の一。名前のミトナは一対、つがいを意味し、夫婦、男女を指す。双子座に当たる。

240・夫婦宮（男）

241・夫婦宮（女）

242 彗星（すいせい） Ketu（ケート）

ke
ケイ

〔**三形**〕蓮上赤珠　〔**尊形**〕肉色。雲の間から半身を現し、右手を胸に、左手をかかげる。〔**印相**〕彗星印　〔**真言**〕ノウマク　サマンダボダナン　ケイトシリ　ソワカ　namaḥ samantabuddhānāṃ ketuśri svāhā（普き諸仏に帰命す　めでたい彗星よ　スヴァーハー）

〔**解説**〕九執の一。ほうき星のこと。真言には「めでたい」というが、中国、日本では彗星は妖星としてその出現は凶を意味した。

242・彗星

243・流星

243 流星（りゅうせい） Nirghataketu（ニルガタケート）

ni
ニ

〔**三形**〕蓮上赤珠　〔**尊形**〕肉色。頭上で合掌し、素早く飛ぶ童子形。〔**印相**〕彗星印　〔**真言**〕普世天明妃の真言→211

〔**解説**〕九執の一。流れ星のこと。流れ星は天空を狗が走るように見えるので天狗ともいわれるが、日本でいう天狗とは別である。サンスクリット語名のニルガタケートの出典は『諸尊便覧』による。

---

244 日曜（にちよう） Sūrya（スーリヤ）

su
ソ

〔**三形**〕日輪　〔**尊形**〕赤肉色。右手に日輪を持ち、左手は腰に伏せる。天衣を着け、三頭の白馬に乗る。〔**印相**〕金剛合掌　〔**真言**〕オン　アニチヤシリ　ソワカ　oṃ ādityaśri svāhā（オーン　めでたい日天よ　スヴァーハー）

〔**解説**〕七曜の一。九執の一。『大日経疏』は九執の中、日曜を最上として浄菩提心に喩える。日天（→胎222）も日曜も元来は太陽を指すが、天体そのものとその運行する働きとの違いとする。月天と月曜、水天と水曜も同様である。

245 日曜眷属（にちようけんぞく） Sūryaparivāra（スールヤパリヴァーラ）

su
ソ

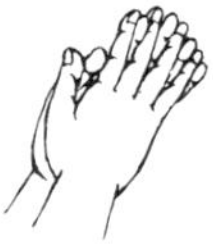

〔三形〕日輪　〔尊形〕肉色。左掌を伏せて腰におき、右手は与願印。雲の上に坐す。〔印相〕金剛合掌　〔真言〕普世天明妃の真言→211

〔解説〕『大日経疏』は九執の中、日曜を除く七曜が日天の眷属であるというが、その場合には、この尊は該当しない。

---

246 婆薮仙后（ばそせんこう） Vasvī（ヴァスヴィー）

va
バ

〔三形〕開敷蓮華　〔尊形〕白肉色。女性形。右手は胸前で荷葉と含蓮華を持ち、左手は腰において開蓮華を持つ。〔印相〕一切諸仙印　〔真言〕普世天明妃の真言→211

〔解説〕『大日経』も『大日経疏』も、この尊について言及しない。

247 婆薮大仙（ばそだいせん） Vasu（ヴァス）

va
バ

〔三形〕数珠鬘　〔尊形〕赤肉色。裸体で右手を拳にして腰に当て、蓮華を持つ。左膝を立て、そこに左肘を当て　数珠を持つ。〔印相〕成就持明仙印　〔真言〕ノウマク　サマンダボダナン　バシシタリサン　ソワカ　namaḥ samantabuddhānāṃ vasiṣṭharṣiṃ svāhā（普き諸仏に帰命す　ヴァシシュタ仙にスヴァーハー）

〔解説〕火天の眷属で、五仙の一。火を尊び、火をまつる修行者。ヴァスともヴァシシュタともいわれる。ヴァスは財宝・富を意味し、ヴァシシュタは財宝に最も富むものの意。吉祥天の兄とされる。

245・日曜眷属

244・日曜　246・婆薮仙后　247・婆薮大仙

248・火天后

249・火天

248 火天后（かてんこう） Āgneyī（アーグネーイー）

a
ア

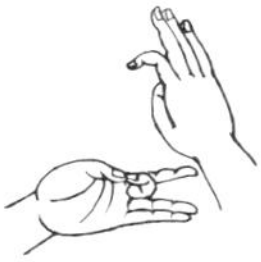

〔三形〕澡瓶（そうびょう）　**〔尊形〕**白肉色。火炎に坐す。両手をひろげ、掌を仰げ、左手の指先をやや内側に曲げる。**〔印相〕**火天印　**〔真言〕**ノウマク　サマンダボダナン　アギニエイ　ソワカ　namaḥ samantabuddhānām āgneyai svāhā（普き諸仏に帰命す　火天后に　スヴァーハー）

〔解説〕火天の焼き尽くす徳を司る。名前のアーグネーイーは火天（アグニ）に属する女尊の意。

249 火天（かてん） Agni（アグニ）

a
ア

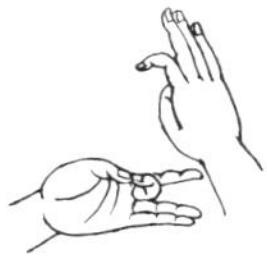

〔三形〕三角印　**〔尊形〕**赤肉色。仙人形。火炎に坐す。四臂で、右の第１手は胸前で三角印、第２手は数珠、左の第１手は膝の前で澡瓶（そうびょう）、第２手は仙杖を持つ。**〔印相〕**火天印　**〔真言〕**ノウマク　サマンダボダナン　アギャノウエイ　ソワカ　namaḥ samantabuddhānām agnaye svāhā（普き諸仏に帰命す　火天に　スヴァーハー）

〔解説〕護世八方天の一で、南方を守護する。十二天の一。アグニは火の神である。インドでは特に炉の火を生活の中心として、聖なる火とする。ヒンドゥー教の儀礼では炉の火に供物を投入して願望の成就を祈る。その儀礼をホーマ（護摩）という。真言密教も同様に秘法として護摩を修行する。その場合、物欲の充足や欲望の実現を目指すものではなく、修行者の内心にある煩悩を焼き払う内面の浄化を主眼とする。なお神話では世界で最初の火として尊敬される。『大日経疏』は最初の火とは菩提心から生じる智慧の光のことで、この智慧の火によって煩悩の薪を焼き、如来の功徳を成就するという。右手に持つ三角印は燃え上がる火炎の形である（→胎10一切如来智印）。護摩供では最初に火天を迎え、供養をする。火天は青年あるいは老人の姿で表される。青年の姿は、毎朝新しく点火され、燃え上がるので若さを意味し、老人の姿は、大昔から火は存在したので長生き、太古を意味する。額・肘に灰を塗っているのはバラモンの伝統である。数珠・仙杖・澡瓶は火をまつる修行者の一般的な持ち物である。印相について『青龍寺儀軌』は左手を仰げ、大指・中指で三角形を作ると指示する。

《南方》

最外院の南方(右)には、東南（右上隅）の阿詣羅仙（250）から南西（右下隅）の羅刹童（311）までの62尊が位置する。

中央の南門には、南方守護の天として、増長天(273)およびヒンドゥー教よりとり入れられた護方神である焔摩天（279）が守護に立っている。

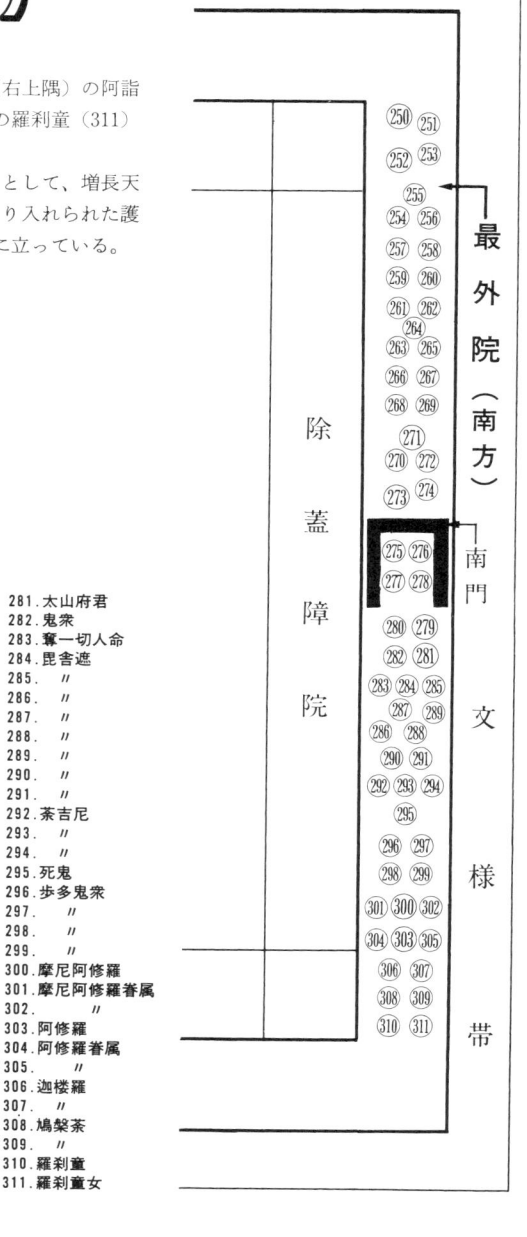

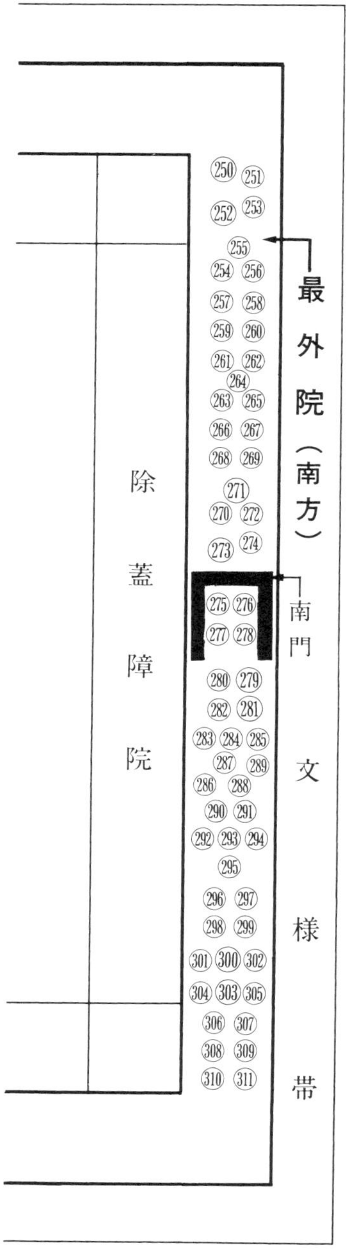

250. 阿詣羅仙
251. 阿詣羅仙后
252. 瞿曇仙
253. 瞿曇仙后
254. 毘紐女
255. 自在女
256. 夜摩女
257. 賢瓶宮
258. 摩竭宮
259. 双魚宮
260. 羅睺星
261. 木曜
262. 火曜
263. 星宿
264. 軫宿
265. 亢宿
266. 張宿
267. 翼宿
268. 角宿
269. 氐宿
270. 薬叉持明女
271. 薬叉持明
272. 薬叉持明女
273. 増長天
274. 増長天使者
275. 難陀龍王
276. 烏波難陀龍王
277. 阿修羅
278. 〃
279. 焔摩天
280. 黒闇天女
281. 太山府君
282. 鬼衆
283. 奪一切人命
284. 毘舎遮
285. 〃
286. 〃
287. 〃
288. 〃
289. 〃
290. 〃
291. 〃
292. 荼吉尼
293. 〃
294. 〃
295. 死鬼
296. 歩多鬼衆
297. 〃
298. 〃
299. 〃
300. 摩尼阿修羅
301. 摩尼阿修羅眷属
302. 〃
303. 阿修羅
304. 阿修羅眷属
305. 〃
306. 迦楼羅
307. 〃
308. 鳩槃荼
309. 〃
310. 羅刹童
311. 羅刹童女

250 阿詣羅仙（あけいらせん） Aṅgiras（アンギラス）

a
ア

〔**三形**〕胡瓶（こびょう）　〔**尊形**〕赤肉色。仙人形。右手は顎に当て、その肘は立てた膝におく。左手は蓮華を持ち、その先に瓶がある。〔**印相**〕成就持明仙印　〔**真言**〕ノウマク　サマンダボダナン　ギャラギャマカリサン　ソワカ　namaḥ samantabuddhānāṃ gargamaharṣiṃ svāhā（普き諸仏に帰命す　ガルガ大仙に　スヴァーハー）

〔**解説**〕火天の眷属である五仙人の一。古代インドの宗教では、火を聖なるものとして大小の火祭りを行ない、除災招福を祈った。五仙人はその中でも名をなした聖者の家名である。アンギラス仙人はリグ・ヴェーダの賛歌を作詞したと伝えられる。真言のガルガ仙人はアンギラス仙人の子孫とされ、神話では梵天の口から生まれたという。『大日経疏』には「この仙人の名は、母胎から生まれず、汗液から生まれたことに由来する」と記す。これはアンギラスという名前をアンガ（体）とラサ（汁、液）との二語に区切り、「体の汁」という名前にしてその生まれを説明したものである。

251 阿詣羅仙后（あけいらせんこう） Aṅgirasī（アンギラシー）

a
ア

〔**三形**〕胡瓶　〔**尊形**〕赤肉色。天女形。右手を拳にして胸の前で立て、左手は掌を仰げて指を垂れる。〔**印相**〕成就持明仙印　〔**真言**〕250に同じ。

〔**解説**〕阿詣羅仙の后。『諸説不同記』ではここに位置する仙人を瞿曇仙とする。

252 瞿曇仙（くどんせん） Gotama（ゴータマ）

go
ゴウ

〔**三形**〕施無畏印　〔**尊形**〕赤肉色。右手は拳にして胸の前で伏せ、肘は立てた膝におく。左手は瓶を持つ。〔**印相**〕成就持明仙印　〔**真言**〕ノウマク　サマンダボダナン　クドンマカリサン　ソワカ　namaḥ samantabuddhānāṃ gotamamaharṣiṃ svāhā（普き諸仏に帰命す　ゴータマ大仙に　スヴァーハー）

〔**解説**〕火天の眷属である五仙人の一。『大日経疏』には「この仙人は虚空を行く中、欲を起こした。そのとき二滴が地上に落ち、そこから甘蔗族が生まれた。その子孫が釈迦である」と解説する。これは釈尊の幼名のゴータマ・シッダールタと仙人の名のゴータマを結びつけた、やや強引な説明である。伝承では釈迦族の家系は甘蔗族の一族といわれている。ゴータマとは最上の牛という意味で、最も尊い人を呼ぶ尊称である。

253 瞿曇仙后（くどんせんこう） Gotamī（ゴータミー）

go
ゴウ

〔三形〕施無畏印　**〔尊形〕**赤肉色。天女形。両手で独鈷戟を持つ。**〔印相〕**成就持明仙印　**〔真言〕**250に同じ。**〔解説〕**瞿曇仙の后。

254 毘紐女（びちゆうによ） Vaiṣṇavī（ヴァイシュナヴィー）

vi
ビ

ma
マ

〔三形〕宝輪　**〔尊形〕**白肉色。天女形。右手は拳にして臍に、左手は肩先で掌を仰げ、四指を内に曲げる。**〔印相〕**月曜印　**〔真言〕**ノウマク　サマンダボダナン　ビシュダベイ　ソワカ　namaḥ samantabuddhānāṃ viṣṇave svāhā（普き諸仏に帰命す　ヴィシュヌ神に　スヴァーハー）

〔解説〕毘紐天（ヴィシュヌ）の妃。焔摩七母天の一。『大日経疏』では焔摩の眷属の一とする。種字のマは母（マートリカー）に由来し、七母天の通種字である。『諸尊便覧』には右手に器、あるいは青蓮華を持つと指示しているが、御室版では何も持たない。毘紐天と那羅延天（→胎346）とはヒンドゥー教では同一視されているため、その后の位置についても古来より混乱しているが、那羅延天の后（→胎347）は最外院の西方に位置している。なお種字・三形は那羅延天と同じである。

255 自在女（じざいによ） Raudrī（ラウドリー）

ro
ロウ

〔三形〕独鈷戟　**〔尊形〕**白肉色。天女形。右手は拳にして青蓮華を持ち、左手は胸におく。**〔印相〕**左手は拳にし、中指を伸ばし、大指で頭指の第二節を押す。**〔真言〕**オン　ウマジビイ　ソワカ　oṃ umādevi svāhā（オーン　烏摩天女よ　スヴァーハー）

〔解説〕焔摩七母天の一。サンスクリット名のラウドリーはルドラの妃の意味である。ルドラは大自在天の忿怒身である。

256 夜摩女（やまによ） Yamī（ヤミー）

ya
ヤ

〔三形〕鎚　〔尊形〕肉色。天女形。右手は肩先に杯印をあげ、左手は三鈷戟（こげき）を肩にかける。〔印相〕鎚印（左手を拳にし、大指を直に立てる）〔真言〕ノウマク　サマンダボダナン　モウチリビャク　ソワカ　namaḥ samantabuddhānāṃ mātribhyaḥ svāhā（普き諸仏に帰命す　母天たちに　スヴァーハー）

〔解説〕焔摩七母天の一。冥土の王・焔摩天の妃。『青龍寺儀軌』などでは黒夜天、死后とは別な焔摩の妃とする。『諸説不同記』では焔摩の妃とし七母天の中の随一とする。『大日経』密印品では、焔摩の后は印相・三形を鎚とし、『大日経疏』では、印相を右手を伸ばし、鐸の形にし、下に向けて垂らすとする。

257 賢瓶宮（けんびようくう） Kumbha（クンバ）

ku
コウ

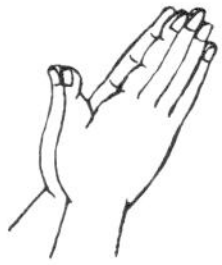

〔三形〕宮殿　〔尊形〕宝瓶に含蓮華を挿す。〔印相〕諸曜印　〔真言〕ノウマク　サマンダボダナン　クンバハタエイ　ソワカ　namaḥ samantabuddhānāṃ kumbhapataye svāhā（普き諸仏に帰命す　賢瓶宮の主に　スヴァーハー）

〔解説〕十二宮の一。宝瓶宮ともいう。黄道における太陽の一月の位置に相当する。クンバは瓶の意味。水瓶座に当たる。

258 摩竭宮（まかつくう） Makara（マカラ）

ma
マ

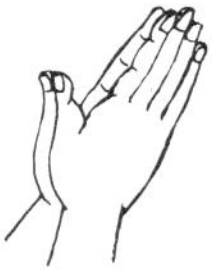

〔三形〕宮殿　〔尊形〕口を張り尾をあげた大魚。〔印相〕諸曜印　〔真言〕ノウマク　サマンダボダナン　マキャラハタエイ　ソワカ　namaḥ samantabuddhānāṃ makarapataye svāhā（普き諸仏に帰命す　摩竭宮の主に　スヴァーハー）

〔解説〕十二宮の一。マカラとは海の怪物のことで、鯱（しやち）、鮫（さめ）をいうらしい。黄道における太陽の十二月の位置に相当する。山羊座に当たる。

257・賢瓶宮

258・摩竭宮

259・双魚宮

260・羅睺星

259 双魚宮（そうぎよくう） Mīna（ミーナ）

mī
ミ

〔三形〕宮殿　〔尊形〕二匹の魚。〔印相〕諸曜印　〔真

言〕ノウマク　サマンダボダナン　ミナハタエイ　ソワカ　namaḥ samantabuddhānāṃ mīnapataye svāhā（普き諸仏に帰命す　双魚宮の主に　スヴァーハー）

〔解説〕十二宮の一。魚宮、二魚宮ともいう。黄道における太陽の二月の位置に相当する。魚座に当たる。

260 **羅睺星**（らごせい） Rāhu（ラーフ）

rā
ラ

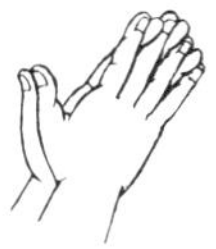

〔三形〕宮殿　**〔尊形〕**白肉色。忿怒の顔で、頭髪は逆立つ。両手を耳に当てる。**〔印相〕**金剛合掌して、二大指を並び立てる。**〔真言〕**ノウマク　サマンダボダナン　オン　ラカベイ　アソララジャヤ　ウン　ソワカ　namaḥ samantabuddhānāṃ oṃ rāhave asurarājāya hūṃ svāhā（普き諸仏に帰命す　オーン　羅睺星なるアスラ王に　フーン　スヴァーハー）

〔解説〕九執の一。日蝕および月蝕を指す。ふだんは隠れていて見えず、しかも日月の運行に陰を及ぼすので覆障、蝕と訳される。また黄幡星、触神、太陽首とも呼ばれる。釈尊の息子ラーフラの命名について、このラーフにことよせて、息子は修行の障りになるもの、といわれている。尊形には、火髪・三面・忿怒相で、その頭に蛇首が立つ例もある。ヒンドゥー教神話では、ラーフは乳海攪拌の事件に登場する。神とアスラの戦いで、不死の霊薬（アムリタ）が神の手に入る前にラーフ（触）が一口なめしてしまった。日・月がそれに気がつき、ヴィシュヌ神がその首をはねた。しかし、霊薬の力により頭だけが生き残った。ラーフは告げ口をした日月を憎み、日・月触をおこすという。真言ではラーフはアスラの王としている。

---

261 **木曜**（もくよう） Bṛhaspati（ブリハスパティ）

bṛ
ビリ

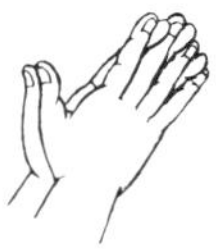

〔三形〕蓮上星　**〔尊形〕**白肉色。右掌を仰げて中・無名指を曲げ大指と捻じ、左手は拳にして腰におく。脚を交えて坐る。**〔印相〕**260と同じ。**〔真言〕**オン　ボラカサハチシリ　ソワカ　oṃ bṛhaspatiśri svāhā（オーン　めでたい木曜星よ　スヴァーハー）

〔解説〕七曜、九執の一。大主、歳星、摂提と呼ばれる。大主とは、木曜のサンスクリット名をブリハット（広大な）とパティ（主）に区切っての解釈である。元来は、賛歌を唱える聖者の主の意味である。火天の眷属の一人のアンギラス仙人（→胎250阿詣羅仙）の息子の名でもある。『大日経疏』では、木曜の運行は、遍知院に位置する釈迦如来の果徳に喩え、精進を徳とすると説明する。

262 **火曜**（かよう） Aṅgāraka（アンガーラカ）

a
ア

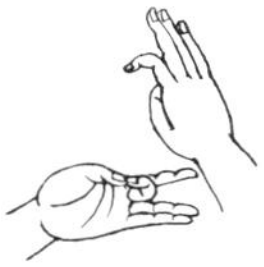

〔三形〕独鈷戟　**〔尊形〕**肉色。右手は股に当て、左手は戟を執って構える。**〔印相〕**火天召請印（火天の印にし、頭指で三度招く）　**〔真言〕**オン　アギャラカシリ　ソワカ　oṃ aṅgārakaśri svāhā（オーン　めでたい火曜星よ　スヴァーハー）

〔解説〕七曜、九執の一。熒惑（けいわく）、罰星と呼ばれる。『大日経疏』では、火曜の運行は、曼荼羅下方に位置する持明院の忿怒明王の徳とし、智慧になぞらえる。熒惑というのは、名前のアンガーラカをアンガ（からだ）とアルカ（光）と区切れば、蛍を意味する。

263 星宿（せいしゅく） Maghā（マガー）

ma
マ

〔**三形**〕蓮上星　〔**尊形**〕肉色。左手は肩先で、蓮上星を執る。右手は拳にして伏せ、腰におく。
〔**印相**〕二十八宿総印　〔**真言**〕ノウマク　サマンダボダナン　マギャダキシャタラ　ソワカ　namaḥ samantabuddhānāṃ maghānakṣatra svāhā（普き諸仏に帰命す　星宿よ　スヴァーハー）
〔**解説**〕二十八宿の一。『宿曜経』にインド天文で6星、中国で7星を数えるという。

264 軫宿（しんしゅく） Hastā（ハスター）

ha
カ

〔**三形**〕蓮上星　〔**尊形**〕肉色。右手は掌を胸前に伏せ、左手は立てて、頭・中指に蓮上星を挟んでいる。〔**印相**〕二十八宿総印　〔**真言**〕ノウマク　サマンダボダナン　カシタダキシャタラ　ソワカ　namaḥ samantabuddhānāṃ hastānakṣatra svāhā（普き諸仏に帰命す　軫宿よ　スヴァーハー）
〔**解説**〕二十八宿の一。『宿曜経』に中国天文で4星を数えるという。

265 亢宿（こうしゅく） Svātī（スヴァーティー）

sva
ソワ

〔**三形**〕蓮上星　〔**尊形**〕肉色。右掌を胸前で立て、頭・中・無名指を曲げる。左手は臍前で蓮上星を執る。〔**印相**〕二十八宿総印　〔**真言**〕ノウマク　サマンダボダナン　サバチダキシャタラ　ソワカ　namaḥ samantabuddhānāṃ svātīnakṣatra svāhā（普き諸仏に帰命す　亢宿よ　スヴァーハー）
〔**解説**〕二十八宿の一。少女宮・乙女座に位置する。4星を指す。名前のスヴァーティーから、あえてスヴァ（自分）という意味を取り出して、自記とも呼ばれる。

---

266 張宿（ちょうしゅく） Pūrvaphalgunī（プールヴァパルグニー）

mi
ミ

〔**三形**〕蓮上星　〔**尊形**〕肉色。右掌を胸前で立て、頭・中・無名指を曲げる。左手は臍前で蓮上星を執る。〔**印相**〕二十八宿総印　〔**真言**〕ノウマク

266・張宿　267・翼宿

268・角宿　269・氐宿

サマンダボダナン　ホロバホツログダダキシャタラ　ソワカ　namaḥ samantabuddhānāṃ pūrvaphalgunīnakṣatra svāhā（普き諸仏に帰命す　張宿よ　スヴァーハー）

〔解説〕 二十八宿の一。『宿曜経』に中国天文で6星を数えるという。次の翼宿と一対である。

267 翼宿（よくしゅく） Uttaraphalgunī（ウッタラパルグニー）

pha
ハ

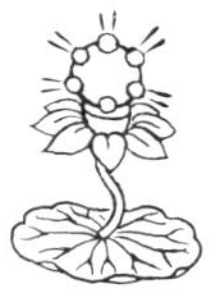

〔三形〕 蓮上星　**〔尊形〕** 肉色。左手は臍前で蓮上星を執り、右掌は胸前で無名指を屈し、中指をやや曲げる。左膝を立てて坐す。**〔印相〕** 二十八宿総印　**〔真言〕** ノウマク　サマンダボダナン　ウッタラホツログダダキシヤタラ　ソワカ　namaḥ samantabuddhānām uttaraphalgunīnakṣatra svāhā（普き諸仏に帰命す　翼宿よ　スヴァーハー）

〔解説〕 二十八宿の一。これまで種子をpaとしてきたが、それはphaの誤写である。phaは名前の中間の文字。前の張宿と一対である。『宿曜経』では、22星を数えるというが、ここではその一部の6星を図示する。

268 角宿（かくしゅく） Citrā（チトラー）

ci
シ

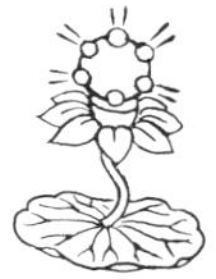

〔三形〕 蓮上星　**〔尊形〕** 肉色。左手は臍の前で蓮上星を執り、右手は掌を立て頭・中・無名指を曲げて、それを挟みそえる。左膝を立てて坐す。**〔印相〕** 二十八宿総印　**〔真言〕** ノウマク　サマンダボダナン　シッタラダキシャタラ　ソワカ　namaḥ samantabuddhānāṃ citrānakṣatra svāhā（普き諸仏に帰命す　角宿よ　スヴァーハー）

〔解説〕 二十八宿の一。十二宮の中、少女宮（乙女座）に位置する2または4星である。

269 氐宿（ていしゅく） Viśākhā（ヴィシャーカー）

vi
ビ

〔三形〕 蓮上星　**〔尊形〕** 肉色。右手は胸前で掌を仰げ、左手は乳前で蓮華上星を執る。右膝を立てて坐す。**〔印相〕** 二十八宿総印　**〔真言〕** ノウマク　サマンダボダナン　ビシャカダキシャタラ　ソワカ　namaḥ samantabuddhānāṃ viśākhānaksatra svāhā（普き諸仏に帰命す　氐宿よ　スヴァーハー）

〔解説〕 二十八宿の一。十二宮の中、秤宮（天秤座）に位置する4星である。

270 薬叉持明女（やくしゃじみょうにょ） Yakṣavidyādharī（ヤクシャヴィドヤーダリー）

ro
ロウ

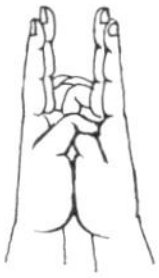

〔**三形**〕独鈷杵　〔**尊形**〕肉色。胸前で右手を仰げ、その上に独鈷杵を立て、左手は衣をつまんでひざまずく。〔**印相**〕内縛して、大指は小指の甲を押し、頭指・中指を伸ばす。または左掌を伸べ、大指で小指の甲を押し、頭指で大指の節の上を押さえる。〔**真言**〕ノウマク　サマンダボダナン　ヤキシャビジャダリ　ソワカ　namaḥ samantabuddhānāṃ yakṣavidyādhari svāhā（普き諸仏に帰命す　薬叉持明女よ　スヴァーハー）

〔**解説**〕薬叉持明に仕える使者。薬叉持明使者ともいう。次の項参照。

271 薬叉持明（やくしゃじみょう） Yakṣavidyādhara（ヤクシャヴィドヤーダラ）

ya
ヤ

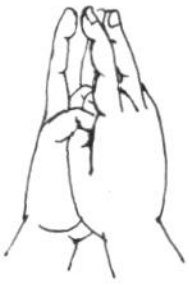

〔**三形**〕剣　〔**尊形**〕赤肉色。眉をひそめ目を怒らす。右手は胸前で剣を執る。左手は腰に当て頭指・中指・無名指を屈する。〔**印相**〕内縛して二無名指を立て合わせ、二頭指を鉤の形にする。または左手を拳にし、頭指を屈して鉤の形にし、大指と小指をやや離す。〔**真言**〕ノウマク　サマンダボダナン　ヤキシャシバラ　ソワカ　namaḥ samantabuddhānāṃ yakṣeśvara svāhā（普き諸仏に帰命す　薬叉の王よ　スヴァーハー）

〔**解説**〕夜叉ともいう。天龍八部衆の一。毘沙門天の眷属として、財宝を守護する。敢食鬼と訳されるが、それは衆生の煩悩という垢を食べて、障りを除くからである。樹木の精霊として半神・半人の姿で虚空を飛ぶなどの神通力を持つ。地域の境や門戸に立って守護の役割を果たす。薬叉は樹木が繁茂する生命力、豊饒を表している。人間に様様な利益をもたらすが、その反面、子供を食うなど凶悪な一面も併せ持っている。薬叉と持明とは一般的には別の存在と考えられているが、ここでは両者の性格を併せ持った薬叉持明となっている。持明（ヴィドヤーダラ）とは神通力（ヴィドヤー）を具えているものの意である。大樹の下に坐し瞑想につとめた釈尊は、しばしば薬叉に喩えられ、また「薬叉よ」と呼びかけられている。

272 薬叉持明女（やくしゃじみょうにょ） Yakṣavidyādharī（ヤクシャヴィドヤーダリー）

ro
ロウ

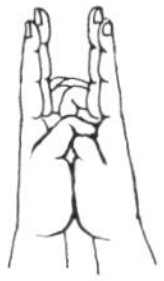

〔**三形**〕独鈷杵　〔**尊形**〕肉色。右手を上にし、両手で独鈷戟を持って立つ。〔**印相**〕270に同じ。〔**真言**〕270に同じ。

〔**解説**〕270、271参照。

273・増長天　　274・増長天使者

273 増長天（ぞうちょうてん） Virūḍhaka（ヴィルーダカ）

vi
ビ

〔三形〕剣、戟　**〔尊形〕**赤肉色。忿怒形。甲冑の上に天衣をつけ、右手に剣を執り、左手は拳にして腰に当てる。**〔印相〕**増長天印　**〔真言〕**ノウマク　サマンダボダナン　ビロダキヤ　ヤキシャヂハタエイ　ソワカ　namaḥ samantabuddhānāṃ virūḍhaka yakṣādhipataye svāhā（普き諸仏に帰命す　増長天よ　薬叉の長に　スヴァーハー）

〔解説〕毘楼勒天ともいう。四天王の一で、南方を守護する。十二天、十六善神の一。名前のヴィルーダカは増える、増すを意味する。須弥山の南腹に住み、鳩槃荼（くはんだ）（→胎308）の長として南方を守護する。真言では薬叉の長と呼んでいるが、増長天は鳩槃荼、薬叉、羅刹の首領といわれる。日本では足で邪鬼を踏みつける立像が一般的である。

274 増長天使者（ぞうちょうてんししゃ） Virūḍhakadūta（ヴィルーダカドゥータ）

vi
ビ

〔三形〕剣　**〔尊形〕**黒色。髪を逆立て、魁偉な顔をした忿怒形。両手で剣を執り、ひざまずく。**〔印相〕**増長天印　**〔真言〕**普世天明妃の真言→211

〔解説〕273参照。

---

275 難陀龍王（なんだりゅうおう） Nanda（ナンダ）

na
ダ

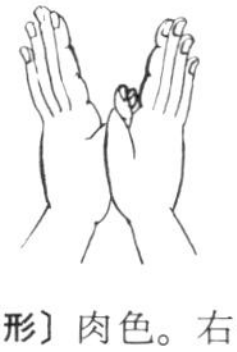

〔三形〕剣　**〔尊形〕**肉色。右手は胸前で剣を執り、左手は拳にして腰におく。頭上に七龍がある。**〔印相〕**諸龍印　**〔真言〕**ノウマク　サマンダボダナン　ナンダヤ　ソワカ　namaḥ samantabuddhānāṃ nandāya svāhā（普き諸仏に帰命す　難陀龍王に　スヴァーハー）ノウマク　サマンダボダナン　ナンダハナンダエイ　ソワカ　namaḥ samantabuddhānāṃ nandopanandāya svāhā（普き諸仏に帰命す　難陀・鳥波難陀龍王に　スヴァーハー）

〔解説〕八大龍王の一。仏教を守護する龍王の中で最も優れている。『大日経』では西門を守護するというが、曼荼羅では南門（275）西門（338）北門（393）の三門に、弟の鳥波難陀龍王（276、339、394）と共に守護に立つ。釈尊の誕生にあたってムチュリンダ龍王が産湯をもたらしたという伝説があるように、仏教は龍王と縁が深い。ヒンドゥー教では、最高神ヴィシュヌ（毘紐天→346那羅延天）は七の頭をもつアナンタ龍を寝台にして横たわる。その眷属である龍と金翅鳥とは天敵である。

276 烏波難陀龍王（うばなんだりゅうおう） Upananda（ウバナンダ）

u
ウ

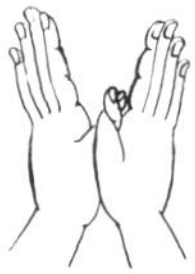

〔**三形**〕剣　〔**尊形**〕肉色。右手は胸前で剣を執り、左手は立てる。頭上に七龍がある。〔**印相**〕諸龍印　〔**真言**〕ノウマク　サマンダボダナン　ウハナンダエイ　ソワカ　namaḥ samantabuddhānām upanandāya svāhā（普き諸仏に帰命す　跋難陀龍王に　スヴァーハー）

〔**解説**〕難陀龍王の弟。名前の初めのウパは小さい、次のなどを意味し、ナンダの弟を表す。

277 阿修羅（あしゅら） Asura（アスラ）

a
ア

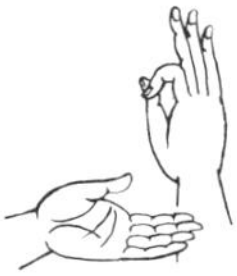

〔**三形**〕剣　〔**尊形**〕肉色。右手に剣を執り、左手は腰におく。右膝を立てて坐す。〔**印相**〕阿修羅印　〔**真言**〕ノウマク　サマンダボダナン　ラタン　ラタトバランタン　ソワカ　namaḥ samantabuddhānāṃ ratam ratodbhrāntaṃ svāhā（普き諸仏に帰命す　悦楽に　悦楽に走っている尊に　スヴァーハー）ノウマクサマンダボダナン　ギャラヤン　ソワカ　namaḥ samantabuddhānāṃ garalayaṃ svāhā（普き諸仏に帰命す　ガララヤン　スヴァーハー）

〔**解説**〕天龍八部衆の一。詳しくは303参照。

278 阿修羅（あしゅら） Asura（アスラ）

a
ア

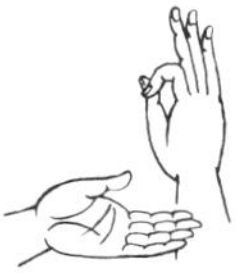

〔**三形**〕剣　〔**尊形**〕肉色。右手に剣を執り、左手は腰におく。〔**印相**〕阿修羅印　〔**真言**〕277に同じ。

〔**解説**〕詳しくは303参照。

279 焔摩天（えんまてん） Yama（ヤマ）

vai
ベイ

yaṃ
ヤン

〔**三形**〕人頭杖　〔**尊形**〕肉色。忿怒形。左手に人頭杖を執り、右手は胸の前で与願印のようにして掌を仰げる。白水牛に乗り、左脚を垂れる。〔**印相**〕檀拏印（だんだいん）（虚心合掌し、二頭指・二小指を屈して掌中に入れる。さらに二大指で二頭指の第二・第三関節を捻ず）〔**真言**〕ノウマク　サマンダボダナン　バイバサバタヤ　ソワカ　namaḥ samantabuddhānāṃ vaivasvatāya svāhā（普き諸仏に帰命す　ヴィヴァスヴァットの末裔に　スヴァーハー）

〔**解説**〕夜魔・閻魔はヤマの音写。焔羅、焔羅王、焔羅羅社はヤマ・ラージャの音写で、意味はヤマという大王、特に正義を守る法王。護世八方天の一で南方を守護する。十二天の一。焔摩は古代インドのリグ・ヴェーダ神話では、人類最初の死者として死後の世界、楽園への道を発見し、その支配者となった。やがて業（ごう）および輪廻（りんね）の観念が成立して、死後の命運は生前の行為によると考えられるようになると、ヤマは楽園の神から地下の地獄の王に変身した。さらに、ヤマに多面的な性格が付与され、死神のイメージからヤマーンタカと呼ばれ、死をもたらす時間の神としてカーラとも呼ばれる。カーラには黒という意味もあるので黒闇天ともいわれる。これらの性格が独立し、黒闇天女（→胎280）奪一切人命（→胎283）などの尊となったと考えられる。『大日経疏』は焔摩の身色を破壊を意味する黒と指示する。種字のベイは太陽の末裔を意味するヴィヴァスヴァットに由来し、インド神話でヤマの原像が太陽神に関連していることが分かる。『大日経疏』は焔摩は一切衆生の命根を断つ。命根とは無始無終の煩悩である、と説明する。さらに中国に入るとヤマは閻魔大王となり、太山府君・司命・司録など中国の官僚を従え、衣服も裁判所の光景も中国的に変身した。『十王経』に詳しく説かれ、今日の死者儀礼の背景になっている。左手に持つ杖はダンダといい、刑罰を示すものである。杖の先には半月、その上に人頭がある。

280 黒闇天女（こくあんてんによ） Kālarātrī（カーララートリー）

ka
キャ

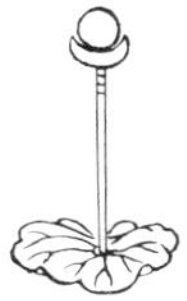

〔**三形**〕幢　〔**尊形**〕肉色。右手は掌を仰げ、左手は杖を持つ。その先端の円環に人頭がある。〔**印相**〕左手を拳にして中指を伸ばす。〔**真言**〕ノウマク　サマンダボダナン　カララテイリエイ　ソワカ　namaḥ samantabuddhānāṃ kālarātryai svāhā（普き諸仏に帰命す　黒闇天女に　スヴァーハー）

〔**解説**〕焔摩七母天の一。暗夜天、黒暗天ともいう。『大日経疏』は暗夜には恐怖が多いように、この尊は無明の暗夜の中にいる衆生を加護するという。ヒンドゥー教では世界が破滅する恐怖の夜、人が死ぬ夜を司る女神、ドゥルガー女神のことである。カーラには黒、時間、死などの意味があるが、ここでは時間、死が強調されている。時間は人間をはじめとする一切を支配するという説もある。

---

281 太山府君（たいせんぶくん） Citragupta（チトラグプタ）

〔三形〕 人頭杖　**〔尊形〕** 肉色。左手に人頭杖を持つ。その先端に円環、その中に人頭がある。右手は筆を執り、紙に記録する手つき。**〔印相〕** 蓮華合掌　**〔真言〕** ノウマク　サマンダボダナン　シッタラギュハタヤ　ソワカ　namaḥ samantabuddhānāṃ citraguptāya svāhā（普き諸仏に帰命す　記録者にスヴァーハー）

〔解説〕 焔摩天の眷属の一。ヤマ神の下で人間の善悪を記録する眷属の一。太山は中国の聖なる五岳の中の泰山で、古来より霊界、冥府の山であると信仰されてきた。その冥府の官僚がインド伝来の焔摩の眷属に加えられた。十王の中、太山王として知られる。

282 鬼衆（きしゅう） Mṛtyu(gaṇa)（ムリトュ（ガナ））

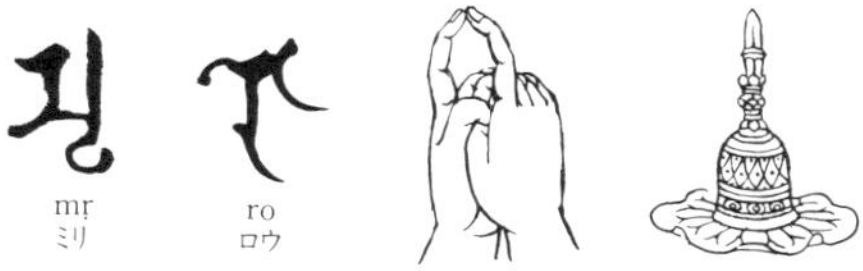

〔三形〕 鈴　**〔尊形〕** 肉色。餓鬼形。ひざまずき、太山府君に哀願する姿。**〔印相〕** 水天印　**〔真言〕** ノウマク　サマンダボダナン　ビシャシャガテイ　ソワカ　namaḥ samantabuddhānāṃ piśācagate svāhā（普き諸仏に帰命す　毘舎遮の境遇にあるものよ　スヴァーハー）

〔解説〕 主流の尊ではないので、不明の点が多い。名前のムリトュは死、死を司るものの意。曼荼羅図絵の前後左右を見れば、寸前に死んで人間界から今ここに来たばかりの亡者が太山府君に生前の

282・鬼衆　　281・太山府君

善悪の業を記録され、次にどのような境遇に進むか、それを待っている状況にある、といえよう。ここでの鬼とは死んだ直後の人間をいう。真言は、人間の精気を食べる毘舎遮（284～291）の境遇にある身とする。

---

283 奪一切人命（だついっさいにんみょう） Mṛtyu（ムリトュ）

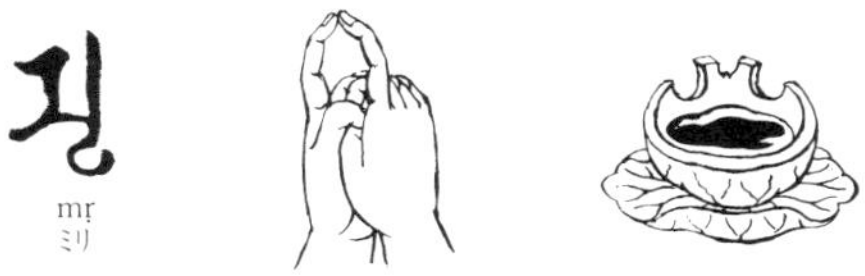

〔三形〕 劫波　**〔尊形〕** 肉色。餓鬼形。右手に皮袋を持ち、左手に華を持つ。**〔印相〕** 水天印　**〔真言〕** 282に同じ。

〔解説〕 焔摩天の眷属の一。一切の人間の命を奪うもの、つまり死神であり、時間を意味する。

284 毘舎遮（びしゃしゃ） Piśāca（ピシャーチャ）

〔三形〕 劫波　**〔尊形〕** 肉色。餓鬼形。左手に人間

284〜291・毘舎遮

の片腕を持ち、右手の器で血をすする。〔**印相**〕毘舎遮印（円満錫杖印）〔**真言**〕ノウマク　サマンダボダナン　ヒシ　ヒシ　namaḥ samantabuddhānāṃ pisi pisi svāhā（普き諸仏に帰命す　肉を〔食らうもの〕よ　肉を〔食らうもの〕よ　スヴァーハー）

〔**解説**〕人間や穀物の精気、屍肉、あるいは生肉を食べる幽鬼。食血肉鬼。癲狂鬼と訳される。太山府君衆とも、死鬼衆とも呼ばれる。三形の劫波は頭蓋骨を意味するカパーラの音写。

285 毘舎遮（びしやしや） Piśāca（ビシャーチャ）

〔**尊形**〕肉色。餓鬼形。左手に人間の片腕。右手に血の入った器を持つ。前に頭蓋骨が転がっている。〔**種字・三形・印相・真言**〕284に同じ。

〔**解説**〕284参照。

286 毘舎遮（びしやしや） Piśāca（ビシャーチャ）

〔**尊形**〕肉色。餓鬼形。右手に持つ人間の片腕をかじり、左手は腰におく。〔**種字・三形・印相・真言**〕284に同じ。

〔**解説**〕284参照。

287 毘舎遮（びしやしや） Piśāca（ビシャーチャ）

〔**尊形**〕肉色。餓鬼形。中腰で食べ物を求めて戦う構え。〔**種字・三形・印相・真言**〕284に同じ。

〔**解説**〕284参照。

288 毘舎遮（びしやしや） Piśāca（ビシャーチャ）

〔**尊形**〕肉色。餓鬼形。左足を前に中腰となり、食べ物を求めて戦う構え。〔**種字・三形・印相・真言**〕284に同じ。

〔**解説**〕284参照。

289 毘舎遮（びしやしや） Piśāca（ビシャーチャ）

〔**尊形**〕肉色。餓鬼形。左手は人間の片腕を持ち、右手は胸をなでる。〔**種字・三形・印相・真言**〕284に同じ。

〔**解説**〕284参照。

290, 291 毘舎遮（びしやしや） Piśāca（ビシャーチャ）

〔**尊形**〕肉色。餓鬼形。右手に人間の片腕、左手に血の入った器を持つ。〔**種字・三形・印相・真言**〕284に同じ。

〔**解説**〕284参照。

---

292 荼吉尼（だきに） Ḍākinī（ダーキニー）

da
ダ

〔**三形**〕劫波　〔**尊形**〕赤肉色。餓鬼形。左手に杯を持ち、右手は胸におく。〔**印相**〕茶吉尼印　〔**真言**〕ノウマク　サマンダボダナン　キリ　カク　ソワカ　namaḥ samantabuddhānāṃ hrī haḥ svāhā（普き諸仏に帰命す　フリー　ハッハ　スヴァーハー）

〔**解説**〕茶吉尼は元はヒンドゥー教のカーリー女神の従者。人肉を食べる鬼類。三形の劫波は頭蓋骨を意味するカパーラの音写。『大日経疏』は茶吉尼を大黒天の眷属とする。茶吉尼は人間の死を6カ月前に予測するが、人間を殺害するだけの能力はない。人間の臨終時には茶吉尼よりも力が勝る夜叉が来て、茶吉尼との争いとなる。力の劣る茶吉尼は人肉を食べることができないので、大黒天の保護を受け、人間の肝を食べるという。茶吉尼は日本では稲荷（いなり）明神として信仰されている。

292〜294・茶吉尼

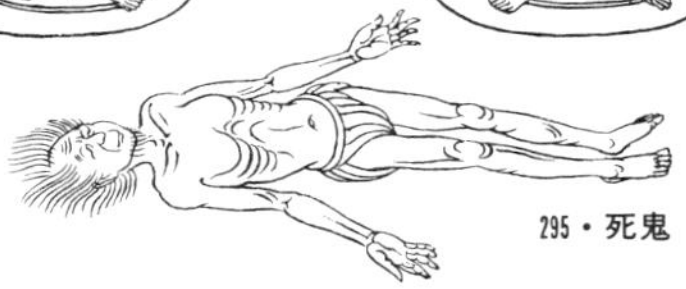

295・死鬼

293 茶吉尼（だきに） Ḍākinī（ダーキニー）

〔**尊形**〕赤肉色。餓鬼形。右手に人間の足、左手に腕を持つ。〔**種字・三形・印相・真言**〕292に同じ。〔**解説**〕292参照。

294 茶吉尼（だきに） Ḍākinī（ダーキニー）

〔**尊形**〕赤肉色。餓鬼形。左手に杯、右手に包丁を持つ。〔**種字・三形・印相・真言**〕292に同じ。〔**解説**〕292参照。

295 死鬼（しき） Mṛtyu（ムリトユ）

mṛ
ミリ

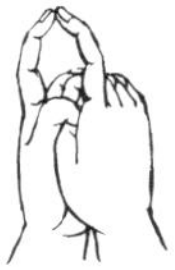

〔**三形**〕鈴　〔**尊形**〕青色。死骸の形。〔**印相**〕水天印　〔**真言**〕282に同じ。
〔**解説**〕臥しているので臥鬼（がき）ともいう。死鬼は焔摩天（→胎279）によって命根を断たれ死人の姿。

296〜299・歩多鬼衆

296 歩多鬼衆（ぶたきしゆう） Bhūta（ブータ）

si
シ

〔**尊形**〕肉色。童子形。左手に棒、右手に革袋を持つ。〔**印相**〕成就持明仙印　〔**真言**〕オン　グイグイ　マンサネイ　oṃ gui gui mansane（オーン　グイグイ　マンサネー）
〔**解説**〕『大日経疏』は歩多は夜叉の類であるとい

う。名前のブータは、今まであった、生まれたという意味で、動植物など生き物一般から精霊、鬼神の類まで広範囲なものを指す。真言は『大日経疏』に漢字で音が示されたもので意味は不明であるが、オン グヘイ グヘイ マンシヤサネイ oṃ guhe guhe māṃsāśane（オーン 秘密者よ 秘密者よ 肉を食らうものよ）とも理解できる。グヘイはシヴァ神に呼びかける言葉である。またグフヤケイとすれば、倶肥羅（ぐびら）（→胎391）に仕える夜叉の別名である。

297 歩多鬼衆（ぶたきしゆう） Bhūta（ブータ）

〔尊形〕肉色。童子形。左手に革袋を持つ。〔種字・三形・印相・真言〕296に同じ。
〔解説〕296参照。

298, 299 歩多鬼衆（ぶたきしゆう） Bhūta（ブータ）

〔尊形〕肉色。童子形。298は右手に、299は左手に革袋を持つ。〔種字・三形・印相・真言〕296に同じ。
〔解説〕296参照。

300・摩尼阿修羅

301・眷属

302・眷属

301 摩尼阿修羅眷属（まにあしゆらけんぞく） Bandhirasuraparivāra（バンディアスラパリヴアーラ）

〔尊形〕赤肉色。左手に先端に半月がある杖を持つ。左手は胸に当てる。〔種字・三形・印相・真言〕300に同じ。〔解説〕300参照。

302 摩尼阿修羅眷属（まにあしゆらけんぞく） Bandhirasuraparivāra（バンディアスラパリヴアーラ）

〔尊形〕赤肉色。右手は拳にして肩先に、左手は先端に半月がある杖を持つ。〔種字・三形・印相・真言〕300に同じ。〔解説〕300参照。

300 摩尼阿修羅（まにあしゆら） Bandhirasura（バンディアスラ）

ba
バ

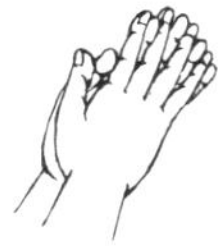

〔三形〕剣 〔尊形〕赤肉色。兜（かぶと）をかぶり、右手に剣を執り、左手は拳にして腰におく。〔印相〕金剛合掌 〔真言〕普世天明妃の真言→211
〔解説〕尊名の初めの摩はバとマの誤解によるものと思われる。マは如意宝珠を意味するマニ、バは束縛を意味するバンディの頭文字である。種字は束縛のバとした。

303 阿修羅（あしゆら） Asura（アスラ）

a
ア

〔三形〕棒、戟 〔尊形〕肉色。兜を着、右手は胸前で華棒を持つ。左手は拳にして腰におく。〔印相〕阿修羅印 〔真言〕ノウマク サマンダボダナン ラタン ラタトバランタン namaḥ samantabuddhānāṃ rataṃ ratodbhrāntam（普き諸仏に帰命す 悦楽に 悦楽に走っている尊に）ノウマク サマンダボダナン ガラランヤン ソワカ namaḥ samantabuddhānāṃ garalayaṃ svāhā（普き諸仏に帰命す ガララヤン スヴァーハー）

〔解説〕天龍八部衆の一。非天とも無酒ともいわれる。その理由は、名前のアスラはアとスラに区切ることができ、スラは天、神、あるいはスラー酒を意味し、アは非、無など否定を表すからである。真言は『大日経』に２種出ている。その１は意味が不明である。アスラは西方イラン地方の善神で光明の神として信仰されてきたらしい。ヒンドゥー教神話では、インドラ（帝釈天）を長とするデーヴァ（天）のグループと闘争する下級の神とされている。ヒンドゥー教神話の「乳海攪拌の物語」はアスラとデーヴァとの関係が如実に示されている。不死の霊薬・アムリタを手にいれるために、デーヴァとアスラとは一致協力して、乳海(にゅうかい)を攪拌(かくはん)する。すると吉祥天、月、望みをかなえる牛などが次々に現れる。アムリタが現れるとき、狡猾なデーヴァはアスラを欺いてアムリタを手に入れる。大日如来のヴァイローチャナという名前はアスラの一員のヴィローチャナにたどることができるといわれ、両者には光明を尊ぶことなど関連することが多い。三界六道説は、地獄・餓鬼・畜生の上に阿修羅をおき、人・天の六道とする。

304 阿修羅眷属(あしゅらけんぞく) Asuraparivāra(アスラパリヴァーラ)

〔尊形〕肉色。右手に盃を持ち、左手を胸に当てる。〔種字・三形・印相・真言〕303に同じ。
〔解説〕303参照。

303・阿修羅

304・眷属

305・眷属

305 阿修羅眷属(あしゅらけんぞく) Asuraparivāra(アスラパリヴァーラ)

〔尊形〕肉色。右手で独鈷戟を持ち、左手を股におく。〔種字・三形・印相・真言〕303に同じ。
〔解説〕303参照。

---

306 迦楼羅(かるら) Garuḍa(ガルダ)

ga
ギャ

〔三形〕楽器（たて笛）〔尊形〕金色。鳥頭人身。翼を張り、立て笛を吹く。〔印相〕迦楼羅印　〔真言〕オン　キシハ　ソワカ オン　ハキシヤ　ソワカ　oṃ kṣipa svāhā oṃ pakṣa svāhā（オーン　キシハ　スヴァーハー　オーン　翼を持つものよ　スヴァーハー）
〔解説〕天龍八部衆の一。金翅鳥ともいう。『大日経疏』は「大日如来は金翅鳥となり法海を俯瞰し、

306・迦楼羅

307・迦楼羅

その翼を奮って天人龍を捕まえる」といい、金の羽を菩提心に喩える。龍を食べるので、龍にとっては天敵である。ヒンドゥー教では最高神・ヴィシュヌに従う乗り物としての霊鳥。密教では大梵天、大自在天がこの鳥の形をかりて現れる。

307 迦楼羅（かるら） Garuḍa（ガルダ）

ga
ギャ

〔三形〕楽器（法螺貝）**〔尊形〕**金色。左右の手に法螺貝を執り、吹く。**〔印相〕**迦楼羅印　**〔真言〕**306に同じ。

〔解説〕306参照。

308・鳩槃荼

309・鳩槃荼

308 鳩槃荼（くはんだ） Kumbhāṇḍa（クンバーンダ）

ku
コウ

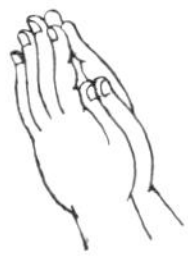

〔三形〕楽器（両鼓）　**〔尊形〕**肉色。馬頭人身。腰に鼓を置き、両手で打つしぐさ。**〔印相〕**蓮華合掌　**〔真言〕**オン　クハンダハタエイ　ソワカ　oṃ kumbhāṇḍapataye svāhā（オーン　鳩槃荼の主にスヴァーハー）

〔解説〕増長天の眷属。睡眠を妨げる鬼神といわれる。クンバは水瓶、アンダは陰嚢で、その意味は水瓶のような陰嚢を持つものである。猥雑を恐れた先人は「冬苽鬼（とうがんき）」と訳している。クンバーンダはクシュマーンダ（kuṣmāṇḍa）に由来すると考えられ、かぼちゃ・瓢簞（ひょうたん）であるという。図像では馬頭人身で示されているので、緊那羅とする説もある。

309 鳩槃荼（くはんだ） Kumbhāṇḍa（クンバーンダ）

ku
コウ

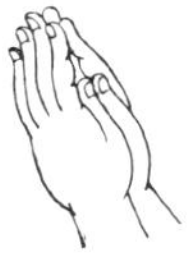

〔三形〕楽器（鈸（ばち））**〔尊形〕**肉色。馬頭人身。両手に鈸を持って、打つしぐさ。**〔印相〕**蓮華合掌　**〔真言〕**308に同じ。

〔解説〕308参照。

---

310 羅刹童（らせつどう） Rākṣasa（ラークシャサ）

ra
ラ

〔三形〕棒　**〔尊形〕**白肉色。童子形。右手に棒を持ち、左手は腰に当てる。**〔印相〕**刀印　**〔真言〕**ノウマク　サマンダボダナン　アラキシャサジハタエイ　ソワカ　namaḥ samantabuddhānāṃ rākṣasādhipataye svāhā（普き諸仏に帰命す　羅刹の主にスヴァーハー）

〔解説〕西南を守護する涅哩底王（ねいりち）（312）の眷属。

羅刹の童子。童子は子供ではなく青年を指す。羅刹は人肉を食べるなど暴悪な一面をもつが、仏教守護の鬼神でもある。『涅槃経』では、羅刹は、雪山童子に「諸行無常　是生滅法　生滅々已　寂滅為楽」の道理を教える。この詩の意訳が「いろは歌」になった。

311 羅刹童女　Rākṣasī

ra
ラ

〔三形〕棒　**〔尊形〕**白肉色。童子形。右手に棒を持ち、左手は拳にして耳の脇に挙げる。**〔印相〕**羅刹女印　**〔真言〕**ノウマク　サマンダボダナン　アラキシャサガニミエイ　ソワカ　namaḥ samantabuddhānāṃ rākṣasagaṇimiye svāhā（普き諸仏に帰命す羅刹女に数えられる尊よ　スヴァーハー）
〔解説〕羅刹童女の集団。羅刹女（313）参照。

310・羅刹童

311・羅刹童女

西側紋様帯の一部

《西方》

最外院の西方（下部）には、西南（右下隅）の涅哩底王（312）から西北（左下隅）の風天（360）までの49尊が位置する。

中央の西門には、西方の守護神として、広目天（342）、およびヒンドゥー教の護方神である水天（343）が守護に立っている。

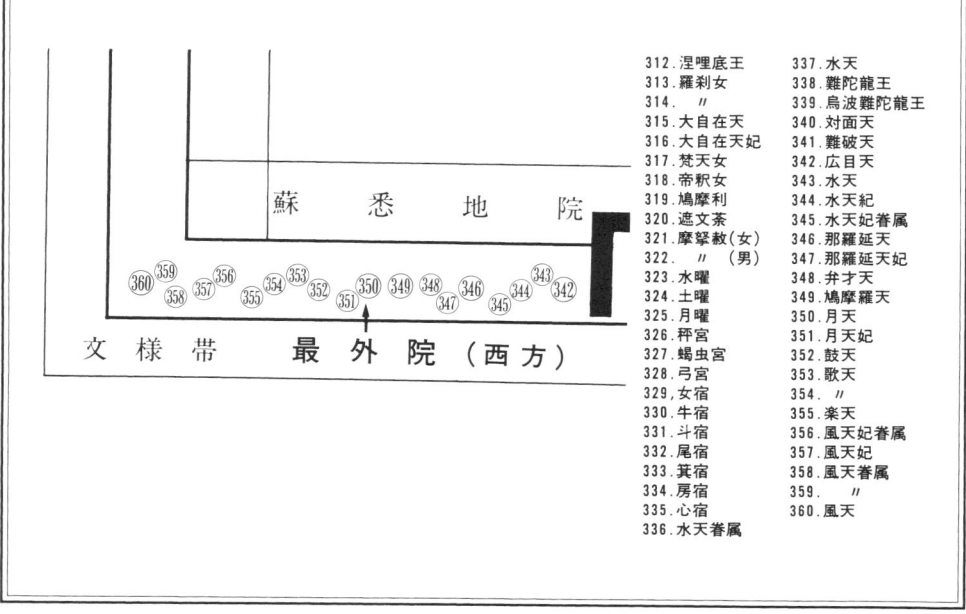

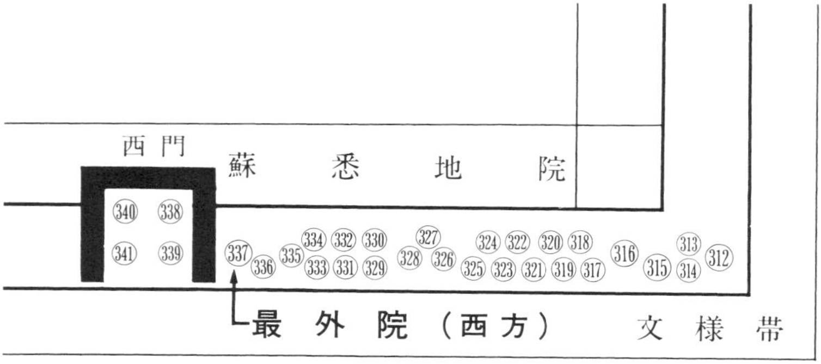

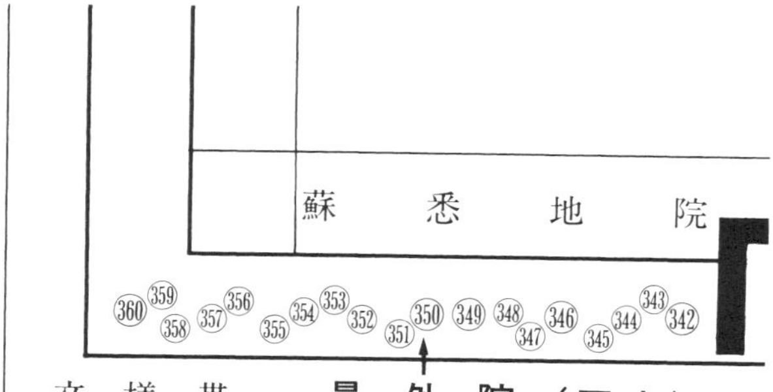

312. 涅哩底王
313. 羅刹女
314. 〃
315. 大自在天
316. 大自在天妃
317. 梵天女
318. 帝釈女
319. 鳩摩利
320. 遮文荼
321. 摩拏赦(女)
322. 〃 (男)
323. 水曜
324. 土曜
325. 月曜
326. 秤宮
327. 蝎虫宮
328. 弓宮
329, 女宿
330. 牛宿
331. 斗宿
332. 尾宿
333. 箕宿
334. 房宿
335. 心宿
336. 水天眷属
337. 水天
338. 難陀龍王
339. 烏波難陀龍王
340. 対面天
341. 難破天
342. 広目天
343. 水天
344. 水天紀
345. 水天妃眷属
346. 那羅延天
347. 那羅延天妃
348. 弁才天
349. 鳩摩羅天
350. 月天
351. 月天妃
352. 鼓天
353. 歌天
354. 〃
355. 楽天
356. 風天妃眷属
357. 風天妃
358. 風天眷属
359. 〃
360. 風天

313・羅刹女

312・涅哩底王

314・羅刹女

312 涅哩底王（ねいりちおう） Nairṛti（ナイルリチ）

nṛ ニリ

rā ラ

〔三形〕剣　**〔尊形〕**赤肉色。鎧をつけ、右手に剣、左手は刀印。**〔印相〕**刀印　**〔真言〕**ノウマク　サマンダボダナン　アラキシャサ　ジハタエイ　ソワカ　namaḥ samantabuddhānāṃ rākṣasādhipataye svāhā（普き諸仏に帰命す　羅刹の首長に　スヴァーハー）ノウマク　サマンダボダナン　ネイリチエイ　ソワカ　namaḥ samantabuddhānāṃ nairṛte svāhā（普き諸仏に帰命す　涅哩底よ　スヴァーハー）

〔解説〕涅哩底王は西南方の守護神である。ニルリティの意味は西南方、また破壊・死滅を表し、そこからその背後にある神秘性を司る尊である。元来は女尊で、アダルマ（非法）の妻、また死神の母といわれる。その恐ろしく、忌み嫌われる性格から羅刹と同一視されている。羅刹が人肉を食べるように、仏は有情の煩悩を食いつくす。涅哩底王もまたその役割を担う。種字のニリはナイルリティの頭文字、ラはラークシャサ（羅刹）の頭文字である。羅刹の首長として南方の隅に羅刹童男、羅刹童女、そして次に羅刹女二尊を従える。

313 羅刹女（らせつにょ） Rākṣasī（ラークシャシー）

ro ロウ

〔三形〕剣　**〔尊形〕**肉色。天女形。左手に血のしたたる器を持ち、長跪座。**〔印相〕**羅刹女印

〔真言〕ノウマク　サマンダボダナン　アラキシャサガニミエイ　ソワカ　namaḥ samantabuddhānāṃ rākṣasagaṇimiye svāhā（普き諸仏に帰命す　羅刹女に数えられる尊よ　スヴァーハー）

〔解説〕涅哩底王に従う二羅刹女の一。

314 羅刹女（らせつにょ） Rākṣasī（ラークシャシー）

〔尊形〕肉色。右手に人肉を切り刻む剣を持ち、左の膝を立てる。**〔種字・三形・印相・真言〕**313に同じ。

〔解説〕涅哩底王に従う二羅刹女の一。

315 大自在天（だいじざいてん） Maheśvara（マヘーシュヴァラ）

ru
ロ

〔三形〕三鈷戟　〔尊形〕黒紫色。三目。冠の上に仰半月がある。水牛に乗る。右手は立て、拳にして頭指を伸ばす。左手に三鈷戟を持つ。〔印相〕大自在天印（外縛し、小指・頭指を直に立て合わせ、二大指を並び立てる）　〔真言〕ノウマク　サマンダボダナン　マケイシバラヤ　ソワカ　namaḥ samantabuddhānāṃ maheśvarāya svāhā（普き諸仏に帰命す　大自在天に　スヴァーハー）

〔解説〕大自在天は元々はヒンドゥー教の最高神シヴァ神を指す。マヘーシュヴァラ、ルドラ、イーシャーナ、シャンカラなど、さまざまな名前を持ち、凶暴な性格で、破壊・滅亡を事とする。それは結果として再生を司るので、その性格には両義性をもつ。牡牛ナンディンに乗る。仏教においては、大自在天は一世界では大勢力を持つが、三千世界の主ほどの威力はないとして、色究竟天の長とする。后はウマー后である。御室版曼荼羅では二目であるが、シヴァ神は三目なので、観蔵院曼荼羅では三目とした。『別尊雑記』には三目•八臂などで現れるが、八臂の典拠は未詳。種字のロはルドラの頭文字である。印相について『大日経』密印品は、左手の大指は小指の甲を押し、他の三指を立てる、とする。

316 大自在天妃（だいじざいてんき） Umā（ウマー）

u
ウ

〔三形〕鉢　〔尊形〕白肉色。牛に乗る。左手に三鈷戟を持ち、右手は拳にして結ぶ。〔印相〕大自在天妃印（左手は三鈷印をし、小指を曲げる）　〔真言〕ノウマク　サマンダボダナン　ウマジビ　ソワカ

namaḥ samantabuddhānām umādevi svāhā（普き諸仏に帰命す　烏摩妃よ　スヴァーハー）

〔解説〕大自在天の妃、つまりシヴァ神の妻に由来する。ウマー（烏摩）はヒマラヤ山の娘で、別名をパールヴァティーという。厳しい苦行を認められてルドラ（シヴァ神の別名で、凶暴を意味する）と結婚した。象頭・人身の戦いの神ガネーシャはその子である。（→胎410、金76）

---

317 梵天女（ぼんてんにょ） Brāhmī（ブラーフミー）

bra
バラ

〔三形〕未開蓮華　〔尊形〕白肉色。右手は拳、左手に蓮華を持つ。〔印相〕梵天女印（左手は大指で無名指を押さえ、他は伸ばす）　〔真言〕ノウマク　サマンダボダナン　ハラジャハタエイ　ソワカ　namaḥ samantabuddhānāṃ prajāpataye svāhā（普き諸仏に帰命す　生類の主に　スヴァーハー）

〔解説〕『大日経疏』では梵王明妃という。そし

て、欲望を超絶した色界における梵天には淫欲はありえず、妃がいる道理がないとし、この尊は梵天がもっている世界創造の能力を女性神にしたものである、と説明している。

---

318 帝釈女（たいしやくによ） Aindrī（アインドリー）

e
エイ

〔三形〕含蓮華　**〔尊形〕**白肉色。右手に含蓮華を持ち、左掌を仰げる。**〔印相〕**忍辱波羅蜜印　**〔真言〕**ノウマク　サマンダボダナン　シャキヤラヤ　ソワカ　namaḥ samantabuddhānāṃ śakrāya svāhā（普き諸仏に帰命す　シャクラに　スヴァーハー）**〔解説〕**帝釈天の女。七母女天の一。名前のアインドリーはインドラに縁（ゆか）りあるものの意味であり、種字はその頭文字。真言・印相は共に帝釈天（→胎224, 390）に同じ。真言にはインドラの別名であるシャクラ（男性形）が用いられているが、文法的にみれば女性形のシャクラーヤイが適切である。七母女天は『大日経』では焔摩天（→胎279）の眷属とするので、阿闍梨所伝曼荼羅では、帝釈女を焔摩天の居る南方に置いている。三形には七母女天に通じる鎚を用いる場合もある。

---

319 鳩摩利（くまり） Kaumārī（カウマーリー）

kau
コウ

〔三形〕独鈷戟　**〔尊形〕**肉色。左手に槍を持ち、右手は拳にする。**〔印相〕**鳩摩利印（左手を伸ばし、無名指・小指を曲げて掌に入れ、頭指を中指の背につける。または左手で鈴を振る勢いを示す）**〔真言〕**ノウマク　サマンダボダナン　コウマリ　ソワカ　namaḥ samantabuddhānāṃ kaumāri svāhā（普き諸仏に帰命す　鳩摩利よ　スヴァーハー）**〔解説〕**名前は軍神クマーラに由来し、クマーラの妃である。七母女天の一。『大日経』では焔摩天の眷属とする。また『大日経疏』では鳩摩利を大自在天后とし、鳩摩羅を大自在天の子としている。

320 遮文茶（しゃもんだ） Cāmuṇḍā（チャームンダー）

ca
シャ

〔三形〕頭骨　**〔尊形〕**赤黒色。猪頭・人身で、冠をかぶる。右手を挙げて頭骨（カパーラ）の杯を持ち、左手は拳にして膝におく。**〔印相〕**遮文茶印（左手を挙げて頭骨を持つ形にする）　**〔真言〕**ノウマク　サマンダボダナン　シャモンダエイ　ソワカ　namaḥ samantabuddhānāṃ cāmuṇḍāyai svāhā（普き諸仏に帰命す　遮文茶に　スヴァーハー）　オン　コロ　コロ　シヤモンデイ　ソワカ　oṃ huru huru cāmuṇḍe svāhā（オン　除け　除け　遮文茶よ　スヴァーハー）

〔解説〕焰摩天の后である七母天の筆頭。凶暴、忿怒の性格から、大自在天后の忿怒相であるドゥルガー（ウマー）女尊になぞらえられている。『大日経疏』では七母天は焰摩の眷属であるという指示により、南院に位置する例もある。

---

321 摩拏赦（まどしや）（女） Manuṣyā（マヌシヤー）

ma
マ

i
イ

〔三形〕手印　**〔尊形〕**肉色。右手を仰げ、左手は股におく。**〔印相〕**独鈷印　**〔真言〕**ノウマク　サマンナダボダナン　イツシャハラマ　マドマエイ　メイ　ソワカ　namaḥ samantabuddhānām icchāparamamanomaye me svāhā（普き諸仏に帰命す　最勝の願望に基づく意から成るものよ　私に　スヴァーハー）

〔解説〕摩拏赦は人間を意味する。三悪趣を離れて人趣に生まれようと希望するもののために、ここに位置している。次の摩拏赦（男）と男女一対の尊格である。男女の位置は交替している例もある。種字のイはイッチャー（願望）の頭文字、マは名前の頭文字に由来する。

322 摩拏赦（まどしや）（男） Manuṣya（マヌシヤ）

ma
マ

i
イ

〔三形〕手印　**〔尊形〕**肉色。右手を胸の前に挙げ、左手は股におく。**〔印相〕**独鈷印　**〔真言〕**321に同じ。

〔解説〕321参照。

---

323 水曜（すいよう） Budha（ブダ）

bu
ボウ

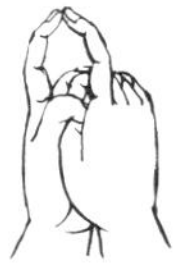

〔三形〕瓶上星　**〔尊形〕**肉色。合掌し、星月のある冠をかぶる。**〔印相〕**水天印　**〔真言〕**オン　ボダシリイ　ソワカ　oṃ budhaśri svāhā（オーン　めでたい水曜よ　スヴァーハー）　オン　ボダ　ダキシヤタラ　ソワミナン　ケイトマ　ソワカ　oṃ budhanakṣatrasvāminaṃ ketuman svāhā（オーン　水曜星宿の首長に　光り輝くものよ　スヴァーハー）

〔解説〕七曜、九執の一。水星。星宿で日時を選び、吉祥日として願望成就を願うことは洋の東西にかかわらない。これは天体の運行が人間世界の盛衰に密接に関与すると考えた生活の知恵からである。『大日経疏』では九執の徳を挙げ、水曜は蓮華部の徳を支えるという。

324 土曜（どよう） Śanaiścara（シャナイシュチャラ）

śa
シャ

pṛ
ハリ

〔三形〕仙杖　**〔尊形〕**肉色。老仙人で、上半身は裸体、豹皮の裙を着る。右手に仙杖を持ち、歩行する姿。**〔印相〕**鉢印　**〔真言〕**オン　シャニシチャラシセイテイ　シリイ　ソワカ　oṃ śanaiścaraśceṭe śri svāhā（オーン　めでたい土曜星の使者よ　スヴァーハー）

〔解説〕七曜、九執の一。土星。名前は、ゆっくり歩むものという意味である。種字のハリは大地を意味するプリティヴィーの頭文字である。『大日経疏』では土曜は中台八葉院の功徳を支えるという。

---

325 月曜（げつよう） Soma（ソーマ）

su
ソ

〔三形〕半月上の兎。**〔尊形〕**肉色。右手を挙げ、兎を乗せた半月をかかげる。左手は拳にして胸に当てる。**〔印相〕**月曜印　**〔真言〕**オン　ソマ　シリ　ソワカ　oṃ somaśri svāhā（オン　めでたい月曜よ　スヴァーハー）

〔解説〕七曜、九執の一。月。月曜と月天は本来は天体の月を意味するが、火曜（火星）と火天（火の徳）、水曜（水星）と水天（水の徳）とが異なるのにならい、月曜と月天を別とする。この場合、月曜をソーマ、月天をチャンドラと呼んで区別している。ソーマは祭式に用いられたソーマ酒のことであるが、その滴（インドゥ）が月の光りに類推された。種字のソはソーマに由来する。印相には、右手は拳にして腰に当て、左手は肩の高さで五指を伸ばし立てる印もある。（→胎350）

326 秤宮（ひようくう） Tulā（ツラー）

tu
トウ

jo
ゾウ

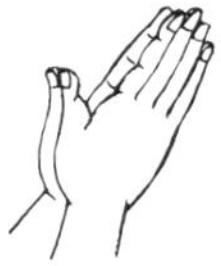

〔三形〕宮殿　**〔尊形〕**肉色。裸体の老仙人で、歩

行する姿。左手は胸に当て、右手の秤は目の高さに挙げる。〔印相〕諸曜印　〔真言〕ノウマク　サマンダボダナン　トラハタエイ　ソワカ　namaḥ samantabuddhānāṃ tulāpataye svāhā（普き諸仏に帰命す　秤宮の主に　スヴァーハー）
〔解説〕十二宮の一。秤量宮、天秤宮ともいう。黄道における太陽の位置の九月に相当。種字のゾウはジョーティシャ（星座）の頭文字に由来する。

327 蝎虫宮（かつちゆうくう） Vṛścika（ヴリシュチカ）

vṛ
ビリ

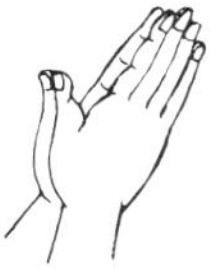

〔三形〕宮殿　〔尊形〕赤黒色。蝎（さそり）の姿。〔印相〕諸曜印　〔真言〕ノウマク　サマンダボダナン　ビリシャシカハタエイ　ソワカ　namaḥ samantabuddhānāṃ vṛścikapataye svāhā（普き諸仏に帰命す　蝎虫宮の主に　スヴァーハー）
〔解説〕十二宮の一。天蝎宮ともいう。黄道における太陽の位置の十月に相当。ヴリシュチカは、さそりの意味。

328 弓宮（きゆうくう） Dhanu（ダヌ）

dhaṃ
ダン

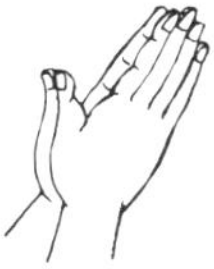

〔三形〕宮殿　〔尊形〕肉色。右手に箭（や）を持ち、左手で弓を抱え持つ。歩行する天人の姿。〔印相〕諸曜印　〔真言〕ノウマク　サマンダボダナン　ダンハタエイ　ソワカ　namaḥ samantabuddhānāṃ dhanupataye svāhā（普き諸仏に帰命す　弓宮の主にスヴァーハー）
〔解説〕十二宮の一。天弓宮、人馬宮ともいう。黄道の太陽の位置の十一月に相当。『胎蔵図像』では下半身は馬の形になっている。

329 女宿（じよしゆく） Śravaṇā（シュラヴアナー）

śra
シラ

〔三形〕蓮上星　〔尊形〕肉色。左手に蓮華を持ち、その上に星がある。右手は胸前で仰げる。〔印相〕二十八宿総印　〔真言〕ノウマク　サマンダボダナン　シラマダ　ダキシャタラ　ソワカ　namaḥ samantabuddhānāṃ śravaṇānakṣatra svāhā（普き諸仏に帰命す　女宿よ　スヴァーハー）
〔解説〕二十八宿の一。3星よりなり、賢瓶宮（水瓶座）に位置する。尊名をシュラマナと考え、寂と訳す場合もある。

330 牛宿（ごしゆく） Abhijit（アビジット）

a
ア

〔**三形**〕蓮上星　〔**尊形**〕肉色。左手に蓮華を持ち、その上に星がある。右手は伸ばして仰げる。

〔**印相**〕二十八宿総印　〔**真言**〕ノウマク　サマンダ　ボダナン　アビリシャ　ダキシャタラ　ソワカ

namaḥ samantabuddhānāṃ vṛṣanakṣatra svāhā（普き諸仏に帰命す　牛宿よ　スヴァーハー）

〔**解説**〕二十八宿の一。6星よりなり、摩竭宮（山羊座）に位置する。真言はアビリシャと読むが、経典にはアビジットあるいはアヴァリシとあって混乱している。

331 斗宿（としゆく） Uttarāṣādhā（ウツタラーシヤーダー）

ma
マ

〔**三形**〕蓮上星　〔**尊形**〕肉色。左手に蓮華を持ち、その上に星がある。右手は伸ばして大指を曲げる。

〔**印相**〕二十八宿総印　〔**真言**〕ノウマク　サマンダ　ボダナン　オッタラシャダ　ダキシャタラ　ソワカ

namaḥ samantabuddhānām uttarāṣādhānakṣatra svāhā（普き諸仏に帰命す　斗宿よ　スヴァーハー）

〔**解説**〕二十八宿の一。6星よりなり、弓宮（射手座）に位置する。斗宿を大光音天（→胎326）と解釈しているので、種字は大を意味するマハーの頭文字に由来する。尊名のウッタラは「後の、後半の」を意味する形容詞で、次の333と対応する。

332 尾宿（びしゆく） Mūla（ムーラ）

mu
モウ
ボウ

〔**三形**〕蓮上星　〔**尊形**〕肉色。左手に蓮華を持ち、その上に星がある。右手は仰げて正面に伸ばす。〔**印相**〕二十八宿総印　〔**真言**〕ノウマク　サマンダボダナン　モラ　ダキシャタラ　ソワカ　namaḥ samantabuddhānāṃ mūlanakṣatra svāhā（普き諸仏に帰命す　尾宿よ　スヴァーハー）
〔**解説**〕二十八宿の一。10星よりなり、蝎虫宮(蝎座）に位置する。

333 箕宿（きしゆく） Pūrvāṣādhā（プールヴァーシャーダー）

a
ア

〔**三形**〕蓮上星　〔**尊形**〕肉色。左手に蓮華を持ち、その上に星がある。右手は胸前で仰げる。
〔**印相**〕二十八宿総印　〔**真言**〕ノウマク　サマンダボダナン　ホロバアシャダ　ダキシャタラ　ソワカ　namaḥ samantabuddhānāṃ pūrvāṣādhānakṣatra svāhā（普き諸仏に帰命す　箕宿よ　スヴァーハー）
〔**解説**〕二十八宿の一。4星よりなり、弓宮(射手座）に位置する。種字のアはアーシャダーに由来する。尊名のプールヴァは「前の、前半の」という形容詞で、331に対応する。

334 房宿（ぼうしゆく） Anurādhā（アヌラーダー）

a
ア

〔**三形**〕蓮上星　〔**尊形**〕肉色。左手に蓮華を持ち、その上に星がある。右手を仰げる。〔**印相**〕二十八宿総印　〔**真言**〕ノウマク　サマンダボダナン　アドラダ　ダキシャタラ　ソワカ　namaḥ samantabuddhānām anurādhānakṣatra svāhā（普き諸仏に帰命す　房宿よ　スヴァーハー）
〔**解説**〕二十八宿の一。4星よりなり、蝎虫宮(蝎座）に位置する。

335 心宿（しんしゆく） Jyeṣṭhā（ジエーシュター）

jo
ゾウ

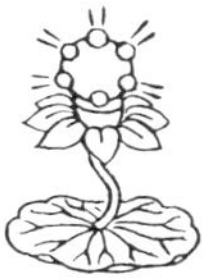

〔**三形**〕蓮上星。　〔**尊形**〕肉色。左手に蓮華を持ち、その上に星がある。右手は伸ばして仰げる。
〔**印相**〕二十八宿総印　〔**真言**〕ノウマク　サマンダボダナン　セイシッタ　ダキシャタラ　ソワカ　namaḥ samantabuddhānāṃ jyeṣṭhānakṣatra svāhā（普き諸仏に帰命す　心宿よ　スヴァーハー）
〔**解説**〕二十八宿の一。3星よりなり、蝎虫宮(蝎座）に位置する。

---

336 水天眷属（すいてんけんぞく） Varuṇanīparivāra（ヴァルナニーパリヴァーラ）

me
メイ

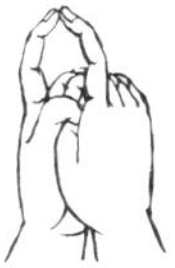

〔**三形**〕三鈷戟　〔**尊形**〕黒紫色。胸の前で、両手で三鈷戟を持ち、長跪坐。〔**印相**〕水天印　〔**真言**〕337に同じ。
〔**解説**〕種子のメイは雲を意味するメーガの頭文字である。『大日経疏』では暗雲という垢、つまり煩悩を食べると解釈する。真言は水曜(→胎323)のもの。

337・水天

336・眷属

337 水天（すいてん） Varuṇa（ヴァルナ）

va
バ

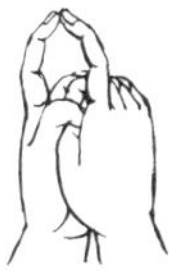

〔**三形**〕龍索　〔**尊形**〕黒紫色。左手に蓮華を持ち、その上に星がある。右手は剣を持って腰に当てる。背後に波涛がある。〔**印相**〕水天印　〔**真言**〕オン　ボダ　シリ　ソワカ　oṃ budhaśri svāhā（オーン　めでたい水曜よ　スヴァーハー）

〔**解説**〕水天は西門を挟んで南北に2尊ある。真言は水曜と同じである。『胎蔵図像』『胎蔵旧図様』では左手に龍索を持つ。（→胎343）

---

338 難陀龍王（なんだりゅうおう） Nanda（ナンダ）

na
ダ

〔**三形**〕剣　〔**尊形**〕肉色。右手は胸前で剣をかかげ、左手は龍索を持つ。頭上に七龍がいる。〔**印相**〕諸龍印　〔**真言**〕ノウマク　サマンダボダナン　ナンダヤ　ソワカ　namaḥ samantabuddhānāṃ nandāya svāhā（普き諸仏に帰命す　難陀龍王に　スヴァーハー）　ノウマク　サマンダボダナン　ナンダハナンダエイ　ソワカ　namaḥ samantabuddhānāṃ nandopanandāya svāhā（普き諸仏に帰命す　難陀龍王　烏波難陀龍王に　スヴァーハー）

〔**解説**〕八大龍王の一。仏教を守護する龍王の中で最も優れている。『大日経』では西門を守護するが、現図では、南（275、276）、北（393、394）そして西の3門で、弟の烏波難陀龍王と共に守護に立つ。また釈尊の誕生にあたっては、ムチュリンダ龍王が誕生の産湯をもたらした伝説など龍は仏教と特に縁が深い。ヒンドゥー教神話では、最高神ヴィシュヌは七つの頭を持つアナンタ龍を寝台として横たわる。また龍と金翅鳥とは天敵である。

うばなんだりゅうおう　ウパナンダ
339 烏波難陀龍王 Upananda

u
ウ

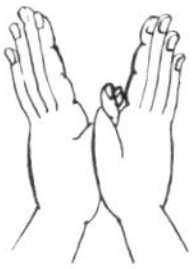

〔三形〕剣　〔尊形〕肉色。右手に剣を持ち、左手に龍索を持つ。頭上に九龍がいる。〔印相〕諸龍印〔真言〕ノウマク　サマンダボダナン　ウハナンダエイ　ソワカ　namaḥ samantabuddhānām upanandāya svāhā（普き諸仏に帰命す　烏波難陀龍王にスヴァーハー）

〔解説〕難陀龍王の弟。名前のはじめのウパは小さい、次のを意味し、ここでは弟を表す。

たいめんてん　アビムツカ
340 対面天 Abhimukha

a
ア

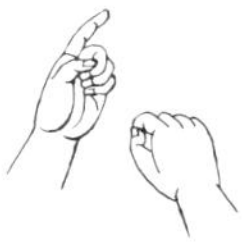

〔**三形**〕剣　〔**尊形**〕肉色。左手に剣を持つ。右手は拳にして目の高さにあげ、頭指を立てる。
〔**印相**〕相向守護印　〔**真言**〕ケイ　アビボキャ　マカハラセンダ　キャダヤ　キンシラシ　サンマヤ　マドサンマラ　ソワカ　he abhimukha mahāpracaṇḍa khādaya kiṃcirāsi samayam anusmara svāhā（ヘー　対面天よ　大猛威なるものよ　食らえ　なぜためらうのか　誓いを思い出せ　スヴァーハー）
〔**解説**〕相向とも訳される。『大日経』には「門に二守護あり、不可越と相向（→胎134, 135）とである」、また「朱目で忿怒形」と説明する。導き難い衆生を威嚇し、食らい尽くし、また教えに違反させず、法を踏みはずさないように仏門を守護する。印は『大日経疏』では難勝金剛の印という。寺院の仁王門はここに由来する。

341 難破天（なんばてん） Durdharṣa（ドゥルダルシャ）

kha
キャ

〔**三形**〕剣　〔**尊形**〕肉色。右手に剣を持ち、左手を拳にして目の高さにあげ、頭指を立てる。〔**印相**〕不可越守護印　〔**真言**〕340に同じ。他に、ドロダリシャ　マカロシャダ　キャダヤ　サラバタタギャタギャナン　コロ　ソワカ　namaḥ samantavajrānāṃ durdharṣamahāroṣana khādaya sarvān tathāgatājñā kuru svāhā（普き金剛部族に帰命す　近寄りがたい大猛威なるものよ　一切の〔敵を〕食らえ　如来の教令を実行せよ　スヴァーハー）
〔**解説**〕『大日経』では不可越という。その威光によって近寄りがたく、仏法を踏み外させない役割を担い、対面天とともに仏法の門を守護する。種字のキャは虚空（kha）に由来する。

342 広目天（こうもくてん） Virūpākṣa（ヴィルーパークシャ）

vi
ビ

〔**三形**〕三鈷戟　〔**尊形**〕白肉色。冑の上に天衣を羽織る。右臂を立てて三鈷戟をつき、左手は拳にして股におく。〔**印相**〕広目天印（両手を拳にして交え、大指で中指の背を押し、二頭指をからめ合わせる）　〔**真言**〕オン　ビロバクシャ　ナガヂハタエイ　ソワカ　oṃ virūpākṣa nāgādhipataye svāhā（オーン　広目天よ　龍族の主に　スヴァーハー）
〔**解説**〕四天王の一、西方の守護神。龍族の支配者。須弥山の中腹に住み、帝釈天の下で四洲の中の西方を守護する。名前のビルーパークシャは、いろいろな眼差し、醜い目付きを意味している。それは守護神として世界の隅々に目を走らせるため、あるいは外敵を威嚇するためである。ヒンドゥー教のシヴァ神の化身ともいわれる。立像では足元に邪鬼（じゃき）を踏む。

343 水天（すいてん） Varuṇa（ヴァルナ）

va
バ

a
ア
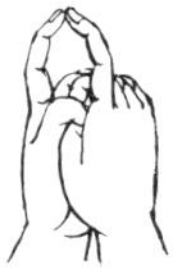

〔**三形**〕龍索　〔**尊形**〕肉色。、右手に龍の索を握る。左手は拳にして腰に当てる。頭上には七龍がいる。〔**印相**〕水天印　〔**真言**〕ノウマク　サマンダボダナン　アハンハタエイ　ソワカ　namaḥ samantabuddhānām apāṃpataye svāhā（普き諸仏に帰命す　水の主に　スヴァーハー）　ノウマク　サマンダボダナン　バロダヤ　ソワカ　namaḥ samantabuddhānāṃ varuṇāya svāhā（普き諸仏に帰命す

水天に　スヴァーハー）

〔**解説**〕八方天、十二天の一。西方を守護する。ヴァルナはリグ・ヴェーダ神話では律法の神で、天地の運行、秩序を司る。不可思議な力マーヤーを具えている。天上界の神聖な水に関与するとされて、後世には水の神として知られる。『大日経疏』では、大海の中の龍とし、水中で自在なので水の主であると説明する。種字のアはアプ（水）に由来する。水天と呼ばれる尊が西門を挟んで二尊あり、その前者（337）は水曜と誤解されたものといわれる。（→金39、77）

344 **水天妃**（すいてんき） Varuṇanī（ヴァルナニー）

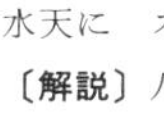

me
メイ

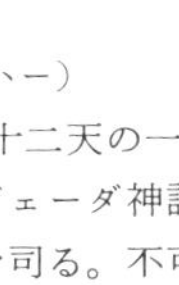

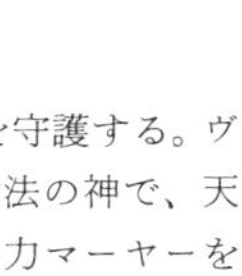

〔**三形**〕龍索　〔**尊形**〕白黄色。右手に龍の索をかかげ、左手は股におく。頭上に九龍がいる。〔**印相**〕水天印　〔**真言**〕ノウマク　サマンダボダナン　アハンハタエイ　ソワカ　namaḥ samantabuddhānāṃ apāṃpataye svāhā（普き諸仏に帰命す　水の主にスヴァーハー）

〔**解説**〕頭上の龍の数の違いによって、七龍を水天に、九龍を水天妃とする。

345 **水天妃眷属**（すいてんきけんぞく） Varuṇanīparivāra（ヴァルナニーパリヴァーラ）

me
メイ

〔**三形**〕龍索　〔**尊形**〕肉色。右手に戟をかまえ、左手は龍索を握って股におく。頭上に八龍がいる。〔**印相**〕水天印　〔**真言**〕ノウマク　サマンダボダナン　メイガシヤニエイ　ソワカ　namaḥ samanta-buddhānāṃ meghāśanaye svāhā（普き諸仏に帰命す　暗雲の中の稲妻に　スヴァーハー）

〔**解説**〕真言のメイガシヤニエイについて、『大日経疏』では雲を食べるという意味でアシャナと解釈しているが、ここでは稲妻を意味するアサニとして訳した。

346 那羅延天（ならえんてん） Nārāyaṇa（ナーラーヤナ）

vi
ビ

〔三形〕宝輪　**〔尊形〕**青黒色。三面で中央は菩薩面三目。右は野猪面、左は獅子面。右手をかざして輪を持つ。左手は腰に当てる。迦楼羅鳥に乗る。**〔印相〕**那羅延天印（右手は拳にして腰に当て、左手は五指を伸ばし、伏せて三度施回する）**〔真言〕**ノウマク　サマンダボダナン　ビシッダベイ　ソワカ　namaḥ samantabuddhānāṃ viṣṇave svāhā（普き諸仏に帰命す　ヴィシュヌ神に　スヴァーハー）

〔解説〕強力の神として知られ、その強勢な力を『大日経』では十九執金剛の一に喩える。帝釈天につかえる強力の勇士。密迹金剛と共に仁王尊として寺院の門に立って仏法を守護する。名前のナーラーヤナは「原初の水の子」という意味で、古代インド神話にまでさかのぼるものであるが、後にヒンドゥー教の最高神ヴィシュヌと同一視される。三面の中央は人間、左は獅子、右は猪の面である。これはヴィシュヌが人間、獅子、猪などに化身して不正・非法がはびこる悪世をただし、正義・法の世を再建する神話に由来する。その起源は、体の色が青黒であることからアーリア系統ではなく、土着の神ではないかといわれる。種字はヴィシュヌの頭文字。乗り物としての迦楼羅＝ガルダ鳥は金翅鳥ともいう。（→金58）

347 那羅延天妃（ならえんてんき） Nārāyaṇī（ナーラーヤニー）

vi
ビ

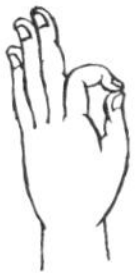

〔三形〕宝輪　**〔尊形〕**肉色。左手で華を盛った荷葉を捧げ、右手をそえる。**〔印相〕**月曜印　**〔真言〕**ノウマク　サマンダボダナン　ビシッダビイ　ソワカ　namaḥ samantabuddhānāṃ viṣṇavi svāhā（普き諸仏に帰命す　ヴィシュヌ神妃よ　スヴァーハー）

〔解説〕焔摩天の七母の一に数えられる。ヒンドゥー教神話ではヴィシュヌ神の妃はラクシュミー、

348・弁才天

349・鳩摩羅天

347・那羅延天妃

346・那羅延天

あるいはシュリー（吉祥天）と呼ばれる。世界創造のときに、「乳海」から生まれた。真言は文法的には vaiṣṇavī＝ヴィシュヌ神に属する女神、が適切である。

種字は名前の頭文字のサ、あるいは弁才天の性格から妙、善を表すソが用いられる。元来は弁舌の才能を意味していたが、日本では弁舌と財宝の福神と見なして弁財天とする。

348 弁才天（べんざいてん） Sarasvatī（サラスヴァティー）

su
ソ

sa
サ

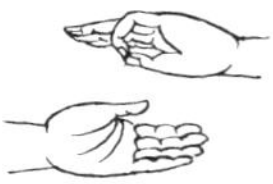

〔三形〕琵琶　**〔尊形〕**白肉色。左手で琵琶をかまえ、右手の指で弾く姿。**〔印相〕**妙音天印（左手は臍前で仰げ、右手は大指・頭指を合わせ、他の三指は伸ばす）　**〔真言〕**ノウマク　サマンダボダナン　ソラソバテイエイ　ソワカ　namaḥ samantabuddhānāṃ sarasvatyai svāhā（普き諸仏に帰命す　弁才天に　スヴァーハー）

〔解説〕音楽・弁才を司る女神、美音天・妙音天、また大弁功徳天ともいう。リグ・ヴェーダ神話では河川の女神であったが、後に言語の女神ヴァーチュと同一視され、文芸や音楽の守護神となる。

349 鳩摩羅天（くまらてん） Kumāra（クマーラ）

ska
サカ

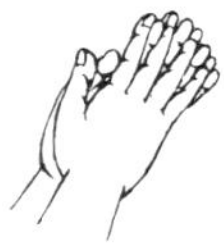

〔三形〕独鈷戟　**〔尊形〕**黄色。六面。童形。右手に三鈷戟を持ち、左手を仰げてその柄を支える。孔雀に乗る。**〔印相〕**金剛合掌　**〔真言〕**普世天明妃の真言→211

〔解説〕名前のクマーラは童子、少年を意味する。種字のサカはスカンダの頭文字である。大自在天（→胎315）の息子、天界の軍神スカンダと同体である。ヒンドゥー教神話によると、大自在天の精液が六滴たれたので六面になったといい、また乳母はクリッティカー（昴宿→胎231）であるという。（→金59）

350 月天（がってん） Candra（チャンドラ）

ca
シャ

〔三形〕白瓶　**〔尊形〕**白肉色。右手を腰に当て、杖を持つ。その先に半月がある。左手は胸に当てる。三羽の鵝鳥に乗る。**〔印相〕**月天印　**〔真言〕**ノウマク　サマンダボダナン　センダラヤ　ソワカ　namaḥ samantabuddhānāṃ candrāya svāhā（普き諸仏に帰命す　月天に　スヴァーハー）

〔解説〕十二天の一。二十八宿の長として運行を主宰する。月天、月曜（→胎325）は同じく天体の月をさすが、火曜と火天が違うことからあえて異なるとし、月天はチャンドラ、月曜はソーマと区分けをしている。月の光は暑さを忘れさせる清涼の輝きを持っている。それは煩悩の熱を冷ます如来の慈光に喩えられる。(→金64)

がつてんき　チャンドラパリヴァーラー
351 月天妃 Candraparivārā

ca
シャ

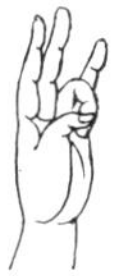

〔三形〕青蓮華　**〔尊形〕**白肉色。左手は胸前で青蓮華を持ち、右手を仰げて茎にそえる。**〔印相〕**月天印　**〔真言〕**ノウマク　サマンダボダナン　センダラハリバレイ　ソワカ　namaḥ samantabuddhānāṃ candraparivāre svāhā（普き諸仏に帰命す　月天の妃よ　スヴァーハー）
〔解説〕月天の徳を受け持つ。名前の中、パリバーラはそばにいるもの、取り巻き、召し使いの意味。

こてん　ヴァードヤデーヴアター
352 鼓天 Vādyadevatā

vā
バ

vi
ビ

〔三形〕楽器（両鼓）**〔尊形〕**肉色。跏上に鼓をかまえ、両手で打つしぐさ。**〔印相〕**内縛して、無名指を立てる。**〔真言〕**ノウマク　サマンダボダナン　ビシッダソバラバケイニ　ソワカ　namaḥ samanta-buddhānāṃ viśuddhasvaravāhini svāhā（普き諸仏に帰命す　清らかな音声を生み出すものに　スヴァーハー）
〔解説〕『大日経』では、天界の楽神である乾達婆の真言・印相を当てている。名前のヴァードヤは楽器の意味。種字のビは真言のヴィシュダの頭文字。

かてん　ギーターデーヴアター
353 歌天 Gītādevatā

gī
ギ

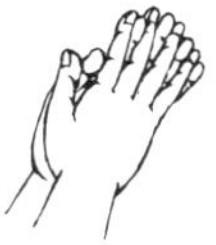

〔**三形**〕楽器（横笛）　〔**尊形**〕肉色。横笛を吹く。〔**印相**〕金剛合掌　〔**真言**〕ノウマク　サマンダ　ボダナン　カサナン　ビカサナン　キンナラダン　ソワカ　namaḥ samantabuddhānāṃ hāsānāṃ vihāsānāṃ kiṃnarāṇāṃ svāhā（普き諸仏に帰命す　笑い　大笑する緊那羅たちに　スヴァーハー）
〔**解説**〕天界における歌舞の楽神である緊那羅（きんなら）（→胎384）になぞらえられている。種字のギは尊名の頭文字。

354 歌天（かてん） Gītādevatā（ギーターデーヴアター）

gī
ギ

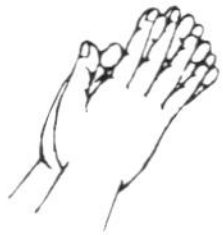

〔**三形**〕楽器（笛）　〔**尊形**〕肉色。笛を吹く。
〔**印相**〕金剛合掌　〔**真言**〕353に同じ。
〔**解説**〕楽天の一で、篳篥（ひちりき）を吹く。

355 楽天（がくてん） Vādyadevatā（ヴアードヤデーヴアター）

vā
バ

〔**三形**〕楽器（鈸）〔**尊形**〕肉色。鈸をつく手ぶり。
〔**印相**〕金剛合掌　〔**真言**〕352に同じ。
〔**解説**〕楽天の一。鈸（ばち）を奏でる。

356 風天妃眷属（ふうてんきけんぞく） Vāyvīdevatā（ヴアーイヴィーデーヴアター）

vā
バ

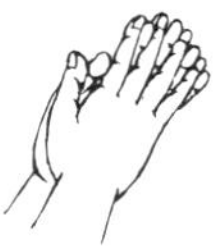

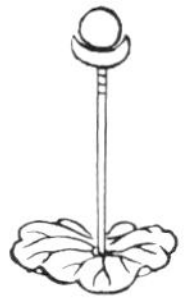

〔**三形**〕幢　〔**尊形**〕肉色。右手は身に向けて、頭指・中指・無名指をやや曲げる。左手は仰げて、頭指・中指・無名指を内に曲げる。天衣をつけ、端が風に舞う。〔**印相**〕金剛合掌　〔**真言**〕357に同じ。
〔**解説**〕次の風天妃と入れ換える説もある。尊形を青色、『諸説不同記』では赤肉色とする説がある。

357 風天妃（ふてんき） Vāyvī（ヴアーイヴィー）

vā
バ

〔**三形**〕幢幡　〔**尊形**〕肉色。左手は仰げ、頭指・中指・無名指をやや曲げる。右手は杖を握る。その先に小袋がある。〔**印相**〕風天印　〔**真言**〕オン　バヤベイ　ソワカ　oṃ vāyave svāhā（オーン　風天に　スヴァーハー）
〔**解説**〕真言は、風天の真言が用いられているが、女尊であるから文法的にはvāyvyaiが適切であろう。

358 風天眷属（ふうてんけんぞく） Vāyava（ヴァーヤヴァ）

vā
バ

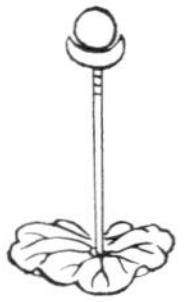

〔三形〕 幢　**〔尊形〕** 肉色。童子形。右手は杖を持つ。先に半月・太陽がある。左手は股におく。**〔印相〕** 風天印　**〔真言〕** 360に同じ。

〔解説〕 名前は風の複数形で、眷属であることを示す。

359 風天眷属（ふうてんけんぞく） Vāyava（ヴァーヤヴァ）

〔尊形〕 肉色。童子形。右手は胸前で仰げ、左手に杖を持つ。杖の先に半月・太陽がある。**〔種字・三形・印相・真言〕** 358に同じ。

〔解説〕 360参照。

360 風天（ふうてん） Vāyu（ヴァーユ）

vā
バ

〔三形〕 幢幡　**〔尊形〕** 赤黒色。冠をかぶり、鎧を着る。天衣、腰帯は風に舞う。右手に杖を持つ。先には半月・星がある。左手は股に置く。**〔印相〕** 風天印　**〔真言〕** ノウマク　サマンダボダナン　バヤベイ　ソワカ　namaḥ samantabuddhānāṃ vāyave svāhā（普き諸仏に帰命す　風天に　スヴァーハー）

〔解説〕 十二天の一。八方天の一として西北を守護する。『大日経疏』では種子の va を ba（バンダの頭文字、意味は束縛）と取り違えて、束縛を離れた自由さを表すと解釈する。風天の特性は、五大の一、風大になぞらえる。風大の種字はカ、字義は「訶字は因縁を遠離する」、色は黒、形は半月、これは風の動き、振り子の揺れに基づく。性質は動、働きは養育である。リグ・ヴェーダ神話では、風は宇宙創造のとき、原人の呼気から生まれたという。

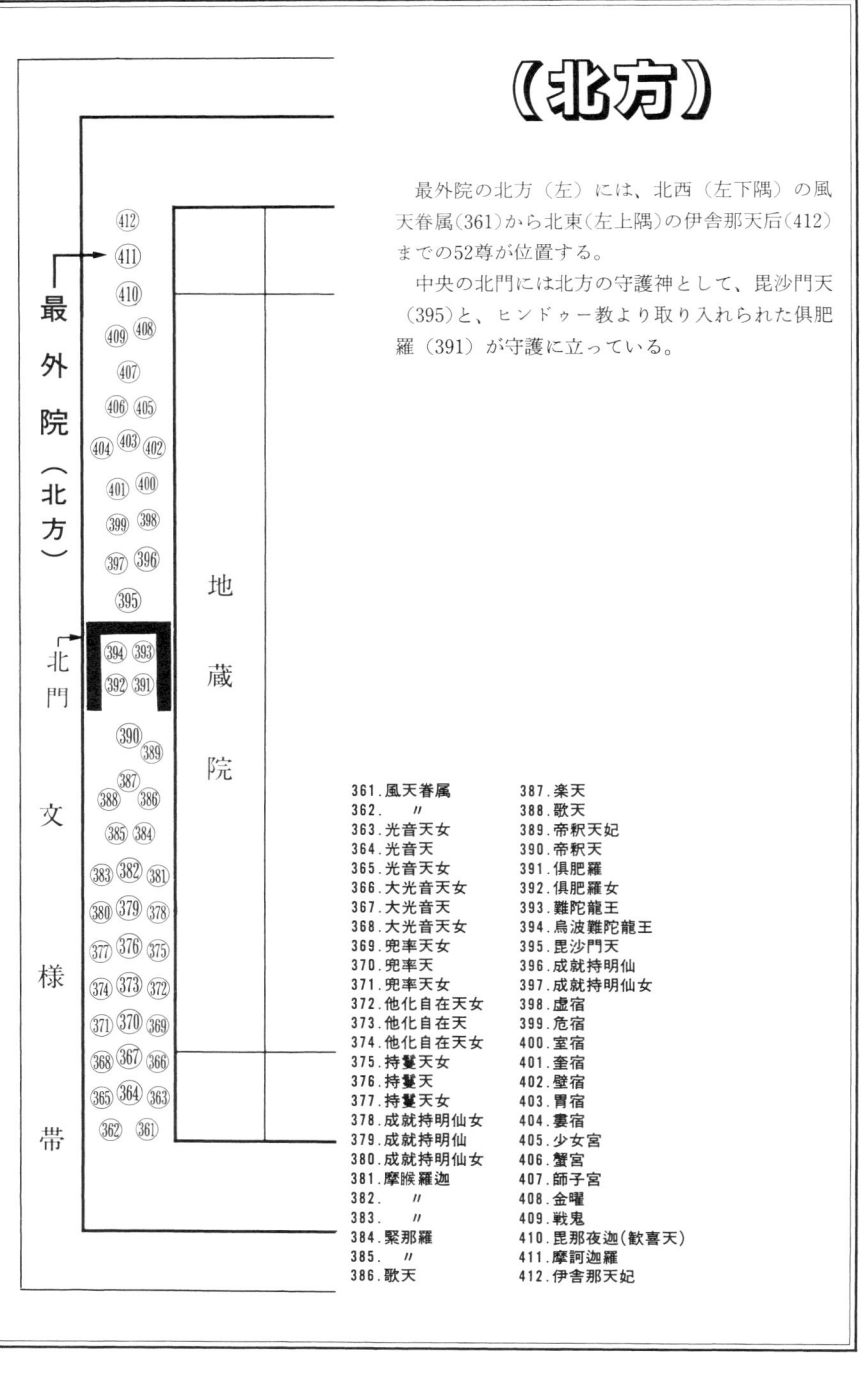

（北方）

最外院の北方（左）には、北西（左下隅）の風天眷属(361)から北東(左上隅)の伊舎那天后(412)までの52尊が位置する。

中央の北門には北方の守護神として、毘沙門天（395）と、ヒンドゥー教より取り入れられた倶肥羅（391）が守護に立っている。

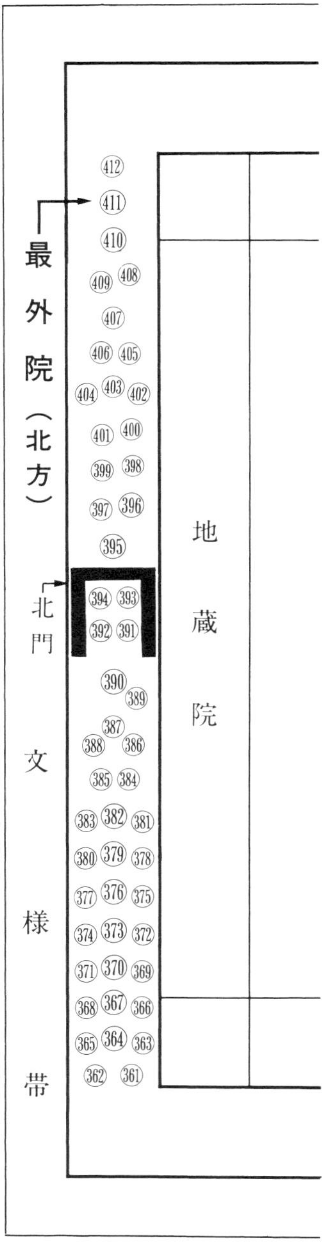

361.風天眷属
362.　〃
363.光音天女
364.光音天
365.光音天女
366.大光音天女
367.大光音天
368.大光音天女
369.兜率天女
370.兜率天
371.兜率天女
372.他化自在天女
373.他化自在天
374.他化自在天女
375.持鬘天女
376.持鬘天
377.持鬘天女
378.成就持明仙女
379.成就持明仙
380.成就持明仙女
381.摩睺羅迦
382.　〃
383.　〃
384.緊那羅
385.　〃
386.歌天
387.楽天
388.歌天
389.帝釈天妃
390.帝釈天
391.倶肥羅
392.倶肥羅女
393.難陀龍王
394.烏波難陀龍王
395.毘沙門天
396.成就持明仙
397.成就持明仙女
398.虚宿
399.危宿
400.室宿
401.奎宿
402.壁宿
403.胃宿
404.婁宿
405.少女宮
406.蟹宮
407.師子宮
408.金曜
409.戦鬼
410.毘那夜迦(歓喜天)
411.摩訶迦羅
412.伊舎那天妃

361 風天眷属（ふうてんけんぞく） Vāyava（ヴァーヤヴァ）

vā
バ

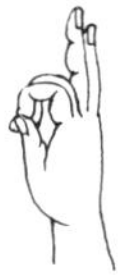

〔**三形**〕幢　〔**尊形**〕肉色。童子形。左手は胸前で杖を握る。杖の先端に日・月がある。右手は胸先で掌を外に向ける。天衣が舞う。〔**印相**〕風天印
〔**真言**〕360に同じ。
〔**解説**〕360参照。

362 風天眷属（ふうてんけんぞく） Vāyava（ヴァーヤヴァ）

〔**尊形**〕肉色。童子形。右手で杖を握り、左手で支える。杖の先端に日・月がある。〔**種字・三形・印相・真言**〕361に同じ。
〔**解説**〕360参照。

---

363 光音天女（こうおんてんにょ） Ābhāsvarā（アーバースヴアラー）

a
ア

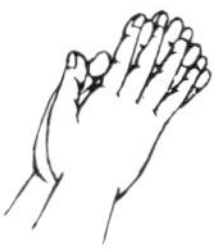

〔**三形**〕未開敷蓮華（みかいふ）　〔**尊形**〕白肉色。右手を腰に当て、無名指・小指を屈する。左手は胸前で蓮華を持つ。〔**印相**〕金剛合掌　〔**真言**〕普世天明妃の真言→211
〔**解説**〕光音天の妃。

364 光音天（こうおんてん） Ābhāsvara（アーバースヴアラ）

a
ア

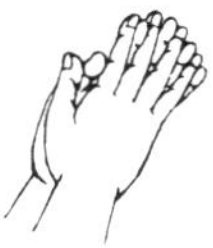

〔**三形**〕未開敷蓮華　〔**尊形**〕白肉色。右手は腰に

（上）368・天女／367・大光音天／366・天女
（中）365・天女／364・光音天／363・天女

362・風天眷属　　361・風天眷属

当て、蓮華を持つ。左手は立てて無名指・小指を屈する。天衣が舞う。〔**印相**〕金剛合掌　〔**真言**〕普世天明妃の真言→211
〔**解説**〕色界の第二禅天に位置する。第二禅天では、光明（アーバー）が言葉や音声（スヴァラ）の役割をするので、光音天という。修行の程度、深さによって少光・無量光・極光浄の三に分けられている。

365 光音天女（こうおんてんにょ） Ābhāsvarā（アーバースヴアラー）

〔**尊形**〕白肉色。右手は腰で、掌を外に向け、左手は臍前で仰げる。〔**種字・三形・印相・真言**〕363に同じ。
〔**解説**〕光音天の妃。

366 大光音天女（だいこうおんてんによ） Bṛhadābhāsvarā（ブリハッドアーバースヴァラー）

bṛ
ビリ

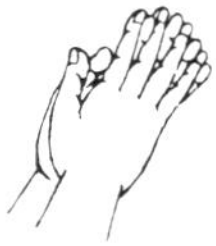

〔三形〕燥瓶　〔尊形〕白肉色。右手は臍前におき、左手は乳前で立てる。〔印相〕金剛合掌　〔真言〕普世天明妃の真言→211

〔解説〕大光音天の妃。

368 大光音天女（だいこうおんてんによ） Bṛhadābhāsvarā（ブリハーツドアバースヴアラー）

〔尊形〕白肉色。両手で蓮華を持つ。〔種字・三形・印相・真言〕366に同じ。

〔解説〕大光音天の妃。

367 大光音天（だいこうおんてん） Bṛhadābhāsvara（ブリハツドアーバースヴアラ）

bṛ
ビリ

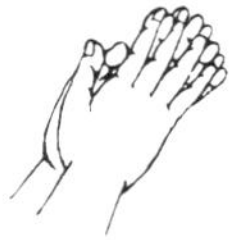

〔三形〕燥瓶　〔尊形〕白肉色。右手は臍前で瓶を持ち、左手は胸前で仰げる。〔印相〕金剛合掌　〔真言〕普世天明妃の真言→211

〔解説〕色界の第二禅天に位置する。光明による音声が特に広大（ブリハット）なので大光音という。

369 兜率天女（とそつてんによ） Tuṣitā（トウシター）

tu
トウ

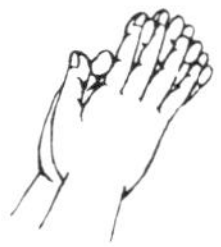

〔三形〕未開敷蓮華　〔尊形〕白肉色。右手に蓮華を持ち、左手を立てて、中指・無名指を曲げる。〔印相〕金剛合掌　〔真言〕370に同じ。

〔解説〕兜率天の妃。

370 兜率天（とそつてん） Tuṣita（トウシタ）

tu
トウ

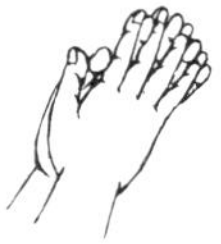

〔三形〕未開敷蓮華　〔尊形〕白肉色。右手に蓮華を持ち、左手は拳にして股におく。〔印相〕金剛合掌　〔真言〕トシテイビャク　ソワカ　tuṣitebhyaḥ svāhā（兜率天の神々に　スヴァーハー）　または普世天明妃の真言→211

〔解説〕都史多とも音写する。欲界の第四禅天に位置する。禅定の程度、深まりから、この天は夜摩天と他化自在天との間にある。その境地は五欲について満足（トゥシタ）を知るので、知足天・喜足天とも訳される。兜率天は精神の深さ、禅定の境地だけでなく弥勒（みろく）菩薩の浄土としても知られる。この天は内院と外院に別れ、その内院で弥勒菩薩は思惟している。56億７千万年の未来にこの世に下りて龍華樹の下で成道し、三度説法する。

それを龍華三会(りゅうげさんえ)、弥勒三会などという。伝説では釈尊はこの天にとどまった後、白象に乗って、母マーヤー夫人の胎内に入った。高野山は兜率天の内院とされ、周囲の峰々は八葉の蓮華になぞらえられている。（→胎 9）

371 兜率天女(とそつてんにょ) Tuṣitā(トウシター)

〔**尊形**〕肉色。左手は股におき、右手は大指・頭指・中指で蓮華をつまむ。〔**種字・三形・印相・真言**〕369に同じ。

〔**解説**〕兜率天の妃。

---

372 他化自在天女(たけじざいてんにょ) Paranirmitavaśavartinī(パラニルミタヴアシャヴアルティニー)

pa
ハ

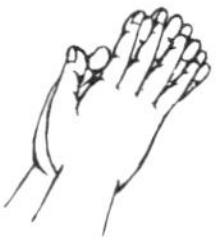

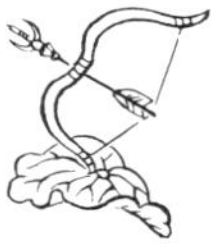

〔**三形**〕弓箭　〔**尊形**〕肉色。右手に蓮華を持ち、左手は伏せて股におく。〔**印相**〕金剛合掌　〔**真言**〕373に同じ。

〔**解説**〕他化自在天の妃。

373 他化自在天(たけじざいてん) Paranirmitavaśavartin(パラニルミタヴアシャヴアルテイン)

pa
ハ

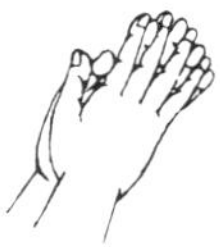

〔**三形**〕弓箭　〔**尊形**〕肉色。右手に箭をとり、左手は頭指を身に向けて弓を握る。〔**印相**〕金剛合掌

〔**真言**〕オン　ハラニラミタラチビャク　ソワカ

oṃ paranirmitaratibhyaḥ svāhā（オーン　他によって作り出された快楽を楽しむものに　スヴァーハー）

〔**解説**〕欲界の第六天、最高位。名の由来は、この天より下方の天、つまり他のものが作り出した（パラ・ニルミタ）快楽・欲楽を自分のものとして、自在に享受する（ヴァシャ・ヴァルティン）からである。弓と箭は、獲物である快楽・欲楽を自在に獲得することを意味している。釈尊が悟りを開くとき、魔王波旬(はじゅん)は四女つまり煩悩魔・死魔・蘊(うん)魔・天魔の四魔を派遣して成道を妨害しようとしたが、かえって降伏された。他化自在天は天魔に当たる。しかし密教では成道の楽しみを享受する境地を尊格化してこの尊とした。

374 他化自在天女(たけじざいてんにょ) Paranirmitavaśavartinī(パラニルミタヴアシャヴアルティニー)

〔**尊形**〕肉色。右手は立て、中指・無名指を曲げる。左手は胸前で蓮華を持つ。〔**種字・三形・印相・真言**〕372に同じ。

〔**解説**〕他化自在天の妃。

---

375 持鬘天女(じまんてんにょ) Mālādharā(マーラーダラー)

ro
ロウ

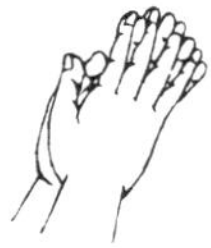

〔**三形**〕青蓮華　〔**尊形**〕白肉色。右手は仰げて臍におき、左手は蓮華を持つ。〔**印相**〕金剛合掌　〔**真言**〕普世天明妃の真言→211

〔解説〕 持鬘天の妃。

376 持鬘天（じまんてん） Mālādhara（マーラーダラ）

ro
ロウ

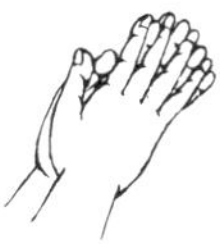

〔三形〕 青蓮華　**〔尊形〕** 白肉色。宝冠を戴く。右手は拳にして外に向ける。左手に蓮華を持つ。**〔印相〕** 金剛合掌　**〔真言〕** 普世天明妃の真言→211

〔解説〕 他化自在天の眷属といわれるが、この天には異説が多い。その理由は、名前のマーラー（花飾り）ダラ（を持つ）の意味が、マーラ（悪魔の）バラ（力を持つ）と誤解され、混同されたからであろう。『胎蔵旧図様』と『胎蔵図像』では尊名の通り花束をいだいている。

377 持鬘天女（じまんてんにょ） Mālādharā（マーラーダラー）

〔尊形〕 白肉色。両手で蓮華を持つ。**〔種字・三形・印相・真言〕** 375に同じ。

〔解説〕 持鬘天の妃。

378 成就持明仙女（じょうじゅじみょうせんにょ） Siddhavidyādharā（シッダヴィドヤーダラー）

si
シ

〔三形〕 未開敷蓮華　**〔尊形〕** 肉色。右手は臍前で仰げ、中指・無名指を曲げる。左手は立てて、中指・無名指を曲げる。左膝を立てる。**〔印相〕** 成就持明仙印　**〔真言〕** 379に同じ。

〔解説〕 成就持明仙の妃。

379 成就持明仙（じょうじゅじみょうせん） Siddhavidyādhara（シッダヴィドヤーダラ）

si
シ

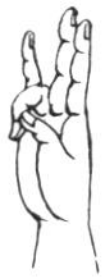

〔三形〕 未開敷蓮華　**〔尊形〕** 肉色。右手は立て、中指・無名指を曲げる。左手は拳にして腰に当てる。**〔印相〕** 成就持明仙印　**〔真言〕** ノウマク　サマンダボダナン　シッダビジヤダラダン　ソワカ

namaḥ samantabuddhānāṃ siddhavidyādharāṇāṃ svāhā（普き諸仏に帰命す　成就持明仙に　スヴァーハー）

〔解説〕 古来より、明呪（ビドヤー）を念持して（ダラ）、その験力を成就した（シッダ）仙人と理解さ

れてきた。ヒンドゥー教ではヴィドヤーダラはヒマラヤ山に住み、人間に姿を変えて現れたり、恵みをもたらす妖精として、またシッダは虚空に住み、不思議な力を持つ精霊として人間に親しみのある存在である。緊那羅や次項の摩睺羅迦などと共に天龍八部と関係させて理解するのもおもしろい。

380 成就持明仙女（じようじゆじみようせんによ） Siddhavidyādharā（シッダヴィドヤーダラー）

〔**三形**〕未開敷蓮華　〔**尊形**〕肉色。右手は拳にして大指を立てる。左手は仰げて腰におく。〔**種字・三形・印相・真言**〕379に同じ。

〔**解説**〕成就持明仙の妃。

381 摩睺羅迦（まごらか） Mahoraga（マホーラガ）

ma
マ

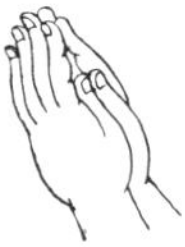

〔**三形**〕楽器（笛）　〔**尊形**〕肉色。頭に蛇を戴き、右手を立てて、無名指・小指を屈する。左手は股におく。〔**印相**〕蓮華合掌　〔**真言**〕382に同じ。

〔**解説**〕382参照。

382 摩睺羅迦（まごらか） Mahoraga（マホーラガ）

ma
マ

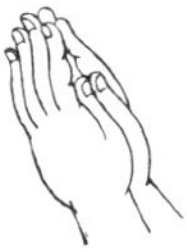

〔**三形**〕楽器（笛）　〔**尊形**〕肉色。両臂を張り、胸前で拳にして、天衣をつかみ、左膝を立てる。〔**印相**〕蓮華合掌　〔**真言**〕ノウマク　サマンダボダナン　ガ　ラ　ラン　ガ　ラ　ラン　ソワカ　namaḥ samantabuddhānāṃ ga ra laṃ ga ra laṃ svāhā（普き諸仏に帰命す　ガ　ラ　ラン　ガ　ラ　ラン　スヴァーハー）

〔**解説**〕天龍八部衆の一。大きな（マハー）胸腹（ウラ）で進む（ガ）ものの意味で、蛇の別名。蛇が胸腹を使って進むことから名付けられた。真言は『大日経疏』によれば、自在に進み（ガ）、塵（ラ＝ラジャス）である生死の相（ラ＝ラクシャナ）を空じて（ン＝空点）涅槃に入ると解釈される。

383 摩睺羅迦（まごらか） Mahoraga（マホーラガ）

〔**尊形**〕肉色。笛を吹く。〔**種字・三形・印相・真言**〕381に同じ。

〔**解説**〕382参照。

384 緊那羅（きんなら） Kiṃnara（キンナラ）

ki
キ

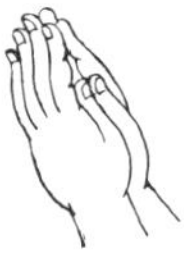

〔**三形**〕楽器（鼓）　〔**尊形**〕肉色。膝の間に鼓をおき、両手は鼓を打つように開く。〔**印相**〕蓮華合掌　〔**真言**〕ノウマク　サマンダボダナン　カサナン　ビカサナン　キンナラダン　ソワカ　namaḥ samantabuddhānāṃ hāsānāṃ vihāsānāṃ kiṃnarāṇāṃ svāhā（普き諸仏に帰命す　笑い　大笑する緊那羅た

384・緊那羅

385・緊那羅

ちに　スヴァーハー）

〔解説〕天龍八部衆の一。緊那羅は人非人と漢訳される。その理由は原語のキンナラが「あれは人かどうか、何者か」を意味するからである。ひとでなし、非情な人という意味はない。倶肥羅（→胎391）に仕え、美妙の音声を持ち歌舞に通じている。馬首人身で表されることもある。また女天は乾闥婆の妻ともいわれる。

385 緊那羅（きんなら） Kiṃnara（キンナラ）

ki
キ

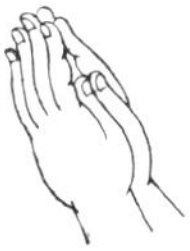

〔三形〕楽器（両鼓）　〔尊形〕肉色。膝の前に鼓二つを並べ立て、両手は打つしぐさ。〔印相〕蓮華合掌　〔真言〕384に同じ。

〔解説〕384参照。

386 歌天（かてん） Gītādevatā（ギーターデーヴアター）

gī
ギ

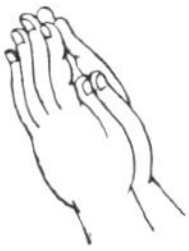

〔三形〕楽器（鼓）　〔尊形〕肉色。右膝の前に鼓、右手は打つしぐさ、左手は撥を肩に上げる。〔印相〕蓮華合掌　〔真言〕384に同じ。

〔解説〕歌天は天界の楽神である緊那羅と同一視されている。種字のギは尊名の頭文字。353歌天など参照。

387 楽天（がくてん） Vādyadevatā（ヴアードヤデーヴアター）

vā
バ

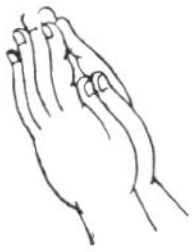

〔三形〕楽器（鈸（はち））　〔尊形〕肉色。鈸を持って舞を舞う。〔印相〕蓮華合掌　〔真言〕ノウマク　サマンダボダナン　ビシツダ　ソバラバケイニ　ソワカ

namaḥ samantabuddhānāṃ viśuddhasvaravāhini svāhā（普き諸仏に帰命す　清らかな音声を生み出すものに　スヴァーハー）

〔解説〕明王女という説もあるが、『諸説不同記』

では尊形から判断して、楽天とする。種字のバは尊名の頭文字。355楽天参照。

388 歌天（かてん） Gītādevatā（ギーターデーヴァター）

gī
ギ

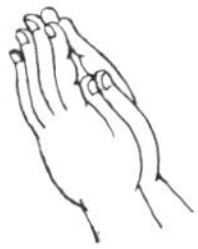

〔**三形**〕楽器（笛）　〔**尊形**〕肉色。笛を吹く。〔**印相**〕蓮華合掌　〔**真言**〕387に同じ。
〔**解説**〕387参照。

389 帝釈天妃（たいしやくてんき） Aindrī（アインドリー）

e
エイ

ma
マ

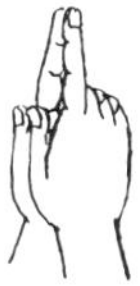

〔**三形**〕含蓮華、槌　〔**尊形**〕肉色。右手に含蓮華を持ち、左手を添える。〔**印相**〕帝釈天印　〔**真言**〕390に同じ。
〔**解説**〕七母天の一。七母天は焔摩天に属するので、南方に配置される例もある。種字のマはマートリカー（母）に由来する。三形の槌は七母天の通三形。アインドリーとはインドラの一族の女性の意味。

390 帝釈天（たいしやくてん） Indra（インドラ）

ī
イ

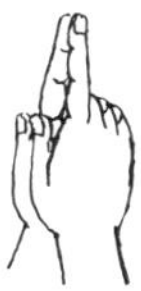

〔**三形**〕独鈷杵　〔**尊形**〕黄色。宝冠をかぶり、第三目をもつ。右手は胸前で独鈷杵を握り、左手は拳にして股におく。山頂に坐る。〔**印相**〕帝釈天印　〔**真言**〕ノウマク　サマンダボダナン　シャキャラヤ

390・帝釈天
389・帝釈天妃

ソワカ　namaḥ samantabuddhānāṃ śakrāya svāhā（普き諸仏に帰命す　シャクラに　スヴァーハー）
〔**解説**〕十二天の一。八方天の一として東方守護のため東門(→胎224)に立つが、北方にも位置する。この尊は宝冠と第三目を特徴とする。『大日経』は帝釈天を東方に置くのみであるが、『大日経疏』『胎蔵旧図様』は最外院の東方と第二院の北方に位置させている。北方に位置する理由について、閻浮提（えんぶだい）（古代インドの世界観で、インド大陸、人間が住む世界をさす）から見れば、世界の中心である須弥山（しゆみせん）は北方に当たり、そこに帝釈天が住むので北に置くとする。また東方に置くのは帝釈天が八方天として東を守護するからであると、便宜的な解釈をする。

391 倶肥羅(くびら) Kubera(クベーラ)

〔三形〕剣　〔尊形〕肉色。右手に剣を持ち、左手は股におく。〔印相〕倶肥羅印（外縛し、二無名指を相い合わせ、二頭指を伸ばして開く）　〔真言〕ノウマク　サマンダボダナン　ヤキシャシバラ　ソワカ　namaḥ samantabuddhānāṃ yakṣeśvara svāhā（普き諸仏に帰命す　薬叉の主よ　スヴァーハー）

〔解説〕毘沙門天と同一視される。財宝の天。北方を守護する。薬叉を支配する長である。

392 倶肥羅女(くびらにょ) Kuberā(クベーラー)

〔三形〕頂骨　〔尊形〕肉色。右手に棒を持つ。〔印相〕倶肥羅女印（虚心合掌し、小指・大指を掌に入れ、無名指・中指・頭指を伸ばして三鈷杵の形にする）　〔真言〕ノウマク　サマンダボダナン　ヤキシャ　ビジャダリ　ソワカ　namaḥ samantabuddhānāṃ yakṣa vidyādhari svāhā（普き諸仏に帰命す　薬叉よ　神通力をもつものよ　スヴァーハー）

〔解説〕倶肥羅の女尊。真言からヤクシャは神通力を具えていることが分かる。

393 難陀龍王(なんだりゅうおう) Nanda(ナンダ)

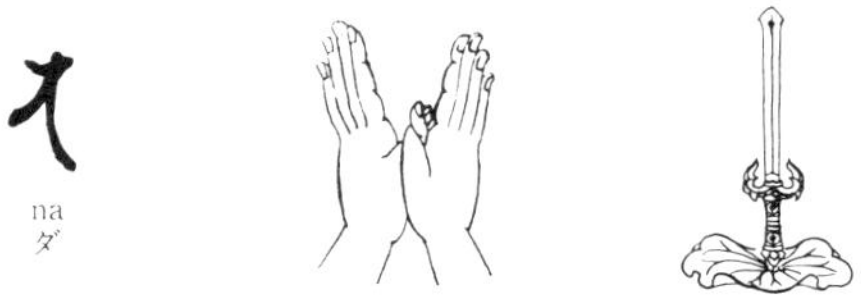

〔三形〕剣　〔尊形〕肉色。北門の中に坐る。右手は剣を持ち、左手は股におく。頭上に七龍がいる。〔印相〕諸龍印　〔真言〕ノウマク　サマンダボダナン　ナンダヤ　ソワカ　namaḥ samantabuddhānāṃ nandāya svāhā（普き諸仏に帰命す　難陀龍王に　スヴァーハー）また二龍王の真言として、ノウマク　サマンダボダナン　ナンダハナンダエイ　ソワカ　namaḥ samantabuddhānāṃ nandopanandāya svāhā（普き諸仏に帰命す　難陀龍王　烏波難陀龍王に　スヴァーハー）

〔解説〕338参照。

394 烏波難陀龍王（うばなんだりゅうおう） Upananda（ウパナンダ）

u
ウ

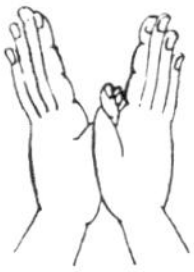

〔**三形**〕剣　〔**尊形**〕肉色。北門の中に坐る。右手は股に、左手は蓮華を持つ。頭上に七龍がいる。

〔**印相**〕諸龍印　〔**真言**〕339に同じ。

〔**解説**〕339参照。

---

395 毘沙門天（びしゃもんてん） Vaiśravaṇa（ヴァイシュラヴァナ）

vai
ベイ

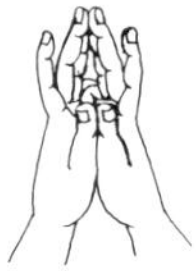

395・毘沙門天

〔**三形**〕宝塔　〔**尊形**〕黄肉色。右手に宝棒を持ち、左手に宝塔を掲げる。甲冑を着け、冠をかぶる。〔**印相**〕毘沙門天印（虚心合掌し、二小指を掌に入れて相い交え、二大指を並べ立て、二頭指は二中指の側につかない程度に曲げる）〔**真言**〕ノウマク　サマンダボダナン　ベイシラマンダヤ　ソワカ　namaḥ samantabuddhānāṃ vaiśravaṇāya svāhā（普き諸仏に帰命す　毘沙門天に　スヴァーハー）

〔**解説**〕四天王の一、また八方天、十二天の一で北方を守護する。多聞天とも訳される。元来はヒンドゥー教の神で、財宝の神。クベーラ神に同じ。仏教では須弥山の第四層に住み、四天王の一として、薬叉、羅刹を率いて北方を守護する。仏法守護の性格に加えて、財福を授与する性格はヒンドゥー教の影響であろう、施財天ともいわれる。多聞の由来は、常に仏の説法を聞くから、福徳の名声が十方に聞こえているからともいわれる。仏弟子をシュラーヴァカ（声聞（しょうもん））というのもヴァイシュラヴァナも同じく、聞くという動詞から派生した語であり、説法を聞いた者の意味である。観音経では観音菩薩の化身の一つに毘沙門天身が挙げられている。軍神として信仰され、唐の時代、中国が兜抜に攻められたとき、不空三蔵は毘沙門天に祈願した。また日本では上杉謙信は旗印にするほど信仰している。七福神の一として庶民に親しまれている。金剛界（→72）では五類天の分類別にしたがって西方に位置する。

---

396 成就持明仙（じょうじゅじみょうせん） Siddhavidyādhara（シッダヴィドヤーダラ）

si
シ

〔**三形**〕未開敷蓮華　〔**尊形**〕肉色。右手に剣を持ち、左手は股におく。背後に火炎が燃え盛る。〔**印相**〕成就持明仙印　〔**真言**〕379に同じ。

〔**解説**〕379参照。

397 成就持明仙女（じょうじゅじみょうせんにょ） Siddhavidyādharā（シッダヴィドヤーダラー）

si
シ

〔**三形**〕未開敷蓮華　〔**尊形**〕白肉色。右手に剣を持ち、左手を肩の前に挙げて拳にし、頭指を伸ばす。〔**印相**〕成就持明仙印　〔**真言**〕379に同じ。〔**解説**〕379参照。

397・成就持明仙女

396・成就持明仙

398 虚宿（きょしゅく） Dhaniṣṭhā（ダニシュター）

dha
ダ

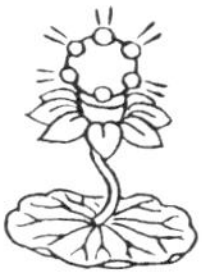

〔**三形**〕蓮上星　〔**尊形**〕肉色。右手に蓮華を持つ、その上に星がある。左手は股におく。〔**印相**〕二十八宿総印　〔**真言**〕ノウマク　サマンダボダナン　ダンニシタダキシャタラ　ソワカ　namaḥ samanta-buddhānāṃ dhaniṣṭhānakṣatra svāhā（普き諸仏に帰命す　虚宿よ　スヴァーハー）
〔**解説**〕二十八宿の一。2星よりなり、賢瓶宮（水瓶座）に位置する。ダニシュターは最も富む者の意味であるが、それは激しい貪りの結果でもある。それで貪財ともいわれる。虚もそれに類する意味合いであろう。

399・危宿

398・虚宿

399 危宿（きしゅく） Śatabhiṣā（シャタビシャー）

śa
シャ

〔**三形**〕蓮上星　〔**尊形**〕肉色。胸の前で右手で蓮華をつまむ、その上に星がある。左手を腹前でそえる。〔**印相**〕二十八宿総印　〔**真言**〕ノウマク　サマンダボダナン　サタビシャダキシタラ　ソワカ　namaḥ samantabuddhānāṃ śatabhiṣānakṣatra svāhā（普き諸仏に帰命す　危宿よ　スヴァーハー）
〔**解説**〕二十八宿の一。3星よりなり、賢瓶宮（水瓶座）に位置する。シャタ・ビシャーは百の薬、あるいは毒と理解されている。

400 室宿（しつしゅく） Pūrvabhadrapadā（プールヴァバドラパダー）

bha
バ

〔**三形**〕蓮上星　〔**尊形**〕肉色。右手は股におき、蓮華を持つ、その上に蓮華がある。左手が胸の前で掌を仰げる。〔**印相**〕二十八宿総印　〔**真言**〕ノウマク　サマンダボダナン　ホロババダラハダ　ダキシャタラ　ソワカ　namaḥ samantabuddhānāṃ pūrvabhadrapadānakṣatra svāhā（普き諸仏に帰命す　室宿よ　スヴァーハー）

〔**解説**〕二十八宿の一。8星よりなる。種字のバは名前の中間のバドラに基づく。402の壁宿と一対である。プールヴァは前、上の意味。

401 奎宿（けいしゅく） Revatī（レーヴアティー）

re
レイ

〔**三形**〕蓮上星　〔**尊形**〕肉色。胸の前で両手で蓮華を握る、その上に星がある。〔**印相**〕二十八宿総印　〔**真言**〕ノウマク　サマンダボダナン　リバチダキシャタラ　ソワカ　namaḥ samantabuddhānāṃ revatīnakṣatra svāhā（普き諸仏に帰命す　奎宿よ　スヴァーハー）

〔**解説**〕二十八宿の一。16星よりなり、双魚宮（魚座）に位置する。

402 壁宿（へきしゅく） Uttarabhadrapadā（ウッタラバドラパダー）

śa
シャ

ro
ロウ

〔**三形**〕蓮上星　〔**尊形**〕肉色。右手に蓮華をつまみ、その上に星がある。左手は股の前で仰げる。〔**印相**〕二十八宿総印　〔**真言**〕ノウマク　サマンダボダナン　ウッタラバダラハダ　ダキシャタラ　ソワカ　namaḥ samantabuddhānām uttarabhadrapadānakṣatra svāhā（普き諸仏に帰命す　壁宿よ　スヴァーハー）

〔**解説**〕二十八宿の一。2星。名前のウッタラは後、下を意味し、400の室宿とで前後一対として考えている。種字がシャになった経緯については不明。ロは世天の通種字。

403 胃宿（いしゅく） Bharaṇī（バラニー）

bha
バ

〔**三形**〕蓮上星　〔**尊形**〕肉色。右手に蓮華をつま

み、左の掌に茎の端を置く。蓮華の上に星がある。**〔印相〕**二十八宿総印　**〔真言〕**ノウマク　サマンダボダナン　バラジ　ダキシャタラ　ソワカ　namaḥ samantabuddhānāṃ bharaṇīnakṣatra svāhā（普き諸仏に帰命す　胃宿よ　スヴァーハー）
〔解説〕二十八宿の一。3つの星よりなり、白羊宮（牡羊座）に位置する。

404 婁宿（ろうしゅく） Aśvinī（アシュヴィニー）

a
ア

〔三形〕蓮上星　**〔尊形〕**肉色。左手を胸先で仰げ、右手に蓮華をつまむ。その上に星がある。**〔印相〕**二十八宿総印　**〔真言〕**ノウマク　サマンダボダナン　アシャバジイ　ダキシャタラ　ソワカ　namaḥ samantabuddhānām aśvinīnakṣatra svāhā（普き諸仏に帰命す　婁宿よ　スヴァーハー）
〔解説〕二十八宿の一。3つの星よりなり、白羊宮（牡羊座）に位置する。

406・蟹宮

405・少女宮

405 少女宮（しょうじょくう） Kanyā（カンヤー）

ka
キャ

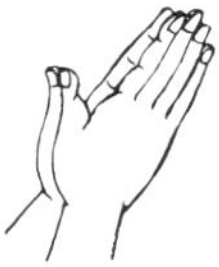

〔三形〕宮殿　**〔尊形〕**白肉色。左手を仰げ、右手は頭指を伸ばし、股におく。**〔印相〕**諸曜印　**〔真言〕**ノウマク　サマンダボダナン　カンニヤハタエイ　ソワカ　namaḥ samantabuddhānāṃ kanyāpataye svāhā（普き諸仏に帰命す　少女の主の宮よ　スヴァーハー）
〔解説〕十二宮の一、双女宮、女宮ともいう。乙女座。黄道における七月に相当。

406 蟹宮（かいくう） Karkaṭāka（カルカターカ）

ka
キャ

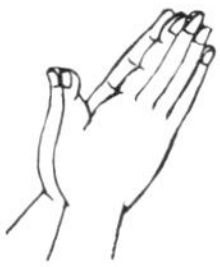

〔三形〕宮殿　**〔尊形〕**白肉色。巨大な蟹の形。**〔印相〕**諸曜印　**〔真言〕**ノウマク　サマンダボダナン　キャラカタカハタエイ　ソワカ　namaḥ samantabuddhānāṃ karkaṭākapataye svāhā（普き諸仏に帰命す　蟹の主の宮よ　スヴァーハー）
〔解説〕十二宮の一、巨蟹宮（きょかいくう）、傍蟹宮（ほうかいくう）ともいう。蟹座。黄道における六月に相当する。

407 師子宮（ししくう） Siṃha（シンハ）

si
シ

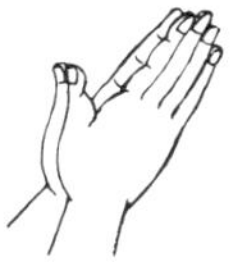

〔**三形**〕宮殿　〔**尊形**〕金色。師子の形。〔**印相**〕諸曜印　〔**真言**〕ノウマク　サマンダボダナン　シンカハタエイ　ソワカ　namaḥ samantabuddhānāṃ siṃhapataye svāhā（普き諸仏に帰命す　師子の主の宮よ　スヴァーハー）

〔**解説**〕十二宮の一、獅子座。黄道の七月に相当する。

407・師子宮

---

408 金曜（きんよう） Śukra（シュクラ）

śu
ソウ

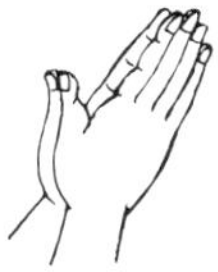

〔**三形**〕瓶上星　〔**尊形**〕肉色。天衣を着、右手は胸に当て、左手は仰げて、四指を曲げる。〔**印相**〕諸曜印　〔**真言**〕オン　シュキャラシリ　ソワカ　oṃ śukraśri svāhā（オーン　めでたい金曜よ　スヴァーハー）

〔**解説**〕七曜、九執の一。金星。太白、長庚ともいう。

409・戦鬼

408・金曜

409 戦鬼（せんき） Kampa（カンパ）

kaṃ
キャン

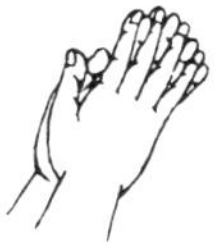

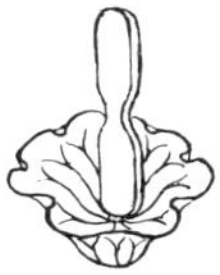

〔**三形**〕笏（しゃく）　〔**尊形**〕肉色。宝冠、羯磨衣を着、五色の雲に乗り、笏で両手を支える。〔**印相**〕金剛合掌　〔**真言**〕普世天明妃の真言→211

〔**解説**〕サンスクリット語のカンパは、振動、地震などを意味する。したがって戦鬼の戦は、戦う、争うではなく、震え、おののくという意味である。『大日経疏』では、日天の十の眷属の一に数える。

410・毘那耶迦

410 毘那耶迦（びなやか） Vināyaka（ヴィナーヤカ）
（歓喜天（かんきてん） Gaṇapati（ガナパテ）, Ganeśa（ガネーシャ））

vi
ビ

gaḥ gaḥ
ギャク ギャク

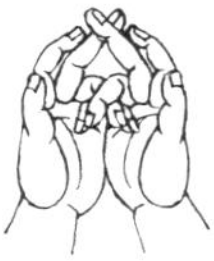

〔三形〕大根　**〔尊形〕**白肉色。人身象頭。右手で鉤のついた戟を担ぎ、左手は大根を持つ。**〔印相〕**毘那耶迦印（二小指・二無名指を鉤にして内に向ける。二中指を立てて交え、二頭指をその背につけ、二大指を頭指の側に立てる）**〔真言〕**オン　マカギャダハタエイ　ソワカ　oṃ mahāgaṇapataye svāhā（オン　大集団の主よ　スヴァーハー）オン　キリク　ギャク　ウン　ソワカ　oṃ hrīḥ gaḥ hūṃ svāhā（オーン　フリーヒ　ガハ　フーン　スヴァーハー）

〔解説〕大自在天の集団（ガナ）を率いる大将。集団というのは、大自在天とその妻烏摩（うま）（→胎316、金83）には、三千の子があり、その中の悪業を働き、障害をなす千五百の子たちを指し、歓喜天はその主といわれる。障害をなす子たちは、毘那耶迦と呼ばれ、常に人間に従って短所、隙を窺って禍いを働く。『大日経疏』には、この障害とは妄想心より生じると説く。頭が象であることはシヴァ神話に由来し、シヴァ神の怒りにふれて頭を切り取られてしまった息子のために、初めて出会ったものの頭をつけることがシヴァ神より約束された。たまたま最初に出会ったものが象であったので象の頭になってしまったという。歓喜天、聖天（しょうてん）ともいうが、そのいわれは、毘那耶迦を導くのに、慈善の心をもって最初は喜ばせて歓喜の心を起こさせ、次に叱って障難をおこさせないように、その過ちを正していくという意味で、歓喜天という。また男女二体が抱擁して歓喜する姿であるからともいう。聖天とは威力、福徳などを具えた尊い天という一般的な呼称であるが、特にこの尊を指す固有の名になった。尊形は多様であるが、象頭人身の男女が抱擁する尊像は秘仏とされている。二尊抱擁の場合、種字はギャク・ギャクと二つ並べる。三形の大根は蘿蔔根（らふこん）という。蘿蔔根はこの尊の住む山で採れるとも、また好んで食べたともいわれる。なおこの尊は金剛界にはしばしば登場する。（→金60、65、70、75、76）

---

411 摩訶迦羅（まかから） Mahākāla（マハーカーラ）

ma
マ

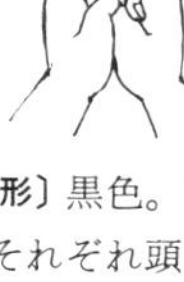

〔三形〕袋　**〔尊形〕**黒色。三面六臂、中央の面に第三目がある。それぞれ頭上に頭蓋骨、蛇を戴く。前の右手で剣を横に握り、刃を左手で支える。剣の握りは三鈷の形である。次の右手に人頭の髪をつかみ、左手には羊の角を執る。次の両手で象の皮を背中にはおる。頭蓋骨を瓔珞（ようらく）とし、蛇を首、両腕に巻く。**〔印相〕**大黒天印（内縛し、二小指・二無名指は開いて去来する）　**〔真言〕**オン　マカギャラヤ　ソワカ　oṃ mahākālāya svāhā（オーン　摩訶迦羅よ　スヴァーハー）

〔解説〕摩訶迦羅はサンスクリット語のマハー（大）・カーラ（黒）を音写したもので、まっ黒い色をした尊を意味し、大黒天とも呼ばれる。大自在天の変化身として、戦闘の神、財福の神、冥界の神の性格が付与されている。元来はヒンドゥー教のシヴァ神、あるいはその妃のドゥルガー女神の化身で、破壊を司る。その凶暴・恐怖の行状の名残りは頭蓋骨などの飾りに見られる。『大日経疏』には大日如来は大黒天に変化して、肝を食べる荼吉尼（だきに）を成敗し、戒めを説いたという。名前のカーラには時間という意味もあり、時間は人間の生死を司るもの、死に神と考えられていた。このことは第三の冥界の神という性格に強く反映され、焔摩と同体という説もある。第二の財福の神として、インドでは寺院の厨房にまつられていたことが中国人僧の旅行記に報告されている。日本では「だいこく」という発音が似ていることから大黒天と大国主尊（おおくにぬしのみこと）とが同一視され、柔和な尊形になった。江戸時代に七福神の一尊とされ、信仰されている。三形の袋は財福を表す。

411・摩訶迦羅

412・伊舎那天妃

412 伊舎那天妃（いしやなてんき） Īśānī（イーシヤーニー）

ī
イ

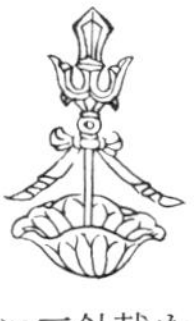

〔三形〕三鈷戟　**〔尊形〕**赤肉色。左手に三鈷戟を持ち、右手に鉢器をかかげる。**〔印相〕**伊舎那天妃印（左手で三鈷印をし、小指を少し曲げる）　**〔真言〕**オン　ウマジビ　ソワカ　oṃ umādevi svāhā（オーン　烏摩妃よ　スヴァーハー）

〔解説〕伊舎那天の妃。商羯羅（シヤンカラ）后とも呼ばれる。真言には別名の烏摩（→胎316）が用いられている。

金剛界曼荼羅

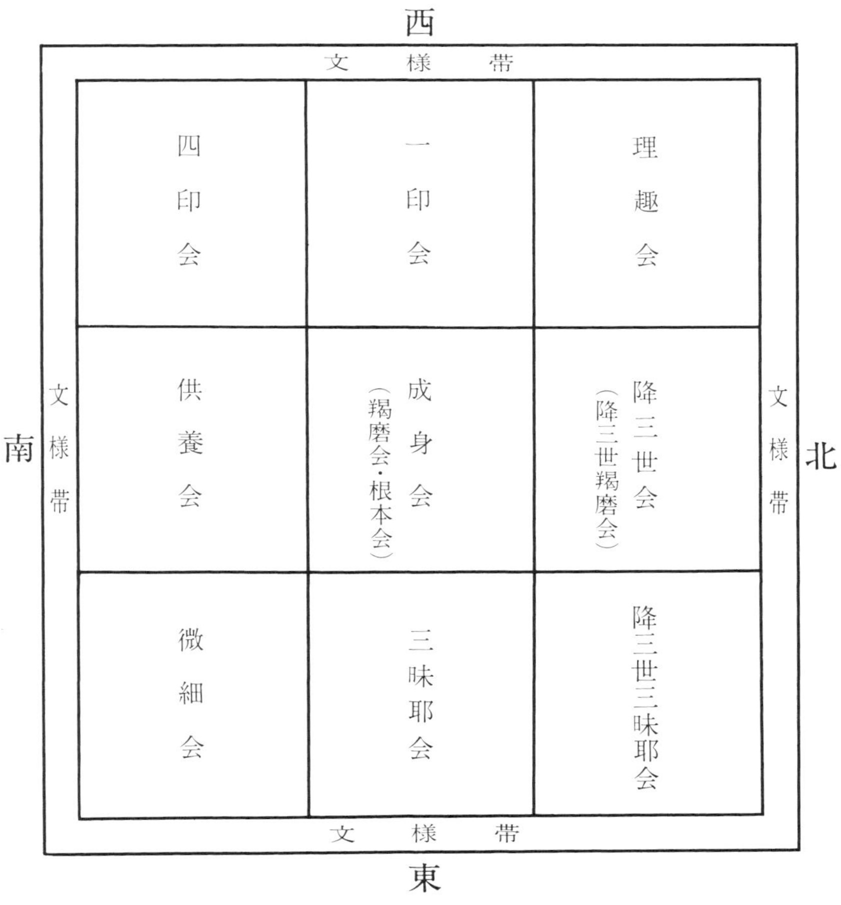

金剛界曼荼羅の構造

現図金剛界曼荼羅は『金剛頂経』並びに『般若理趣経』に基づいて描かれた曼荼羅で、九種の曼荼羅から成り立っている所から九会曼荼羅とも称される。会とは曼荼羅のことである。図の中心に位置する成身会を始め三昧耶会、微細会、供養会、四印会、一印会の六会は『金剛頂経』の第一章から第五章により、理趣会は『般若理趣経』により、降三世羯磨会と降三世三昧耶会は『金剛頂経』の第六章と第七章によっている。

『金剛頂経』の教主は毘盧遮那如来である。この毘盧遮那如来とは釈尊のことである。釈尊は歴史的に存在し真実を悟って仏陀となった。密教では釈尊によって悟られた真実そのものを法身と称し、真実を悟った釈尊を変化身と称した。この真実そのものすなわち法身を大毘盧遮那如来（一切如来）という。釈尊の悟ったものは何か。真実とは何か。この命題は仏教徒にとって究極の課題である。この課題に応えて『金剛頂経』の冒頭ではその釈尊開悟の場面を戯曲風に構成し、真実とは何か、その真実に至る方法はいかなるものかを明らかにしている。金剛界曼荼羅は、いうなればその悟りの内容と悟りに至る階梯を図画化したものである。

五相成身観

第一章金剛界大曼荼羅品によれば、色究竟天(しきくきようてん)において毘盧遮那如来の法界(悟りの世界)が描かれ、それがそのまま閻浮提(えんぶだい)(現実世界)での釈尊成道の場面と重ね合わされる。そこでは釈尊の成道前の名前であるシッダールタに由来するサルヴァールタシッディ(一切義成就)という名の菩薩が五相成身観(ごそうじょうしんかん)によって成仏する場面が描かれる。まず釈尊の苦行になぞらえて、一切義成就菩薩が阿娑頗那伽(あさはなか)三摩地(微動だにせず、呼吸をも止めるという。不可動あるいは無識身三摩地と訳す)という最大の苦行をしているところに一切の如来たち(大毘盧遮那如来が顕現した曼荼羅全体の諸尊)が現れ、難行では成道しがたいことを説く。さらに一切義成就菩薩の「真実とは何か、どのように修行したならばよいのか」との問いに答えて五相成身観を示すのである。これは釈尊菩提樹下における禅定に比定されるであろう。五相成身観とは、真実に至る方法を五段階に分けたもので、第一通達菩提心(つうだつぼだいしん)、第二修(しゅ)菩提心、第三成金剛心(じょうこんごうしん)、第四証(しょう)金剛身、第五仏身円満(ぶつしんえんまん)の五つである。

第一通達菩提心とは自己の心をつまびらかに観察することである。自己の心とは本来清らかなもの(自性清浄心)であり、悟りの心(菩提心)でもあり、あまねくゆきわたる慈悲の心(普賢(ふげん)心)でもある。それは煌々と輝く満月輪に喩えられる。しかしながら我々の心は煩悩におおわれており、その本来の心が隠されている。そのような状態の心を霧のかかった月と見て観想するのである。

第二修菩提心(しゅぼだいしん)とは自己の心が本来清らかであるのを悟ることで、朧(おぼろ)な月がはっきりと満月に見える状態である。

第三成金剛心(じょうこんごうしん)とはその心が退行することのないよう堅固にすることで、月輪の中に金剛杵(しょ)を立てて、堅固不動になったことを確信する段階である。

第四証金剛身(しょうこんごうしん)とは心のみならずその身をも仏と一体になることを観じることで、その金剛杵と自身が一体になると見るのである。

第五仏身円満(ぶつしんえんまん)とは心身共に仏と一体となり、一切の最勝の形相を具えた仏の姿となった自己を確認することである。すなわち、仏と同じ姿をとれば仏と同じになれるということで、この段階はまた、真実とは何かという問いの答えなのである。

密教では三密瑜伽(さんみつゆが)ということを説く。三密とは、顕教で説く三業(さんごう)、すなわち身(からだ)・口(ことば)・意(こころ)の三つの活動で、それは迷いの世界では気づかないが、本来は仏の働きであることをいう。迷いの世界の三業を仏の三密と結びつけることを三密瑜伽という。すなわち「からだ」と「ことば」と「こころ」とが仏と同じであるならばその人は仏である。そのためにはからだの働きとして仏と同じ印を結び(身密)、仏のことばである真言を唱え(口密(くみつ))、仏の境地に入る三摩地(意密)の操作を行なうのである。五相成身観ではそれぞれの段階に真言があり、印は五仏の印を結び、その境地はそれぞれの三昧耶形で示されている。『金剛頂経』では釈尊の悟りと、悟りに至る方法をこのように説くのである。

一切義成就菩薩はこの五相成身観の第四証金剛身まで進んだところで、「金剛界」という潅頂名を授かり金剛界大菩薩となり、第五の仏身円満によって金剛界如来(釈迦牟尼如来)となったのである。金剛界とはその身・口・意が金剛石(ダイヤモンド)のように堅固で不動なるもの(界)という意味で、金剛界如来とは他ならぬ毘盧遮那如来のことである。金剛界曼荼羅とはこの金剛界如来すなわち毘盧遮那如来を中心とする諸尊の集合である。金剛界曼荼羅諸尊の基本構成は毘盧遮那如来を中心に四仏・十六大菩薩・四波羅蜜菩薩・八供養菩薩・四摂菩薩の三十七尊から成り立っている。以下、九会(くえ)曼荼羅について簡略に述べる。

九会曼荼羅

(一)　成身会(じょうじんえ)とは五相成身観により仏身を成就したという意味で、すべての曼荼羅の根本となるところから根本会(こんぽんえ)と称され、仏の活動を表していることから羯磨会(かつまえ)ともいわれる。厳密にはこの成身会を指して金剛界曼荼羅という。

（二）　三昧耶会の三昧耶とは誓願という意味で、その誓願を象徴する器物を三昧耶形という。その三昧耶形を通して仏と出会うのである。この三昧耶会は三十七尊を始め成身会の諸尊を三昧耶形で描いている。経では第二章金剛秘密曼荼羅品といい、諸尊が有情利益のためには女尊の姿をも取ることを示し、それぞれの三昧耶形を曼荼羅に描くことを説いている。

（三）　微細会には金剛杵の中に諸尊が描かれている。微細とは仏の智慧は甚深にして微細であることを示している。経では第三章金剛智法曼荼羅品といい、その仏の智慧を象徴する微細なる金剛杵を鼻端に観じ、それを一切虚空界に広げるという観法が説かれている。その鼻端に微細なる金剛杵を観じるというところから金剛杵の中に諸尊を描いているのである。

（四）　供養会とは経には第四章金剛事業羯磨曼荼羅品とあり、十六大菩薩が天女形となって如来を供養することを説いている。仏を供養することによってその者もまた諸仏により供養され、仏たることを得るのである。金剛界曼荼羅（成身会）と同じように描けとある。

（五）　四印会と一印会は経には明確なタイトルはないが、四印会は金剛悉地四印曼荼羅品、一印会は大乗現証曼荼羅品として第五章にまとめて説かれている。四印とは大印・三昧耶印・法印・羯磨印である。悪業にふけり、怠惰で、曼荼羅についてのさまざまな所作を知らず、金剛界曼荼羅（成身会）を始めとする四種（成・三・微・供）の曼荼羅に入ることのできない者たちに対して説かれたものであり、四種の印契（四印）を結ぶだけで曼荼羅の世界に入れるという。

（六）　一印会は経によれば金剛薩埵一尊のみを描き、金剛薩埵の四印を結び、自身を金剛薩埵と念想すれば成就するという。極略の曼荼羅といえる。ただし、現図曼荼羅においては金剛薩埵ではなく毘盧遮那如来（毘盧遮那如来ではなく法身大毘盧遮那と考えられる。→金１毘盧遮那如来）一尊が描かれている。それはなぜであろうか。一説によれば、次に『理趣経』の曼荼羅が描かれており、その中尊が金剛薩埵であるため、総徳の毘盧遮那如来に替えたといわれる。それならば、なぜ次に『理趣経』の曼荼羅が描かれているのであろうか。それは一印会に説かれる次の偈に起因すると考えられる。

「貪欲を離れることほど重い罪はこの三界には存在しない。それゆえ、汝は決して愛欲を遠離すべきではない」

すなわち、ここでいう貪欲を離れるというのは、出家主義を標榜し己の悟りのみを求める声聞や縁覚の生き方を指す。菩薩たるものは自己の悟りのみを求めず、この三界に留まり、あらゆる泥土に染まりながら、有情済度の菩薩道を歩まなければならない、ということである。この意趣をうけて次に『理趣経』の曼荼羅を描いたのであると考えられる。『理趣経』の曼荼羅にも数種類あるが、特に愛欲を昇華する五秘密曼荼羅が取り上げられているのも上に述べた理由から推察できるのである。一印会の本尊である金剛薩埵を毘盧遮那如来に替え、『金剛頂経』に基づく曼荼羅に『理趣経』の曼荼羅を加えた阿闍梨の深い意図が汲み取られる。

（七）　理趣会は不空訳によれば『大楽金剛不空真実三昧耶経　般若波羅蜜多理趣品』すなわち、『理趣経』によって描かれた曼荼羅で、ここに位置する理由は先に述べた。成身会から一印会までを如来を中心にした曼荼羅と考えれば、この理趣会は金剛薩埵を中尊としており、菩薩を中心とする曼荼羅であるということができる。

（八）　降三世羯磨会は経には第六章降三世大曼荼羅品とある。この世には如来の教えに従わない剛強難化の有情が満ち溢れているが、それらを代表する大自在天を降伏するために、金剛薩埵が忿怒形の降三世明王となり、仏の教えに導き入れるのである。降三世の三世とは貪・瞋・痴の三毒を指し、それらを調伏することも意味する。我々の世界に最も近い明王の曼荼羅ということができる。

（九）　降三世三昧耶会は経には第七章忿怒秘密印曼荼羅品とある。第二三昧耶会と同じように、諸尊が女尊形で登場し、その三昧耶形を描くよう説かれている。

向上門・向下門

以上、簡単に現図九会曼荼羅の紹介を終えたが、

『金剛頂経』には合計二十八の曼荼羅が説かれていて、現図にはそのうち八種の曼荼羅が描かれているのである。しかし、それらはすべて金剛界曼荼羅（成身会）を根本としている。それゆえ、成身会を根本会というのである。なお、この九会曼荼羅について、従来二つの見方が存している。その一つは中央の成身会（この場合、羯磨会という）から下の三昧耶会に移り、順次右まわりに降三世三昧耶会に至る見方で、仏果から衆生教化に赴くもので、向下門あるいは下転門と称する従果向因の次第である。もう一つは、逆に降三世三昧耶会から上に順次左まわりに成身会に至る見方で、衆生から仏果に向かう向上門あるいは上転門と称する従因向果の次第である。すなわち、仏→菩薩→明王（衆生）という教化のあり方と、衆生（明王）→菩薩→仏という修行のあり方との二つである。

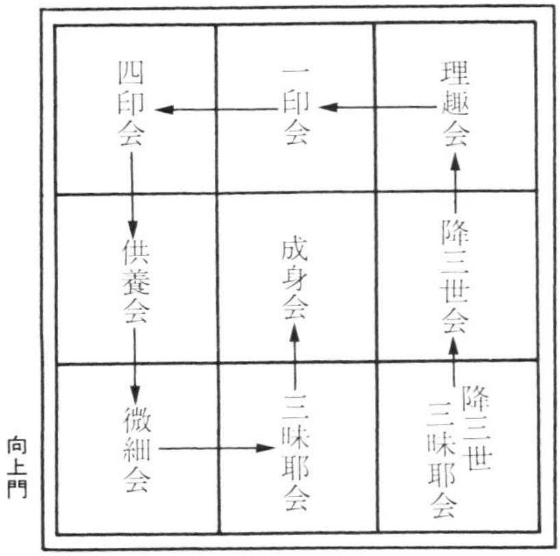

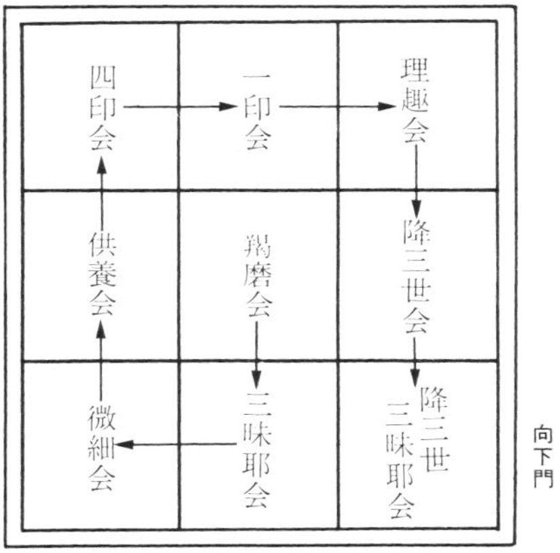

成身会

〔名　称〕成身会は金剛界曼荼羅の中央に位置する。羯磨会あるいは根本会ともいう。会とは曼荼羅を意味する。成身会とは、一切義成就菩薩が五相成身観（→金剛界曼荼羅の構造）を修して金剛界如来（毘盧遮那如来）の身を成就した、その悟りへの過程を強調することからの命名である。羯磨会とは、その金剛界如来の得た悟りの活動・展開を表す。また根本会の名称は、この会が金剛界九会曼荼羅の中心であることを示している。どの名称を使ってもよいが、事相の立場では、小野流では羯磨会、廣澤流では成身会と伝統的に言い伝えられている。

（図1）

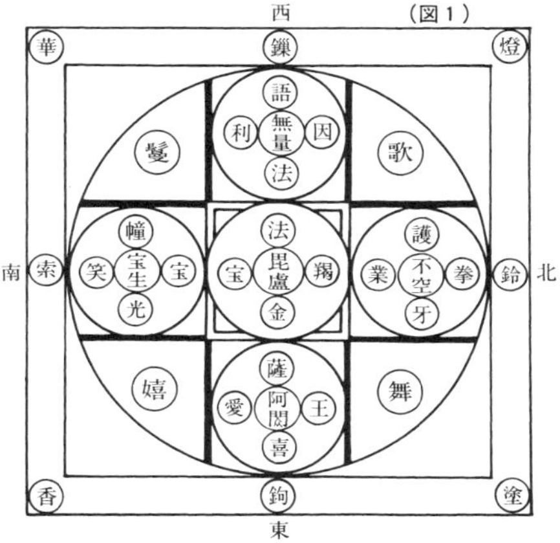

〔構　造〕図1を見ると、まず大円輪と中円輪と小円輪で構成されている点が特徴であることに気がつく。すなわち、大円輪の中に五つの中円輪があり、その一つ一つの中円輪の中にさらに五つの小円輪があり、その中に尊像が描かれている。これら大中小の円輪のうち、大円輪は大金剛輪といい、五仏の住居である宝楼閣を表す。五つの中円輪は、五解脱輪という。尊像を囲む小円輪を月輪ともいう。そこに五仏を配する。五仏は仏の智慧の五つのあり方（五智）を具象化している。この智慧によって解脱を得るので、五解脱輪という。五解脱輪のうち中央の円輪を除いた四つの円輪、その両側（二重線の部分）には金剛杵が描かれている。これは平面的に描かれているが、本来は立体的なものであり、これは宝楼閣の八本の柱を表している。

中央の解脱輪の中央に位置する月輪には毘盧遮那如来が坐し、その周りの月輪には金剛波羅蜜・宝波羅蜜・法波羅蜜・羯磨波羅蜜の四菩薩、すなわち四波羅蜜菩薩が描かれている。そして、この中央の円輪を五色界道(二重線の部分)が囲んでいる。この五色界道の外側の四つの解脱輪の中央には、各々阿閦如来（東）・宝生如来（南）・無量寿如来（西）・不空成就如来（北）が坐している。その如来の周りの月輪には各々四菩薩を配し、合計十六菩薩が描かれる。これを十六大菩薩という。すなわち、阿閦如来の周りには金剛薩埵・金剛王・金剛愛・金剛喜が、宝生如来の周りには金剛宝・金剛光・金剛幢・金剛笑が、無量寿如来の周りには金剛法・金剛利・金剛因・金剛語が、不空成就如来の周りには金剛業・金剛護・金剛牙・金剛拳が描かれている。大金剛輪の内側の四隅には、金剛嬉・金剛鬘・金剛歌・金剛舞、すなわち内の四供養菩薩が描かれる。大金剛輪の外側の四隅にはこれを支えるように、地天・水天・火天・風天の四大神を配す。空天は虚空にあると考えて描かない。そして、この外側を四角にぐるりと金剛杵が取り囲む。これを金剛界畔という。ここまでが第一重である。

第二重には、ぎっしりと賢劫千仏が描かれている。第二重の四隅には、金剛香・金剛華・金剛燈・金剛塗の四菩薩、すなわち外の四供養が描かれる。そして東・南・西・北の四方には、金剛鉤・金剛索・金剛鏁・金剛鈴の四摂菩薩が配されている。

この外側を金剛界畔で区切り、第三重（外金剛部）に移る。ここには東に那羅延天・倶摩羅天・金剛摧天・梵天・帝釈天、南には日天・月天・金剛食天・彗星天・熒惑天、西には羅刹天・風天・

(図2)

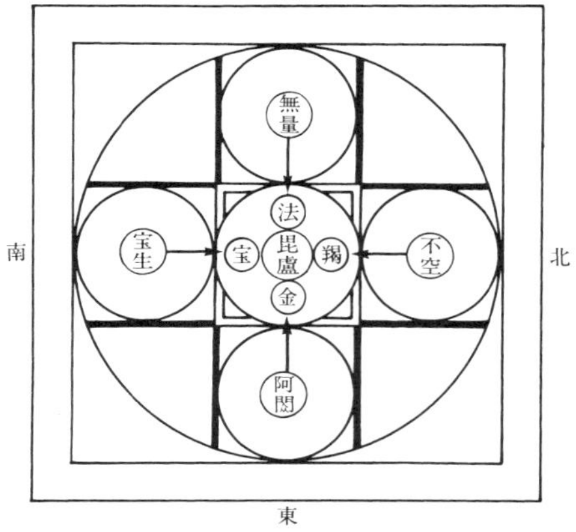

(図3)

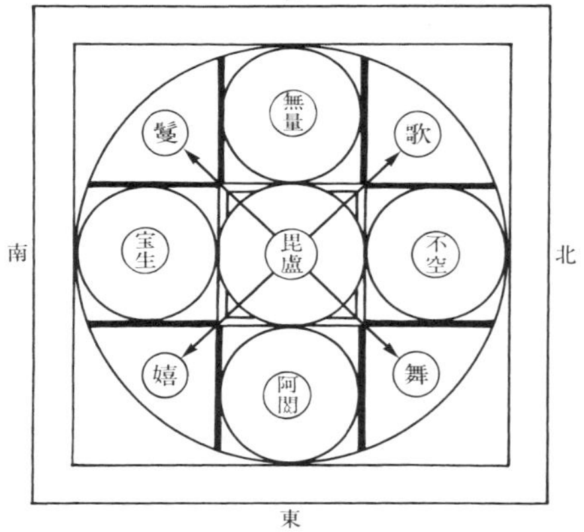

(図4)

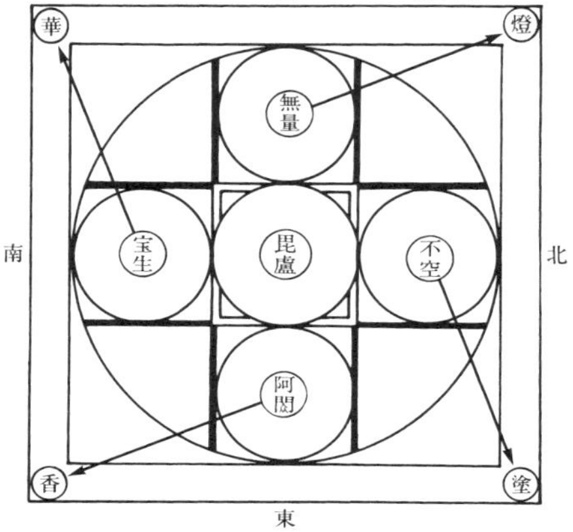

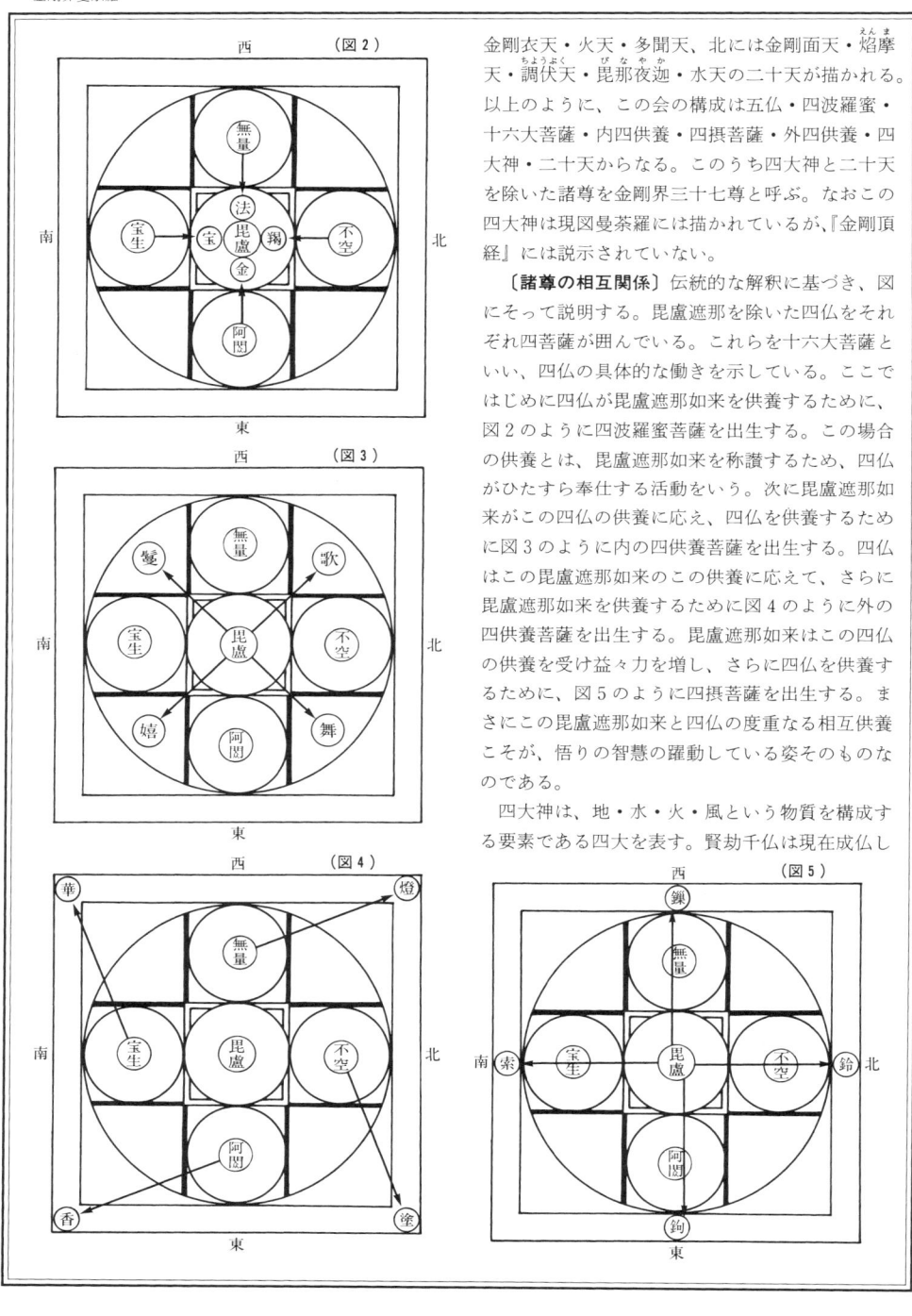

金剛衣天・火天・多聞天、北には金剛面天・焔摩天・調伏天・毘那夜迦・水天の二十天が描かれる。以上のように、この会の構成は五仏・四波羅蜜・十六大菩薩・内四供養・四摂菩薩・外四供養・四大神・二十天からなる。このうち四大神と二十天を除いた諸尊を金剛界三十七尊と呼ぶ。なおこの四大神は現図曼荼羅には描かれているが、『金剛頂経』には説示されていない。

〔諸尊の相互関係〕伝統的な解釈に基づき、図にそって説明する。毘盧遮那を除いた四仏をそれぞれ四菩薩が囲んでいる。これらを十六大菩薩といい、四仏の具体的な働きを示している。ここではじめに四仏が毘盧遮那如来を供養するために、図2のように四波羅蜜菩薩を出生する。この場合の供養とは、毘盧遮那如来を称讃するため、四仏がひたすら奉仕する活動をいう。次に毘盧遮那如来がこの四仏の供養に応え、四仏を供養するために図3のように内の四供養菩薩を出生する。四仏はこの毘盧遮那如来のこの供養に応えて、さらに毘盧遮那如来を供養するために図4のように外の四供養菩薩を出生する。毘盧遮那如来はこの四仏の供養を受け益々力を増し、さらに四仏を供養するために、図5のように四摂菩薩を出生する。まさにこの毘盧遮那如来と四仏の度重なる相互供養こそが、悟りの智慧の躍動している姿そのものなのである。

四大神は、地・水・火・風という物質を構成する要素である四大を表す。賢劫千仏は現在成仏し

(図5)

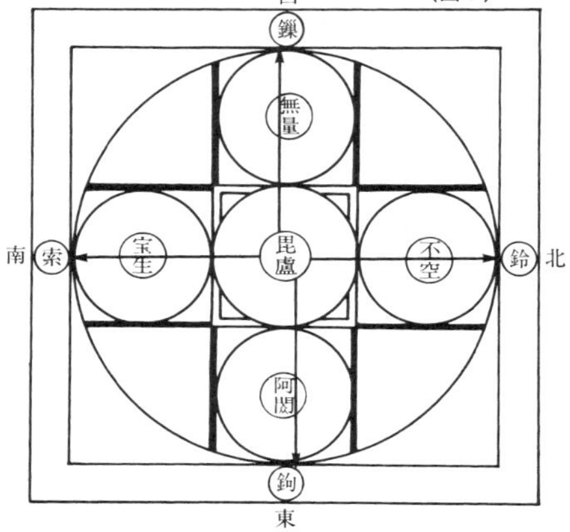

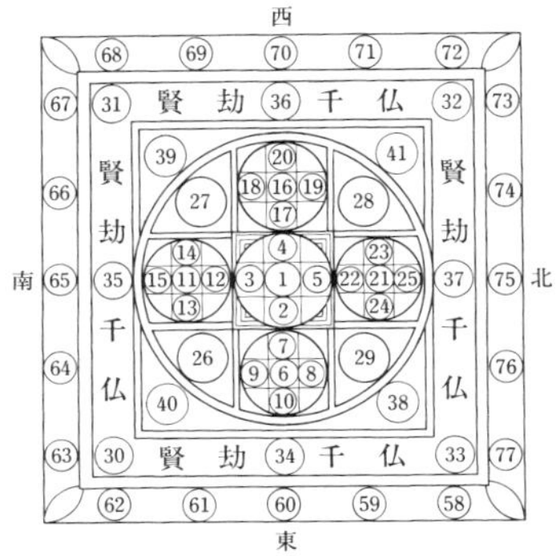

1．毘盧遮那如来
2．金剛波羅蜜菩薩
3．宝波羅蜜菩薩
4．法波羅蜜菩薩
5．羯磨波羅蜜菩薩
6．阿閦如来
7．金剛薩埵
8．金剛王菩薩
9．金剛愛菩薩
10．金剛喜菩薩
11．宝生如来
12．金剛宝菩薩
13．金剛光菩薩
14．金剛幢菩薩
15．金剛笑菩薩
16．無量寿如来
17．金剛法菩薩
18．金剛利菩薩
19．金剛因菩薩
20．金剛語菩薩
21．不空成就如来
22．金剛業菩薩
23．金剛護菩薩
24．金剛牙菩薩
25．金剛拳菩薩
26．金剛嬉菩薩
27．金剛鬘菩薩
28．金剛歌菩薩
29．金剛舞菩薩
30．金剛焼香菩薩
31．金剛華菩薩
32．金剛燈菩薩
33．金剛塗香菩薩
34．金剛鉤菩薩
35．金剛索菩薩
36．金剛鏁菩薩
37．金剛鈴菩薩
38．地天
39．水天
40．火天
41．風天
58．那羅延天
59．倶摩羅天
60．金剛摧天
61．梵天
62．帝釈天
63．日天
64．月天
65．金剛食天
66．彗星天
67．熒惑天
68．羅刹天
69．風天
70．金剛衣天
71．火天
72．毘沙門天
73．金剛面天
74．焔摩天
75．調伏天
76．毘那耶迦
77．水天

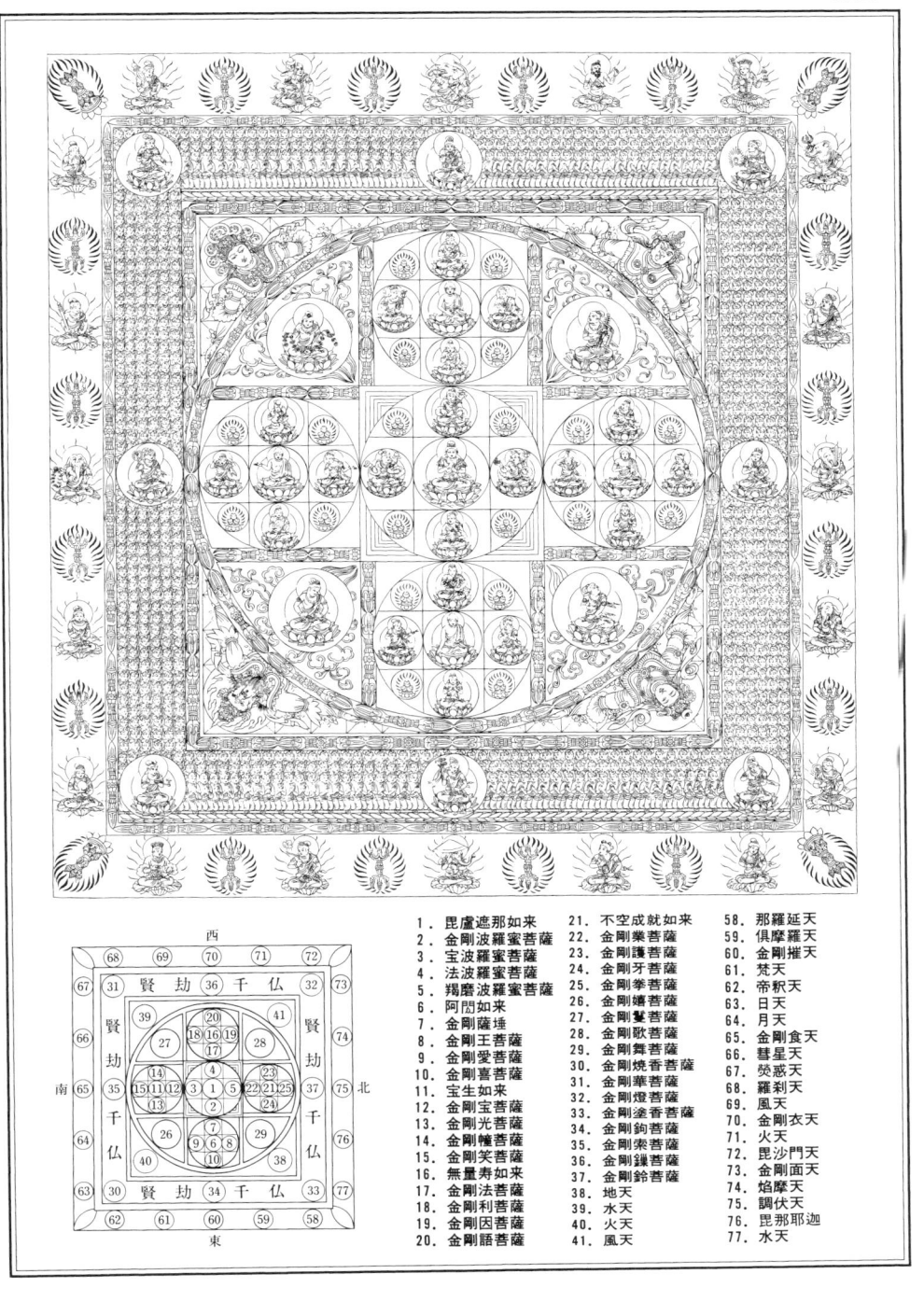

ている仏という意味で、ここでは五仏の化仏として描かれる。そして二十天をもって、一切の天部が代表される。また、二十天の間に描かれる三鈷杵は、伝統的に十六大護の三昧耶形といわれている。すなわち十六大護は、毘首羯磨・劫比羅・法護・肩目・広目・護軍・珠賢・満賢・持明・阿吒縛倶・縛蘇枳・蘇摩那・補沙毗摩・訶利帝・翳羅嚩蹉・双目をいう。

以上、この会は総計千六十一尊を配することによって、毘盧遮那如来の悟りの世界を衆生の現前に示すのである。それゆえこの一会は、これのみでも十分完成されたものである。他の会は、この成身会を基本としてそれぞれの視点から異なった表現をしている。

三昧耶会

三昧耶会は、九会曼荼羅の中央の下、すなわち東に位置する。この会の特徴は、尊像を描くのではなく、さまざまな仏具によって表現されていることにある。この仏具などによって表されたものを三昧耶形といい、三昧耶会の名称がある。三昧耶（samaya）とは、伝統的に平等・除障・本誓・驚覚の意味があるとされる。平等とは、仏と衆生はその本性において本来平等であることをいう。除障とは、衆生の煩悩という障害を取り除くことである。本誓とは、一切衆生を救わんとする仏の誓願である。驚覚とは、驚きを与えることにより衆生を目覚めさせることである。三昧耶会では、この四つの意味のうち特に本誓、すなわち如来の誓願をいう。そして、その誓願をさまざまな仏具などによって象徴的に表すのである。

三昧耶会の構造は、基本的には成身会と同じである。この会が成身会と異なる点は、賢劫千仏が省かれ、その代わりに賢劫十六尊が描かれていること、それに四大神の場所に開敷蓮華が描かれていることである。また三昧耶会には一応の規定はあるが、実際はそれぞれの曼荼羅の依拠となる経疏や儀軌によって相違がある。ここでは現図曼荼羅の三昧耶会と、参考のため賢劫十六尊のみ『十六尊軌』の記述する三昧耶形を挙げておいた。なお（　）内の番号は本図典の金剛界の通し番号である。

五仏

	尊名	現図曼荼羅三昧耶形
1.	毘盧遮那如来(1)	横の五鈷杵上に塔
2.	阿閦如来(6)	横の五鈷杵上に五鈷杵
3.	宝生如来(11)	横の五鈷杵上に三瓣宝珠
4.	無量寿如来(16)	横の五鈷杵上に蓮華独鈷杵
5.	不空成就如来(21)	横の五鈷杵上に羯磨杵

十六大菩薩

	尊名	現図曼荼羅三昧耶形
1.	金剛薩埵(7)	五鈷杵
2.	金剛王(8)	双立金剛鉤
3.	金剛愛(9)	双三鈷杵
4.	金剛喜(10)	二拳弾指
5.	金剛宝(12)	三瓣宝珠
6.	金剛光(13)	日輪
7.	金剛幢(14)	幢幡
8.	金剛笑(15)	横三鈷杵
9.	金剛法(17)	蓮華独鈷杵
10.	金剛利(18)	金剛剣
11.	金剛因(19)	八輻輪
12.	金剛語(20)	舌中に三鈷杵
13.	金剛業(22)	羯磨杵
14.	金剛護(23)	甲冑
15.	金剛牙(24)	三鈷牙形
16.	金剛拳(25)	二拳弾指

四波羅蜜

	尊名	現図曼荼羅三昧耶形
1.	金剛波羅蜜(2)	五鈷杵
2.	宝波羅蜜(3)	法輪（三瓣宝珠）
3.	法波羅蜜(4)	蓮華独鈷杵
4.	羯磨波羅蜜(5)	十字三鈷杵

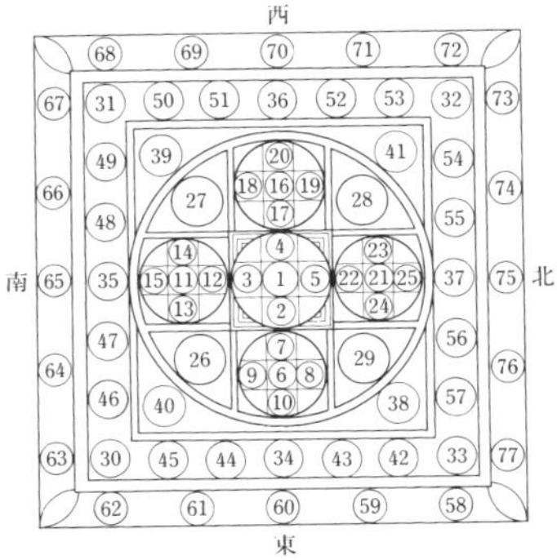

1．毘盧遮那如来
2．金剛波羅蜜菩薩
3．宝波羅蜜菩薩
4．法波羅蜜菩薩
5．羯磨波羅蜜菩薩
6．阿閦如来
7．金剛薩埵
8．金剛王菩薩
9．金剛愛菩薩
10．金剛喜菩薩
11．宝生如来
12．金剛宝菩薩
13．金剛光菩薩
14．金剛幢菩薩
15．金剛笑菩薩
16．無量寿如来
17．金剛法菩薩
18．金剛利菩薩
19．金剛因菩薩
20．金剛語菩薩
21．不空成就如来
22．金剛業菩薩
23．金剛護菩薩
24．金剛牙菩薩
25．金剛拳菩薩
26．金剛嬉菩薩
27．金剛鬘菩薩
28．金剛歌菩薩
29．金剛舞菩薩
30．金剛焼香菩薩
31．金剛華菩薩
32．金剛燈菩薩
33．金剛塗香菩薩
34．金剛鉤菩薩
35．金剛索菩薩
36．金剛鏁菩薩
37．金剛鈴菩薩
38．地天
39．水天
40．火天
41．風天
42．慈氏菩薩
43．不空見菩薩
44．滅悪趣菩薩
45．除憂闇菩薩
46．香象菩薩
47．大精進菩薩
48．虚空蔵菩薩
49．智幢菩薩
50．無量光菩薩
51．賢護菩薩
52．光網菩薩
53．月光菩薩
54．無尽意菩薩
55．辯積菩薩
56．金剛蔵菩薩
57．普賢菩薩
58．那羅延天
59．倶摩羅天
60．金剛摧天
61．梵天
62．帝釈天
63．日天
64．月天
65．金剛食天
66．彗星天
67．熒惑天
68．羅刹天
69．風天
70．金剛衣天
71．火天
72．毘沙門天
73．金剛面天
74．焔摩天
75．調伏天
76．毘那耶迦
77．水天

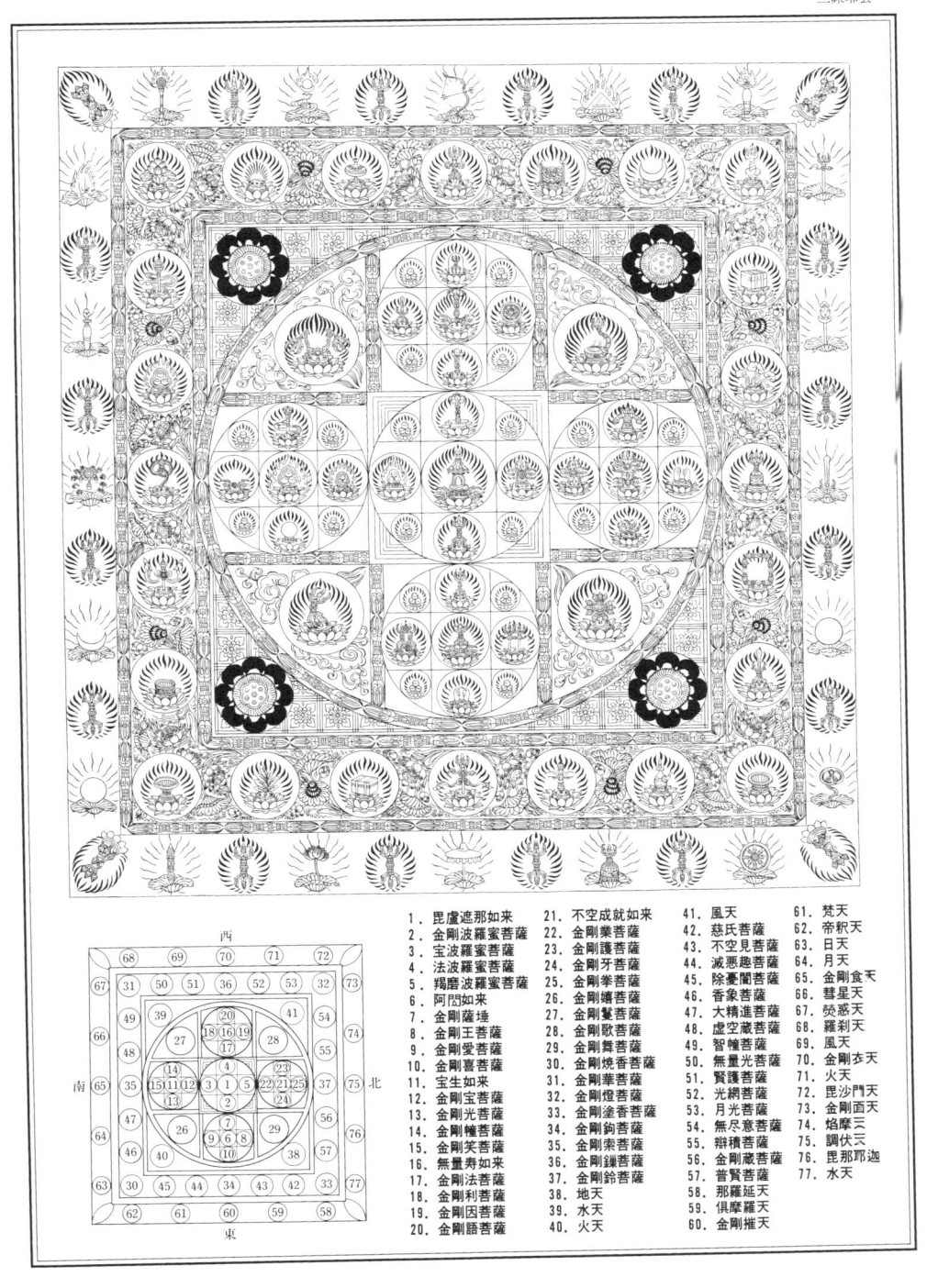

八供養

1.	金剛嬉(26)	三鈷杵
2.	金剛鬘(27)	宝鬘
3.	金剛歌(28)	箜篌
4.	金剛舞(29)	羯磨杵
5.	金剛焼香(30)	香炉
6.	金剛華(31)	盛華
7.	金剛燈(32)	燈燭
8.	金剛塗香(33)	塗香器

四摂菩薩

1.	金剛鉤(34)	三鈷鉤
2.	金剛索(35)	索頭に独鈷杵
3.	金剛鏁(36)	三鈷杵に鏁輪
4.	金剛鈴(37)	三鈷鈴

賢劫十六尊

			『十六尊軌』
1.	慈氏菩薩(42)	軍持	軍持
2.	不空見菩薩(43)	独鈷杵に眼	蓮華眼
3.	滅悪趣菩薩(44)	梵篋	三鈷杵
4.	除憂闇菩薩(45)	無憂樹枝	梵篋
5.	香象菩薩(46)	鉢器	蓮華
6.	大精進菩薩(47)	独鈷戟	戟
7.	虚空蔵菩薩(48)	三瓣宝珠	宝光
8.	智幢菩薩(49)	幢幡	幢標幟
9.	無量光菩薩(50)	光明	蓮華
10.	賢護菩薩(51)	賢瓶	宝瓶
11.	光網菩薩(52)	羅網	網傘蓋
12.	日光菩薩(53)	半月	半月幢
13.	無尽意菩薩(54)	梵篋	梵篋
14.	辯積菩薩(55)	五色雲	華雲
15.	金剛蔵菩薩(56)	四井独鈷杵	独鈷杵
16.	普賢菩薩(57)	剣	五智印

微　細　会

微細会（みさいえ）は、九会（くえ）曼荼羅の向かって左隅、東南に位置する。微細会の図絵としての特徴は、三十七尊がすべて三鈷杵（さんこしょ）の中に描かれていることである。構造は三昧耶会とまったく同じである。ただ図絵されたものが三昧耶形ではなく、成身会と同様に尊像で描かれている。ただし四大神は、三昧耶会と同様に蓮華座となっている。

なぜ微細会と称し、なぜ三鈷杵の中に描かれるのだろうか。この会は、『金剛頂経』の「金剛智法曼荼羅広大儀軌分」に依拠して描かれている。微細会の名称は、ここに金剛微細曼荼羅と記されていることによる。金剛微細とは、毘盧遮那如来の智慧は金剛のごとく不壊であり、微妙であることをいう。三鈷杵は、その智慧の微妙、微細なることを象徴的に表したものである。そしてその智慧は目に見ることのできない、微細なところにも行きわたる。すなわち『金剛頂経』には、「智慧の標幟である金剛杵を鼻端に観想し、金剛智そのものに心を専注する三昧に入る」ことを微細会の曼荼羅という。微細な中にも金剛不壊の智が展開する、その心髄を示したものが微細会として描かれたのである。

金剛杵を三鈷杵で表した理由には、いくつかの説がある。たとえば、仏部・蓮華部・金剛部の三部、あるいは身・口・意の三密を三鈷杵で標幟したとも解されている。それゆえ、三鈷杵の中に尊像を描くことは、三十七尊のそれぞれの尊がすべて毘盧遮那如来の金剛智の中にあり、その三昧にあることを示しているといえよう。

また、微細会は、四種曼荼羅（→18頁参照）のうちの法曼荼羅ともいわれる。普通に法曼荼羅といえば種字で表された曼荼羅を指すが、ここではそのような意味での法曼荼羅ではない。微細会を法曼荼羅というのは、「金剛智法曼荼羅広大儀軌分」の名称による。

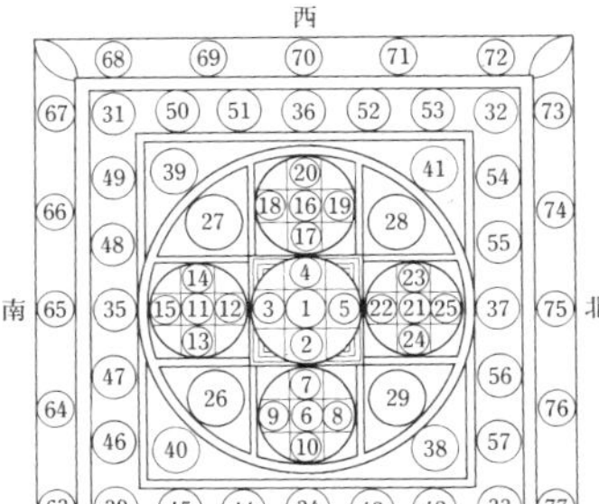

1．毘盧遮那如来
2．金剛波羅蜜菩薩
3．宝波羅蜜菩薩
4．法波羅蜜菩薩
5．羯磨波羅蜜菩薩
6．阿閦如来
7．金剛薩埵
8．金剛王菩薩
9．金剛愛菩薩
10．金剛喜菩薩
11．宝生如来
12．金剛宝菩薩
13．金剛光菩薩
14．金剛幢菩薩
15．金剛笑菩薩
16．無量寿如来
17．金剛法菩薩
18．金剛利菩薩
19．金剛因菩薩
20．金剛語菩薩
21．不空成就如来
22．金剛業菩薩
23．金剛護菩薩
24．金剛牙菩薩
25．金剛拳菩薩
26．金剛嬉菩薩
27．金剛鬘菩薩
28．金剛歌菩薩
29．金剛舞菩薩
30．金剛焼香菩薩
31．金剛華菩薩
32．金剛燈菩薩
33．金剛塗香菩薩
34．金剛鉤菩薩
35．金剛索菩薩
36．金剛鏁菩薩
37．金剛鈴菩薩
38．地天
39．水天
40．火天
41．風天
42．慈氏菩薩
43．不空見菩薩
44．滅悪趣菩薩
45．除憂闇菩薩
46．香象菩薩
47．大精進菩薩
48．虚空蔵菩薩
49．智幢菩薩
50．無量光菩薩
51．賢護菩薩
52．光網菩薩
53．月光菩薩
54．無尽意菩薩
55．辯積菩薩
56．金剛蔵菩薩
57．普賢菩薩
58．那羅延天
59．倶摩羅天
60．金剛摧天
61．梵天
62．帝釈天
63．日天
64．月天
65．金剛食天
66．彗星天
67．熒惑天
68．羅刹天
69．風天
70．金剛衣天
71．火天
72．毘沙門天
73．金剛面天
74．焔摩天
75．調伏天
76．毘那耶迦
77．水天

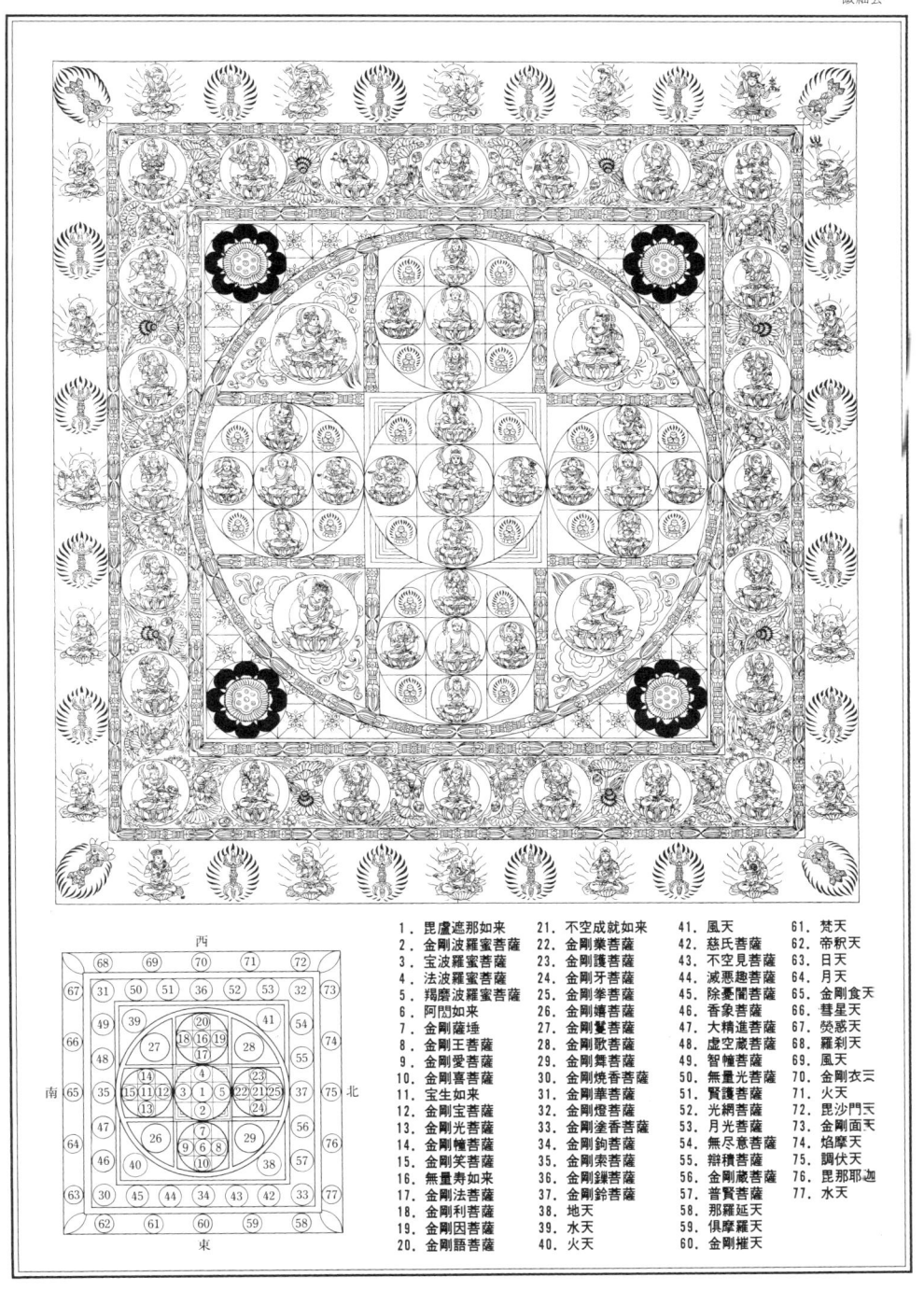

供養会

供養会(くようえ)は、九会(くえ)曼荼羅に向かって左側の中央、すなわち南方に位置する。この会の構造は、三昧耶会・微細会と同じである。この二会と異なる点は、三十七尊のうち五仏を除く三十二尊が、それぞれの誓願を示した三昧耶形をのせた蓮華を執ることである。基本的には成身会での相互供養がここでも示されるが、特に四仏の十六種の供養が詳細に説かれる。十六種供養は次の通りである。

阿閦如来	菩提心供養	菩提心を堅固にする
		菩提心を発起する
		菩提心を清浄にする
		菩提心を以て衆生を成熟する
宝生如来	灌頂供養	仏に礼敬する
		仏に随喜する
		仏に奉仕する
		仏に廻向する
無量寿如来	法　供養	諸法は本来清浄であると観察する
		一切の苦を断除する
		正法を得る
		悟りの声を聞く
不空成就如来	羯磨供養	金剛身を得る
		法身を得る
		金剛薩埵となる
		仏の真実体を得る

この十六の供養を以て、四仏が毘盧遮那如来を供養するために四波羅蜜菩薩を示現する。これに対し毘盧遮那如来は内の四供養を現し、四仏は外の四供養を出生し、さらに毘盧遮那如来が四摂菩薩を現すことは、成身会での相互供養の考えと同じである（248頁)。このような供養の事業を行者自身に体現するための観法がここに示されている。こういった供養の行為を表しているため、この会を事業会(じぎょうえ)あるいは羯磨会(かつまえ)ともいう。

「金剛事業曼荼羅広大儀軌分」や『五部心観』には、供養会の諸尊は五仏を除きすべて女尊に描くことが説かれているが、現図曼荼羅では四波羅蜜以外は男尊となっている。

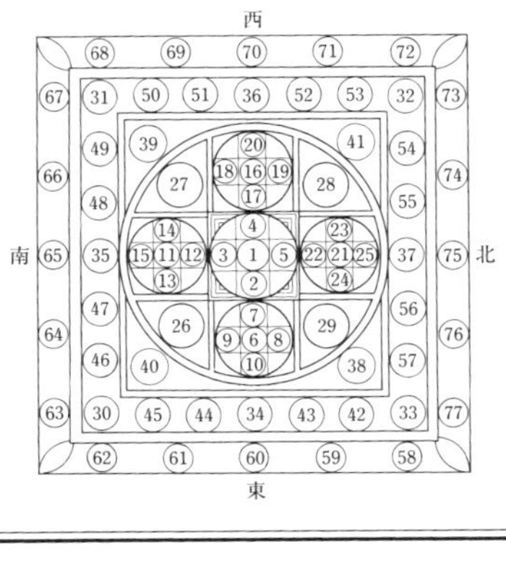

1. 毘盧遮那如来
2. 金剛波羅蜜菩薩
3. 宝波羅蜜菩薩
4. 法波羅蜜菩薩
5. 羯磨波羅蜜菩薩
6. 阿閦如来
7. 金剛薩埵
8. 金剛王菩薩
9. 金剛愛菩薩
10. 金剛喜菩薩
11. 宝生如来
12. 金剛宝菩薩
13. 金剛光菩薩
14. 金剛幢菩薩
15. 金剛笑菩薩
16. 無量寿如来
17. 金剛法菩薩
18. 金剛利菩薩
19. 金剛因菩薩
20. 金剛語菩薩
21. 不空成就如来
22. 金剛業菩薩
23. 金剛護菩薩
24. 金剛牙菩薩
25. 金剛拳菩薩
26. 金剛嬉菩薩
27. 金剛鬘菩薩
28. 金剛歌菩薩
29. 金剛舞菩薩
30. 金剛焼香菩薩
31. 金剛華菩薩
32. 金剛燈菩薩
33. 金剛塗香菩薩
34. 金剛鉤菩薩
35. 金剛索菩薩
36. 金剛鏁菩薩
37. 金剛鈴菩薩
38. 地天
39. 水天
40. 火天
41. 風天
42. 慈氏菩薩
43. 不空見菩薩
44. 滅悪趣菩薩
45. 除憂闇菩薩
46. 香象菩薩
47. 大精進菩薩
48. 虚空蔵菩薩
49. 智幢菩薩
50. 無量光菩薩
51. 賢護菩薩
52. 光網菩薩
53. 月光菩薩
54. 無尽意菩薩
55. 辯積菩薩
56. 金剛蔵菩薩
57. 普賢菩薩
58. 那羅延天
59. 倶摩羅天
60. 金剛摧天
61. 梵天
62. 帝釈天
63. 日天
64. 月天
65. 金剛食天
66. 彗星天
67. 熒惑天
68. 羅刹天
69. 風天
70. 金剛衣天
71. 火天
72. 毘沙門天
73. 金剛面天
74. 焔摩天
75. 調伏天
76. 毘那耶迦
77. 水天

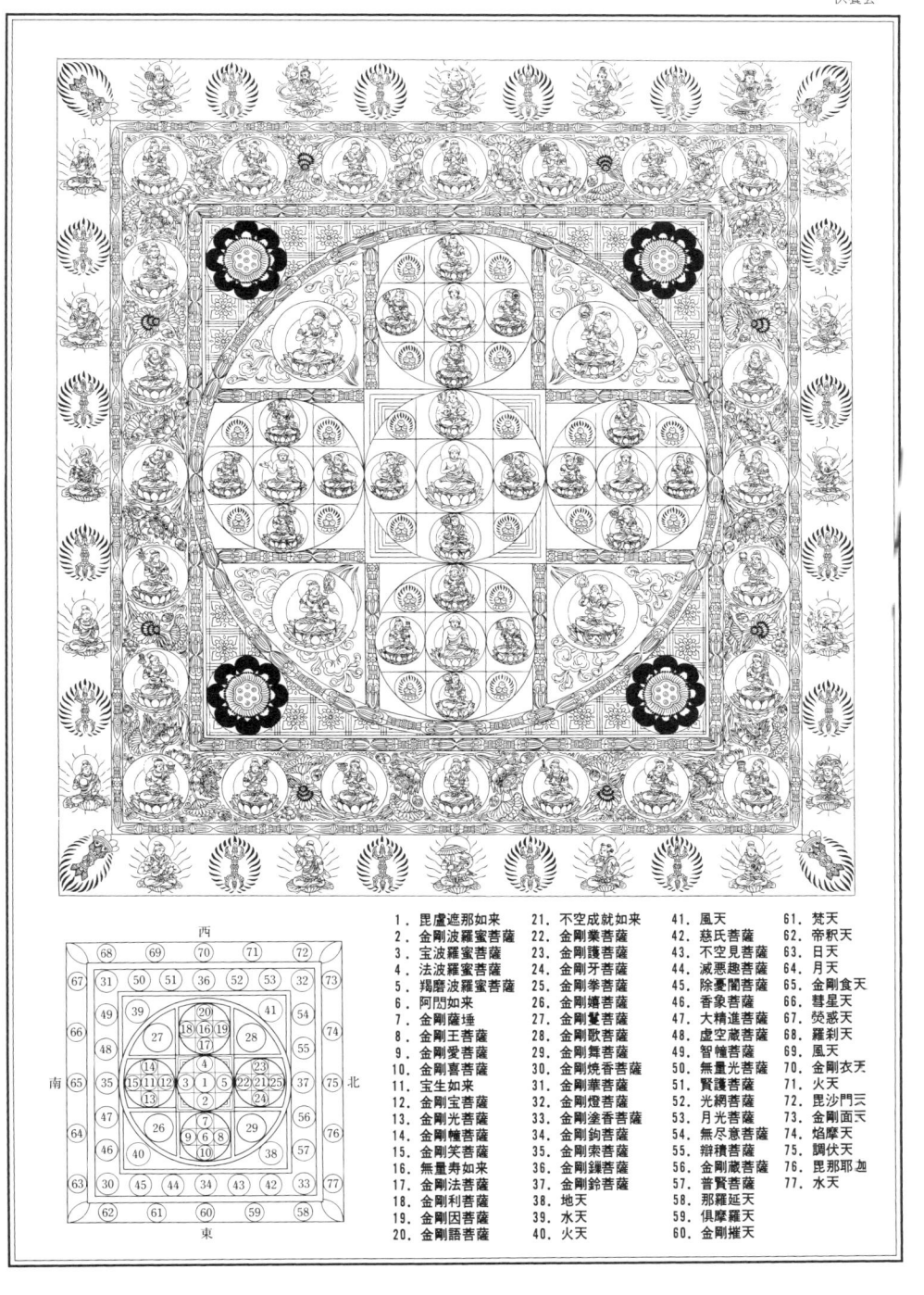

四印会

四印会は、中尊を四尊が囲む形が基本になっている。古い形では、中尊は彫像で、その周囲に四尊の三昧耶形が描かれていた。すなわち四印会は、大曼荼羅・三昧耶曼荼羅・法曼荼羅・羯磨曼荼羅の四印を結ぶことにより、成身会・三昧耶会・微細会・供養会の四種の曼荼羅を成就できることを示している。

中尊を四尊が囲むこの形式を四印会とすれば、成身会で毘盧遮那如来を中尊とし、阿閦・宝生・無量寿・不空成就の四仏が囲む曼荼羅も四印会である。また、毘盧遮那如来とそれを囲む四波羅蜜菩薩の曼荼羅も、四仏それぞれを中尊として四菩薩が囲む曼荼羅も四印会である。これは三昧耶会・微細会・供養会、さらには理趣会・降三世会・降三世三昧耶会にも当てはまる金剛界曼荼羅の基本構造である。この基本構造を簡潔にまとめたのが、ここに見られる現図の四印会である。四尊の印を結べば、四種曼荼羅（四印＝大・三・法・羯）を成就することから四印会といわれる。

このように金剛界曼荼羅を簡略化した理由は、『金剛頂経』に次のように説かれる。

「悪い見解をいだき、罪を犯し、怠惰で、規則を無視し、〔曼荼羅に関する〕実践のあれこれを知らない者がいる。彼らは金剛界等の一切如来部の曼荼羅を偉大すぎると思って、怠けて入ろうとはしない。そういう者たちのために、残りなく余すことなく有情界を救済し、利益と安楽と喜びを享受させるために、乃至、一切如来の金剛なる最上の悉地を得させるために、この一切如来部の曼荼羅の誓願（三昧耶）よりなる金剛悉地の〔四〕印曼荼羅を建立した。それゆえ、汝はこれら一切如来部の誓願の印（＝三昧耶印）の神秘に対して浄信を起こすべきである。さもないと苦難を避けがたく若くして死ぬことになろう。汝が地獄・餓鬼・畜生に生まれないように。」

このように阿闍梨は弟子に伝えて、弟子の眼を覆った布を取り去り、この四印会の曼荼羅を見せる。そして次に、成身会・三昧耶会・微細会・供養会を成就する四種の印契（大・三・法・羯）が伝授される。

この四印会には成身会に見られる中尊と四仏の関係が重層的に組み込まれている。まず、中央の毘盧遮那如来と周囲の四菩薩で四印会を構成するが、その中央の毘盧遮那如来は成身会の毘盧遮那如来と阿閦・宝生・無量寿・不空成就の四仏の四印会を表す。次に、東（図では下）の金剛薩埵は阿閦如来を中尊とする四印会を表し、南（図では向かって左）の金剛宝菩薩は宝生如来を中尊とする四印会を表し、西（図では上）の金剛法菩薩は無量寿如来の四印会を表し、北（図では向かって右）の金剛業菩薩は不空成就如来の四印会を表す。次に、金剛輪内の四隅の三昧耶形はそれぞれの四菩薩で表される四印会の三昧耶形であると同時に、四波羅蜜菩薩の三昧耶形である。それゆえ、この四つの三昧耶形と中央の毘盧遮那如来とで四印会を構成している。金剛輪の外の四隅の三昧耶形は嬉・鬘・歌・舞の四供養菩薩で、成身会では内の四供養であるから金剛輪の内側に描かれる。最外の四隅の金剛杵は香・華・燈・塗の外の四供養菩薩を表し、四門にあたる蓮華は鉤・索・鏁・鈴の四摂菩薩を象徴する。この八供養菩薩と四摂菩薩とで金剛界曼荼羅の基本的な働きの相互供養を表す。

このように四印会には簡略化しつつ、金剛界曼荼羅の基本構造が重層的に組み込まれ、金剛界曼荼羅の本質を描いている。

なお、各尊の身色に関して、観蔵院曼荼羅では、各尊が各部族を代表して描かれているので、それぞれの部を象徴する色で描いた。すなわち、

仏部―毘盧遮那如来―白肉色
金剛部―金剛薩埵―青色
宝部―金剛宝菩薩―黄色
蓮華部―金剛法菩薩―赤肉色
羯磨部―金剛業菩薩―緑色とした。

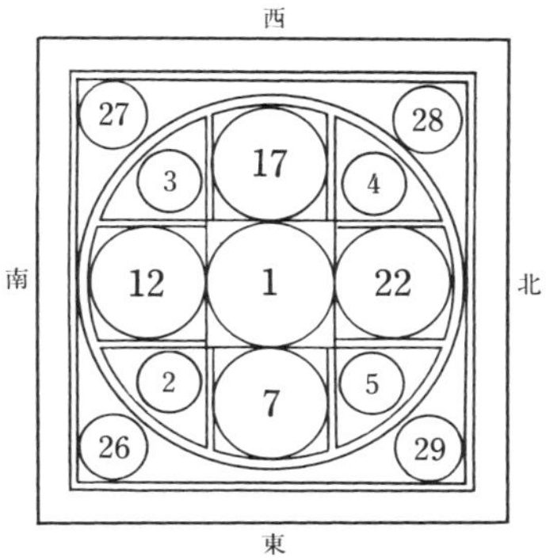

1．毘盧遮那如来
2．金剛波羅蜜菩薩
3．宝波羅蜜菩薩
4．法波羅蜜菩薩
5．羯磨波羅蜜菩薩
7．金剛薩埵
12．金剛宝菩薩
17．金剛法菩薩
22．金剛業菩薩
26．金剛嬉菩薩
27．金剛鬘菩薩
28．金剛歌菩薩
29．金剛舞菩薩

一 印 会

一印会(いちいんえ)とは、諸仏諸菩薩のうちの一尊を選んで、その尊とのヨーガを修するために、その一尊の尊像を彫像や仏画にしたものである。この尊像を、大曼荼羅(だいまんだら)あるいは大印(だいいん)という。したがって、一尊のみの尊像も、密教的には(曼荼羅的解釈では)一印会ということになる。またこの一尊のみの大印すなわち尊像を、その三昧耶形で表現したものも一印会といわれる。このような一印会は、曼荼羅を最も簡略化したものといえる。

『金剛頂経』では、一印曼荼羅の尊像に金剛薩埵(さった)を選び出している。ところが現図曼荼羅ではこの箇所に毘盧遮那如来を描いている。このように経説と現図曼荼羅に相違がある。

では、なぜ『金剛頂経』では金剛薩埵の一印会と規定したのであろうか。それを経では、阿闍梨(あじゃり)が弟子を曼荼羅に引き入れて「一切如来の悉地の諸々の智慧を起こさせるべきである」と説いている。すなわち、諸仏の智慧を発動する主体として曼荼羅が働く必要がある。そしてその修行者が智慧を発動させる根本は、『金剛頂経』の基本的考えとして、金剛薩埵である。したがって、修行者が自らを金剛薩埵と自覚し、智慧を発動させる主体になるために金剛薩埵の一尊とヨーガすることがふさわしい。そこで、阿闍梨は弟子に金剛薩埵と一体になるヨーガの方法を伝授する。それに基づいて修行すれば、あらゆる悉地が得られるとされる。そして最後に、このようなヨーガの方法は「金剛界大曼荼羅(=成身会)の詳細なヨーガの規定と同様である」としている。

ここに、この経文に基づき、金剛薩埵の一印会が成身会と重ね合わせて考えられていることが分かる。ところが、おそらく現図曼荼羅で成身会と同形の毘盧遮那如来をこの一印会に描いたのも、またこの経文の一節と深く関連すると思われる。なぜならば、経文で「一切如来の悉地の諸々の智慧を起こさせるべきである」として、その「詳細なヨーガの規定」を「金剛界曼荼羅と同様である」と説くのであるから、一切如来の智慧を統合する毘盧遮那如来の「詳細なヨーガの規定」が、一印会の趣旨に通じる。現図曼荼羅は、そこで一印会を修行の過程にある金剛薩埵と修行の結果である毘盧遮那如来の二種の曼荼羅で描こうとした。

そして、先の四印会(しいんえ)が四種の曼荼羅(大曼荼羅・三昧耶曼荼羅・法曼荼羅=微細会・羯磨(かつま)曼荼羅=供養会)の成就のためであったとすれば、この一印会はその四種曼荼羅を統合する大曼荼羅(大印)と位置づけられる。その簡略化した一尊の図絵で四種曼荼羅を統合したので、毘盧遮那如来の一印会が求められた。この統合する一印会とは智拳印(ちけんいん)を結ぶ金剛界毘盧遮那如来であるから、一印は金剛界の総体としての智拳印とされる。その毘盧遮那如来が修行の果であるのに対し、因としての一印会が金剛薩埵で描かれる。この金剛薩埵の一印会を現図曼荼羅では次の理趣会として描く。

理 趣 会

理趣会は金剛薩埵を主尊とし、西北に位置する曼荼羅である。『金剛頂経』によれば、金剛薩埵を主尊とする曼荼羅は一印会になるはずであるが、現図曼荼羅では『十八会指帰』に基づき、一印会を修行の過程にある金剛薩埵と修行の果である毘盧遮那如来とに分けて描いた。(→一印会)。

ところが、毘盧遮那如来の一印会は毘盧遮那如来一尊のみが描かれるが、金剛薩埵の一印会であるはずのこの会には、金剛薩埵の一尊のみでなく、金剛薩埵を含めて十七尊が描かれている。その理由については、古来よりさまざまな解釈がなされてきたが、不空三蔵は『十八会指帰』で、真言の修行で金剛薩埵を自らに体得すると十七尊が現前するとした。それは、修行者が自らの生の本質を探求するときの、自らの内に認める生のエネルギー、換言すれば自らの内に宿る仏のイメージ化であった。

自らを金剛薩埵として見るとき、そこに見られる生の本質がイメージされるためには、ここでの曼荼羅は『理趣経』によって金剛薩埵を具象化しようとする。したがって、この会は『理趣経』に基づき描かれているので、理趣会という。

『理趣経』の基本的テーマは、人間の本質的な生の営みを金剛薩埵として捉え、その金剛薩埵の境界は毘盧遮那如来の境界に等しいとするところにある。それは、大乗仏教の伝統に従い、迷える者の内奥に仏があるとする考え方に基づく。大乗仏教ではそのことを煩悩即菩提、換言すれば衆生と仏は一体であると主張した。『理趣経』はこの立場を徹底して、衆生の煩悩の極まれるところに仏を見ようとする。

衆生の煩悩の根本は、生きようとする意志が常に欲望として顕現することにある。その欲望のうちでもきわめて強烈な性の欲望は、今までの仏教では常に否定すべきものと見られてきた。しかし大乗仏教の教理を展開すれば、性的欲望でさえも決して否定すべきではないと『理趣経』では主張する。すなわち、大乗仏教の理想とする空の立場から見ると、一切の存在のあり方は汚れなきものであるから、性の交わりでさえ清らかな境界であるとする。そのあり方を金剛薩埵と慾・触・愛・慢の四菩薩女で人格的に表現したのが、この理趣会である。

ここではその性の交わりは次のように表現されている。

①異性への性的欲望は仏を欲する清浄な大いなる欲をそなえた智となり(慾)、②男女の触れ合いは菩提心に触れる禅定の大いなる楽しみとなり(触)、③男女の抱擁はすべての衆生を限りなく愛する慈悲となり(愛)、④抱擁によって思いを遂げることは欲望に満ち足りた思いのままの境界をすべての衆生の救済への精進とする(慢)。この四つのあり方を菩提心を具えた金剛薩埵と合一させる。この五菩薩の合一を衆生の生の最奥における真実であるので五秘密といい、『理趣経』の最も密教的な思想である。この合一が完成したのが毘盧遮那如来の境界である。それを金剛薩埵と四菩薩の交わりとして表現したのがこの理趣会である。

そして、金剛薩埵と四菩薩(慾・触・愛・慢)は、金剛界曼荼羅の原則に従って、相互供養(→成身会)をする。相互供養は内と外の供養に分かれるが、成身会で内の供養であった嬉・鬘・歌・舞の四菩薩は、ここでは外の供養に、成身会で外の供養であった香・華・燈・塗の四菩薩は内の供養に配当される。この内外の供養の尊が入れ替わった理由は明らかではないが、理趣会の基になる『理趣経』が『金剛頂経』の曼荼羅の相互供養に関して内外を入れ替えたことがここに反映している。

そして、この理趣会も成身会と同じく、四門に鉤・索・鏁・鈴の四菩薩が衆生を曼荼羅に引き入れるために位置する。

この十七尊(金剛薩埵・慾・触・愛・慢・内外の八供養・四摂の菩薩)の構成の根拠は「広本の

理趣経」(『最上根本大楽金剛不空三昧大教王経』・法賢訳）の記述に基づく。ただし慾・触・愛・慢の四菩薩の尊名・持物・印契（いんげい）・真言には現図曼荼羅との間に相違がある。

なお、『理趣経』の各章ごとにその法門を尊像や種字によって描いた理趣経曼荼羅が、理趣会とは別に作られた。

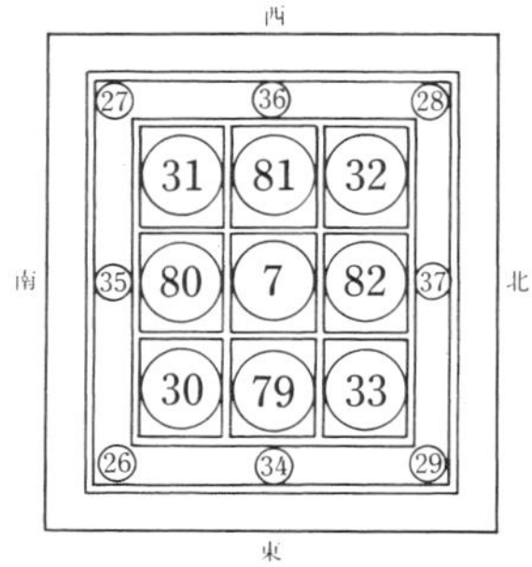

7．金剛薩埵
26．金剛嬉菩薩
27．金剛鬘菩薩
28．金剛歌菩薩
29．金剛舞菩薩
30．金剛焼香菩薩
31．金剛華菩薩
32．金剛燈菩薩
33．金剛塗香菩薩
34．金剛鉤菩薩
35．金剛索菩薩
36．金剛鏁菩薩
37．金剛鈴菩薩
79．慾金剛菩薩
80．触金剛菩薩
81．愛金剛菩薩
82．慢金剛菩薩

降三世会

『金剛頂経』では三界最勝大曼荼羅（trailokyavijayamahāmaṇḍala 三界を降伏する大曼荼羅）と称するが、『秘蔵記』などに基づき伝統的に降三世会と称する。金剛薩埵が忿怒の形相をした降三世明王の姿で現れた曼荼羅である。金剛薩埵が降三世明王という忿怒の姿をとるのは、慈悲の姿のままでは仏道に導くことのできないものを曼荼羅に引き入れて救済するためである。この曼荼羅では、仏道に導き難い衆生の代表として大自在天とその妃の烏摩が描かれる。

『金剛頂経』が伝える説話によると、大自在天をはじめとする神々は、暴悪でなかなか仏教に従おうとしなかった。そこで金剛薩埵は降三世明王の忿怒の姿を現して神々に対したが、その神々の中でも特に大自在天は自らを三界の主であると主張して降三世明王（金剛薩埵）に従わなかった。そこで降三世明王は忿怒の相で「吽」という調伏の真言を唱えると、神々は地に倒れた。もろもろの神々は降三世明王によって調伏されたが、大自在天は苦しみつつも毘盧遮那如来に救いを求めた。しかし毘盧遮那如来は大自在天を救うには忿怒によるしか仕方がないとして、救いを降三世明王にまかせる。そこで降三世明王は、さらに忿怒の相を現し真言を唱え、地に倒れた大自在天とその妃の烏摩を踏みつけた。これを見て毘盧遮那如来が大慈悲の真言を唱えると、ようやく大自在天は仏道に入り、解脱の安楽を得るに至った。

ところで、金剛薩埵が忿怒の形相の降三世明王に姿を変えたのは、インドの説話に基づいている。金剛薩埵が忿怒の形相で現れたのは、『金剛頂経』によれば、毘盧遮那如来が一切如来の大忿怒金剛三昧に入ってシュンバ・ニシュンバの兄弟の真言を唱えることで、一切如来が金剛薩埵を通じて忿怒の形相になって現れたとされる。このシュンバ・ニシュンバの兄弟は、インド説話では大自在天の妃に殺害されたことになっている。その兄弟をもう一度『金剛頂経』に登場させることで、支配的なヒンドゥー教と仏教の力関係を逆転させる意図がこの曼荼羅に読み取れる。このように、大自在天の妃に殺害された兄弟のように、ヒンドゥー教では支配される側にあって卑賎とされたものが、密教の真言の中に多く取り入れられている。このような真言によってヒンドゥー教の世界を仏教に導くという意志が一切如来に満ちていることを、降三世会で表したともいえる。

ところで降三世明王は、ヒンドゥー教の調伏しがたい神々を調伏したのであるが、それはさらに象徴的には、衆生の内に潜む調伏しがたい煩悩を調伏する尊とされる。すなわち、降三世とは三世（三界）の主である大自在天を降伏する尊の意味であるが、三世を象徴的に煩悩の中でも特に支配的な三毒といわれる貪・瞋・痴に見立て、その三毒を降伏するのがこの降三世明王であるとする解釈もある。

この曼荼羅の構成は、ほぼ成身会に同じであるが、現図で比較すると成身会で金剛薩埵が描かれるのに対して、降三世会では金剛薩埵が変化した降三世明王が描かれる。また、成身会で賢劫千仏が描かれるのに対して、降三世会ではそこに賢劫十六尊が描かれる。また、外金剛部の四隅には、成身会では三昧耶形が描かれるのに対して、降三世会では降三世に対応して不動明王妃・大威徳明王妃・軍荼利明王妃・降三世明王妃が描かれる。（→金84）

また『金剛頂経』では、降三世明王に身を変えて描かれるのは阿閦如来になっているが、現図では既に述べたように金剛薩埵が降三世明王として描かれる。阿閦如来と金剛薩埵は菩提心を体とする因と果の関係にあるので、このようにどちらでも降三世を描くこともできたと考えられる。また、『金剛頂経』ではこの会の各尊は忿怒形をすることになっているので、現図では各尊は腕を交差させて忿怒形であることを表している。

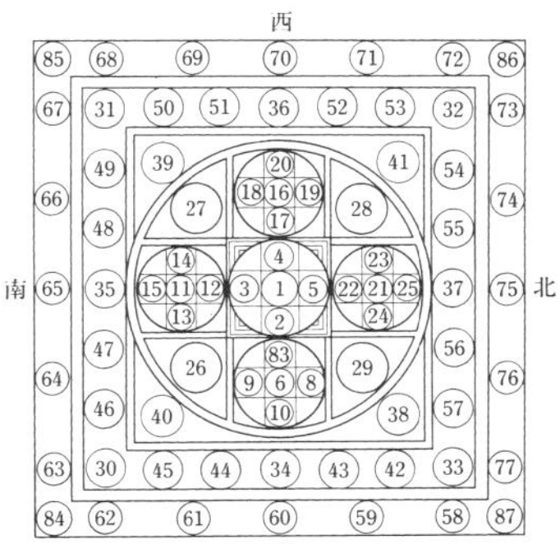

1. 毘盧遮那如来
2. 金剛波羅蜜菩薩
3. 宝波羅蜜菩薩
4. 法波羅蜜菩薩
5. 羯磨波羅蜜菩薩
6. 阿閦如来

8. 金剛王菩薩
9. 金剛愛菩薩
10. 金剛喜菩薩
11. 宝生如来
12. 金剛宝菩薩
13. 金剛光菩薩
14. 金剛幢菩薩
15. 金剛笑菩薩
16. 無量寿如来
17. 金剛法菩薩
18. 金剛利菩薩
19. 金剛因菩薩
20. 金剛語菩薩
21. 不空成就如来
22. 金剛業菩薩
23. 金剛護菩薩
24. 金剛牙菩薩
25. 金剛拳菩薩
26. 金剛嬉菩薩
27. 金剛鬘菩薩
28. 金剛歌菩薩
29. 金剛舞菩薩
30. 金剛焼香菩薩
31. 金剛華菩薩
32. 金剛燈菩薩
33. 金剛塗香菩薩
34. 金剛鉤菩薩
35. 金剛索菩薩
36. 金剛鏁菩薩
37. 金剛鈴菩薩
38. 地天
39. 水天
40. 火天
41. 風天
42. 慈氏菩薩
43. 不空見菩薩
44. 滅悪趣菩薩
45. 除憂闇菩薩
46. 香象菩薩
47. 大精進菩薩
48. 虚空蔵菩薩
49. 智幢菩薩
50. 無量光菩薩
51. 賢護菩薩
52. 光網菩薩
53. 月光菩薩
54. 無尽意菩薩
55. 辯積菩薩
56. 金剛蔵菩薩
57. 普賢菩薩
58. 那羅延天
59. 倶摩羅天
60. 金剛摧天
61. 梵天
62. 帝釈天
63. 日天
64. 月天
65. 金剛食天
66. 彗星天
67. 熒惑天
68. 羅刹天
69. 風天
70. 金剛衣天
71. 火天
72. 毘沙門天
73. 金剛面天
74. 焔摩天
75. 調伏天
76. 毘那耶迦
77. 水天
83. 降三世明王
84. 大威徳明王妃
85. 軍荼利明王妃
86. 降三世明王妃
87. 不動明王妃

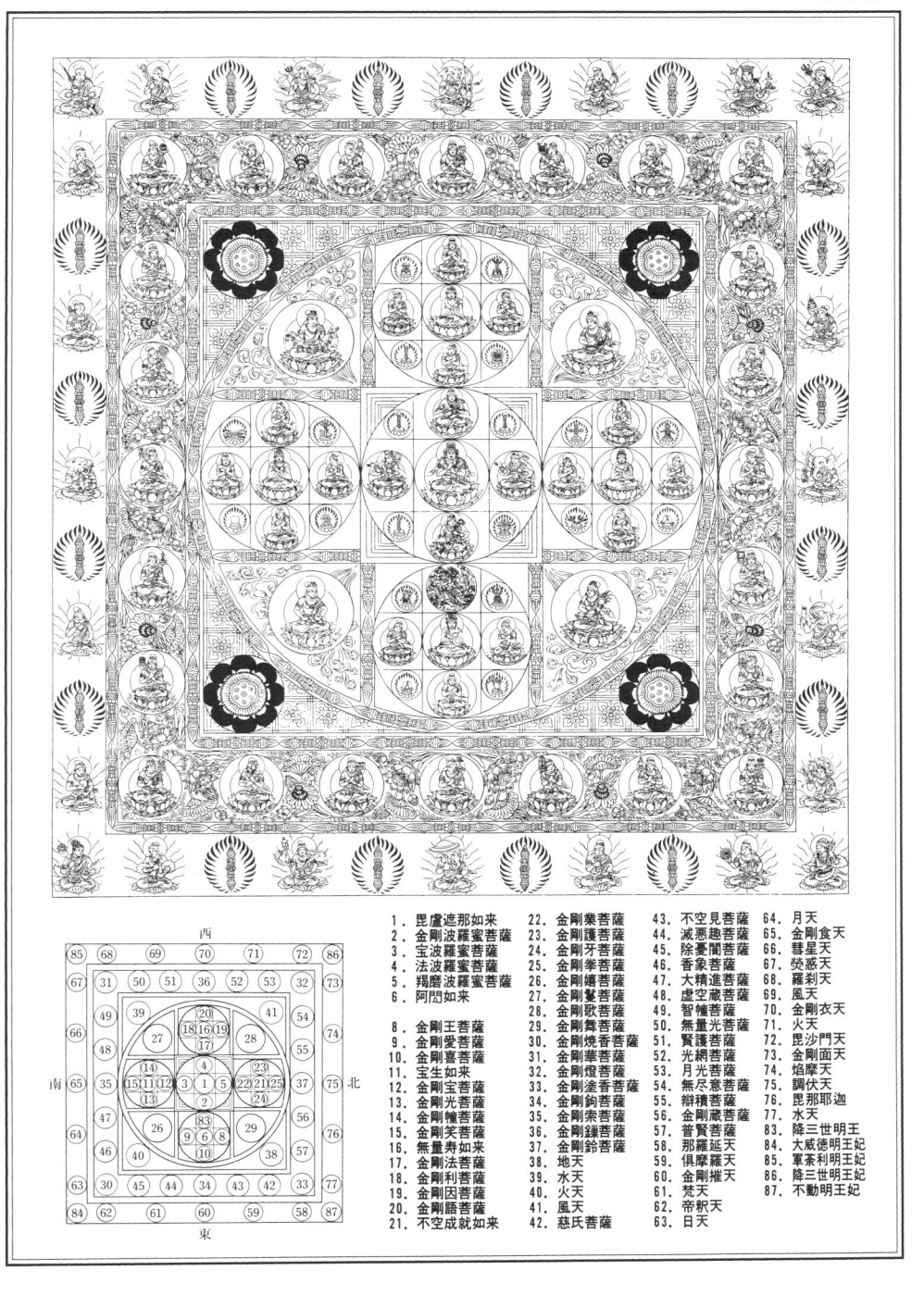

降三世三昧耶会

『金剛頂経』では金剛三昧耶秘密曼荼羅と称され、先の降三世会が金剛界曼荼羅の降伏の大曼荼羅として表されたのに対して、その降伏の心の働きを三昧耶形で表したので降三世三昧耶会（ごうざんぜさんまやえ）といわれる。すなわち、慈悲の姿では仏道に導き難い衆生を救うために、あえて忿怒の姿に身を変えた金剛薩埵をはじめとする諸仏・諸菩薩の救済の誓願を象徴する各尊の持ち物で描いた曼荼羅である。したがって、成身会に対して三昧耶会が対応するのと同じように、構造としては降三世会と降三世三昧耶会とが対応している。

先に、降三世会の解説で述べたように、大自在天を降伏させるために毘盧遮那如来がシュンバ・ニシュンバの兄弟の真言を唱えたが、その真言は以下の通りである。

「オン　ソバニソバ　ウン　ギャリカンダ　ギャリカンダ　ウン　ギャリカンダ　ハヤ　ウン　アノウヤ　コク　バギャバン　バザラ　ウン　ハッタ　oṃ śumbha niśumbha hūṃ gṛhṇa gṛhṇa hūṃ gṛhṇāpaya hūṃ ānaya hoḥ bhagavan vajra hūṃ phaṭ（オーン　シュンバよ　ニシュンバよ　フーン　捉えよ　捉えよ　フーン　捉え寄せよ　フーン　導け　ホーホ　世尊よ　金剛尊よ　フーン　パット）」

この真言はhūṃ（ウン）が四つ誦される特徴があるので、四つの吽字の真言ともいわれる。この真言が音節ごとに分けられ、降三世三昧耶会の各尊に振り分けられ、それぞれの尊の種字とされた。次に各尊の種字とこの真言の音節の対応を以下に示す（各尊に付した数字は各尊の本書での番号）。なおこの真言はシュンバ・ニシュンバのそれであるが、この兄弟はスンバ・ニスンバとも伝えられ、種字はス su で示される。

1．毘盧遮那如来　オン　oṃ
2．金剛波羅蜜菩薩　ソ　śu
3．宝波羅蜜菩薩　バ　mbha
4．法波羅蜜菩薩　ニ　ni
5．羯磨波羅蜜菩薩　ソ　śu
6．阿閦如来　バ　mbha
7．金剛薩埵　ウン　hūṃ
8．金剛王菩薩　ギャリ　gṛ
9．金剛愛菩薩　カンダ　hṇa
10．金剛喜菩薩　ギャリ　gṛ
11．宝生如来　カンダ　hṇa
12．金剛宝菩薩　ウン　hūṃ
13．金剛光菩薩　ギャリ　gṛ
14．金剛幢菩薩　カンダ　hṇā
15．金剛笑菩薩　ハ　pa
16．無量寿如来　ヤ　ya
17．金剛法菩薩　ウン　hūṃ
18．金剛利菩薩　ア　ā
19．金剛因菩薩　ノウ　na
20．金剛語菩薩　ヤ　ya
21．不空成就如来　コク　hoḥ
22．金剛業菩薩　バ　bha
23．金剛護菩薩　ギャ　ga
24．金剛牙菩薩　バン　van
25．金剛拳菩薩　バ　va
26．金剛嬉菩薩　ザラ　jra
27．金剛鬘菩薩　ウン　hūṃ
28．金剛歌菩薩　ハッ　pha
29．金剛舞菩薩　タ　ṭ

金剛焼香菩薩以下の外の四供養、金剛鉤（こう）菩薩以下の四摂（ししょう）菩薩、賢劫（げんごう）十六尊、外金剛部（げこんごうぶ）の二十天は、この真言を以上の分節に従って順次配列したものとなる。

なお、この会の三昧耶形に関して、『諸尊便覧』ではすべての尊の三昧耶形を独鈷杵（とっこしょ）とするが、本書では各尊ごとに異なる三昧耶形のあることを示しておいた。

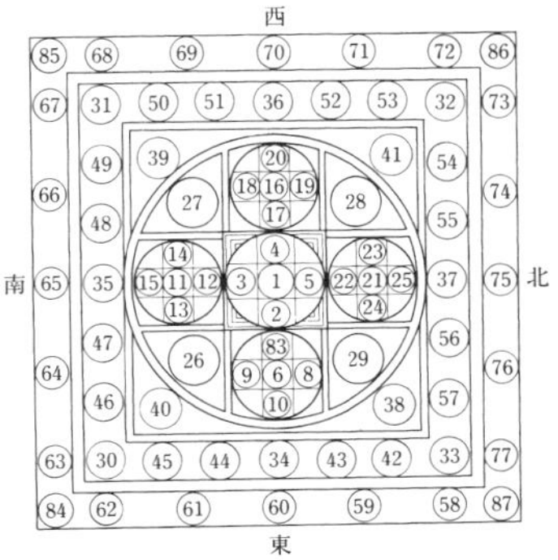

1．毘盧遮那如来
2．金剛波羅蜜菩薩
3．宝波羅蜜菩薩
4．法波羅蜜菩薩
5．羯磨波羅蜜菩薩
6．阿閦如来

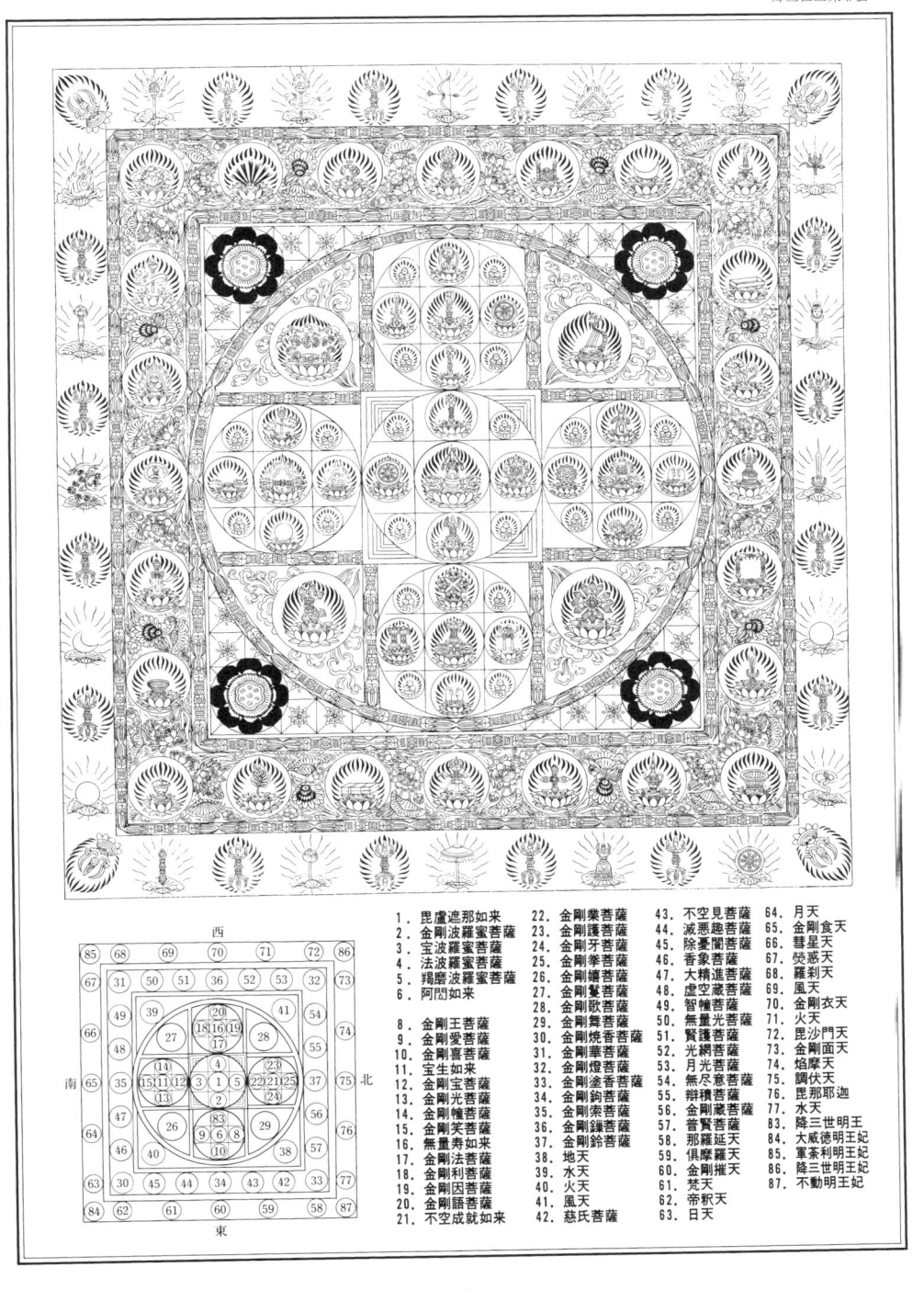

8．金剛王菩薩
9．金剛愛菩薩
10．金剛喜菩薩
11．宝生如来
12．金剛宝菩薩
13．金剛光菩薩
14．金剛幢菩薩
15．金剛笑菩薩
16．無量寿如来
17．金剛法菩薩
18．金剛利菩薩
19．金剛因菩薩
20．金剛語菩薩
21．不空成就如来
22．金剛業菩薩
23．金剛護菩薩
24．金剛牙菩薩
25．金剛拳菩薩
26．金剛嬉菩薩
27．金剛鬘菩薩
28．金剛歌菩薩
29．金剛舞菩薩
30．金剛焼香菩薩
31．金剛華菩薩
32．金剛燈菩薩
33．金剛塗香菩薩
34．金剛鉤菩薩
35．金剛索菩薩
36．金剛鏁菩薩
37．金剛鈴菩薩
38．地天
39．水天
40．火天
41．風天
42．慈氏菩薩
43．不空見菩薩
44．滅悪趣菩薩
45．除憂闇菩薩
46．香象菩薩
47．大精進菩薩
48．虚空蔵菩薩
49．智幢菩薩
50．無量光菩薩
51．賢護菩薩
52．光網菩薩
53．月光菩薩
54．無尽意菩薩
55．辯積菩薩
56．金剛蔵菩薩
57．普賢菩薩
58．那羅延天
59．倶摩羅天
60．金剛摧天
61．梵天
62．帝釈天
63．日天
64．月天
65．金剛食天
66．彗星天
67．熒惑天
68．羅刹天
69．風天
70．金剛衣天
71．火天
72．毘沙門天
73．金剛面天
74．焔摩天
75．調伏天
76．毘那耶迦
77．水天
83．降三世明王
84．大威徳明王妃
85．軍荼利明王妃
86．降三世明王妃
87．不動明王妃

1 毘盧遮那如来 Vairocana

vaṃ バン　āḥ アク

（成・供）

（三）

成身会――〔**密号**〕遍照金剛、無障金剛〔**種字**〕vaṃ〔**三形**〕卒都婆〔**尊形**〕白肉色。諸相（三十二相八十種好）をことごとく円満す。宝冠には五仏が座し、結髪肩に垂れ、繒綵の妙なる天衣をもって腰に巡らして上服とする。〔**印相**〕智拳印〔**真言**〕オン　バザラ　ダトバン　oṃ vajradhātu vaṃ（オーン　金剛界〔如来〕よ　ヴァン）

三昧耶会――〔**三形**〕蓮華の上に横の五鈷杵、その上に塔〔**種字**〕āḥ〔**印相**〕自在印。心・額・喉・頂を加持し、場処毎に真言を一度唱える。〔**真言**〕バザラ　キジャナン　アク　vajrajñānam āḥ（金剛智なり　アーハ）

微細会――〔**尊形**〕三鈷杵の中に描かれる。〔**真言**〕オン　ソキシマ　バザラキジャナ　サンマヤ　ウン　oṃ sūkṣmavajrajñānasamaya hūṃ（オーン　微細なる金剛智の誓願あるものよ　フーン）

供養会――〔**尊形**〕如来形〔**印相**〕智拳印（図では二手金剛拳を結ぶ）〔**真言**〕オン　サラバタタギャタ　バザラダトバ　ドタラ　ホジャ　ソハランダ　サンマエイ　ウン　oṃ sarvatathāgatavajra-dhātvanuttarapūjāspharaṇasamaye hūṃ（オーン　一切如来金剛界のこの上ない広大な供養を誓ったものよ　フーン）

四印会――〔**尊形**〕成身会に同じ。〔**真言**〕オン　サラバ　タタギャタ　ボシュチ　バン　oṃ sarvatathāgatamuṣṭi vaṃ（オーン　一切如来の掬持よ　ヴァン）

一印会　→成身会

降三世会　→成身会

降三世三昧耶会――〔**三形**〕蓮華の上に横の五鈷杵、その上に塔。

〔**解説**〕所依の経典である『金剛頂経』には毘盧遮那如来（Vairocanas tathāgataḥ）と大毘盧遮那如来（Mahāvairocanas tathāgataḥ）の区別が明確に説かれている。毘盧遮那如来とは経の教主であり、曼荼羅の中心に位置する主尊である。大毘盧遮那如来とは曼荼羅そのもの、すなわち、金剛界曼荼羅でいえば、毘盧遮那如来を含めた五仏・四波羅蜜・十六大菩薩・八供養・四摂・賢劫千仏・降三世明王・二十天など、曼荼羅全体の諸尊の本体（自性　svabhāva）であり、一切の顕現するものの背後のエネルギー、生命の付与者（asura）ともいうべき遍在者である。これは別の言葉で表現すれば、真言にもたびたび出てくる一切如来（sarvatathāgata）という言葉でいい表される。

成身会

三昧耶会

微細会

供養会

四印会

一切如来とは大毘盧遮那如来を理解するキーワードである。すなわち一切如来とは、すべての如来という意味だけではなく、一切であって如来である(一切の如来)という意味である。如来とは真如(tathatā)に至った(gata)ものという意味で、大毘盧遮那如来とは一切であり、如来の形を取れば毘

一印会

降三世会

降三世三昧耶会

盧遮那如来や阿閦・宝生・無量寿・不空成就の四如来になるということである。曼荼羅の中尊毘盧遮那如来は釈尊の成道になぞらえられて登場する。釈尊の幼名シッダルタに由来するサルヴァールタシッディ、一切義成就菩薩が五相成身観の修行によって金剛界大菩薩となり、曼荼羅の中央に毘盧遮那如来(＝釈迦牟尼如来)となって位置する。金剛界(Vajradhātu)とは「その身・語・心が金剛(vajra)のごとく堅固なるもの(dhātu)」という意味で、金剛界大菩薩の灌頂名である。この金剛界如来すなわち毘盧遮那如来が中尊となり、同様に顕現した阿閦・宝生・世自在(阿弥陀)・不空の四如来が四方を受け持ち金剛界曼荼羅が展開する。

先に大毘盧遮那如来は遍在者であると記した。遍在ということは内在ということでもある。それは経典によれば、大菩提心と表現される。大菩提心すなわち悟りの心であり、普賢心ともいわれる。普賢心とは「あまねく行きわたる慈悲の心」という意味で、それはまた、衆生にも本来具わっているとされる。毘盧遮那如来とはその菩提心の象徴的人格身といえる。三昧耶形としては卒都婆となる。卒都婆(stūpa)は元来その中に仏舎利が収められたものであり、釈尊亡き後、釈尊そのものとして礼拝されてきた。それがそのまま毘盧遮那如来の象徴(三昧耶形)として表されているのは釈尊との深いかかわり合いを示唆している。日本では卒都婆は五輪塔の形となり大いに普及した。

種字バンは真言の末尾にある心真言であるが、尊名のヴァジュラダートゥ(Vajradhātu)の頭文字とも考えられる。手に結ぶ智拳印はよく無明妄想を滅ぼして仏智に入らしめる拳印なるがゆえに智拳印と名付けられる。右の金剛拳は五智五仏の宝冠、左の頭指を握るのは衆生の身に宝冠をかぶせる形で、この印をもって加持すれば凡夫も如来の宝冠を戴いて成仏することを示している。

三昧耶会の金剛針印は三形の塔を表している。三昧耶会の真言は『蓮華部心念誦儀軌』の説によるもので常にこれを用いるが、『金剛頂経』に従えば、 オン バザラダタビシバリ ウン バジリニ oṃ vajradhātvīśvari hūṃ vajriṇi (オーン 金剛界自在女よ フーン 金剛女よ)となる。

微細会の金剛杵の中に尊形が描かれるのは、如来の智慧は金剛のごとく不壊であるからで、かつ観見できないがゆえに金剛微細智といわれる。観法としては鼻端に金剛杵を観じ、その金剛杵が全世界に遍満すると観想するのである。

供養会の印相は『諸尊便覧』には智拳印を結ぶとあるが、図では二拳を結び上下に離して相い対している。

四印会の真言の muṣṭi は拳の意味で、ここでは四如来、すなわち四印を一握りにすることなので「掬持」と訳した。

一印会の毘盧遮那如来は経では金剛薩埵とある。本来表現することのできない曼荼羅全体を顕す大毘盧遮那如来をあえて描いたと理解する。

2 金剛波羅蜜菩薩（こんごうはらみつぼさつ） Vajrapāramitā（ヴァジュラパーラミター）

hūṃ
ウン

su
ソ

（成・微・供）

（三）

成身会――〔**密号**〕堅固金剛　〔**種字**〕hūṃ（ウン）〔**三形**〕五鈷杵　〔**尊形**〕青色。天女形で羯磨衣（かつまえ）を着る。左手は掌面を外に向けた拳。右手は触地の印。〔**印相**〕触地印　〔**真言**〕オン　サトババジリ　ウン　oṃ　sattvavajri　hūṃ（オーン　薩埵金剛女尊よ　フーン）

三昧耶会――〔**三形**〕蓮華上五鈷杵　〔**印相**〕外縛して二中指を針のごとくにし胸におく。金剛針印　〔**真言**〕バザラシリ　ウン　vajraśri　hūṃ（金剛吉祥女尊よ　フーン）

微細会――〔**尊形**〕左手に蓮華上三鈷杵を持つ。右手触地印。三鈷杵中に描かれる。

供養会――〔**尊形**〕両手で三鈷杵を載せた蓮華を持つ。〔**印相**〕触地印　〔**真言**〕オン　サトババジリ　ウン　oṃ　sattvavajri　hūṃ（オーン　薩埵金剛女尊よ　フーン）

四印会――〔**尊形**〕蓮華上五鈷杵

降三世会――〔**尊形**〕右手拳にして垂れ、左手に開敷（かいふ）蓮華を持つ。

降三世三昧耶会――〔**種字**〕su（ソ）　〔**三形**〕蓮華上五鈷杵

成身会

三昧耶会

微細会

供養会

四印会

降三世会

降三世三昧耶会

〔解説〕毘盧遮那如来のすぐ前（東方）に位置し毘盧遮那に面前す。阿閦如来が毘盧遮那如来を供養するために出現させた女尊である。金剛波羅蜜の金剛とは菩提心（悟りを求めんとする決意）の堅固なることを意味し、五鈷金剛杵は堅固な菩提心の象徴（三昧耶形）である。波羅蜜とは彼岸に到るということで、菩提心の力によって彼岸に到るという誓願（三昧耶）を持った菩薩である。種字のウンは煩悩摧破の意味で、菩提心を表す。フーン（hūṃ）のハ（h）の字は原因（hetu）、ウー（ū）の字は損減（ūna）の意で、菩提心を原因として煩悩を滅ぼし、大空位ン（ṃで表す）に入ることを表している。三形の五鈷杵は堅固な菩提心の象徴であるが、菩提心には悟りを求める心（能求菩提心）と求められる悟りの心（所求菩提心）の二つの意味があるとされ、五鈷杵が立っているのは菩提を求める心を意味している。なお所求菩提心は横の五鈷杵で示される（→金6阿閦如来）。尊形について『秘蔵記』には左手に梵篋を載せた蓮華を持つとある。印相は阿閦如来と同じである。

三昧耶会の真言は『蓮華部心念誦儀軌』によっているが、経によれば oṃ guhyasattvavajri hūṃ（オーン　秘密薩埵金剛女よ　フーン）である。

降三世三昧耶会の種字は、『諸尊便覧』によっており、降三世明王の真言の一々の文字を各尊に当てはめている。ソ（su）はソンバ（sumbha、正しくはśumbha）のソである。

3 宝波羅蜜菩薩 Ratnapāramitā

trāḥ
タラク

mbha
アンバ

（成）

（三）

成身会――**〔密号〕**持宝金剛　**〔種字〕**trāḥ　**〔三形〕**三瓣宝珠　**〔尊形〕**白黄色。天女形で羯磨衣を着る。左手に宝珠を載せた蓮華を持つ。右手は円いものを持つ。**〔印相〕**左の手を臍におき、右の手は与願印になす。**〔真言〕**オン　アラタンナウ　バジリ　タラク　oṃ ratnavajri trāḥ（オーン　宝金剛女尊よ　トラーハ）

三昧耶会――**〔三形〕**三瓣宝珠　**〔印相〕**外縛して二中指を宝形にする。**〔真言〕**バザラ　ゲウリ　タラク　vajragauri trāḥ（金剛ガウリーよ　トラーハ）

成身会

三昧耶会

微細会

供養会

3. 宝波羅蜜菩薩／四印会

降三世会

降三世三昧耶会

微細会――〔**尊形**〕左手に三瓣宝珠を載せた蓮華を持つ。右手は与願印。

供養会――〔**尊形**〕両手で三瓣宝珠を載せた蓮華を持つ。〔**真言**〕アラタンナウ　バジリ　タラク　ratnavajri trāḥ（宝金剛女尊よ　トラーハ）

四印会――〔**三形**〕蓮華上三瓣宝珠

降三世会――〔**尊形**〕左手で三瓣宝珠を載せた蓮華を持つ。右手は与願印。

降三世三昧耶会――〔**種字**〕mbha（アンバ）　〔**三形**〕蓮華の上に法輪。

〔**解説**〕毘盧遮那如来の南方の月輪に住す。宝生如来が毘盧遮那如来を供養するために出現させた女尊。宝波羅蜜の宝とは財宝そのものであり、財福の徳を意味している。すなわち布施波羅蜜の徳を表す。種字タラク(trāḥ)のタはタタター(tathatā）のタで、真如・如如の意。ラはラジャス（rajas）のラで塵垢（じんく）の意。アク(āḥ)の涅槃点が付いて否定を表し、真如もなければ塵垢もない空の立場を示し、涅槃寂静を表している。三形の三瓣宝珠は摩尼宝珠で、悪疫を治し、蛇の毒を消し、濁った水を清めるなど、さまざまな願いをかなえる不思議な力を持つ。尊形の右手に持つ円い物は宝珠と思われる。なお尊形について、『秘蔵記』には、「左の手に蓮華、上に宝〔篋〕をおく。右の手は四角金輪」とある。金輪とは地輪（地大）のことで、方形（四角）で表される。印相は宝生如来と同じ与願印をしている。

降三世三昧耶会の三形の法輪は『諸尊便覧』には宝珠とある。三昧耶会の真言に出るガウリーは黄白色の少女をいう。黄色は地大を表し、大地は万物を発生するので、黄色を福徳の色とし、福徳女とも訳す。経に出る真言は　oṃ guhyavajri hūṃ（オーン　秘密金剛女尊よ　フーン）である。

4　法波羅蜜菩薩（ほうはらみつぼさつ）　Dharmapāramitā（ダルマパーラミター）

hrīḥ
キリク

ni
ニ

（成）

（三）

成身会――〔**密号**〕蓮華金剛、清浄金剛　〔**種字**〕hrīḥ（キリク）　〔**三形**〕独鈷杵、紅蓮華　〔**尊形**〕赤肉色。天女形にて羯磨衣を着る。三摩地の印を結び、印の上に蓮華を立て、華上に梵篋（ぼんきょう）を載せる。〔**印相**〕弥陀定印　〔**真言**〕オン　タラマバジリ　キリク　oṃ dharmavajri hrīḥ（オーン　法金剛女尊よ　フリーヒ）

三昧耶会――〔**種字**〕hrīḥ（キリク）　〔**三形**〕蓮華上に独鈷杵を茎とする未敷（みふ）蓮華を立てる。〔**印相**〕外縛して二中指を蓮華にし、喉に当てる。〔**真言**〕バザラ　タラ　キリク　vajratāra hrīḥ（金剛救度女尊よ　フリーヒ）

微細会――〔**尊形**〕弥陀定印の上に独鈷杵を立てる。

供養会——〔**尊形**〕両手で蓮華を持ち、華上に独鈷杵を茎とする未敷蓮華を立てる。〔**真言**〕タラマバジリ　キリク　dharmavajri　hrīḥ（法金剛女尊よ　フリーヒ）

四印会——〔**三形**〕蓮華上梵篋の上に独鈷杵を茎とする未敷蓮華を立てる。

降三世会——〔**尊形**〕両手で蓮華を持つ。

降三世三昧耶会——〔**種字**〕ni（ニ）〔**三形**〕独鈷杵を茎とする未敷蓮華を立てる。

〔**解説**〕毘盧遮那如来の西方の月輪に住す。観自在王（阿弥陀）如来が毘盧遮那如来を供養するために出現させた女尊。法波羅蜜の法とは諸法実相のことで、諸法実相とはすべての事物はそのままで真実の相を表していることをいう。それを観る眼、すなわち観察する叡知である般若波羅蜜の徳を表す。般若とは叡知、悟りの智慧のことで仏の智慧をいう。弘法大師が『般若心経秘鍵』において、「医王の目には途に触れて皆薬なり。解宝（げほう）の人（鉱脈を探す人）は砿石（こうしゃく）を宝と見る」といっているように、叡知をもって見れば森羅万象ことごとく仏の働きでないものはない。この諸法の実相を見る活動を表して金剛法（vajradharma）という。そしてこの実相の法は妄分別の塵垢を離れて清浄であるから、蓮華が汚泥（おでい）に咲いて決して汚されることなく清浄であるので、蓮華によって象徴される。密号を蓮華金剛または清浄金剛というゆえんである。その実相の法を体現したものを法金剛女尊（dharmavajrī）と人格的に表現する。

成身会

三昧耶会

微細会

供養会

四印会

降三世会

降三世三昧耶会

種字のキリクは ha・ra・ī・aḥ（カ・ラ・イ・アク）の四字よりなる。カは諸法の原因は把握できない、ラは諸法は塵垢を離れている、イは自由自在であること、アクは涅槃という意味である。諸法は空であるということを認識すれば、塵垢という執着がなくなり、自由自在となって、すべての事物が清浄であると悟ることができるということである。また、このキリク（hrīḥ）という単語は「恥」という意味があり、人がもし「恥ずかしい」という気持ちを持てば、決して悪いことはできず、悪いことをしなければ、すべての汚れなき善を具えることができることを示している。弘法大師は『法華経開題』に『理趣釈』の文を引用し、「このキリク字一字を保てばすべての災いや病を除き、命終の後には極楽世界に生まれることができる」と記している。三形の金剛杵を茎とした未敷（みふ）蓮華も以上のことを意味している。

---

5 羯磨波羅蜜菩薩（かつまはらみつぼさつ） Karmapāramitā（カルマパーラミター）

成身会――〔**密号**〕妙用金剛、作業金剛 〔**種字**〕aḥ（アク） 〔**三形**〕羯磨杵（十字三鈷杵） 〔**尊形**〕緑色。天女形にて羯磨衣を着る。左手に宝珠を載せた蓮華を持ち、右手に羯磨杵を持つ。〔**印相**〕左手は拳にし、臍に当て、右手は施無畏印。〔**真言**〕オン キャラマバジリ アク oṃ karmavajri aḥ（オーン 羯磨金剛女尊よ アハ）

三昧耶会――〔**種字**〕hoḥ（コク） 〔**三形**〕蓮華の上に羯磨杵（十字三鈷杵） 〔**印相**〕外縛して二中指の面を掌中に入れて合し、二大指・二小指を相い合して針のごとくし、頂におく。〔**真言**〕キャバジリニ コク khavajriṇi hoḥ（虚空金剛女尊よ ホーホ）

微細会――〔**尊形**〕左手に十字独鈷杵を載せた蓮華を持ち、右手剣印にし、右脇に差し出す。

供養会――〔**尊形**〕両手で羯磨杵を載せた蓮華を持つ。〔**真言**〕キャラマバジリ アク karmavajri aḥ（羯磨金剛女尊よ アハ）

四印会――〔**三形**〕蓮華上羯磨杵（十字三鈷杵）

降三世会――〔**尊形**〕左手に蓮華を持ち、右手仰げて差し出す。

成身会

三昧耶会

微細会

供養会

5．羯磨波羅蜜菩薩／四印会

降三世会

降三世三昧耶会

降三世三昧耶会――〔**種字**〕su（ソ）　〔**三形**〕蓮華上羯磨杵（十字三鈷杵）

〔**解説**〕毘盧遮那如来の北方に住す。不空成就如来が毘盧遮那如来を供養するために出現させた女尊。羯磨波羅蜜の羯磨とは梵語カルマン（karman）の音写語で作業の意。ここでは精進業をさす。布施波羅蜜の福徳、般若波羅蜜の叡知を行じるにも勇猛精進ということがなければ、その功徳を成就することはできない。倦（う）まず絶（た）ゆまず努力を続けてその成就を円満（不空）する妙用を表して金剛業（vajrakarma）という。精進波羅蜜には四種ある。①有情利益のために倦まず勤める利楽精進　②怠け心を退治して一切の善法のために倦まず勤める摂善精進　③もろもろの障害に打ち勝って邁進する被甲精進　④仏の妙業を一身に体現する拳精進の四である。そのうち①の有情利益のために勇猛邁進する姿を人格的に表現したものが羯磨金剛女尊（karmavajrī）であり、その妙用を事物で象徴すれば羯磨杵となる。

種字のアクはアの字に涅槃点を付けたもので、生死（衆生・煩悩）即涅槃（仏・菩提（さとり））の意を表している。三昧耶会の真言のキャ（kha）の字は虚空の意味で、雑染の世界と清浄な世界とが一味となっていることを示している。コク（hoḥ）は歓喜を表現する真言で、煩悩即菩提を証得すれば自（おの）ずと歓喜がわいてくるのである。

三形の羯磨杵は三鈷杵を十字形に組み合わせたもので、通常は十字三鈷杵といい、十二鈷杵ともいう。三鈷は三業（衆生の身・口・意の働き）と三密（如来の身・口・意の働き）を表し、二つの三鈷杵を交えることは衆生の三業と仏の三密とが融合して一体となることを示している。

尊形の左手に持つ蓮華上宝珠は『摂無碍経』や『秘蔵記』には梵篋（ぼんきょう）とある。

6　阿閦如来（あしゆくにょらい）　Akṣobhya（アクショーブヤ）

hūṃ
ウン

mbha
アンバ

（成）

（三）

成身会――〔**密号**〕不動金剛、怖畏金剛　〔**種字**〕hūṃ（ウン）　〔**三形**〕横の五鈷杵の上に立てた五鈷杵〔**尊形**〕青色。左手は拳にして臍の前におき、右手は触地印。〔**印相**〕触地印　〔**真言**〕オン　アクシュビヤ　ウン　oṃ akṣobhya hūṃ（オーン　阿閦尊よ　フーン）

三昧耶会――〔**種字**〕hūṃ（ウン）　〔**三形**〕蓮華上に黄の五鈷杵、その上に立てた五鈷杵　〔**印相**〕外縛し二中指を並べ立て合わせ、針のごとくする。

〔**真言**〕バザラキジャナン　ウン　vajrajñānaṃ hūṃ（金剛智なり　フーン）

微細会――〔**尊形**〕左手は掌を上に向け臍の前におき、右手は触地印。

供養会――〔**種字**〕hūṃ（ウン）　〔**尊形**〕成身会に同

6・阿閦如来／成身会

三昧耶会

微細会

供養会

降三世会

降三世三昧耶会

じ。〔**印相**〕触地印　〔**真言**〕オン　サラバタタギャタ　バザラサトバ　ドタラ　ホジャ　ソハンダ　サンマエイ　ウン　oṃ sarvatathāgata vajrasattvānuttarapūjāspharaṇasamaye hūṃ（オーン　一切如来の金剛薩埵〔菩提心〕のこの上なく広大な供養を誓った尊よ　フーン）

降三世会——〔**尊形**〕宝冠を戴き、通肩に衣を着し、金剛吽迦羅（うんきゃら）の姿勢。

降三世三昧耶会——〔**種字**〕mbha（アンバ）〔**三形**〕蓮華上に横の五鈷杵、その上に立てた五鈷杵。

〔**解説**〕梵名のアクショーブヤは「動ぜざる尊」の

意で、『阿閦仏国経』によると、かつて遥か東方の仏国土で大目如来の六波羅蜜の説法に触れ、無瞋恚の誓願をたて、不動の境地を修行し、成仏したとされる。その仏国土を善快（妙喜国）という。密教成立以前に、古くからこの尊の信仰がインドには見られ、『道行般若経』『法華経』『維摩経』など多くの仏典に登場する。

密教では、大日如来の大円鏡智を体現しており、菩提心の徳を司り、四仏のうち東方に位置する尊とされる。金剛界曼荼羅と胎蔵曼荼羅とを不二一体と見る立場では、胎蔵曼荼羅の四仏のうち、同じく菩提心を司る宝幢如来（→胎２）と同体とされる。ただし、尊名の「動ぜざる尊」の意味から、『大日経』に「不動仏」と記される胎蔵曼荼羅の天鼓雷音如来（→胎５）と同体と見る説もある。また『秘蔵記』によると、施餓鬼供養における五仏のうち、妙色身如来とこの尊とが同体ともされる。

この尊の色は、如来の色身としては『秘蔵記』などに黄金色と記されるが、『摂真実経』には「自身と山川草木悉くを青色に観ずる」と記されている。青色は降魔を象徴する。尊形が『別尊雑記』では左手で衣の角を執るが、それも同じ意味である。

また、右手が膝に掌を接しているが、膝は肉体を五輪（地水火風空）として見たときには地輪に相当し、指が地面に触れていなくとも、大地に触れていることを示す。この印相を触地印という。大地は金石を蔵し、動植物を育てる基盤なので、仏道修行の菩提心になぞらえられる。すなわち、触地印は菩提心を確固ならしめることを意味する。また触地印は、釈尊が菩提樹下で降魔成道したときの印相であるから、地の神を驚発し、魔軍を降伏させ、菩提を獲得するにちなみ、この尊の印相とされたと考えられる。また、降三世会で、金剛拳を胸の前で交差させるのは剛強難化の煩悩を降伏させることを表し、金剛吽迦羅の姿勢といわれる。この姿勢は降三世会では他の尊にも共通する姿勢である。

種字のウンは教理学的には、縁起の世界では実体となる第一原因を見いだすことはできないとする。そのことを「因業不可得」といい、ウン字で象徴する。因業不可得をそのあるがままに知るのが菩提であり、この菩提を獲得するときには、釈尊と同じく降魔成道する。したがって、この種字のウンは堅固なる菩提心をもって煩悩の魔軍を降伏することを象徴する。三昧耶会の横の五鈷杵は衆生が本来具えている（本有）菩提心を表す。本有の菩提心にあっては、仏と衆生はまったく平等であるから、そのことを両端の五鈷が横に平等にあることで象徴する。竪の金剛杵は、本有の菩提心に対して、修行によって芽生える（修生）菩提心を表す。すなわち、本有の菩提心を実際に修行のために発起することを表す。

7　金剛薩埵（こんごうさつた）　Vajrasattva（ヴアジュラサットバ）

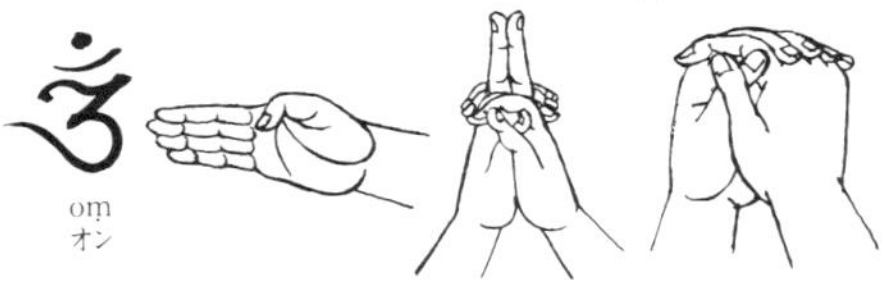

（成・理）　（三）　（四）

成身会――〔**密号**〕真如金剛、大勇金剛　〔**種字**〕a，ā，āḥ　〔**三形**〕五鈷杵　〔**尊形**〕肉色。右手は五鈷杵を斜めにして胸前に持ち、左手は五鈷鈴を持って膝に当てる。〔**印相**〕金剛薩埵大印　〔**真言**〕オン　バザラサトバ　アク　oṃ vajrasattva āḥ（オーン　金剛薩埵よ　アーハ）

三昧耶会――〔**種字**〕stvaṃ　〔**三形**〕竪の五鈷杵　〔**印相**〕金剛薩埵三昧耶印　〔**真言**〕オン　サンマヤ　サトバン　oṃ samayas tvaṃ（オーン　汝は誓戒あるものなり）

微細会――〔**尊形**〕成身会に同じ。

供養会――〔**種字**〕āḥ　〔**尊形**〕両手で蓮華を持ち、蓮台上に独鈷杵を茎とする未敷蓮華を載せる。

成身会

三昧耶会

微細会

供養会

〔印相〕外縛して胸に当てる。**〔真言〕**オン　サラバタタギャタ　サラバタマ　ニリヤタノウ　ホジャソハランダ　キャラマ　バジリ　アク　oṃ sarvatathāgatasarvātmaniryātanapūjāspharaṇakarmavajri āḥ（オーン　一切如来に全身全霊を捧げる広大な供養をする金剛女尊よ　アーハ）

四印会――**〔種字〕**hūṃ（ウン）　**〔三形〕**五鈷杵　**〔尊形〕**成身会に同じ。ただし身色は青色。**〔印相〕**金剛薩埵大印、金剛薩埵三昧耶印　**〔真言〕**オン　キリダヤマニシタニ　サラバタタギャタナン　シジヤタン　oṃ hṛdayamanīṣitāni sarvatathāgatānāṃ sidhyantām（オーン　一切如来の心からの願望が成就せんことを）

理趣会――**〔種字〕**oṃ（オン）　**〔三形〕**五鈷金剛杵**〔尊形〕**白肉色。五仏の宝冠を戴き、右手は五鈷金剛杵を斜めにして胸前に持ち、左手は鈴を持って膝に当てる。**〔印相〕**金剛薩埵大印　**〔真言〕**バザラサトバ　カン　vajrasattva 'ham（我は金剛薩埵なり）

降三世会　→金83

降三世三昧耶会　→金83

〔解説〕成身会・三昧耶会・微細会・供養会・降三世会・降三世三昧耶会では阿閦如来（→金６）の四親近の第一尊として同尊の西に、四印会では毘盧遮那如来の東に、理趣会では中尊として位置する。胎蔵曼荼羅の金剛手院の主尊でもある（→胎54）。

この尊の名称は金剛堅固な菩提心を具えた勇猛な衆生という意味であり、その性格のゆえに普賢菩薩（→金57、胎６）と同体とされるようになった。金剛手・執金剛・金剛手秘密主・持金剛・普賢薩埵などとも称される。

衆生が本来具えている本有（ほんぬ）の菩提心を体とするから、一切衆生の本質でもあり、大日如来（毘盧遮那如来）の眷属の上首でもあり、大日如来の説法を聴聞する筆頭に位置する。それゆえに、真言宗では大日如来の教えを広めた付法の第二祖とする（第一祖は大日如来）。このように、菩提心を発（おこ）して密教の教えを受け止める衆生の代表者の立場にあり、しかも密教を大日如来から正統に受け継ぐ真言修行者の理想像としての性格も持つ。

成身会・微細会・四印会・理趣会で左手に持つ金剛鈴は衆生の迷妄を驚覚させ菩提心を発させるためである。右手の五鈷杵は如来の五智を表す。御室（おむろ）版では微細会の尊形で、金剛鈴を二つ持って描かれているが誤りである。

降三世会・降三世三昧耶会では、大日如来の正（しょう）法輪身（ぼうりんじん）である金剛薩埵が教令輪身（きょうりょうりんじん）である降三世明王（→金83、胎89・90）に身を替えて描かれる。

なお、四印会の尊の色に関して、この尊は金剛部の上首なので、観蔵院曼荼羅では青色とした。

四印会

理趣会

8 金剛王菩薩（こんごうおうぼさつ） Vajrarāja（ヴァジュララージャ）

jaḥ ジャク　sa サ　sva ソワ　gṛ ギャリ

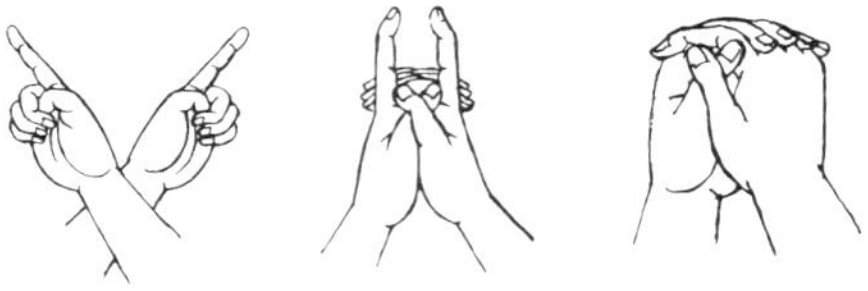

（成）　（三）　（供）

成身会——〔**密号**〕自在金剛、執鉤金剛 〔**種字**〕jaḥ（ジャク） 〔**三形**〕双立金剛鉤 〔**尊形**〕肉色。二手金剛拳にして、胸の前で交差させる。〔**印相**〕金剛王印 〔**真言**〕オン　バザララジャ　ジャク　oṃ vajrarāja jaḥ（オーン　金剛王よ　ジャハ）

三昧耶会——〔**種字**〕sa（サ）, sva（ソワ） 〔**三形**〕双立金剛鉤 〔**印相**〕外縛し二頭指を鉤の形に屈す。〔**真言**〕アノウヤソワ　ānayasva（引き寄せよ）

微細会——〔**尊形**〕成身会に同じ。

供養会——〔**種字**〕jaḥ（ジャク） 〔**尊形**〕双立金剛鉤を載せた蓮華を両手で持つ。〔**印相**〕外縛し右脇におく。〔**真言**〕オン　サラバタタギャタ　サラバタマ　ニリヤタノウ　ホジャソハランダ　キャラマ　ギャリ　ジャク　oṃ sarvatathāgatasarvātmaniryātana-pūjāspharaṇakarmāgri jaḥ（オーン　一切如来に全身全霊を捧げる広大な供養をする最勝の女尊よ　ジャハ）

降三世会——〔**尊形**〕金剛吽迦羅の姿勢。

降三世三昧耶会——〔**種字**〕gṛ（ギャリ） 〔**三形**〕双立金剛鉤

〔**解説**〕胎蔵曼荼羅金剛手院の金剛王菩薩（→胎86）と同体。密号に自在金剛と称するのは、自利利他の行に無礙自在であることを表す。すなわち、一切如来を引き寄せ自利行に自在となり、一切衆生を引き寄せ利他行に自在である。一切如来と一切衆生を引き寄せることを象徴するために、三昧

成身会

三昧耶会

微細会

供養会

降三世会

降三世三昧耶会

耶会・供養会・降三世三昧耶会には引き寄せる道具の双立金剛鉤が描かれ、成身会・微細会・降三世会では引き寄せることを象徴した印を結ぶ。引き寄せる道具の金剛鉤を手にするという意味で、密号はまた執鉤(しゅうこう)金剛とも称されている。

この尊は、阿閦(あしゅく)如来の徳の一面を表したものである。すなわち、阿閦如来の西の金剛薩埵の位で、すでに菩提心を発し、その誓願に基づき衆生利益に自在になり、一切衆生が皆なびいて来るようになった境地を表す。それは、世間において優れた王の徳により臣民を引き寄せるのに喩えられ、尊名が金剛王とされた。

一切衆生を自らになびかせ、引き寄せるために、ここでは象徴的に三昧耶形で双立金剛鉤が描かれたが、実際の修行としては四摂事(ししょうじ)を誓願する。四摂事とは、衆生を引き寄せ仏道に引き入れる四つの手段を意味し、仏教の代表的な利他行である。それは次の四つである。①布施(ふせ)。真理の教えを与えたり（法施）、生活物資を与える（財施）。②愛(あい)語(ご)。優しいことばをかける。③利行(りぎょう)。身体・ことば・心に思うことの三つの働き（身口意(しんくい)の三業(さんごう)）で衆生に利益をもたらすこと。④同事(どうじ)。相手と同じ立場になって共に努め、協同すること。そもそもこの四摂事の元の意味は「（衆生を）統(す)べる四つの事柄（catvāri saṃgrahavastūni）」ということであり、その徳や財力で人々を包容する意味では、世間的には支配者とみなされるので、この尊名と四摂事が重ねられてイメージされたとも思われる。

ときには、金剛薩埵（→金７）が金剛王菩薩と称されることがあるが、その場合には、金剛薩埵が金剛部族の主尊であるから、金剛王と称されるのであり、ここでの尊名やその由来とは関係ない。

9 金剛愛菩薩(こんごうあいぼさつ) Vajrarāga(ヴァジュララーガ)

hoḥ
コク

ga
ギャ

hṇa
カンダ

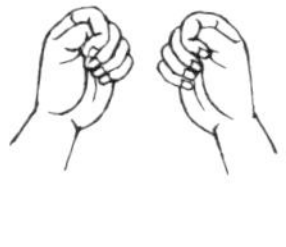
（成）

（三）

（供）

成身会――〔密号〕離楽金剛、離愛金剛〔種字〕hoḥ(コク)〔三形〕上下一鈷を交差させた双立三鈷杵、箭〔尊形〕肉色。二手に箭を矯(た)めた姿で坐す。〔印相〕二拳で箭を放つようにする。〔真言〕オン　バザララギャ　コク　oṃ vajrarāga hoḥ（オーン　金剛愛よ　ホーホ）

三昧耶会――〔種字〕ga(ギャ)〔三形〕上下一鈷を交差させた双立三鈷杵〔印相〕外縛して二頭指を横に相叉う。〔真言〕アコ　ソキャ　aho sukhaḥ（ああ　安楽なり）

微細会――〔種字〕hoḥ(コク)〔尊形〕弓を執り箭を射る姿で坐す。

供養会――〔種字〕hoḥ(コク)〔尊形〕双立三鈷杵を載せた蓮華を両手で持つ。〔印相〕外縛し左脇におく。〔真言〕オン　サラバタタギャタ　サラバタマ　ニリヤタノウ　アドラ　ギャダ　ホジャソハランダ　キャラマ　バデイ　フン　コク　oṃ sarvatathāgata-sarvātmaniryātanānurāgaṇapūjāspharaṇakarma-vāne hūṃ hoḥ（オーン　一切如来に全身全霊を捧げることに愛著する広大な供養をなす箭を持つ女尊よ　フーン　ホーホ）

降三世会――〔尊形〕金剛吽迦羅の姿勢。

降三世三昧耶会――〔種字〕hṇa(カンダ)〔三形〕上下の一鈷を交差させた双立三鈷杵

〔解説〕尊名の愛（rāga）とは、仏教では一般に貪欲を意味し、善根を積む妨げとなる三種の煩悩、すなわち三毒の一つとされている。この貪欲は菩提を得る際の障害であり、釈尊の成道の際にも誘

金剛愛菩薩／成身会

三昧耶会

微細会

供養会

降三世会

降三世三昧耶会

惑者となって現れた。それゆえ仏教ではこの貪欲を悪魔と見て、魔羅（māra）ともいう。このようないわれの愛を名とする尊であるから、また魔羅菩薩とも称す。

ところで、密教ではそれまでの仏教では否定すべきとされたさまざまな煩悩を抑制するよりも、その心の働きをより一層菩提のために活かすことを追求するので、この貪欲にも新たな意味を見いだし、尊格化した。すなわち、衆生が具える愛著や貪欲は、その欲求の本源においては、金剛薩埵が菩提へ向かう欲求と同じであるとされる。このように、愛著や貪欲という一見否定すべきように思われる心も、その本源を洞察してみれば、金剛薩埵の清浄な菩提心の三昧の境地と同じである。この立場を煩悩即菩提という。この煩悩即菩提という考えは、大乗仏教において教理的に確立されたが、それはまた、大乗仏教以前に展開した小乗仏教の煩悩否定の教理を乗り超えた大乗仏教のこの教理が、密教に受け継がれ展開した。

この煩悩即菩提の教理に即して金剛薩埵の菩提心の具体的な展開として見るなら、貪欲は菩提への愛著として肯定される。その境地の尊格がこの金剛愛菩薩である。

このように、この尊は菩提心を愛著する働きが強いので、一切の衆生が菩提を厭離（おんり）する心の働きを殺し、菩提に向かわせる。それゆえ、この尊の愛著の心は一切の衆生に安楽をもたらそうとする愛著でもあり、それはまた大悲の現れでもある。また、そのことは阿閦如来が菩提心を発して自在に衆生を愛する徳を表すので、この尊は阿閦如来の南（向かって左）に位置する。

また、この尊が衆生を菩提に愛著させる働きは愛染明王の働きでもあるので、愛染明王と同体とされる。

10 金剛喜菩薩（こんごうきぼさつ） Vajrasādhu（ヴァジュラサードゥ）

saḥ
サク

dhu
ド

gṛ
ギャリ

（成）

（三）

（供）

成身会――〔**密号**〕讃歎金剛、安楽金剛 〔**種字**〕saḥ（サク） 〔**三形**〕二手相並べ立て弾指（たんじ）する形。〔**尊形**〕肉色。二手を拳にして胸に当てる。〔**印相**〕二手を拳にして胸に当て弾指する形にする。〔**真言**〕オン バザラサト サク oṃ vajrasādhu saḥ（オーン 金剛喜よ サハ）

三昧耶会――〔**種字**〕dhu（ド） 〔**三形**〕二手を並べ立て弾指する形。〔**印相**〕外縛をして弾指。〔**真言**〕サト サト sādhu sādhu（善きかな 善きかな）

微細会――〔**尊形**〕成身会に同じ。

供養会――〔**種字**〕saḥ（サク） 〔**尊形**〕宝珠を載せた蓮華を両手で持つ。〔**印相**〕外縛して腰の後ろにおく。〔**真言**〕オン サラバタタギャタ サラバタマ ニリヤタノウ サトキャラ ホジャソハランダ キャラマトシュチ サク oṃ sarvatathāgatasarvātma-niryātanasādhukārapūjāspharaṇakarmatuṣṭi（s）aḥ（オーン 一切如来に全身全霊を捧げて讃歎する広大な供養をなす歓喜の女尊よ アハ）

降三世会――〔**尊形**〕金剛吽迦羅の姿勢。

降三世三昧耶会――〔**種字**〕gṛ（ギャリ） 〔**三形**〕二手並べ立て弾指する形。

〔**解説**〕尊名の喜（sādhu）とは、インドでは師が弟子の言動に対して賛成や讃歎を表現するときに使われる語である。経典では仏が弟子の説法を是認し讃えるときに、「よきかな、よきかな」とこの語を発する。

成身会

三昧耶会

微細会

供養会

降三世会

降三世三昧耶会

『金剛頂経』では、金剛薩埵の菩提心が大悲を起こす三昧の歓喜の境地からこの尊が現れ出るとされる。そしてこの尊は妄想分別を離れた仏・菩薩たちに歓喜してもらう讃歎を述べる。このようにして、金剛薩埵の菩提心が大悲の行となって一切衆生に振り向けられるようになる。それゆえに、この尊の讃歎の境地は、一切の衆生に等しく喜びを分かち、安楽と満足が得られるとされる。

三昧耶形の弾指（たんじ）とは、古来インドでは他人の部屋を訪ねるときに、訪問の合図として指を弾く。部屋をノックするのと同じ役割をするのが、この弾指である。真言行者はこれを修法のために道場に入るときに、仏・菩薩への挨拶として弾指を三度ばかり行なう。それは法界道場の門を開く象徴的な儀礼である。最初の弾指で讃歎の挨拶をし、二度目の弾指で仏・菩薩を驚覚し禅定から立ち上がってもらう。そして三度目の弾指で法界道場に行者が入ることを許諾してもらう。このように弾指は仏への讃歎の挨拶であり、歓喜を抱いてもらう象徴的表現である。そしてこの仏・菩薩の歓喜が一切衆生に安楽と満足をもたらす。それゆえに、密号は讃歎金剛とも安楽金剛ともいう。

三昧耶会の種字ド（dhu）は、この讃歎の語 sādhu の dhu である。

供養会の真言の末尾のサクは、梵語・チベット語・漢訳音写語から見る限りアク（aḥ）となるが、『蓮華部心軌』に基づいて、日本密教ではサク（saḥ）とする（『堀内本』上 P. 283参照）。なお、成身会の真言の末尾のサク（saḥ）も、梵本にはなく、この供養会の真言の末尾をサク（saḥ）としたので、その音を転用したとも考えられる。そして、その音が種字とされた。

---

11 宝生如来（ほうしょうにょらい） Ratnasaṃbhava（ラトナサンバヴァ）

（成）　（三・供）

成身会——〔**密号**〕平等金剛、大福金剛 〔**種字**〕trāḥ（タラク） 〔**三形**〕三瓣宝珠 〔**尊形**〕黄色。右手は施願印にし、左手は金剛拳にして臍の前におく。〔**印相**〕満願印(授所願印) 〔**真言**〕オン　アラタンノウ　サンバンバ　タラク　oṃ　ratnasaṃbhava trāḥ（オーン　宝生尊よ　トラーハ）

三昧耶会——〔**種字**〕成身会に同じ。〔**三形**〕成身会に同じ。〔**印相**〕外縛し二中指を立て宝形のごとくにする。〔**真言**〕オン　バザラキジャナン　タラク　oṃ　vajrajñānaṃ　trāḥ（オーン　金剛智なり　トラーハ）

微細会——〔**尊形**〕成身会に同じ。

供養会——〔**種字**〕hūṃ（ウン） 〔**尊形**〕成身会に同じ。〔**印相**〕成身会に同じ。〔**真言**〕オン　サラバタタギャタ　バザラアラタンノウ　アドタラホジャ　ソハランダ　サンマエイ　ウン　oṃ　sarvatathāgatā-vajraratnānuttarapūjāspharaṇasamaye　hūṃ（オーン　一切如来の金剛宝部族のこの上なき広大な供養を誓った女尊よ　フーン）

降三世会——〔**尊形**〕宝冠を戴き、通肩に衣を着し、金剛拳を胸の前で交叉する。

降三世三昧耶会——〔**種字**〕hṇa（カンダ） 〔**三形**〕横の五鈷杵の上に三瓣宝珠

〔**解説**〕毘盧遮那如来の南方（図では向かって左）の解脱輪の主尊。東方の阿閦如来が菩提心の徳を司るのに引続き、修行の徳を司る。

『摂真実経』によると、毘盧遮那如来が三昧に入って右肩の上から金色の光を放って南の無量世界を照らし出してこの尊が現れたとされる。胎蔵曼荼羅の四仏のうち毘盧遮那如来の南に位置する開敷華王（かいふけおう）如来（→胎３）と同体され、毘盧遮那如来の五智の一つである平等性智を体現している尊である。また尊形の類似から宝幢如来（→胎２）と同体とする説もある。

この尊は修行の徳を満たすことによって、その福徳をあまねく衆生に降り注ぐ働きをもつとされ、その働きを施願の印相や宝珠で象徴する。『摂真実

成身会

三昧耶会

微細会

供養会

降三世会

降三世三昧耶会

経』では瑜伽行者はこの尊の三昧に入って、施願の印を結び、その指の間から如意宝珠を衆生に降り注ぐことを思い浮かべるとされる。そして指の間から注がれた如意宝珠は衣服・甘露・音楽・宝宮殿などの妙なるもの、あるいは衆生が望むあらゆるものを叶えるといわれる。

この尊の身色は毘盧遮那如来の金色の光明から顕現したので金色、あるいは黄色とされる。黄色とは、大地を象徴する色である。大地が動植物を生み出し、地中に金銀宝石を埋蔵することに喩え、修行の福徳によって衆生の願いを満たす宝を具えるのでこの尊の身色は黄色とされる。

尊形は種々の経典・儀軌では右手で衣の端を握るとされ、『五部心観』などではその姿で描かれているが、『秘蔵記』には右手は拳にするとだけ示されており、現図曼荼羅の伝統を伝えている。なお『諸尊便覧』では右手は外に向けて無名指・小指を屈し、中指・頭指を伸ばすと記されているが、観蔵院曼荼羅では御室版に従った。

三昧耶形の三瓣宝珠とは三つの宝珠が集まった形で、虚空蔵菩薩の三昧耶形でもある。伝統的な教理学では、この三つの宝珠は仏部・蓮部・金剛部の三部、身口意の三密などを表すとされる。『諸尊便覧』ではこの三つの宝珠を、種字のタラクと重ねて解釈している。それによると、タ(ta)ラ(ra)と涅槃点(ḥ)の合成文字である種字のタラク(trāḥ)は、タ字が宝を生み出すのに自在であること、ラ字が宝珠の塵垢を離れていること、ラ字を長母音化するアー(ā)は修行点といい、毘盧遮那の南方の解脱輪の主尊であること、涅槃点が煩悩を離れていることをそれぞれ示すと記している。この解釈が三瓣宝珠の図像の成立時にあったとは思えないが、このようにさまざまに三瓣宝珠を解釈するのは、この三瓣宝珠が真言密教で最重視されたからにほかならない。

12 金剛宝菩薩（こんごうほうぼさつ） Vajraratna（ヴァジュララトナ）

(成)　(三)　(供)

成身会——〔**密号**〕大宝金剛、如意金剛、厚蔵金剛 〔**種字**〕oṃ 〔**三形**〕光焰ある三瓣宝珠〔**尊形**〕肉色。右手は宝珠を持ち、左手を与願印にする。〔**印相**〕金剛拳にした二手を合わせ、頭指を宝形にする。〔**真言**〕オン バザラアラタンノウ オン oṃ vajraratna oṃ（オーン 金剛宝よ オーン）

三昧耶会——〔**種字**〕tvaṃ 〔**三形**〕成身会に同じ。〔**印相**〕外縛し二大指を並べ立て二頭指を宝形にする。〔**真言**〕ソマカサトバン sumahās tvam（汝は広大である）

微細会——〔**尊形**〕右手は与願印にし、左手に宝珠を持つ。

供養会——〔**種字**〕oṃ 〔**尊形**〕光焰のある三瓣宝珠を載せた蓮華を両手で持つ。〔**印相**〕外縛して額の上におく。〔**真言**〕オン ノウマク サラバタタギャタ ビセイキャ アラタンネイビヨ バザラマニ オン oṃ namaḥ sarvatathāgatābhiṣēkaratnebhyo vajramaṇi oṃ（オーン 一切如来の灌頂の宝珠に帰命す 金剛宝珠女尊よ オーン）

成身会

三昧耶会

微細会

四印会――〔**種字**〕trāḥ（タラク）　〔**尊形**〕黄色。三瓣宝珠のついた宝冠を戴き、右手は与願印にし、左手に光焔ある三瓣宝珠を胸の前で持つ。〔**印相**〕外縛して二中指を宝形にする。〔**真言**〕サラバボダラン　メイ　ハリヤ　ババト　sarvamudrā me priyā bhavatu（一切の印が私に好ましからんことを）

降三世会――〔**尊形**〕金剛吽迦羅の姿勢。

降三世三昧耶会――〔**種字**〕hūṃ（ウン）　〔**三形**〕成身会に同じ。

〔**解説**〕『金剛頂経』によると、この尊が持つ宝珠は一切如来が衆生を灌頂する摩尼宝珠であるとされる。この灌頂により衆生は安楽や満足を享受できる。また『瑜祇経（ゆぎきょう）』によると真如の境界から光が生み出され、その光が神々や人々に行きわたり、それぞれの願望を満たすとされるが、その願望の満足を宝珠で象徴している。

尊像が与願の印をしているのは、菩提心を生じ

供養会

降三世会

降三世三昧耶会

四印会

た後に、一切の衆生に諸々の功徳を施与する誓願を表す。

この与願印と宝珠とで、宝生如来（→金11）の徳を展開することを表す。

このように衆生の願望をことごとく満足させるので、虚空蔵菩薩（→胎174）と同体とされる。『金剛頂経』では、一切の虚空界が毘盧遮那の心に入り、一切の世間界に遍満するほどの金剛宝珠となって顕現するとされる。そして金剛薩埵の三昧は、この虚空界の中から生まれ出るので、その三昧に入って虚空蔵菩薩の身体となって顕現するとされる。虚空蔵菩薩も衆生の願望を限りなく満たす尊である。

それゆえに、この金剛宝菩薩も『秘蔵記』などでは右手に宝珠を持つとされるのに、御室版現図曼荼羅には宝珠を描かない。観蔵院曼荼羅では、この尊の誓願を明らかにするために宝珠を描き加えた。なお東寺曼荼羅では右手が与願印で、左手に宝珠が描かれ、左右が逆になっている。

四印会の尊の色に関しては、この尊が宝部の上首の尊なので、観蔵院曼荼羅では身色を宝部を象徴する黄色にした。

成身会の種字オン（oṃ）はあらゆるもののありさまは本来は一体となって無差別の状態に立ち帰っているので、虚空と同じ意味であることを示すと解されている。またこの種字は仏の三身、すなわち法身・報身・応身を表すともされる。さらにこの種字は、陀羅尼を唱える最初に発する聖なる声とされるので、一切の陀羅尼を生み出す母とも解された。

三昧耶会の種字は『諸尊便覧』などではtbaṃとなっているが、三昧耶会の真言からしてtvaṃとなるので、ここでは改めておいた。

---

13 金剛光菩薩（こんごうこうぼさつ） Vajrateja（ヴァジュラテージャ）

（成・供）

（三）

成身会――〔密号〕威徳金剛、威光金剛　〔種字〕aṃ（アン）　〔三形〕日輪　〔尊形〕肉色。左手は拳にして腿におき、右手には日輪を持つ。〔印相〕二頭指・二大指の先端を互いに合わせ日輪の形をつくり、他の六指は散じて光線のようにして三度旋転する。〔真言〕オン　バザラテイジャ　アン　oṃ vajrateja aṃ（オーン　金剛光よ　アン）

三昧耶会――〔種字〕ta（タ）　〔三形〕日輪　〔印相〕二頭指を屈して宝形にし、二大指を立て、他の六指を散じて光線のようにして、三度旋転する。〔真言〕ロホウニユタ　rūpoddyota（輝ける姿よ）

微細会――〔尊形〕胸前で両手に日輪を支える。

供養会――〔種字〕hrīḥ（キリク）　〔尊形〕光焔ある日輪を載せた蓮華を両手で持つ。〔印相〕成身会に同じ。〔真言〕オン　ノウマク　サラバタタギャタソリエイビョ　バザラテイジニ　ジンバラ　キリク　oṃ namaḥ sarvatathāgatasūryebhyo vajratejini jvala hrīḥ（オーン　一切如来である太陽に帰命す　金剛光女尊よ　閃きたまえ　フリーヒ）

降三世会――〔尊形〕金剛拳にした両腕を胸前で交差させる。

降三世三昧耶会――〔種字〕gṛ（ギャリ）　〔三形〕日輪

〔解説〕宝生如来の四親近（ししんごん）のうちの一尊で、宝生如来の東（図では下）に坐す。宝生如来が持つ宝珠の輝きを身体とする。成身会では、このことを手に持つ日輪で象徴する。この輝きは、闇に喩えられる衆生の無知を摧破し、衆生と仏のあらゆる世界を輝きで包みこみ、山川草木すべてを金色にする働きがあるとされる。

また『瑜祇経』によれば、この尊が輝きを自ら

13. 金剛光菩薩／成身会

三昧耶会

微細会

供養会

降三世会

降三世三昧耶会

発すると、帝釈天や梵天をはじめとするあらゆる神々や人々も直視することはできないほどの威光があるので、全世界の生きものはみなこの威光に従うとされる。『金剛頂経』によれば、この輝きは一切如来を照らし、一切如来がこの輝きを獲得し、あらゆる仏があらゆる衆生に光明を注ぎ、衆生の無知の闇を破るとされる。

---

14 金剛幢菩薩（こんごうどうぼさつ） Vajraketu（ヴァジュラケート）

trāṃ
タラン

pti
ハチ

hṇa
カンダ

（成）

（三）

（供）

成身会――〔**密号**〕円満金剛、願満金剛 〔**種字**〕trāṃ 〔**三形**〕如意幢幡 〔**尊形**〕肉色。両手に如意幢を持つ。〔**印相**〕金剛幢羯磨印 〔**真言**〕オン バザラケイト タラン oṃ vajraketu trāṃ（オーン 金剛幢よ トラーン）

三昧耶会――〔**種字**〕pti 〔**三形**〕竿頭に三瓣の宝珠を戴せた吹き流しの幢幡。〔**印相**〕金剛幢印（二頭指を宝形にし、大指を並べ立てて中指を外縛し、残りの四指を集めて幢のごとくにする） 〔**真言**〕アラタ ハラハチ arthaprāptiḥ（富を得るなり）

微細会――〔**尊形**〕如意幢幡の竿を両手に持つ。

供養会――〔**種字**〕trāṃ 〔**尊形**〕如意幢幡を載せた蓮華を両手で持つ。〔**印相**〕外縛した拳を頂におき、二臂を長く伸ばす。〔**真言**〕オン ノウマク サラバタタギャタシャ ハリホラダ シンタマニ

14. 金剛幢菩薩／成身会

三昧耶会

微細会

供養会

降三世会

降三世三昧耶会

ドバジャ　ギレイビョ　バザラ　ドバ　ジャギリ　タラン　oṃ namaḥ sarvatathāgatāśāparipūraṇa-cintāmaṇidhvajāgrebhyo vajradhvajāgre trāṃ（オーン　一切如来の願いを満たす如意宝珠が頂についた幢幡に帰命す　金剛幢女尊よ　トラーン）

降三世会――〔**尊形**〕金剛拳をした両手を胸前で交差させる。

降三世三昧耶会――〔**種字**〕hṇa（カンダ）　〔**三形**〕如意幢幡

〔**解説**〕宝生如来の四親近のうちの一尊で、宝生如来の西（図では上）に坐す。宝生如来の施与の働きを表す。すなわち、宝生如来が右手を与願の印にしているが、その与願の本誓をこの尊は如意幢幡で象徴する。この如意幢幡とは、竿頭に如意宝珠を載せ、幢幡を吹き流したものである。

供養会の真言によれば、この如意幢幡はサンスクリットでチンターマニドヴァジャ（cintāmaṇidhvaja，如意宝珠のついた幢幡）といい、幢幡とはドヴァジャ（dhvaja）の訳であることがわかる。ところがこの尊の名の幢のサンスクリットはケート（ketu）である。ちなみに、胎蔵曼荼羅の宝幢如来（→胎２）の幢も同じケートである。『大日経疏』によれば、ドヴァジャとは種々の色のついた布で飾った旗をいい、ケートもほぼ同じであるが、そこに更に目印を加えたものであるという。その目印とは、軍隊がその旗に亀・龍・鳥・獣などを目印にしたようなものであるという。ドヴァジャとケートは形が似通っているので通用された名称であるらしい。したがって、尊名はケートで表し、真言にはドヴァジャを使ったと思われる。

御室版では微細会と供養会で幢幡を描かないが、観蔵院曼荼羅では描くことにした。

この尊の三昧耶形である如意幢幡は、世間出世間のあらゆる願いを満たすことを象徴している。それは『金剛頂経』によれば布施波羅蜜の働きである。この働きからして、地蔵菩薩（→胎160）と同体とされる。ちなみに胎蔵曼荼羅の地蔵菩薩も、この尊と同じ如意幢幡を左手に持つ。

15 金剛笑菩薩（こんごうしようぼさつ） Vajrahāsa（ヴァジュラハーサ）

haḥ
カク

pa
ハ

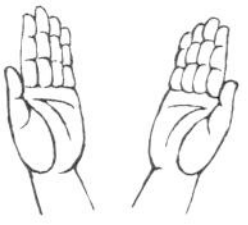
（成）

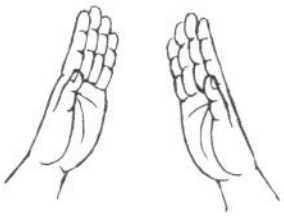
（三・供）

成身会――〔**密号**〕喜悦金剛、歓喜金剛 〔**種字**〕haḥ 〔**三形**〕笑杵 〔**尊形**〕肉色。両手を耳の側に挙げて、金剛拳にして耳の背を押さえる勢にする。〔**印相**〕両手の金剛拳を口に仰向けて散ず。〔**真言**〕オン バザラカサ カク oṃ vajrahāsa haḥ（オーン 金剛笑尊よ ハハ）

三昧耶会――〔**種字**〕haḥ 〔**三形**〕笑杵 〔**印相**〕金剛幢印を反して口に向けて散ず。〔**真言**〕カ カ ウン カク ha ha hūṃ ha（ハ ハ フーン ハ）

微細会――〔**尊形**〕両拳を口もとにする勢い。

供養会――〔**種字**〕haḥ 〔**尊形**〕横の三鈷杵を載せた蓮華を両手で持つ。〔**印相**〕笑う口もとで外縛を散ず。〔**真言**〕オン ノウマク サラバタタギャタ マカヒリチ ハラボウジャヤ キャレイビヨ バザラ カサ カク oṃ namaḥ sarvatathāgata-mahāprītiprāmodyakarebhyo vajrahāse haḥ（オーン 一切如来の大いなる喜悦と歓喜をなすものに帰命す 金剛笑女尊よ ハハ）

降三世会――〔**尊形**〕金剛拳にした両手を胸前で交差させる。

降三世三昧耶会――〔**種字**〕pa 〔**三形**〕笑杵

〔**解説**〕宝生如来の四親近のうちの一尊で、宝生如来の南（図では左）に坐す。前の金剛幢菩薩の布施波羅蜜の行願が円満し、普く衆生を救済し、あらゆることが成就したことを大いに喜び微笑す

成身会

三昧耶会

微細会

供養会

降三世会

降三世三昧耶会

るのがこの尊の働きである。『金剛頂経』によれば、この尊は衆生を救う一切如来の希有な出現に対する毘盧遮那如来の誓願である。それはまた金剛薩埵の三摩地の喜びの境地でもある。この喜びの笑いが一切の衆生に安楽と利益をもたらす。

成身会などの種字のカク（haḥ）は笑い声の擬声語である。その場合の笑い声とは、『諸尊便覧』によれば煩悩障・所知障を滅した喜びの笑いであるとするが、この解釈には無理があり、前述した『金剛頂経』のように笑いを解釈すべきである。

なお、三昧耶会の真言は伝統的にカ　カ　ウン　カク（ha ha hūṃ haḥ）とされていたが、ここでは現行のサンスクリットテキスト（堀内本）に従って末尾のḥを除いた。

また、成身会の三昧耶形の笑杵とは、二つの三鈷杵を重ねた間に笑いを象徴する口と歯を表す。ただし三昧耶会ではただ一つの三鈷杵を描くのみであるが、子島曼荼羅の三昧耶会では、ここでの成身会の三昧耶形を描く。観蔵院曼荼羅では一つの三鈷杵上に笑っている口の形を描いた。

16 無量寿如来（むりょうじゅにょらい） Amitāyus（アミターユス）

hrīḥ
キリク

hūṃ
ウン

ya
ヤ

（成・供）

（三）

成身会――〔**密号**〕清浄金剛、大慈金剛　〔**種字**〕hrīḥ（キリク）　〔**三形**〕横の五鈷杵の上に立てた独鈷杵を茎にした開蓮華。〔**尊形**〕赤色。偏袒右肩（へんだんうけん）にして、弥陀定印を結んで、坐す。〔**印相**〕弥陀定印　〔**真言**〕オン　ロケイジンバラ　アランジャ　キリク　oṃ lokeśvararāja hrīḥ（オーン　世自在王尊よ　フリーヒ）

三昧耶会――〔**種字**〕hrīḥ（キリク）　〔**三形**〕成身会に同じ。〔**印相**〕外縛し二中指を蓮華の形にする。〔**真言**〕オン　バザラキジャナン　キリク　oṃ vajrajñānaṃ hrīḥ（オーン　金剛智なり　フリーヒ）

微細会――〔**尊形**〕成身会に同じ。

供養会――〔**種字**〕hūṃ（ウン）　〔**尊形**〕微細会に同じ。〔**印相**〕弥陀定印　〔**真言**〕オン　サラバタタギャタ　バザラタラマ　ドタラ　ホジャ　ソハラダ　サンマエイ　ウン　oṃ sarvatathāgatavajradharmānuttarapūjāspharaṇasamaye hūṃ（オーン　一切如来の金剛法〔菩薩の説法である〕このうえなく広大なる供養を誓った女尊よ　フーン）

降三世会――〔**尊形**〕通肩にして、金剛拳にした両手を交差させる。

降三世三昧耶会――〔**種字**〕ya（ヤ）　〔**三形**〕成身会に同じ。

〔**解説**〕毘盧遮那如来の西方（図では上）の月輪の中に住し、毘盧遮那如来の妙観察智（みょうかんざっち）の徳を司る。妙観察智とは、すべての衆生の苦悩や疑惑をそれぞれに見抜き、救済する智慧である。尊名は永遠なる命を意味する。阿弥陀如来とも号す（→胎4）。大乗経典にも数多く説かれる代表的な如来である。どの経典でも、必ず西方にこの尊の仏国土が説かれるが、それを承けて両部曼荼羅でも毘盧遮那如来の西方に位置することになっている。

この尊が仏典に登場する起源は、おそらく釈尊の成道の伝説によると思われる。釈尊は成道して不死を得たとされるが、その永遠の命を独立した仏の特性として、この無量寿の名称が付与されたと考えられる。ちなみに、不死をサンスクリットではアムリタ（amṛta）というが、アムリタはまた甘露とも訳される。したがって『施餓鬼儀軌（せがきぎき）』の甘露王如来とはこの尊と同体とされる。また、阿弥陀の語はこの尊のサンスクリット名のアミターユスのうちのアミタに由来するとされるが、阿弥陀の語源はアムリタにあるとする説もある。

成身会の真言の世自在王とは、浄土三部経の一つ『無量寿経』に阿弥陀如来となる前の法蔵比丘（ほうぞうびく）が四十八願を発す感化をした仏として登場する。

成身会

三昧耶会

微細会

供養会

降三世会

降三世三昧耶会

したがって大乗経典の阿弥陀如来＝無量寿如来と密教のこの尊とには密接な関係が窺える。しかし、ここではこの尊は、浄土教のように法蔵比丘が四十八願を成就して仏になったのではなく、毘盧遮那如来の内証の顕現とされる。密教特有の無量寿如来＝阿弥陀如来の理解のしかたが曼荼羅に描かれていることになる。また、弥陀定印（金剛界曼荼羅）や法界定印（胎蔵曼荼羅）をこの尊が結ぶのは、元来密教特有の印相であったが、後に日本の阿弥陀如来の造像では顕教でもこの印を結ぶようになった。

種字のキリク（hrīḥ）は輪廻生死の因縁を離れ、本性清浄のゆえに煩悩の汚れを離れ、涅槃を証することを意味する。また貪り・怒り・無知というきわめて強い煩悩（三毒）が、本性清浄のゆえに涅槃と同じであるという境地を表すともされている。

17 金剛法菩薩（こんごうほうぼさつ） Vajradharma（ヴァジュラダルマ）

hrīḥ キリク　ri リ　hūṃ ウン

（成）

（三）　（供）　（四）

成身会――〔**密号**〕正法金剛、蓮華金剛 〔**種字**〕hrīḥ（キリク） 〔**三形**〕蓮華独鈷杵 〔**尊形**〕肉色。左手で胸前に蓮華を持ち、右手でその一弁を開く勢い。〔**印相**〕左手に蓮華を持ち、右手で花弁を開く形。〔**真言**〕オン　バザラタラマ　キリク　oṃ vajradharma hrīḥ（オーン　金剛法よ　フリーヒ）

三昧耶会――〔**種字**〕ri（リ） 〔**三形**〕成身会に同じ。〔**印相**〕外縛し、二大指を立て、二頭指を屈して蓮華のごとくにする。〔**真言**〕サラバ　キャリ　sarvakāriḥ（一切を為すものなり）

微細会――〔**尊形**〕左掌を膝の上で仰向け、右手を説法印。

供養会――〔**種字**〕hrīḥ（キリク） 〔**尊形**〕蓮華独鈷杵を載せた蓮華を両手で持つ。〔**印相**〕外縛を口上におく。〔**真言**〕オン　バザラタタギャタ　バザラタラマタ　サンマジビク　サトドミ　マカタラマギリ　キリク　oṃ sarvatathāgatavajradharmatāsamādhibhiḥ stunomi mahādharmāgri hrīḥ（オーン　一切如来の金剛なる法性の三昧によって　我は称賛す　偉大な

成身会

三昧耶会

微細会

供養会

降三世会

降三世三昧耶会

る法最勝女尊よ　フリーヒ）

四印会——〔**種字**〕hrīḥ（キリク）〔**尊形**〕成身会に同じ。ただし身色は赤肉色。〔**印相**〕外縛して二中指を蓮華のごとくにする。〔**真言**〕ニシュハラ　ハンシャバキシッジ　バンバト　サラバタタギャタ　サンマタヨ　メイ　アジャヤンタン　niṣprapañcavāk-siddhir bhavatu sarvatathāgatasamādhiyo me ājayantām（無戯論の言葉の完成があらんことを一切如来の三昧が我に生ぜんことを）

降三世会——〔**尊形**〕金剛拳にした両手を胸前で交差させる。

降三世三昧耶会——〔**種字**〕hūṃ（ウン）〔**三形**〕蓮華独鈷杵

〔**解説**〕無量寿如来の四親近のうちの一尊で、無量寿如来の東（図では下）に坐す。胎蔵曼荼羅でいう観自在菩薩（→胎8、17）である。観自在菩薩は、煩悩に汚れた凡夫の世界を、本性は蓮華のごとくに清らかであると観察し、言葉にいい表せない正しい教えを説法して衆生を救済するので、ここでのように尊名を金剛法菩薩とも称され、密号が正法金剛、蓮華金剛と称される。

尊形に描かれる蓮華は清らかな菩提心を象徴している。凡夫の菩提心はまだ発（おこ）されずにあるが、この尊の正法の説法によって菩提心が発される。そのありさまを、この尊が左手に持つ蓮華の花弁を右手で開くことで象徴する。微細会の尊形は、蓮華を左手に持ち、右手でその蓮弁を開く形を表しているが、蓮華を持たない。本来は蓮華を持っていたとも考えられる。伝真言院曼荼羅では蓮華が描かれている。

四印会でのこの尊の身色に関しては、『諸尊便覧』では白色としているが、この尊は蓮華族の上首の尊なので、観蔵院曼荼羅では赤肉色とした。

成身会・供養会・四印会の種字のキリクは貪・瞋・痴の煩悩も本性は清らかであり、涅槃の境地であることを象徴する。三昧耶会の種字のリは真言のサラバキャリ（sarvakāriḥ）の末尾のリ（ri）で、煩悩の汚れも、その本性は清らかであることを象徴する。

四印会

18 金剛利菩薩（こんごうりぼさつ） Vajratīkṣṇa（ヴアジュラテイークシュナ）

dhaṃ
ダン

da
ダ

a
ア

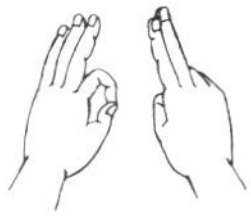
（成）

（三）

成身会——〔**密号**〕般若金剛、除罪金剛 〔**種字**〕dhaṃ 〔**三形**〕剣または梵篋 〔**尊形**〕金色。左手に梵篋を載せた蓮華を持ち、右手に剣を持つ。〔**印相**〕左手は蓮華を持つかのごとくにし、右手は剣印。〔**真言**〕オン バザラテイキシャダ ダン oṃ vajratīkṣṇa dhaṃ（オーン 金剛利よ ダン）

三昧耶会——〔**種字**〕da 〔**三形**〕剣 〔**印相**〕外縛し、二中指を立て上節を屈し、剣のごとくにする。〔**真言**〕ドクキャ セイダ duḥkhacchedaḥ（苦を断ち切るものなり）

微細会——〔**尊形**〕左手は金剛拳にして腰におき、右手に剣を持つ。

供養会——〔**種字**〕dhaṃ 〔**尊形**〕剣を載せた蓮華を両手で持つ。〔**印相**〕外縛して右耳側におく。〔**真言**〕オン サラバタタギャタ ハラキジャ ハラミタ ビニカレイ サトドミ マカグシャドゲイ ダン oṃ sarvatathāgataprajñāpāramitābhinirhāraiḥ stunomi mahāghoṣānuge dhaṃ（オーン 一切如来の般若波羅蜜の出生によって 我は称賛す 〔如来の〕偉大なる音声に即した女尊よ ダン）

降三世会——〔**尊形**〕金剛拳にした両手を胸前で交差させる。

降三世三昧耶会——〔**種字**〕a 〔**三形**〕剣

〔**解説**〕無量寿如来の四親近のうちの一尊。無量寿如来の南方（図では向かって左）に坐す。胎蔵曼荼羅でいう文殊師利菩薩（→胎７、131）であ

成身会

三昧耶会

微細会

供養会

降三世会

降三世三昧耶会

る。文殊菩薩の持つ鋭利な剣を象徴して、金剛なる鋭利な剣を持つ菩薩という意味で尊名とした。この剣は般若波羅蜜多という仏の智慧を表す。仏の智慧が衆生の苦やその原因の煩悩を断ち切ることをこの剣が象徴している。またこの剣が両刃になっているのは、二辺の両極端を断ち切る中道を表すとも、煩悩障・所知障を断ち切るともされる。いずれにしろ、智慧が迷妄を断ち切ることを表す。それゆえに、成身会の尊形では、左手に般若経を入れた箱（梵篋）を載せた蓮華を持つ。密号も、この文殊菩薩の働きにちなんでいる。

成身会と供養会の種字ダン（dhaṃ）は法（dharma）のダに空点のンが付けられたと推測される。『華厳経』ではこの種字ダンを唱えるとき、般若波羅蜜多の法門に入り、諸法の集まりを細かに考察することになるとされる。それゆえに、般若という仏の智慧と関係が深い文殊菩薩の種字になったと思われる。『諸尊便覧』では、『大日経疏』に基づいて、この種字のダンは法界（dharmadhātu）のダであり、それに空点が付けられたとされる。その場合には、この種字で法界が空性であることを悟る般若という智慧を表す。また三昧耶会の種字のダ（da）は真言のドクキャセイダの末字のダであるが、布施を意味するダーナのダであるともされる。

般若という智慧は、それ自体は姿形がないが、その智慧は説法の声で衆生に受け止められる。それゆえに、一切如来が獲得した般若は仏の声となって出てくるが、文殊菩薩は般若と同体とみなされるので、般若の声に即したものと考えられ、供養会の真言が唱えられる。

19 金剛因菩薩 Vajrahetu

maṃ マン　dhi ジ　hūṃ ウン　na ダ

（成）　（三）　（供）

成身会——〔**密号**〕不退金剛、菩提金剛 〔**種字**〕maṃ 〔**三形**〕八輻輪 〔**尊形**〕肉色。左手は金剛拳にして腰におき、右手は法輪を胸前にかざす。〔**印相**〕両手を金剛拳にし、二頭指を伸ばし相並べ、臍前で順に転ずる。〔**真言**〕オン　バザラケイトマン　oṃ vajrahetu maṃ（オーン　金剛因よ　マン）

三昧耶会——〔**種字**〕dhi 〔**三形**〕八輻輪 〔**印相**〕外縛し、中指を掌の中に入れ、薬指を立て合わせ、小指を立て交じ合わせる。〔**真言**〕ボダボウジ　buddhabodhiḥ（仏の菩提なり）

微細会——〔**尊形**〕両手で法輪を持つ。

供養会——〔**種字**〕hūṃ 〔**尊形**〕法輪を載せた蓮華を両手で持つ。〔**印相**〕外縛して左耳側におく。〔**真言**〕オン　サラバタタギャタ　シャキャラキシャラ　ハリバリタジ　サラバソタラン　タナエイ　ソトドミ　サラバマンダレイ　ウン　oṃ sarvatathāgatacakrākṣaraparivartādisarvasūtrāntanayaiḥ stunomi sarvamaṇḍale hūṃ（オーン　一切如来の字輪を転じることなど一切の経典の理趣によって　我は称讃す　一切曼荼羅女尊よ　フーン）

降三世会——〔**尊形**〕金剛拳をした両手を胸前で交差させる。

降三世三昧耶会——〔**種字**〕na 〔**三形**〕八輻輪

〔**解説**〕無量寿如来の四親近のうちの一尊。無量寿如来の北方（図では向かって右）に坐す。尊名は金剛なる菩提の因を具えた菩薩という意味である。仏陀の智慧である菩提は、釈尊の成道の場面に擬せられて、菩提樹下のいわゆる菩提道場で獲得される。その菩提道場での三昧の境地が因となり、その境地で菩提を獲得するや、即座に説法へと向かう。この菩提道場に入り説法に立ち上がる因となる菩提の獲得の過程が、この尊によってイメージされている。それゆえに、この尊は纔発心転法輪菩薩とも称され、『金剛頂経』では「菩提の

19. 金剛因菩薩／成身会

三昧耶会

微細会

供養会

降三世会

降三世三昧耶会

心を発すや直ちに法輪を転じる」と説かれる。また、仏の成道する場所を菩提道場というが、その菩提道場を曼荼羅ともいう。それゆえ、この菩提道場の不壊なる堅固な悟りを象徴し金剛道場とも称される。密号の不退金剛とは菩提道場という曼荼羅の不退転の境界を意味している。

この尊は胎蔵曼荼羅の弥勒菩薩（→胎9）と金剛輪持菩薩（→胎72）と同体とされる。

三昧耶形の八輻の輪は仏陀の説法を表す。この法輪を転じることは説法の働きを表す。法輪は、元来古代インドでは武器の一種であったが、仏陀の説法は魔を退治し、煩悩を調伏するので、武器に喩えられた。

成身会の種字はマ(ma)で表される吾我(mama)が空であることを表す。すなわち、大乗仏教の教理の根本の人無我と法無我を表す。三昧耶会の種字ジ（dhi）は菩提（bodhi）の（dhi）である。供養会の真言は、……ハリバリタジ（parivartādi）……となっているが、伝統的にはハラバリタノウと読んでいた。その伝統的な読みに従えば、サンスクリットはparivartanaとなる。漢語に音写された文献でみる限り、pari(pra-)varta, pari(pra-)vartana, pari(pra-)vartādiの三通りの原文が想定できる。

---

20 金剛語菩薩（こんごうごぼさつ） Vajrabhāṣa（ヴァジュラバーシャ）

raṃ ラン

bda ボダ

vaṃ バン

ya ヤ

（成）　（三）　（供）

成身会――〔密号〕性空金剛、妙語金剛　〔種字〕

raṃ　〔三形〕舌中に三鈷杵　〔尊形〕肉色。左手は金剛拳にして腰におき、右手は胸前で如来舌（舌中に三鈷杵）を持つ。〔印相〕二手金剛拳にして、並べて口もとで仰向けて散ずる。〔真言〕オン　バザラバアシャ　ラン　oṃ　vajrabhāṣa　raṃ（オーン　金剛語よ　ラン）

三昧耶会――〔種字〕bda　〔三形〕舌中に三鈷杵　〔印相〕外縛して、二頭指を蓮の形にし、二大指を開いて頭指の下に着ける。〔真言〕ハラチシャボダ　pratiśabdaḥ（反響なり）

微細会――〔尊形〕左手は金剛拳にして腰におき、右手は施無畏印。

供養会――〔種字〕caḥあるいはvaṃ〔尊形〕如来舌を載せた蓮華を両手で持つ。〔印相〕外縛して頭の後ろにおく。〔真言〕オン　サラバタタギャタサンダバシャ　ボダソウギチビリ　ギャナン　ソトドミ　バザラバセイ　バン〔シャク〕　oṃ　sarvatathāgatasaṃdhābhāṣabuddhasaṃgītibhir　gāyan　stunomi　vajravāce　vaṃ〔caḥ〕（オーン　一切如来の秘密語である仏の賛歌によって　歌いつつ　我は称讃す　金剛語女尊よ　ヴァン〔チャハ〕）

降三世会――〔尊形〕金剛拳にした両手を胸前で交差させる。

降三世三昧耶会――〔種字〕ya　〔三形〕如来舌

〔解説〕無量寿如来の四親近のうちの一尊。無量寿如来の西方（図では上）に坐す。前の金剛因菩薩が菩提道場から説法に立ち上がる仏陀の境界を表すのに続き、この尊は説法の働きを表す。衆生の戯論の迷妄を打ち破る仏陀の説法の言葉がこの尊の体となっている。

仏陀の境界は、衆生の言葉にいい表すことのできない微妙なものであるが、その境地が衆生救済の目的をもって語られる。衆生はその仏陀の救済の意図を充分に分かっていないので、意図が隠されたままに言葉が受け止められている。この衆生救済の隠された意図をもつ如来の微妙な言葉を密意語、秘密語という。また、仏の深い境界を普通の言語の意味通り安易に受け止められないように、あえて意味を隠した言葉を秘密語という。この秘

成身会

三昧耶会

微細会

供養会

降三世会

降三世三昧耶会

密語の究極が真言である。それゆえに、『金剛頂経』では、この尊はあらゆる如来の真言の境地を速疾に成就するとされる。この微妙な言葉の尊であるから、密号は妙語金剛ともいわれる。

三昧耶形が如来舌であるのは、この如来の秘密語を象徴する。成身会の尊形は、この尊の特質からして、右手に如来舌を持つはずであるが、御室版では持つものが不明である。観蔵院曼荼羅では舌中三鈷にした。伝真言院曼荼羅では、成身・微細会では右手に如来舌を持ち、供養会では如来舌を載せた蓮華を両手で持つ。御室版では供養会で手に持つ蓮華に舌を描いていない。

成身会の種字ラン（raṃ）は秘密語の境界が無垢清浄であることを表す。無垢清浄とは本質が空であることを意味するので、密号が性空金剛ともいわれる。三昧耶会の種字のボダ（bda）は聖人の言葉を意味するśabdaの後部のbdaにより如来の秘密語を意味する。

供養会の真言の末尾は、現在確認できる梵本ではvaṃになっているが、漢語に音写されたテキストではcaまたはcaḥと読んでいるものが多い。おそらく、梵本の流布の過程で梵字の似ているvaとcaの入れ替えがあったものと思われる。vaあるいはcaは言葉を意味するvācまたはvacanaの文字から種字にされた。

三昧耶会の印相は如来の舌の形を表す。

---

21 不空成就如来（ふくうじょうじゅにょらい） Amoghasiddhi（アモーガシッディ）

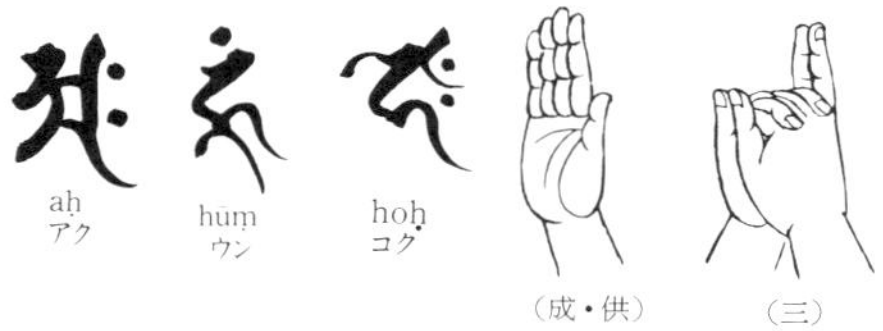

（成・供）　（三）

成身会——〔**密号**〕悉地金剛、成就金剛〔**種字**〕aḥ（アク）〔**三形**〕五鈷杵の上に羯磨杵。〔**尊形**〕緑色。左手は金剛拳にして臍の前におき、右手は施無畏印。〔**印相**〕左手は金剛拳にして臍の前におき、右手は施無畏印。〔**真言**〕オン　アボキャシッデイ　アク　oṃ amoghasiddhe aḥ（オーン　不空成就尊よ　アハ）

三昧耶会——〔**種字**〕aḥ（アク）〔**三形**〕成身会に同じ。〔**印相**〕外縛して、二中指を掌の中に入れて面を合わせ、二大指、二小指を立て合わせる。〔**真言**〕オン　バザラキジャナン　アク　oṃ vajrajñānam aḥ（オーン　金剛智なり　アハ）

微細会——〔**尊形**〕成身会に同じ。

供養会——〔**種字**〕hūṃ（ウン）〔**尊形**〕成身会に同じ。〔**印相**〕成身会に同じ。〔**真言**〕オン　サラバタタギャタ　バザラキャラマ　ドタラホジャ　ソハラダ　サンマエイ　ウン　oṃ sarvatathāgatavajrakarmānuttarapūjāspharaṇasamaye hūṃ（オーン　一切如来の金剛なる働きであるこのうえなく広大な供養を誓った女尊よ　フーン）

降三世会——〔**尊形**〕金剛拳にした両手を胸前で交差させる。

降三世三昧耶会——〔**種字**〕hoḥ（コク）〔**三形**〕成身会に同じ。

〔**解説**〕大日如来の北（図では向かって右）に位置し、大日如来の衆生救済の智慧である成所作智を司る。天鼓雷音（てんくらいおん）如来（→胎4）や釈迦如来（→胎92）と同体とされる。

尊名の不空成就とは確実に（空しくなく）仏の働きを成就する尊であるという意味である。成就を意味するサンスクリットのシッディ（siddhi）を音写して悉地というので、密号では悉地金剛あるいは成就金剛といわれる。『摂真実経』には、毘盧遮那如来が確実で最も勝れたさまざまな働きを成就する三昧に入り、肩の上から五色の光を放って北方の無量世界を照らす、とされる。

成身会と三昧耶会の種字のアクは、仏教の理想とする寂静の境地である涅槃を象徴する。釈尊が涅槃を衆生のために示現して、衆生に究極的な理想を教えたことに基づき、涅槃は大悲の働きの発露であると考えられ、仏の衆生救済の働きがこの尊によって示される。

三昧耶形の横の五鈷杵（ごしょ）は、左右の五鈷で仏と衆生の五智が本来は一体であることを表す。羯磨杵（かつましょ）は十字鈷杵ともいわれ、如来が働くときに衆生に向けて発せられる十字形の光線の象徴である。光

成身会

三昧耶会

微細会

供養会

降三世会

降三世三昧耶会

線を象徴する図案は、この十字形の変形である卐も古代インドではしばしば用いられた。仏教では、この卐は仏に現れる吉祥相とされ、胎蔵曼荼羅では一切如来智印（→胎10）として描かれている。いずれにしろ、太陽光線を図案化した十字形や卐形は仏の衆生救済の働きがあらゆる方向に向かって障害なく、完全であることを表す。

尊形は仏の働きを象徴するために左手は衣の角を握るともされ、そのように描かれる尊像の例もあるが、ここでは御室版によった。施無畏印は、仏教の実践徳目の一つである布施行のうち、最も重視される無畏施を表し、衆生に不安や恐れのない心を殖えつけることで、仏の偉大な働きとされる。

三昧耶会の印相は羯磨杵の形を擬し、衆生救済の働きを象徴する。

22 金剛業菩薩(こんごうごうぼさつ) Vajrakarma(ヴァジュラカルマ)

kaṃ ケン　tvaṃ トバン　aḥ アク　bha バ

（成）　（三）　（四）

成身会――〔**密号**〕善巧金剛、辨事金剛 〔**種字**〕kaṃ(ケン) 〔**三形**〕羯磨杵(かつましよ) 〔**尊形**〕肉色。合掌した両手を頂に挙げる。〔**印相**〕二手金剛拳にして、二大指より伸ばし、胸と両頰で旋舞し、頂で金剛合掌をする。〔**真言**〕オン バザラキャラマ ケン oṃ vajrakarma kaṃ（オーン 金剛業よ カン）

三昧耶会――〔**種字**〕tvaṃ(トバン) 〔**三形**〕羯磨杵 〔**印相**〕頭指、中指、無名指を外縛し覆せて開き、各大指で各小指の甲を捻ず。〔**真言**〕ソバシトバン suvaśitvam（すぐれて自在なり）

微細会――〔**尊形**〕成身会に同じ。

供養会――〔**尊形**〕羯磨杵を載せた蓮華を両手で持つ。〔**印相**〕外縛した両手を頂におく。〔**真言**〕オン サラバタタギャタ ドハメイギャ サンボダラ ソハラダ ホジャキャラメイ キャラ キャラ oṃ sarvatathāgatadhūpameghasamudraspharaṇapūjākarme kara kara（オーン 一切如来の雲海のごとくに広大な焼香の供養をなす尊よ 為したまえ 為したまえ）

四印会――〔**種字**〕aḥ(アク) 〔**尊形**〕緑色。左手は金剛拳にして腰におき、右手は羯磨杵を掌に載せ胸前におく。〔**印相**〕不空成就印 〔**真言**〕アビジヤ ダバテイ メイ サトバ サラバタタギャタンシツシャ ビジャジギャマ サンバラ サンボウタン avidyād dhāvanta ime sattvāḥ sarvatathāgatāṃ ca vidyādhigamasaṃvarasaṃbhūtām（これらの衆生たちは無明より離れ 明を証得するところの律儀を生じる一切如来を〔供養したまえ〕）

降三世会――〔**尊形**〕金剛拳にして、両手を胸前で交差させる。

降三世三昧耶会――〔**種字**〕bha(バ) 〔**三形**〕羯磨杵

〔**解説**〕不空成就如来の四親近のうちの一尊で、不空成就如来の南（図では左）に位置する。『金剛頂経』では、毘盧遮那如来がヴィシュバカルマンという菩薩の誓願によって、仏の働きを加持して金剛堅固にする三摩地(さんまじ)に入って、仏のあらゆる衆生救済の働きを可能にするとされる。ヴィシュバカルマンとは、『金剛頂経』では、四波羅蜜のうちの羯磨波羅蜜菩薩となった毘盧遮那如来の属性と

成身会

三昧耶会

微細会

しても説明される。元来インドでは、ヴェーダの時代にはブラフマンと同体とされ、宇宙の建立の働きをするとされ尊崇された尊格である。この遍満する働きを仏の働きに認めたのが『金剛頂経』といえる。『理趣経』では、無尽蔵の虚空庫蔵の珍宝をもたらす働きをする虚空庫菩薩と同体とされる。

供養会の真言は『金剛頂経』では訳の「雲海」の海に相当する samudra が入っていないが、『略出経』では挿入されており、伝統的には挿入された読み方が伝承されている。また、ここではこの尊が焼香の供養をなすとされるが、八供養菩薩のうちの阿閦(あしゅく)如来から毘盧遮那如来に供養する金剛焼香菩薩（→金30）と同じ供養をする。

四印会は毘盧遮那を囲む四仏の徳が四仏の各月輪の中の上首である菩薩によって示されるので、ここでは三昧耶会の不空成就如来の印相を用いる。またこの会の尊の色も、この尊が羯磨部の上首で

供養会

降三世会

降三世三昧耶会

四印会

あるので、観蔵院曼荼羅では不空成就如来と同じく羯磨部を象徴する緑色とした。

---

23 金剛護菩薩（こんごうごぼさつ） Vajrarakṣa（ヴァジュララクシャ）

haṃ
カン

tvaṃ
トバン

ga
ギャ

（成）

（三）

成身会——〔**密号**〕精進金剛、難敵金剛〔**種字**〕haṃ（カン）　〔**三形**〕甲冑の三鈷杵　〔**尊形**〕緑色。二手金剛拳にして胸に当てる。〔**印相**〕二手金剛拳にして二頭指を伸ばし、端を相い対す。〔**真言**〕オン　バザラﾗキシャ　カン　oṃ vajrarakṣa haṃ（オーン　金剛護よ　ハン）

三昧耶会——〔**種字**〕tvaṃ（トバン）〔**三形**〕成身会に同じ。〔**印相**〕外縛して二頭指を立てて針のごとくにし、胸に当てる。〔**真言**〕ニリバヤ　サトバン　nirbhayas tvam（汝は無畏なり）

微細会——〔**尊形**〕左手は金剛拳にし、頭指を伸ばして胸に当て、右手には剣を持つ。

供養会——〔**尊形**〕甲冑の三鈷杵を載せた蓮華を両手で持つ。〔**印相**〕外縛して右肩の上におく。〔**真言**〕オン　サラバタタギャタ　ホシュハハラサラ　ソハラダ　ホジャ　キャラメイ　キリ　キリ　oṃ sarvatathāgatapuṣpaprasaraspharaṇapūjākarme kiri kiri（オーン　一切如来に広大な散華の供養をなす女尊よ　キリ　キリ）

降三世会——〔**尊形**〕金剛拳にした両手を胸前で交差させる。

降三世三昧耶会——〔**種字**〕ga（ギャ）〔**三形**〕成身会にほぼ同じ。

〔**解説**〕不空成就如来の四親近のうちの一尊で、不空成就如来の西（図では上）に位置する。尊名の金剛護の「護」とは、身を保護するものを意味する。『金剛頂経』では、衆生界を救護し、また一切如来が金剛堅固な身を得ることであるとされる。大乗仏教の菩薩行の理想では、菩薩は勇敢に衆生の救済に努めるのであるが、そのためには菩薩の身を堅固に護らねばならない。その場合に菩薩を護るのは菩薩行に努める精進であるとされた。これが、六波羅蜜のうちの精進波羅蜜である。それゆえに、この尊の密号を精進金剛とする。菩薩の身を護る精進を、武士が戦場で身を護るのに喩えて、甲冑で表す。密教でも、この思想を取り入れ、修法の始めには身口意の三業を浄めて菩薩の境地になって、甲冑を着る想いをして印契（いんげい）を結び、真言を唱えることを必ず行なう。甲冑を着て、征服し難いものに果敢に立ち向かうから、密号を難敵金剛ともいう。また、この甲冑は菩薩行の基礎になる慈愛の心でもあるとされる。

成身会

三昧耶会

微細会

23．金剛語菩薩／供養会

降三世会

降三世三昧耶会

成身会の尊形は、御室版では二手金剛拳にして胸に当てるが、『秘蔵記』では二手の頭指を各々伸ばして他の指を屈して腋側に当てるとされており、東寺曼荼羅はこの記述に近い。『諸尊便覧』によれば、二頭指を伸ばすのは、金剛護菩薩が輪廻の世界に入り込んで、仏教の至高な世界が見えない衆生を引いて、仏法に導くのであるとする『聖位経』を引用して、この尊形の意味を記している。

成身会の印相は、『摂真実経』では甲冑を着ることを模している。また身色に関しては、不空成就の身色に準じて、観蔵院曼荼羅では緑色にした。

微細会の尊形は、伝真言院曼荼羅・東寺曼荼羅では剣を持たずに両手とも拳にしている。

---

24 金剛牙菩薩（こんごうげぼさつ） Vajrayakṣa（ヴアジュラヤクシヤ）

hūṃ
ウン

kṣa
キシャ

vaṃ
バン

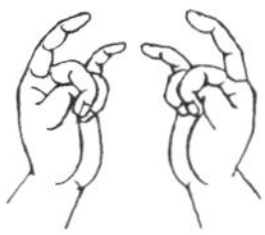

（成）

（三）

成身会――〔**密号**〕猛利金剛・護法金剛・調伏金剛　〔**種字**〕hūṃ（ウン）　〔**三形**〕二つの半三鈷杵　〔**尊形**〕白黄色。二手を金剛拳にして、外に向け、胸に当てる。〔**印相**〕二手を金剛拳にして、小指・頭指を伸ばし口の両側に当て、牙のようにする。〔**真言**〕オン　バザラ　ヤキシャ　ウン　oṃ vajrayakṣa hūṃ（オーン　金剛薬叉よ　フーン）

三昧耶会――〔**種字**〕kṣa（キシヤ）　〔**三形**〕成身会に同じ。〔**印相**〕外縛し、二小指を開き立て、二頭指を立てて鉤にする。〔**真言**〕シャトロ　バキシャ　śatrubhakṣaḥ（怨敵を食べ尽くすなり）

微細会――〔**尊形**〕二手を金剛拳にして内に向け、左手は大・小指を立て牙のごとくにし、右手は大指・頭指を相い捻じて坐す。

供養会――〔**尊形**〕二つの半三鈷杵を載せた蓮華を両手で持ち、坐す。〔**印相**〕外縛して右腿上におく。〔**真言**〕オン　サラバタタギャタ　アロキャ　ジンバラ　ソハランダ　ホジャ　キャラメイ　バラ　バラ　oṃ sarvatathāgatālokajvālāspharaṇapūjākarme bhara bhara（オーン　一切如来の広大な燈明の輝きを供養する女尊よ　運びたまえ　運びたまえ）

降三世会――〔**尊形**〕二手、金剛拳にして胸前で交差させる。

降三世三昧耶会――〔**種字**〕vaṃ（バン）　〔**三形**〕二つの半三鈷杵

〔**解説**〕不空成就如来の四親近のうちの一尊で、不空成就如来の東（図では下）に位置する。尊名のサンスクリットは金剛薬叉（やくしや）という意味である。薬叉とは、インドのヴェーダ以前に遡って、古くから信じられた霊的な存在である。初期の仏教で

24．金剛牙菩薩／成身会

三昧耶会

微細会

供養会

降三世会

降三世三昧耶会

は仏法の守護神として説話や仏塔彫刻などに端正な表情をした姿で登場する。次第に羅刹と並んで猛々しいものと見なされ、人を食べる悪鬼と信じられた。しかし、インドの神話では怪奇ではあるが、悪人のみを食べ、善人を守るとも信じられ、仏教の神話に取り入れられたようである。『金剛頂経』によれば、口に金剛牙を持つ尊である。この牙で一切の魔を摧伏するので摧一切魔菩薩ともいわれ、『理趣経』などにも登場する。

また、胎蔵曼荼羅の金剛手院の金剛牙菩薩 Vajradaṃṣṭra（→胎71）とはサンスクリット名が異なるが、胎蔵曼荼羅の金剛牙菩薩も金剛薬叉と見なされ同体とされる。『聖位経』によれば、この菩薩の加持力によって、あらゆる障害を打ち破り、無始以来の煩悩という怨敵を寄せ付けないという。このように、あらゆる魔という難敵を猛々しく食い尽くすので『金剛頂経』では金剛暴怒菩薩ともいわれるが、その暴虐な性格も、衆生を救うための大悲に由来する。

三昧耶形の半三鈷杵は牙を表す。

供養会の真言では、この尊は燈明の供養をする働きがある。外供養の金剛燈菩薩に対応している

---

25 金剛拳菩薩 Vajrasandhi
（こんごうけんぼさつ　ヴァジュラサンディ）

baṃ バン　ddhi ジ　va バ

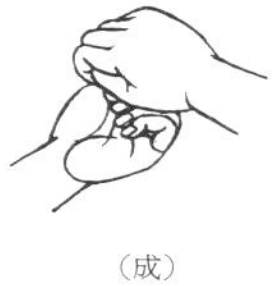

（成）

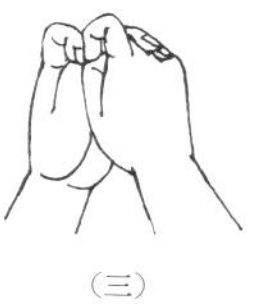

（三）

成身会——〔**密号**〕秘密金剛〔**種字**〕baṃ〔**三形**〕二手の金剛拳〔**尊形**〕緑色。二手金剛拳にして胸に当てる。〔**印相**〕二手金剛拳にし、左を仰

げ、右を伏せて相合す。〔**真言**〕オン　バザラサンジバン　oṃ vajrasaṇḍhibaṃ（オーン　金剛密合よ　バン）

三昧耶会――〔**種字**〕ddhi　〔**三形**〕成身会に同じ。〔**印相**〕外縛し、二大指を掌に入れ小指を捻じ、二頭指を屈して大指の背を押す。〔**真言**〕サラバシッジ　sarvasiddhiḥ（一切の成就なり）

微細会――〔**尊形**〕成身会にほぼ同じ。

供養会――〔**尊形**〕二手の金剛拳を載せた蓮華を両手で持ち、坐す。〔**印相**〕外縛して胸に当てる。〔**真言**〕オン　サラバタタギャタ　ケンダ　メイギャサンボダラ　ソハランダホジャ　キャラメイ　コロコロ　oṃ sarvatathāgatagandha（megha）samudrasphara ṇapūjākarme kuru kuru（オーン　一切如来に〔雲〕海のごとく広大な塗香の供養をする女尊よ　為したまえ　為したまえ）

降三世会――〔**尊形**〕二手を金剛拳にして胸前で交差させ、坐す。

降三世三昧耶会――〔**種字**〕va　〔**三形**〕成身会に同じ。

〔**解説**〕不空成就如来の四親近のうちの一尊で、不空成就如来の北（図では右）に位置する。この尊のサンスクリット名のサンディ（sandhi）とは密接な結合を意味するが、ここでは手の指を堅固に結び合わせ握る働きを意味する。それは一切如来の誓願の堅固であることの標幟である。指を堅く握ったこの形を金剛拳という（流派によって伝承がやや異なる）。この金剛拳は金剛界の共通の拳の握り方なので、この拳をつくるこの尊を一切如来拳菩薩ともいう。

十六大菩薩は、発菩提心を体とする金剛薩埵（→金7）から始まって、その修行は、この尊に至って、金剛薩埵の三昧が一切如来の誓願を標幟する金剛拳印として現れる。これは真言密教の修行者の理想の姿である金剛薩埵の修行の成就を意味する。それゆえに、十六大菩薩の最後に位置する。

金剛薩埵の目標は、自らには仏陀の一切智智を獲得し、衆生には利益と安楽をもたらすことであるが、そのためには自らが涅槃の境地に安住する

成身会

三昧耶会

微細会

供養会

降三世会

降三世三昧耶会

ことはしない。あえて衆生の苦しむ世間に身を置く。これを無住処涅槃という。仏菩薩の解脱した境地をあえて世間に結び付ける働き、すなわち無住処涅槃が、この金剛拳菩薩によって実現される。またこの無住処涅槃にあって衆生を輪廻の苦から解き放ち、安楽の境界の成就に結び付ける。このように、金剛拳の堅固な結び合わせは、金剛薩埵の修行の成就を意味する第十六番目の尊として表される。したがって、三昧耶会の真言では一切の成就が唱えられる。またこの真言の末尾をとって種字はジ(ddhi)で表されるが、それはまた不空成就如来の成就（siddhi）を意味する。

供養会の真言では、この尊は塗香の供養をする働きがあり、外供養の金剛塗菩薩に対応している。

なお、観蔵院曼荼羅では成身会の身色は不空成就如来と同じ緑色とした。

26 金剛嬉菩薩（こんごうきぼさつ） Vajralāsī（ヴァジュララーシー）

（成）　（三）　（理）

成身会――〔**密号**〕普敬金剛　〔**種字**〕hoḥ（コク）〔**三形**〕やや曲がった三鈷杵　〔**尊形**〕青色。天女形。二手金剛拳にして、腰の側におく。左を向いて、やや頭を下げる。〔**印相**〕二手金剛拳にして二拳をもって鬘を繋（か）け、額より頂の後に垂らす。〔**真言**〕オン　バザラ　ラセイコク　oṃ　vajralāsye　hoḥ（オーン　金剛嬉よ　ホーホ）

三昧耶会――〔**三形**〕やや曲がった三鈷杵　〔**種字**〕ti（チ）〔**印相**〕外縛して二大指を立てて額に当てる。〔**真言**〕マカラチ　mahāratī（大歓喜なり）

微細会――〔**尊形**〕左手金剛拳にして伏せて腰におき、右手金剛拳を仰げて腰におく。

供養会――〔**尊形**〕両手に三鈷杵を載せた蓮華を持つ。〔**真言**〕オン　サラバタタギャタ　カシャラシャキリダアラチ　ソウキヤドタラホジャ　メイギャサンボダラソハラダサンマエイ　ウン　oṃ　sarvatathāgatahāsyalāsyakrīḍaratisaukhyānuttarapūjāmeghasamudraspharaṇasamaye　hūṃ（オーン　一切如来の笑喜や歌舞や遊戯や喜悦などの快楽の　雲海のように広大で無上な供養を誓った女尊よ　フーン）

四印会――〔**三形**〕三昧耶会に同じ。

成身会

三昧耶会

微細会

供養会

四印会

理趣会

降三世会

降三世三昧耶会

理趣会――〔**密号**〕荘厳清浄、春金剛　〔**種字**〕su（ソ）〔**尊形**〕二手金剛拳にして、腰の側におく。〔**印相**〕二拳を並べ覆し、胸にめぐらして右に転ずる。〔**真言**〕ケイ　アラチバザラ　ビラシニ　タラタ　he rativajravilāsini traṭ（オー　喜悦する金剛嬉女尊よ　トラット）

降三世会――〔**尊形**〕成身会に同じ。

降三世三昧耶会――〔**種字**〕jra（ザラ）〔**三形**〕三昧耶会に同じ。

〔**解説**〕内の四供養尊の一尊で、成身会などの諸会の東南の月輪に描かれる。この尊は、大日如来が阿閦（あしゅく）如来を供養するために出生したものである。この供養は、あたかも女性が愛する男性につくすように、自然の発露としての喜びが金剛嬉菩薩という女尊として生々しく表現される。そしてこれはそのまま、阿閦如来の菩提心が展開する喜びを示すことになる。すなわち『摂真実経』下によれば、行者は金剛嬉菩薩を観想する場合、自らが金剛嬉菩薩になりきり、十方世界の諸仏・菩薩・衆生に喜楽を与える如くせよ、とある。また『聖位経』には、金剛嬉菩薩から光明が流出し、遍く十方世界を照らし一切如来を供養し、凡夫の貪りに染った世界を破し、嬉菩薩そのものである円満安楽を獲得する、とある。

種字の成身会の hoḥは喜んだとき出た歓喜の言葉である。それゆえ尊名も嬉戯ともいう。三昧耶会の ti は真言の mahāratī の ti である。あるいはこの ti は真如（tathatā）の t と三昧（samādhi）の i をとったもので、歓喜をこれら如如と三昧に平等なる大楽の意味ととる考えもある。

三形の「曲がった三鈷杵」は、踊りあがらんばかりの歓びの気持ちを表したものである。

観蔵院曼荼羅では、阿閦如来の身色が青色なので、金剛嬉菩薩の身色もこれに準じて青色とした。

理趣会の密号の春金剛は、『理趣経』の解釈によったものである。

---

27 金剛鬘菩薩（こんごうまんぼさつ） Vajramālā（ヴアジュラマーラー）

traṭ タラタ　　bhe ベイ　　ra ラ　　huṃ ウン

（成）　　（三）　　（理）

成身会――〔**密号**〕妙厳金剛　〔**種字**〕traṭ（タラタ）〔**三形**〕宝鬘　〔**尊形**〕黄色。天女形にして二手に華鬘を持つ。〔**印相**〕二手金剛拳にして、臍より挙げ、口の辺りで散ずる。〔**真言**〕オン　バザラマレイ　タラタ　oṃ vajramāle traṭ（オーン　金剛鬘よ　トラット）

三昧耶会――〔**種字**〕bhe（ベイ）〔**三形**〕宝鬘　〔**印相**〕金剛縛にして二大指を額に当てる。〔**真言**〕ロハシュベイ　rūpaśobhā（みめ麗しい）

微細会――〔**尊形**〕成身会に同じ。

供養会――〔**尊形**〕右手は拳にして胸の前におき、左手は華鬘を載せた蓮華を持つ。〔**真言**〕オン　サラバタタギャタ　バジロウハマ　サンマジバンバノウハノウ　ボウジャノウバシャノウ　ホジャメイギャ　サンボダラ　ソハラダ　サンマエイ　ウン　oṃ sarvatathāgatavajropamāsamā hibhāvanāpānabhojanavāsanapū jāmeghasamudraspharaṇasamaye hūṃ（オーン　一切如来の金剛にたとえられる禅定の修習と飲物や食物や衣服の雲海のように広大な供養を誓った女尊よ　フーン）

四印会――〔**三形**〕三昧耶会に同じ。

理趣会――〔**密号**〕意滋澤、夏金剛　〔**種字**〕ra（ラ）〔**尊形**〕成身会に同じ。〔**印相**〕二拳を並び覆し、胸にめぐらして転じ、口のそばで小指より次第に散ずる。掌を挙げて臂を伸ばす。〔**真言**〕ケイ　アラチバザラカセイ　カ　カ　he rativajrahāse ha ha（オー　喜悦する金剛笑よ　ハ　ハ）

降三世会――〔**尊形**〕成身会に同じ。

降三世三昧耶会――〔**種字**〕huṃ（ウン）〔**三形**〕華鬘

成身会

三昧耶会

微細会

供養会

四印会

理趣会

27. 金剛鬘菩薩／降三世会

降三世三昧耶会

を形どった三鈷杵。

〔**解説**〕内の四供養の一尊で、成身会などの諸会の西南の月輪に位置する。この尊は、大日如来が南方の宝生如来を供養するために出生したものである。『金剛頂経』によれば、宝鬘をもって供養する、とある。ここでは種々なる宝を、金剛鬘大天女として具体的に表示する。すなわち手に持つ華鬘は宝生如来の福智の二徳を讃えたもので、大日如来は金剛鬘菩薩を出生することをもって供養の意を表す。『摂真実経』には、行者は西南の隅の金剛鬘菩薩を観想し、金剛鬘となって一切の華鬘を持し十方の諸仏・菩薩を供養する、とある。また『聖位経』によれば、金剛華鬘菩薩は光明を流出し、遍く十方世界を照らし一切如来を供養す。衆生の醜い形を除き、三十二相八十種に数えられる仏のすぐれた身体を獲得する、とある。すなわち、煩悩の汚れを取り去り種々に荘厳された智徳・福徳が、大日如来から流出されるのである。

観蔵院曼荼羅は、宝生如来の身色が黄色なので、金剛鬘菩薩の身色もこの色に準じた。

理趣会の密号夏金剛は、『理趣経』の解釈によったものである。

---

28 金剛歌菩薩（こんごうかぼさつ） Vajragītā（ヴァジュラギーター）

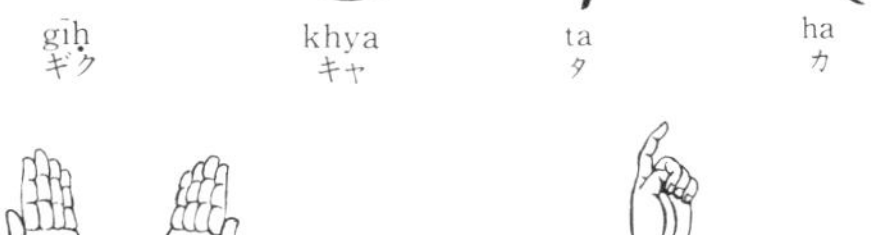

gīḥ ギク　khya キャ　ta タ　ha カ

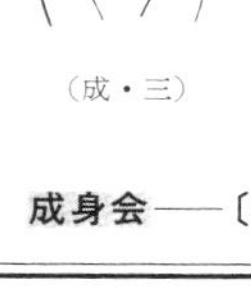

（成・三）

（理）

成身会――〔**密号**〕妙音金剛、無畏金剛 〔**種字**〕gīḥ（ギク） 〔**三形**〕金剛箜篌（くご） 〔**尊形**〕赤肉色。天女形にして、箜篌を奏でる姿。〔**印相**〕二拳を臍より口にあげ散ず。〔**真言**〕オン　バザラギテイ oṃ vajragīte（オーン　金剛歌よ）

三昧耶会――〔**種字**〕khya（キャ） 〔**三形**〕箜篌 〔**印相**〕外縛して、臍より口にあげ散ず。〔**真言**〕シュロタラソウケイ　śrotrasaukhyā（耳に心地よい）

微細会――〔**尊形**〕成身会に同じ。

供養会――〔**尊形**〕箜篌を載せた蓮華を両手で持つ姿。〔**真言**〕オン　サラバタタギャタ　シッタニリヤタノウ　ホジャメイギャサンボダラソハラダサンマエイ　ウン　oṃ sarvatathāgatacittaniryātanapū-jāmeghasamudraspharaṇasamaye hūṃ（オーン　一切如来に心を捧げる雲海のように広大な供養を誓

成身会

三昧耶会

微細会

供養会

四印会

理趣会

26. 金剛歌菩薩／降三世会

降三世三昧耶会

った女尊よ　フーン）

四印会――〔三形〕三昧耶会に同じ。

理趣会――〔密号〕光明、秋金剛　〔種字〕ta（タ）〔尊形〕供養会に同じ。〔印相〕両手を拳にし、それぞれの頭指を伸ばしてわずかに屈する。そして左の臂を立てて、右の指で箜篌の弦を爪弾く形。〔真言〕ケイ　アラチバザラギテイ　テイ　テイ　he rativajragīte te te（オー　喜悦する金剛歌よ　テーテー）

降三世会――〔尊形〕成身会に同じ。

降三世三昧耶会――〔種字〕ha（カ）　〔三形〕三昧耶会に同じ。

〔解説〕内の四供養の一尊で、成身会などの諸会の西北の月輪に描かれる。この尊は、大日如来が無量寿如来を供養するために出生したものである。無量寿如来は説法の徳を司ることから、大日如来はこれを讃えて説法の妙なる響きを歌詠に託して表示したものである。ここでは箜篌を持ち曲を奏でる金剛歌菩薩をもって象徴する。『聖位経』によれば「金剛歌詠の光明を流出して普く十方世界を照らし一切如来を供養し、よく衆生の語業戯論を破す」とある。

観蔵院曼荼羅では、阿弥陀如来の身色が赤肉色なので、金剛歌菩薩の身色もこれに準じた。理趣会の密号の秋金剛は、『理趣経』の解釈によったものである。

三形の金剛箜篌は、通常の箜篌の先に半分の三鈷杵を付けたものである。箜篌は、もと印度や西域地方の楽器で、日本には百済（くだら）から伝わったとされる。和名では久太良古止（くだらこと）とも呼ばれる。三鈷杵は、三平等を意味する。三平等とは、自己・仏・衆生とか身・口・意などが平等であることと理解されている。この三鈷杵によって、三平等の法輪が転じていることが示される。

---

29 金剛舞菩薩（こんごうぶぼさつ） Vajranṛtyā（ヴァジュラヌリトター）

kṛṭ キリタ　ji ジ　stvaṃ サトバン　ta タ

（成）

（三）

成身会――〔密号〕妙通金剛、神通金剛　〔種字〕kṛṭ（キリタ）　〔三形〕羯磨杵　〔尊形〕緑色。天女形。両手で踊りのしぐさ。〔印相〕拳を下にむけて散じ、香雲が遍布するようにする。〔真言〕オン　バザラジリチエイ　oṃ vajranṛtye（オーン　金剛舞よ）

三昧耶会――〔種字〕ji（ジ）　〔三形〕羯磨杵　〔印相〕

成身会

三昧耶会

微細会

供養会

四印会

理趣会

29. 金剛舞菩薩／降三世会

降三世三昧耶会

胸と両肩に舞戯し、掌を頭上におく。〔**真言**〕サラバホジ　sarvapūjā（一切供養なり）

微細会――〔**尊形**〕金剛杵を背負い、踊るしぐさ。

供養会――〔**尊形**〕宝珠を載せた蓮華を両手で持つ。〔**真言**〕オン　サラバタタギャタ　キャヤジリヤタノウホジャ　メイギャサンボダラソハラダ　サンマエイ　ウン　oṃ sarvatathāgatakāyaniryātanapūjameghasamudraspharaṇasamaye hūṃ（オーン　一切如来の身体を捧げる雲海のように広大な供養を誓った女尊よ　フーン）

四印会――〔**三形**〕三昧耶会に同じ。

理趣会――〔**密号**〕身楽、冬金剛　〔**種字**〕satvaṃ（サトバン）〔**尊形**〕成身会に同じ。〔**印相**〕二拳を胸で舞戯し、頭上で合掌し散ずる。〔**真言**〕ケイアラチバザラ　ジリテイ　ベイハ　ベイハ　he rativajranṛtye vepa vepa（オー　歓喜する金剛舞よ　舞え舞え）

降三世会――〔**尊形**〕成身会に同じ。

降三世三昧耶会――〔**種字**〕ṭa（タ）　〔**三形**〕三昧耶会に同じ。

〔**解説**〕内の四供養の一尊で、成身会などの諸会の東北の月輪に描かれる。この尊は、大日如来が不空成就如来を供養するために出生したものである。この供養は、もてなすのに女性が舞踊を見せるように、喜びを踊りに託して示したものである。すなわち不空成就如来は精進の徳を表すことから、舞うという行為で供養の意を表した。『聖位経』には「金剛舞の光明を流出し普く十方世界を照らし、一切衆生の無智・無明を破し、六神通が自在に遊戯することを獲得す」とある。密号の妙通・神通は、精進の力を表したものである。

三形は羯磨杵（かつましよ）である。羯磨杵は、十二鈷杵あるいは十字跋折羅（ばざら）という。十字は、あらゆる煩悩の摧破を表す。独鈷は、如来の神通力を表す。

観蔵院曼荼羅では、不空成就如来の身色が緑色なので、金剛舞菩薩の身色もこれに準じた。

理趣会の密号の冬金剛は、『理趣経』の解釈によったものである。

30 金剛焼香菩薩（こんごうしょうこうぼさつ） Vajradhūpā（ヴァジュラドゥーパー）

aḥ アク　　a ア　　oṃ オン

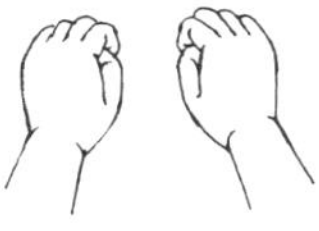

（成・理）

（三）

成身会——〔**密号**〕速疾金剛、端厳金剛　〔**種字**〕aḥ（アク）　〔**三形**〕宝香炉　〔**尊形**〕青色。天女形。両手に香炉を持つ。〔**印相**〕両手を金剛拳にして、下に向けて散ず。〔**真言**〕オン　バザラドヘイ アク oṃ vajradhūpe aḥ（オーン　金剛香よ　アハ）

三昧耶会——〔**種字**〕aḥ（アク）〔**三形**〕宝香炉〔**印相**〕外縛して、下に散ず。〔**真言**〕ハラカラジニ prahlādini（悦び溢れる女尊よ）

微細会——〔**尊形**〕蓮華形の香炉を持つ。

供養会——〔**尊形**〕両手で蓮華上に香炉を載せたものを持つ。〔**真言**〕オン　サラバタタギャタ　ドハホジャメイガ　サンボダラソハラダサンマエイ　ウン　oṃ sarvatathāgatadhūpapūjāmeghasamudra-spharaṇasamaye hūṃ（オーン　一切如来の　雲海のように広大な香の供養を誓った女尊よ　フーン）

理趣会——〔**尊形**〕青色。両手で蓮華形の香炉を持つ。〔**種字**〕a（ア）　〔**印相**〕成身会に同じ。〔**真言**〕マカラタバジリ　コク　mahāratavajri hoḥ（大歓喜金剛よ　ホーホ）

降三世会——〔**尊形**〕供養会に同じ。

降三世三昧耶会——〔**種字**〕oṃ（オン）　〔**三形**〕三昧

成身会

三昧耶会

微細会

供養会

30・金剛焼香菩薩／理趣会

降三世会

降三世三昧耶会

耶会に同じ。

〔解説〕外の四供養の一尊で、成身会等の諸会の東南の隅の月輪に描かれる。この尊は、阿閦如来が大日如来を供養するために出生したものである。ただし、理趣会のみ他の会とは異なり、金剛薩埵を囲んでいる一尊として描かれる。位置は東南の隅である。それゆえこの会のみは、金剛薩埵との相互供養ということになる。香は、塗香ではなく焚香のことである。『金剛頂経』に「不動如来（阿閦如来）は毘盧遮那如来の供養に応えるために悦びの三昧に入り、雲海のごとき焼香供養の厳飾をなして、遍く一切の金剛界に広げて金剛焼香天女身とす」とある。また『聖位経』に「一切如来を供養し、一切衆生の臭穢なる煩悩を破し、適悦無礙なる香智を獲得する」とある。すなわち金剛焼香如来は、無礙なる智慧の喜びとその働きが一切に行きわたることを示す。まさに香が自由自在に広がるように、衆生に歓喜を与えることを象徴的に表したものである。

密号が速疾・端厳と称されるのは、焚香がすばやく広がり、素晴らしい香りで荘厳することからである。

印相の「下に向けて散ずる」さまは、光が普く広がっていく様子を示している。

理趣会では、内の四供養（嬉・鬘・歌・舞）と外の四供養（燈・華・香・塗）の位置が入れ替わっている。これは『七巻理趣経』などの諸儀軌の説によったものである。また、燈・華・香・塗の四供養を、慾・触・愛・慢の四金剛の妃とする考えもある。しかし、これら四金剛は女尊、すなわち金剛女であることと描かれる位置から判断し、ここでは内の四供養尊とした。

---

31 金剛華菩薩（こんごうけぼさつ） Vajrapuṣpā（ヴアジュラプシュパー）

（成・理）　（三）

成身会——〔**密号**〕妙色金剛、清浄金剛　〔**種字**〕oṃ（オン）　〔**三形**〕盛華器　〔**尊形**〕浅黄色。盛花を二手で捧げる姿。〔**印相**〕二手金剛拳にして、仰向けて散ずる。〔**真言**〕オン　バザラホシュヘイ　oṃ vajrapuṣpe（オン　金剛華よ）

三昧耶会——〔**種字**〕oṃ（オン）　〔**三形**〕蓮華上盛華形　〔**印相**〕外縛して、仰向け開く。〔**真言**〕ハラギャミ phalāgāmi（果実をもたらす女尊よ）

微細会——〔**尊形**〕成身会に同じ。

供養会——〔**尊形**〕浅黄色。蓮華上盛花を両手に持つ。〔**真言**〕オン　サラバタタギャタ　ホシュハ　ホジャメイガ　サンボダラ　ソハラダサンマエイ　ウン　oṃ sarvatathāgatapuṣpapūjāmeghasamudra-spharaṇasamaye hūṃ（オーン　一切如来の雲海のように広大な華の供養を誓った女尊よ　フーン）

理趣会——〔**尊形**〕浅黄色。左手で盛華器を持ち、右手は器を摘むようにする。〔**印相**〕成身会に同じ。〔**真言**〕ケイ　バザラアラチ　he vajrarati（オー　金剛喜よ）

降三世会——〔**尊形**〕供養会に同じ。

降三世三昧耶会——〔**種字**〕su（ソ）　〔**三形**〕三昧耶会に同じ。

〔**解説**〕外の四供養の一尊で、成身会等の諸会の南西の隅の月輪に描かれる。この尊は、宝生如来が大日如来を供養するために出生したものである。ただし理趣会を除く（→金30）。『金剛頂経』によれば「宝生如来は毘盧遮那如来の供養に応えるた

成身会

三昧耶会

31・金剛華菩薩／微細会

供養会

理趣会

めに、宝荘厳という供養の三昧に入り、一切の華の供養で厳飾し、虚空界に広げ金剛華天女として現じる」とある。華で飾りたてることは、そのまま一切の徳が荘厳されたことを意味する。『聖位経』に一切如来に華の供養をなすことは「一切衆生の迷いを破し、心の華を開き無染智を證す」とある。すなわち、金剛華菩薩によって無礙なる智慧が荘厳された喜びが示される。

「仰向けて散ずる」印相は、万徳が荘厳された姿を表す。

また『金剛頂経』に、金剛華菩薩は自らを、自ら唱える感嘆の言葉を発して、「ああ、実に我は偉大な供養なり。悦懌あるものにして、美しき女なり。何とならば、衆生を夢中にさせることから、速やかに菩提が獲得されるゆえに」とある。

31・金剛華菩薩／降三世会

降三世三昧耶会

32 金剛燈菩薩（こんごうとうぼさつ） Vajrālokā（ヴァジュラーローカー）

dīḥ
ジク

mbha
アンバ

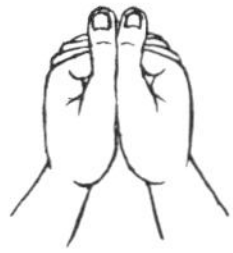

（成・理）

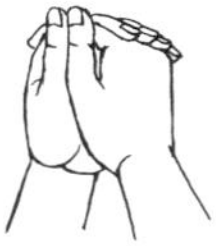

（三）

成身会――〔**密号**〕普照金剛　〔**種字**〕dīḥ（ジク）〔**三形**〕宝燈燭　〔**尊形**〕赤肉色。天女形で、両手で燈器を持つ。〔**印相**〕二手金剛拳にして、両の大指を立てて、針のようにする。〔**真言**〕オン　バザラロケイ　ジク　oṃ vajrāloke dīḥ（オン　金剛燈よ　ディーヒ）

三昧耶会――〔**種字**〕dīḥ（ジク）　〔**三形**〕蓮華上燈燭　〔**印相**〕外縛して、大指を針のごとくにする。〔**真言**〕ソテイジャキリ　sutejāgri（妙光の最上女尊よ）

微細会――〔**尊形**〕両手で燭台を持ち、賢座する。

供養会――〔**尊形**〕両手で燈明を持つ。〔**真言**〕オン　サラバタタギャタ　ジハホジャメイガサンボダラソハラダサンマエイ　ウン　oṃ sarvatathāgatadīpapūjāmeghasamudraspharaṇasamaye hūṃ（オーン　一切如来の雲海のように広大な燈明の供養を誓った女尊よ　フーン）

理趣会――〔**尊形**〕赤肉色。両手で燭台を持つ。〔**印相**〕成身会に同じ。〔**真言**〕オン　バザラロシャネイ　oṃ vajralocane（オーン　金剛眼よ）

降三世会――〔**尊形**〕供養会に同じ。

降三世三昧耶会――〔**種字**〕mbha（アンバ）　〔**三形**〕三昧耶会に同じ。

成身会

三昧耶会

32・金剛燈菩薩／微細会

供養会

理趣会

〔**解説**〕外の四供養の一尊で、成身会等の諸会の西北の隅の月輪に描かれる。この尊は、無量寿如来が大日如来を供養するために出生したものである。ただし理趣会は除く(→金30)。『金剛頂経』によれば「観自在王如来（阿弥陀如来）は毘盧遮那如来の供養に応えて、光明による供養の三昧に入り、光明の供養によって飾り、法界に行きわたらし、金剛光明天女として現じる」とある。光明とは、智慧の光である。智慧の燈明をもって無明の闇を照らし、光輝く世界に荘厳する。この働きをなすのが、金剛燈菩薩である。

また『金剛頂経』に金剛燈菩薩は自らを、自ら唱える感嘆の言葉を発して、「ああ、実に我は広大なる供養なり、燈よりなるものにして美しき女なり。何とならば、光明あるものは、速やかに一切の仏眼を獲得するゆえに」とある。

32・金剛燈菩薩／降三世会

降三世三昧耶会

33 金剛塗香菩薩 Vajragandhā

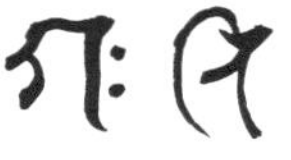

gaḥ ギャク　　ni ニ

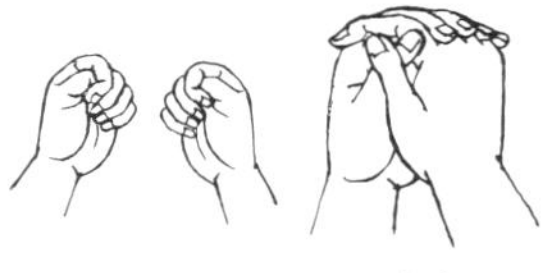

（成・理）　（三）

成身会——〔密号〕清涼金剛 〔種字〕gaḥ 〔三形〕塗香器 〔尊形〕緑色。天女形。左手に塗香器を持ち、右手は香を塗る勢い。〔印相〕二手金剛拳にして、掌を開いて胸に塗る。〔真言〕オン　バザラゲンテイ　ギャク　oṃ vajragandhe gaḥ（オーン　金剛塗香よ　ガハ）

三昧耶会——〔種字〕gaḥ 〔三形〕塗香器 〔印相〕外縛を解いて胸に当てる。〔真言〕ソゲンダギ sugandhāṅgi（妙香の身をもつ女尊よ）

微細会——〔尊形〕右手は胸におき、左手に香器を持つ。

供養会——〔尊形〕両手で蓮華上塗香器を持つ。〔真言〕オン　サラバタタギャタ　ゲンダホジャメイガサンボダラ　ソハラダサンマエイ　ウン　oṃ sarvatathāgatagandhapūjameghasamudraspharaṇasamaye hūṃ（オーン　一切如来の雲海のように広大な塗香供養を誓った女尊よ　フーン）

理趣会——〔尊形〕緑色。左手で塗香器を持ち、右手は器を摘むようにする。〔印相〕成身会に同じ。〔真言〕オン　マカシリバジリ　ケイ　oṃ

成身会

三昧耶会

33・金剛塗香菩薩／微細会

供養会

理趣会

mahāśrīvajri he（オーン　大吉祥金剛よ　オー）

降三世会――〔**尊形**〕供養会に同じ。

降三世三昧耶会――〔**種字**〕ni　〔**三形**〕三昧耶会に同じ。

〔**解説**〕外の四供養の一尊で、成身会等の諸会の北東の月輪に描かれる。この尊は、不空成就如来が大日如来を供養するために出生したものである。ただし、理趣会を除く（→金30)。『金剛頂経』には「不空成就如来は毘盧遮那如来の供養に応えるために、塗香による供養の三昧に入り、一切の塗香の供養で荘厳し、法界に行きわたらせ、金剛塗香天女身として現じる」とある。塗香は、沈香や白檀などの香木を粉末にした身体に塗る香料である。『大日経疏』によれば「塗香は浄の意味。塗香はよく垢穢を浄にし、熱悩を除く」とある。すな

33・金剛塗香菩薩／降三世会

降三世三昧耶会

わち、この尊は、身・口・意の三業を清め、煩悩を払う働きを象徴する。真言行者が、行をする前に塗香を身体に塗り、それによって自らが五分法身（戒・定・慧・解脱・解脱智見）と成ることを祈念することは、その象徴である。

『金剛頂経』に金剛塗香菩薩が自らを、自ら唱える感嘆の言葉を発して、「ああ、実に我は塗香よりなる供養なり。天妙にして、魅力ある女なり。何となならば、一切の身体に如来の香りを与えるゆえに」とある。

34 金剛鉤菩薩（こんごうこうぼさつ） Vajrāṅkuśa（ヴァジュラーンクシャ）

jaḥ
ジャク

（成）

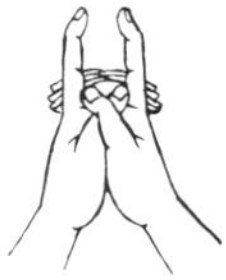

（三）

成身会――〔**密号**〕召集金剛、普集金剛 〔**種字**〕jaḥ（ジャク） 〔**三形**〕金剛鉤 〔**尊形**〕青色。左の手を拳にし腰に当て、右の手に鉤を取る。〔**印相**〕降三世印を以て頭指を屈して鉤の形のようにして、ジャクと唱えてこれを招く。〔**真言**〕オン バザラクシャ ジャク oṃ vajrāṅkuśa jaḥ（オーン 金剛鉤よ ジャハ）

三昧耶会――〔**種字**〕jaḥ（ジャク） 〔**三形**〕三鈷鉤 〔**印相**〕外縛して二頭指を鉤のごとくにし、三度招く。〔**真言**〕アヤキ ジャク āyāhi jaḥ（来れ ジャハ）

微細会――〔**尊形**〕成身会に同じ。ただし、左の拳の頭指を伸べる。

供養会――〔**尊形**〕両手にて蓮華上三鈷鉤を持つ。

理趣会――〔**尊形**〕成身会に同じ。〔**真言**〕バザランクシャ ジャク vajrāṅkuśe jaḥ（金剛鉤よ ジャハ）

降三世会――〔**尊形**〕供養会に同じ。

降三世三昧耶会――〔**三形**〕三昧耶会に同じ。

〔**解説**〕鉤（こう）・索（さく）・鏁（さ）・鈴（れい）の四摂（ししょう）菩薩の一。四摂の摂とは摂取の摂で、衆生を救いとる意味と、一切の如来たちを集める意味との両義がある。四摂菩薩

成身会

34・金剛鉤菩薩／三昧耶会

微細会

供養会

理趣会

降三世会

降三世三昧耶会

は阿閦如来等の四仏によって毘盧遮那如来に供養された香・華・燈・塗の外の四供養女達を管理護衛する門衛達で、毘盧遮那如来の心臓より出て、東南西北の四門を守り、曼荼羅と外界との交流を管理する。金剛鉤は東門に位置する。

密号の召集・普集とは、金剛の鉤をもって一切の諸尊を曼荼羅に引き入れる意味と、一切の衆生達を救い取るとの両義がある。

種字のジャクはジャーティ（jāti）の頭文字ジャ（ja）の字に涅槃点が付いたものである。またこのジャの字には生類の意味と発生の意味の二つがある。第一の意味は、この尊は一切の衆生を曼荼羅に召集して涅槃に入らしめるところから、第二は菩提心の発生の意味で、一切衆生に菩提心を発さしめて涅槃に入らしめるところから、かくいう。

三形の金剛鉤は引き寄せるもの（samākarṣa）である。『金剛頂経』には自ら唱える感嘆の語に次のようにある。

「ああ、実に我こそは一切諸仏を引き寄せるものにして、堅固なるものなり。何となららば、我によって引き寄せられたものたちは、一切の曼荼羅を享受するがゆえに」

一切の曼荼羅を享受するとは、諸仏が曼荼羅に参集し、各々がその役割を分担することをいう。

印相の頭指を屈して招くのは鉤で引き寄せることを表す。

35 金剛索菩薩（こんごうさくぼさつ） Vajrapāśa（ヴァジュラパーシャ）

hūṃ
ウン

（成・理）

（三）

成身会——〔**密号**〕等引金剛、慈引金剛〔**種字**〕hūṃ（ウン）〔**三形**〕金剛索〔**尊形**〕白黄色。左の手を拳にし腰に当て、右の手に索を取る。〔**印相**〕降三世印の鉤印をもって二頭指を曲げて相い捻じ、龍索の形のようにする。〔**真言**〕オン　バザラハシャ　ウン　oṃ vajrapāśa hūṃ（オーン　金剛索よ　フーン）

三昧耶会——〔**種字**〕hūṃ（ウン）〔**三形**〕索の頭部に独鈷杵〔**印相**〕外縛して、右の大指を左の大指の虎口に入れる。〔**真言**〕アキ　ウン　ウン　ahi hūṃ hūṃ（蛇索よ　フーン　フーン）

微細会——〔**尊形**〕成身会に同じ。

供養会——〔**尊形**〕両手にて蓮華上龍索を持つ。

理趣会——〔**尊形**〕成身会に同じ。〔**真言**〕バザラハセイ　ウン　vajrapāśe hūṃ（金剛索よ　フーン）

降三世会——〔**尊形**〕供養会に同じ。

降三世三昧耶会——〔**三形**〕三昧耶会に同じ。

〔**解説**〕四摂菩薩の一。南門に位置する。索とは羂索ともいい縄のこと。鉤で引き寄せ、縄で引き入れるのである。密号の等引・慈引とは慈悲心をもって平等に衆生を曼荼羅に引き入れることを意味する。

種字のウンは空の世界を表している。

三形の金剛索は、蛇の形をしている縄で、よく引き入れる意味を表す。『金剛頂経』には自ら感嘆の語を唱えて次のようにいう。

「ああ、我こそは一切諸仏の金剛索にして、堅固なるものなり。何となららば、一切の微塵に入れるものたちでさえも、我によって再び〔曼荼

成身会

三昧耶会

35・金剛索菩薩／微細会

供養会

理趣会

降三世会

降三世三昧耶会

羅に〕引き入れられるがゆえに」

一切の微塵に入れるものたちとは、微粒子の状態で宇宙に遍満している一切の如来たちという意味である。

尊形のうち、微細会は御室版曼荼羅では杖頭に半月を戴き三つの星のようなものを付けたのを持つが、ここでは羂索に改めた。

印相の頭指をからめる仕草は縄の懸かった状態を表している。

36 金剛鏁菩薩(こんごうさぼさつ) Vajrasphoṭa(ヴァジュラスポータ)

vaṃ
バン

(成・理)

(三)

成身会――〔**密号**〕妙住金剛、堅持金剛 〔**種字**〕vaṃ(バン) 〔**三形**〕金剛鎖 〔**尊形**〕赤肉色。左の手は拳にし腰に当て、右の手に鎖を取る。〔**印相**〕降三世印の索印をもって腕を開いて相い鉤す。〔**真言**〕オン バザラソホタ バン oṃ vajrasphoṭa vaṃ (オーン 金剛破裂〔鎖〕よ ヴァン)

三昧耶会――〔**種字**〕vaṃ(バン) 〔**三形**〕中央に環のついた三鈷杵(両端に三鈷杵のついた鎖) 〔**印相**〕外縛して、両の大指と頭指を交え環にする。〔**真言**〕ケイ ソホタ バン he sphoṭa vaṃ(オオ 弾けよ ヴァン)

微細会――〔**尊形**〕成身会に同じ。

供養会――〔**尊形**〕両手にて蓮華上金剛鎖を持つ。

理趣会――〔**尊形**〕成身会に同じ。〔**真言**〕バザラショウ キャレイ バン vajraśṛṅkare vaṃ(金剛鎖よ ヴァン)

降三世会――〔**尊形**〕供養会に同じ。

降三世三昧耶会――〔**三形**〕三昧耶会に同じ。

〔**解説**〕四摂菩薩の一。西門に位置する。尊名のスポータは破裂の意味で、声が発することか、あるいは花の蕾が弾けることをいう。何ゆえ鎖と訳されたのかは不明である。破裂の意味からは煩悩を摧破する意味とも取れる。鎖の意からは、鉤で引き寄せ、索で導入し、鎖で留めると解釈される。衆生を菩提に安住せしめ、悪趣に赴かしめない意味である。胎蔵曼荼羅の金剛鏁菩薩(→胎65)と同体。

種字のバンは従来は鎖が縛り留めるというところから、bandhana(縛の意味)の頭文字 ba に空点を付けた baṃの字と考えられていたが、vaṃの字が正しい形である。

三形の鎖は衆生を菩提に繋ぎ止めるものであるが、煩悩を摧破した一切の如来たちを衆生利益のために衆生界に引き留めるものでもある。『金剛頂経』には自ら感嘆の語を唱えて次のようにいう。

「ああ、実に我は一切諸仏の金剛破裂(鎖)にし

成身会

三昧耶会

微細会

36・金剛鏁菩薩／供養会

理趣会

降三世会

降三世三昧耶会

て、堅固なるものなり。何となれば、衆生利益のために、一切の束縛を脱したものたちの繫留が望まれるがゆえに」

一切の束縛を脱したものたちとは諸仏のことであり、涅槃寂静の境地に留まることなく、衆生済度のために娑婆世界に繫留されることを願うものである。

尊形のうち、御室版曼荼羅の供養会には蓮華上に旗のようなものを載せるが、鎖に改めた。

---

37 金剛鈴菩薩（こんごうれいぼさつ） Vajrāveśa（ヴアジュラーヴェーシャ）

hoḥ
コク

（成・理）

（三）

成身会――〔**密号**〕解脱金剛、歓喜金剛〔**種字**〕hoḥ（コク）〔**三形**〕五鈷鈴〔**尊形**〕緑色。両手に五鈷鈴を取る。〔**印相**〕降三世の印をもって腕を合して振るわす。〔**真言**〕オン　バザラベイシャ　コク　oṃ vajrāveśa hoḥ（オーン　金剛遍入よ　ホーホ）

三昧耶会――〔**種字**〕hoḥ（コク）〔**三形**〕五鈷鈴〔**印相**〕二手金剛縛にし、両の大指を掌に入れ振るわす。〔**真言**〕ゲンダ　アク　アク　ghaṇṭa aḥ aḥ（鈴よ　アハ　アハ）

微細会――〔**尊形**〕成身会に同じ。

供養会――〔**尊形**〕両手にて蓮華上五鈷鈴を持つ。

理趣会——〔**尊形**〕左拳にし、右に金剛鈴を持つ。〔**真言**〕バザラゲンディ コク vajraghaṇṭe hoḥ（金剛鈴よ　ホーホ）

降三世会——〔**尊形**〕供養会に同じ。

降三世三昧耶会——〔**三形**〕五鈷鈴

〔**解説**〕四摂菩薩の一。北門に位置する。尊名のヴァジュラーヴェーシャは金剛遍入と訳す。鈴の音が一切に行きわたる（遍入）ところからともいわれるが、遍入とは入我我入、すなわち、本尊が我の心中に入り、我が本尊の三昧に入ることを意味する。鉤で引き寄せ、索で導入し、鎖で留め、完全に曼荼羅に遍入せしめるのである。

密号の解脱または歓喜は、鈴の音のよく人を楽しませるところからの命名で、解脱を得さしめて歓喜せしめるからという。

種字のコクは歓喜の意味である。サンスクリット音のホーホ（hoḥ）あるいはアハ（aḥ）は歓喜の擬声と考えると納得しやすい。

三形の五鈷鈴は把手が五鈷杵である鈴で、鈴とは修法の時にこれを振り、諸尊を呼び覚まし歓喜せしめることを表す。『金剛頂経』には自ら感嘆の

37・金剛鈴菩薩／成身会

三昧耶会

微細会

供養会

理趣会

37・金剛鈴菩薩／降三世会

降三世三昧耶会

語を唱えて次のようにいう。

「ああ、実に我こそは一切諸仏の金剛遍入にして、堅固なるものなり。何とならば、一切の主宰となり、僮僕ともなるがゆえに」

成身会の尊形は御室版曼荼羅では左拳にし右は大・頭指を伸べ、余指を屈して胸に当てている。鈴を画き落としたものと見える。観蔵院曼荼羅では微細会にならって両手に五鈷鈴を持たせた。印相の腕を少しく振るわすのは歓喜に震える姿を表現している。

以上述べ来った四摂菩薩は、衆生と諸仏との二つの立場が考らえられる。一は衆生を曼荼羅に引き寄せ、導入し、留め、入らしめて歓喜せしめる場合。二は諸仏を引き寄せ、導入し、留め、入らしめて歓喜せしめる場合とである。『金剛頂経』では第二の諸仏の立場に立っている。

---

38 地天（ちてん） Pṛthivī（プリティヴィー）

a
ア

pṛ
ハリ

（成）

成身会――**〔種字〕** a（ア）、pṛ（ハリ） **〔三形〕** 蓮華、賢瓶 **〔尊形〕** 白肉色。天女形。頭上に弦月を戴く。羯磨衣を着る。**〔印相〕** 鉢印　**〔真言〕** ノウマク　サマンダ　ボダナン　ビリチビエイ　ソワカ　namaḥ samanta-buddhānāṃ pṛthivye svāhā（普き諸仏に帰命す　地天に　スヴァーハー）

〔解説〕 四大神は金剛界曼荼羅成身会の中央大円輪の四隅に位置し、大円輪を支え持つ。四執金剛、あるいは各々に地・水・火・風天とも呼ばれる。

中央の大円輪を空大、四隅の地・水・火・風の四大とを合わせて五大とし、一切万法を内蔵する曼荼羅を表すといわれる。四大神は経軌には説かれていない。種字は四大のものと四天の名に由来するものと二種ある。

地天は四大神の一。大円輪の東北隅に位置する。地大の徳を表す。種字は地大のア、または地天のハリ。三形の蓮華は衆生の心を指し、賢瓶は衆生の乾いた心地に注ぐ智水を意味する。

---

39 水天（すいてん） Varuṇa（ヴァルナ）

va
バ

成身会――**〔種字〕** va（ヴァ） **〔三形〕** 蓮華 **〔尊形〕** 青色。頭上に七蛇を戴く。羯磨衣を着る。**〔印相〕** 左拳にして中指を伸ばし、やや屈する。**〔真言〕** ノ

38・地天／成身会

三昧耶会

ウマク　サマンダボダナン　バロダヤ　ソワカ
namaḥ samantabuddhānāṃ varuṇāya svāhā
（普き諸仏に帰命す　水天に　スヴァーハー）

〔解説〕四大神の一。大円輪の西南隅に位置する。水大の徳を表す。種字は水大および水天のバ。三形の蓮華は泥水より咲き出たにもかかわらず、泥土に汚れていない清らかさを示す。(→胎337、343)

39・水天／成身会

三昧耶会

40・火天／成身会

三昧耶会

40 火天（かてん） Agni（アグニ）

ra
ラ

a
ア

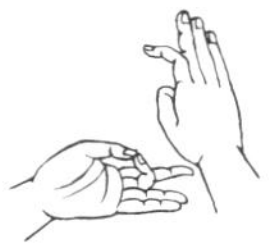

成身会——〔**種字**〕ra（ラ）、a（ア）　〔**三形**〕蓮華、三角火炎　〔**尊形**〕赤肉色。仙人形。背後に火炎がある。羯磨衣を着る。〔**印相**〕左の大・中指を合わせ、他の三指は伸ばし、胸の前で仰げる。右は小・無名・中指を伸ばし、大指を掌の中に屈し、頭指で三度招く。〔**真言**〕ノウマク　サマンダボダナン　アギャノウエイ　ソワカ namaḥ samantabuddhānām agnaye svāhā（普き諸仏に帰命す　火天にスヴァーハー）

〔**解説**〕四大神の一。大円輪の東南隅に位置する。

41・風天／成身会

三昧耶会

火大の徳を表す。種字は火大のラ、または火天のア。三形の三角火炎は燃え上がる炎で、智慧を意味する。(→胎249)

41 風天（ふうてん） Vāyu（ヴァーユ）

ha
カ

vā
バ

成身会——〔**種字**〕ha（カ）、vā（バ）　〔**三形**〕蓮華、幢幡（どうばん）〔**尊形**〕浅黄色。忿怒形。頭上に独鈷杵を戴く。羯磨衣を着る。〔**印相**〕左を拳にし、小・無名指を並べ立て、臂を挙げる。〔**真言**〕ノウマク　サマンダボダナン　バヤベイ　ソワカ　namaḥ samantabuddhānāṃ vāyave svāhā（普き諸仏に帰命す　水天に　スヴァーハー）

〔**解説**〕四大神の一。大円輪の西北隅に位置する。風大の徳を表す。種字は風大のカ、または風天のバ。三形の幢幡は風になびく自在を意味する。(→胎360)

42 慈氏菩薩（じしぼさつ） Maitreya（マイトレーヤ）

a
ア

mai
マイ
バイ

成身会——〔**密号**〕迅疾金剛　〔**種字**〕a（ア）、mai（マイ）〔**三形**〕軍持（ぐんじ）　〔**尊形**〕賢劫千仏の一。〔**印相**〕虚心合掌をして、二頭指の甲を背中合わせにし、二大指をもってその側面を押す。〔**真言**〕オン　マイタレイヤ　ア　ソワカ　oṃ maitreya a svāhā（オーン　弥勒尊よ　ア　スヴァーハー）

三昧耶会——〔**三形**〕軍持

微細会——〔**尊形**〕白肉色。左手臍に仰げ、軍持をおき、右手で蓋を押さえる。

三昧耶会

微細会

供養会

42・慈氏菩薩／降三世会

降三世三昧耶会

供養会――〔**尊形**〕両手で蓮台上軍持を持つ。
降三世会――〔**尊形**〕両手で蓮台上軍持を持つ。
降三世三昧耶会――〔**三形**〕軍持

〔**解説**〕慈氏とはマトレーヤの訳語で、慈悲ぶかき者の意。弥勒菩薩に同じ。賢劫十六尊の筆頭で、東の框（第二重）の北端に位置する。成身会では千仏の一つとして描かれている。本来は一々の曼荼羅に千仏が描かれるべきであるが、成身会以外は十六尊を代表して描いている。

密号の迅疾とは法輪を転じることの迅速なることをいい、纔発心転法輪（発心するや否や悟りを得て法を弘める）菩薩ともいわれる。

種字のアは通常は本不生（縁起・空の意）を意味するが、ここでいう生とは生老病死を指し、輪廻の法を意味している。すなわち、不生とは輪廻の世界を越えて涅槃＝大慈に到達していることを表す。マイは尊名のマイトレーヤの頭文字である。

三形の軍持とはクンディー（kuṇḍī）の音写語で、水差しのことである。智慧の水をもって法雨を注ぐことを示している。

尊形は成身会では千体の仏形で描かれるのみであるが、『諸尊便覧』に基づけば、金色、左手に軍持を持ち、右手に龍華樹の枝を持つとある。右手に持つ龍華樹の枝は、釈尊滅度の後、五十六億七千万年たって、弥勒仏が兜率天より下り、龍華樹の元で説法するという説に基づいている。『浄諸悪趣経』によれば、左手の軍持は慈心の清浄を表すという。

真言は『賢劫十六尊』によれば、oṃ maitreyāya svāhā a（オーン　弥勒尊のために　スヴァーハー　ア）とあり、『浄諸悪趣経』によれば、oṃ maitrīya haraṇāya svāhā（オーン　慈しみ深き者よ〔慈しみを〕垂れたまえ　スヴァーハー）とある。

先にも述べたが、弥勒は釈尊に継いで未来に成仏する菩薩で、現在は兜率天を住まいとしている。その弥勒の浄土に死後上生したいという信仰が盛んである。弘法大師空海もこの弥勒に対し深い信仰を持ち、弥勒下生の時まで高野山に入定していると信じられている。ちなみに弘法大師空海の種字は胎蔵曼荼羅の弥勒菩薩の種字ユ（yu）と同じである。（→胎9）

---

43 不空見菩薩 Amoghadarśin

aḥ
アク

成身会――〔**密号**〕普見金剛　〔**種字**〕aḥ　〔**三形**〕独鈷杵の両脇に眼あり。〔**尊形**〕賢劫千仏の一。〔**印相**〕仏眼印　〔**真言**〕オン　アボキャ　ダラシャノウヤ　アク　ソワカ　oṃ amoghadarśanāya aḥ svāhā（オーン　不空見菩薩のために　アハ　スヴァーハー）

三昧耶会――〔**三形**〕独鈷杵の両脇に眼あり。

微細会――〔**尊形**〕肉色。左手臍に仰げ、右手で両脇に眼ある独鈷杵を載せた蓮台を持つ。

供養会――〔**尊形**〕両手で両脇に眼ある独鈷杵を立てた蓮台を持つ。

降三世会――〔**尊形**〕両手で両脇に眼ある独鈷杵を立てた蓮台を持つ。

降三世三昧耶会――〔**三形**〕十字金剛杵で横金剛杵は眼に似る。

〔**解説**〕賢劫十六尊の第二。東の框の慈氏菩薩の次に位置する。不空見とは決して見逃さないという意味で、仏眼を開いて普く衆生を観察する菩薩である。仏眼とは五眼（肉眼・天眼・慧眼・法眼・仏眼）のことで、肉眼とは肉身に具えた眼、天眼とは天人の眼、慧眼とは声聞縁覚が空を悟る智慧、法眼とは菩薩が衆生済度のために一切の法門を悟る智慧であり、これら四つをすべて具えているのを仏眼という。

種字のアクは不生不滅を表す。

三形の独鈷杵は一実不二、すなわち真如無差別を表すと共に万物を摧破する功徳があり、一実不

43・不空見菩薩／三昧耶会

微細会

供養会

降三世会

降三世三昧耶会

二の仏眼をもって衆生を見て煩悩を摧破することを表す。三昧耶会の三形は御室曼荼羅では十字金剛杵の横の独鈷杵を小さく描いているが、観蔵院曼荼羅では独鈷杵の脇に眼を描いた。

尊形は『諸尊便覧』によれば、「黄色。左拳にし、右手で独鈷杵を載せた蓮華を持つ。独鈷杵の両傍に眼あり」とある。『浄諸悪趣経』には「黄色に光輝き、左手を腰に安んじ、右手に蓮花の茎を持つ」とある。

真言は不空見菩薩に帰依する意味であるが、『浄諸悪趣経』にでる真言は　oṃ amoghe 'moghadarśini hūṃ（オーン　不空なるものよ　不空見よ　フーン）とある。『賢劫十六尊』では種字をガ（ga）とする。（→胎157）

44 滅悪趣菩薩　Sarvāpāyajaha

dhvaṃ
ドボウ

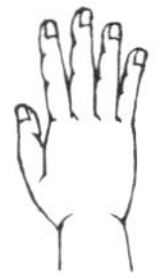

成身会——〔**密号**〕普救金剛　〔**種字**〕dhvaṃ〔**三形**〕梵篋　〔**尊形**〕賢劫千仏の一。〔**印相**〕右の五指を伸べて上に挙げ、左は拳にして腰に当てる。〔**真言**〕オン　サラバハヤ　ジャカヤ　ドボウ　ソワカ　oṃ sarvāpāyajahāya dhvaṃ svāhā（オーン　一切の罪障を滅するものに　ドゥヴァン　スヴァーハー）

三昧耶会——〔**三形**〕梵篋

微細会——〔**尊形**〕白肉色。左手は臍に仰げ、右手で梵篋を載せた蓮華を持つ。

供養会——〔**尊形**〕両手で梵篋を載せた蓮華を持つ。

降三世会——〔**尊形**〕両手で梵篋を載せた蓮華を持つ。

降三世三昧耶会——〔**三形**〕梵篋

〔**解説**〕東の框の第三位に住す。除悪趣菩薩ともいう。地獄・餓鬼・畜生の三悪趣に堕ちた衆生を普く救い上げる誓願をもった菩薩である。

種字のドボウは破壊するという動詞 dhvaṃs か

三昧耶会

微細会

供養会

44・滅悪趣菩薩／降三世会

降三世三昧耶会

ら取ったものである。

三形の梵篋は『賢劫十六尊』には三鈷杵とあり、『浄諸悪趣経』によれば鉤とあるので、三鈷鉤とすべきであろう。三悪趣を滅ぼし衆生を救い取る誓願を表すには最もふさわしい。梵篋である説明は、『諸尊便覧』には、この尊は梵篋、すなわち八万の法門に入って衆生の諸蓋障を断ち、大空三昧に住せしめるとある。

尊形は『諸尊便覧』によれば「白色。左手に軍持を執り、右手に三鈷鉤を把る」とある。この軍持を執る姿は『浄諸悪趣経』によっている。

印相は『金剛界七集』には「左金剛拳にして腰におき、右手は三鈷の印。但し小指と大指を微妙に屈して余指を伸べる。仰いで物を打つ勢いの如くし、地獄の釜を打破する」という。

真言は『浄諸悪趣経』によれば、oṃ sarvāpāyajaha sarvāpāyaviśodhani hūṃ（オーン　一切の罪障を滅するものよ　一切の罪障を浄めるものよ　フーン）とある。『賢劫十六尊』によれば、種字はバ（bhā）である。

なお、この尊の種字であるドボウの梵字は、亡者の堕地獄を救うために、常に卒都婆の裏に書かれる。（→胎166）

45 除憂闇菩薩（じよゆうあんぼさつ） Śokatamonirghātana（シヨーカタモーニルガータナ）

aṃ
アン

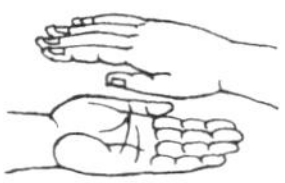

成身会──〔密号〕解脱金剛　〔種字〕aṃ（アン）〔三形〕木枝　〔尊形〕賢劫千仏の一。〔印相〕梵篋印　〔真言〕オン　サラバ　シュキャタボウ　ニリギャタナウマタエイ　アン　ソワカ　oṃ sarvaśokatamonirghātanamataye aṃ svāhā（オーン　一切の憂悩と闇愚を除く慧あるものに　スヴァーハー）

三昧耶会──〔三形〕木枝

微細会──〔尊形〕白肉色。左拳にし腰に当て、右木枝を持つ。

供養会──〔尊形〕両手で蓮台上木枝を持つ。

三昧耶会

45・除憂闇菩薩／微細会

供養会

降三世会

降三世三昧耶会

降三世会——〔**尊形**〕両手で木枝を持つ。

降三世三昧耶会——〔**三形**〕木枝

〔**解説**〕除憂冥菩薩とも、胎蔵曼荼羅では除一切憂冥菩薩という（→胎156）。その名のとおり、一切衆生の憂悩と暗愚を除く徳を表す。東の框の南端に位置する。

密号の解脱金剛は憂悩と暗愚を取り除いた解脱の境地から来ている。浄智金剛ともいう。

種字のアンはア字に空点を付けたもので、解脱の意味を表す。

三形の木枝は楊柳という説もあるが、無憂樹の枝である。無憂樹とは梵名をアショーカといい、憂悩が無いという意味で、尊名とも一致する。その枝で煩悩を払う意味である。釈尊の生母、摩耶（まや）夫人（ぶにん）はルンビニー園でこの木の枝に手を差し延べた時に、一切の憂いなく釈尊を産んだと伝えられている。

成身会の尊形は『諸尊便覧』には「黄白色。左拳にし腰に当て、右梵篋を持つ」とある。供養会では両手で蓮台を持つが、東寺曼荼羅は左拳にし、腰に当てている。『浄諸悪趣経』には「身黄白色にして光焔熾盛（しじょう）なり。右手宝杖を持す。左手拳に作り腰側に安んず。蓮華月上に於いて跏趺して座す」とある。

印相の梵篋印とは、左手を仰げ右手を覆い相い合わせ、その中を空にする印で、胸に当てる。経典を保つ印で、『諸尊便覧』の尊形に相応する。経典は智慧を象徴し、智慧をもって煩悩を摧破するものとも取れる。『浄諸悪趣経』には羯磨印として「左手を以て拳に作り腰側に安んず。右手宝杖を持つ勢いの如く成す印」とある。

真言は梵名と同じく、一切の憂悩と暗愚を除く尊に帰命する意味であるが、『浄諸悪趣経』では種字がフーン（hūṃ）となっている。フーンは煩悩摧破の意味である。

---

46 香象菩薩（こうぞうぼさつ） Gandhahastin（ガンダハスティン）

gaḥ
ギャク

成身会――〔**密号**〕大力金剛、護戒金剛 〔**種字**〕gaḥ（ギャク） 〔**三形**〕鉢器 〔**尊形**〕賢劫千仏の一。〔**印相**〕鉢印 〔**真言**〕オン ゲンダ カシチニ ギャク ソワカ oṃ gandhahastini gaḥ svāhā（オーン 香象に ガハ スヴァーハー）

三昧耶会――〔**三形**〕鉢器

微細会――〔**尊形**〕白肉色。右手は蓮上に鉢器を載せたるを持ち、左は拳にし腰におく。

供養会――〔**尊形**〕両手で蓮上に鉢器を載せたるを持つ。

降三世会――〔**尊形**〕両手で蓮上に鉢器を載せたるを持つ。

降三世三昧耶会――〔**三形**〕鉢器

〔**解説**〕ガンダハスティンとは発情期の象をいう。その時期の象はこめかみから芳香を放ち異性を引き付けるのである。その妙なる香りと偉大な力を象徴した尊である。南の框の東端に位置する。

密号の大力とは象の力を勇猛精進に喩え、焼香の徳とし、護戒とは清涼を表す塗香の徳を示している。焼香は目には見えないがその薫りを残すように、精進もまた表面には現れないが悟りへの原動力となるものである。塗香はその身体に塗ると熱を奪い、すがすがしい気分となる。戒もそれを保つことによって心の清涼が得られるのである。種字のギャクは尊名の頭文字を取ったものである。

三形の鉢器は塗香の器であろう。

成身会の尊形は『諸尊便覧』には「身白緑、左は拳、右は象を挙ぐ」とある。『金剛界七集』には「両手に鉢を執持する」という。『浄諸悪趣経』には「身白緑色にして光焔熾盛なり。右手香象を挙

三昧耶会

微細会

供養会

46・香象菩薩／降三世会

降三世三昧耶会

げ、左手腰側に安んず」とあり、梵本には「右手に満ち満ちた香螺（香呂）を〔持ち〕、左手は腰に安んず」とある。この場合、尊名の香象とは象の形をした香器である。潅頂の儀式の際、目隠しをされた弟子が道場に引入され、最初に象の形をした香器をまたぐ所作がある。象は普賢菩薩の乗り物であり、それをまたいだ弟子は普賢と同体である金剛薩埵となることを表している。

印相の鉢印は鉢の印をなし、その中に香象がいると観想する。『浄諸悪趣経』には羯磨印として「左手を以て拳に作り、臍輪に安んず。右手は持蓮華の勢いの如く成す印」とあるが、その梵本には「左拳にし臍におき、右手象の鼻の相にす」とある。

真言は尊名を挙げ、帰命するものであるが、『浄諸悪趣経』には種字ギャクの代わりにフーン（hū-ṃ）とある。

---

47 **大精進菩薩** Śūra, Śūraṃgama

vi
ビ

成身会――〔**密号**〕不退金剛　〔**種字**〕vi　〔**三形**〕独鈷戟　〔**尊形**〕賢劫千仏の一。〔**印相**〕右の拳の大指を立て、頭と同じ高さにする。〔**真言**〕オン　シュラヤ　ビ　ソワカ　oṃ śūrāya vi svāhā（オーン　大精進〔菩薩〕に　ヴィ　スヴァーハー）

三昧耶会――〔**三形**〕独鈷戟

微細会――〔**尊形**〕肉色。左拳にし腰に当て、右は独鈷戟を持つ。

供養会――〔**尊形**〕両手にて蓮華上独鈷戟を持つ。

降三世会――〔**尊形**〕両手にて蓮華上独鈷戟を持つ。

降三世三昧耶会――〔**三形**〕独鈷戟

〔**解説**〕衆生の苦しみを鎮める菩薩で、一切の煩悩を脱している。勇猛菩薩の名でよく知られている。南の框の第二位に位置する。

密号の不退とは、いかなる困難に出会っても退

三昧耶会

微細会

供養会

降三世会

降三世三昧耶会

くことなく、勇猛果敢に突き進んで行く意味である。

種字のビはヴィールヤ（vīrya）の頭文字で、精進の意味である。

三形の独鈷戟（鏘戟ともいう）とは槍のことで、槍がよく物を貫徹するのをもって精進の意味を表している。『石山七集』には一古杖とある。

成身会の尊形は『諸尊便覧』には「白頗璃色。左拳にし腰に当て、右は鏘戟を持つ」とある。東寺曼荼羅では微細会の尊形は供養会と同じく両手で蓮華上独鈷戟を持っている。『浄諸悪趣経』では右手に剣を持つという。

印相を『浄諸悪趣経』では「左手を以て金剛拳に作り腰側に安んず。右手剣を持つ勢いの如く成す印」とその羯磨印を挙げている。

真言は大精進菩薩に帰命する意味である。『浄諸悪趣経』には　オン　シュランギャメイ　ウン　oṃ śūraṃgame hūṃ（オーン　勇猛菩薩に　フーン）とある。

釈尊はまた精進論者ともいわれる。涅槃の時に最後の教誡として「世の中のものはすべて移ろい行く。怠ることなく努め励めよ」と述べられたことは、あまりにも有名である。人に精進努力を説き、また自らも常に精進を怠らなかったであろうことは想像に難くない。その釈尊の精進力を尊格化した菩薩とも取れる。

48 虚空蔵菩薩（こくうぞうぼさつ） Gaganagañja（ガガナガンジャ）

a
ア

成身会――〔**密号**〕富貴金剛、円満金剛 〔**種字**〕a（ア） 〔**三形**〕三瓣宝珠 〔**尊形**〕賢劫千仏の一。〔**印相**〕外縛し、二頭指を蹙（ひそ）めて宝のごとくにし、二大指を並び立てる。〔**真言**〕オン ギャギャナウ ゲンジャヤ ア ソワカ oṃ gaganagañjāya ā svāhā（オーン 虚空蔵〔菩薩〕に アー スヴァーハー）

三昧耶会――〔**三形**〕三瓣宝珠

微細会――〔**尊形**〕白肉色。左拳にし腰に当て、右の掌に如意宝珠を持つ。

供養会――〔**尊形**〕両手で蓮華上如意宝珠を持つ。

降三世会――〔**尊形**〕両手で蓮華上如意宝珠を持つ。

降三世三昧耶会――〔**三形**〕三瓣宝珠

三昧耶会

微細会

供養会

降三世会

降三世三昧耶会

〔解説〕 尊名のガガナは虚空の義。ガンジャは貯蔵所、倉庫の義。毘盧遮那如来の福徳と智慧の二徳を円満した菩薩で、虚空がすべてを包含しているごとく富貴に富んでいるところから密号がある。ガガナガンジャは『金剛頂経』や『理趣経』では虚空庫菩薩と訳され、虚空蔵菩薩（Ākāśagarbha（アーカーシャガルバ））とは別の尊格として登場するが、ここでは虚空蔵菩薩のことで、宝生如来の四親近の筆頭である金剛宝菩薩（→金12）と同体である。南の框の第三位に位置する。

種字のア（a）は別名アーカーシャガルバの頭文字である。

三形の三瓣宝珠はこの尊の福徳の三昧を表している。三瓣宝珠とは如意宝珠が品形に三つ並んだもので、梵字のイ字に賦せられる。イの字は三点からなっており、この三点は『涅槃経』によれば、法身・解脱・般若を表す。イ字の三点は縦一列でも横一列でもなく、三角形におかれていて、そのうち一つ欠けてもイ字にならないように、法身とは解脱を離れては存在せず、解脱をあらしめる般若を離れても存在しない。法身と解脱と般若が一つになっている。これが如来であるという。このイ字はまた胎蔵曼荼羅の虚空蔵菩薩の種字でもある。

成身会の尊形は『諸尊便覧』には「右手は蓮華上如意宝珠を持つ」とされるが、『石山七集』には「黄白色。左拳にし腰に当て、右の掌に如意宝珠を持つ」とある。『浄諸悪趣経』には「身は虚空の如き色及び黄白色。右手蓮華を持つ。華の上に妙法蔵あり。左手を腰側に安んず。能く虚空性を持す」とあり、三瓣宝珠ではなく法蔵(dharmagañjata)とある。法蔵とは経典のことで、この尊の智慧を象徴している。また「虚空性を持す」とは梵本によれば、「一切の虚空の財宝を持つ」とあり、この尊の福徳を表している。

印相は金剛宝菩薩（→金12）の三昧耶印と同じであるが、『浄諸悪趣経』にはその羯磨印を「左手を以て金剛拳に作り、心上に安んず。右手また金剛拳に作り、虚空に於いて右旋を成す印」と説く。

真言は虚空蔵尊に帰命する意味である。『浄諸悪趣経』には　オン　ギャギャネイ　ギャギャナロシャネイ　ウン　oṃ gagane gaganalocane hūṃ（オーン　虚空〔蔵〕よ　虚空眼よ　フーン）とある。（→胎174）

---

49 智幢菩薩（ちどうぼさつ） Jñānaketu（ジュニャーナケート）

trāṃ
タラン

成身会――〔**密号**〕智満金剛、法満金剛　〔**種字**〕trāṃ（タラン）　〔**三形**〕如意幢幡（どうばん）　〔**尊形**〕賢劫千仏の一。〔**印相**〕金剛幢羯磨印　〔**真言**〕オン　キジャナウケイト　タラン　ソワカ　oṃ jñānaketu trāṃ svāhā（オーン　智幢よ　トゥラーン　スヴァーハー）

三昧耶会――〔**三形**〕如意幢幡

微細会――〔**尊形**〕白肉色。左拳にし腰に当て、右は如意幢幡を持つ。

供養会――〔**尊形**〕両手にて蓮華上如意幢幡を持つ。

降三世会――〔**尊形**〕両手にて蓮華上如意幢幡を持つ。

降三世三昧耶会――〔**三形**〕如意幢幡

〔解説〕 智幢とは如意幢幡をもって仏の智慧を表すところから名付けられる。密号も智慧の円満し

三昧耶会

49・智幢菩薩／微細会

供養会

降三世会

降三世三昧耶会

ていることを表す。『浄諸悪趣経』の梵本によれば、一切の願を円満し、貧窮の苦しみを度脱するという。南の框の西端に位置する。

種字のタランは救済するという意味のトゥラーナ（trāṇa）の頭文字であろう。

三形の如意幢幡とは、先端に如意宝珠を付けた旗のことである。いうならば軍旗、旗印である。戦場において軍旗は適味方を識別し、兵士の意気を鼓舞するものである。それと同じように、この如意幢幡は衆生の救度と智慧の獲得を目指す仏教の旗印といえる。『賢劫十六尊』には幢幖幟（どうひょうじ）とある。

尊形は『諸尊便覧』には「青色。左拳にし腰に当て、右は宝幢を持つ」とある。『石山七集』は身色を白肉色とする。東寺曼荼羅は供養会の尊形を微細会の尊形と同じくする。

印相は金剛幢菩薩（→金14）の金剛幢羯磨印と同じで、二手拳になし、左の拳を仰げて、右の肘をその上に立て、幢幡を持つ姿である。『浄諸悪趣経』には「二手を以て金剛拳に作り、復た右手を改め幢を持する勢いの如く成す印」とある。

真言は『賢劫十六尊』には オン キジャナウケイトベイ ソワカ タラン oṃ jñānaketave svāhā trāṃ（オーン 智幢〔菩薩〕に スヴァーハー トゥラーン）とあり、『浄諸悪趣経』には oṃ jñānaketu jñānavati hūṃ（オーン 智幢〔菩薩〕よ 智あるものよ フーン）とある。

50 無量光菩薩（むりょうこうぼさつ） Amitaprabha（アミタプラバ）

a
ア

成身会――〔**密号**〕大明金剛、離染金剛〔**種字**〕a（ア）〔**三形**〕光明蓮華〔**尊形**〕賢劫千仏の一。〔**印相**〕鉢印。中に月輪ありと思う。〔**真言**〕オン　アミタハラバヤ　ア　ソワカ　oṃ amitaprabhāya a svāhā（オーン　無量光〔菩薩〕に　ア　スヴァーハー）

三昧耶会――〔**三形**〕光明

微細会――〔**尊形**〕赤肉色。右手に光明蓮華を載せ、左手を伏せて腰におく。

供養会――〔**尊形**〕両手にて光明蓮華を持つ。

降三世会――〔**尊形**〕両手にて光明蓮華を持つ。

降三世三昧耶会――〔**三形**〕光明蓮華

〔**解説**〕無量の智慧の光によって普く十方を照らすところから無量光の名がある。『浄諸悪趣経』に

三昧耶会

微細会

供養会

降三世

降三世三昧耶会

はその名を甘露光（Amṛtaprabha）とする。甘露とは不死の妙薬のことであり、この尊は無量の寿命を与える者という。無量光では光に、甘露光では甘露にその比重がおかれ、全く別の尊格となる。密号の大明や離染は無量の光に関係する。西の框の第一位に住する。

種字のアはアミタあるいはアムリタの頭文字である。『石山七集』ではaḥ（アク）を加える。『賢劫十六尊』ではドボウ（dhvaṃ）とある。ドボウは滅悪趣菩薩（→金44）と同じ種字である。

三形の蓮華光明は『諸尊便覧』では光明、『賢劫十六尊』では蓮華、『石山七集』では火焰とある。光明を放つ蓮華であるので光明蓮華とした。甘露光の場合は当然、甘露を満たした水瓶となろう。

尊形は成身会では賢劫千仏の一として描かれるのみであるが、『諸尊便覧』には「身白。左は梵篋、右は光明〔を持つ〕」とある。『石山七集』には身色を赤肉色とする。『浄諸悪趣経』には「身月色のごとし。右手に甘露瓶（amṛtakalaśa）を持ち、左手拳に作り腰側に安んず」とあり、尊名の違いによって形像にも違いがある。

印相は鉢印を為してその中に月輪を観じるとあるが、『石山七集』には日形とあり、日輪のほうがふさわしい。『浄諸悪趣経』には「二手を以て閼伽瓶を持つ勢いのごとく成す印」とある。

真言は無量光菩薩に帰命する意味であるが、『賢劫十六尊』では種字がdhvaṃになっていることは前に述べた。『浄諸悪趣経』にはoṃ amṛtaprabhe amṛtavati hūṃ（オーン　甘露光に　甘露〔瓶〕を持つものに　フーン）とある。

---

51 賢護菩薩（けんごぼさつ） Bhadrapāla（バドラパーラ）

pṛ
ハリ

成身会——〔**密号**〕巧護金剛、離垢金剛　〔**種字**〕pṛ（ハリ）　〔**三形**〕賢瓶　〔**尊形**〕賢劫千仏の一。〔**印相**〕持華印を心臓に仰向ける。〔**真言**〕オン　バダラハラヤ　ハリ　ソワカ　oṃ bhadrapālāya pṛ svāhā（オーン　賢護〔菩薩〕に　プリ　スヴァーハー）

三昧耶会——〔**三形**〕賢瓶

微細会——〔**尊形**〕白肉色。左拳にし腰に当て、右の手の平に賢瓶を載せる。

供養会——〔**尊形**〕両手で蓮華上に賢瓶を載せたるを持つ。

降三世会——〔**尊形**〕両手で蓮華上に賢瓶を載せたるを持つ。

降三世三昧耶会——〔**三形**〕賢瓶

〔**解説**〕賢護とは文字通りには「守護するに賢（さと）い」の意味である。胎蔵曼荼羅除蓋障院の賢護菩薩（→胎168）と同体である。胎蔵曼荼羅では衆生救済の誓願を護るに賢善であるという。『浄諸悪趣経』の梵本によれば「一切法を開示する者」とある。密号からいえば衆生を守護するに巧みであり、煩悩を退治し無垢なる智慧を有している菩薩である。西の框の第二位に位置する。なお、『浄諸悪趣経』では第三位に位置し、第二位には月光菩薩が位置している。

種字のハリ（pṛ）は『石山七集』にはハラ（pra）とあり、名前であるバドラパーラのパーラが訛（なま）ったものと思われる。

三形の賢瓶には煩悩を退治する智慧の水が入っている。蓋がしてあるのは、その水を一滴もこぼさないようにとの意味合いからであろう。

三昧耶会

微細会

供養会

降三世会

降三世三昧耶会

微細会の尊形は『石山七集』によっているが、『諸尊便覧』には「紅色。左は拳、右は如意宝、熾盛の光明あり」とあり、『浄諸悪趣経』に基づいている。

印相は『石山七集』には「右金剛拳にし、大指を宝瓶のごとくす。左拳にし、腰側に安んず」とある。『浄諸悪趣経』には「二手を以て相い向け、心上に於いて、開敷蓮華の相のごとく成す印」とある。

真言は賢護菩薩に帰命する意味である。『浄諸悪趣経』には　オン　バダラバチ　バダラハレイ　ウン　oṃ bhadravati bhadrapāle hūṃ（オーン　賢善なるものに　賢護〔菩薩〕に　フーン）とある。

52 光網菩薩　Jālinīprabha

jaḥ
ジャク

成身会――〔**密号**〕方便金剛、普願金剛〔**種字**〕jaḥ〔**三形**〕羅網〔**尊形**〕賢劫千仏の一。〔**印相**〕白傘蓋仏頂印〔**真言**〕オン　ジャリニハラバヤ　ジャク　ソワカ　oṃ jālinīprabhāya svāhā（オーン　光網〔菩薩〕に　スヴァーハー）

三昧耶会――〔**三形**〕羅網

微細会――〔**尊形**〕白肉色。左拳にし腰に安んじ、右手に羅網を持つ。

供養会――〔**尊形**〕両手にて蓮華の上に羅網を載せたるを持つ。

降三世会――〔**尊形**〕両手にて蓮華の上に羅網を載せたるを持つ。

降三世三昧耶会――〔**三形**〕羅網

〔**解説**〕網明菩薩ともいう。『浄諸悪趣経』には熾盛光菩薩という。その梵名は、ジュヴァーリニープラバ（jvālinīprabha）とあり、梵字ではjaとjvaとが似ているところから混乱したものと思われる。『浄諸悪趣経』の梵本にはjālinī（網）とjvālinī（光炎）の両方が出てきており、どちらとも決定しがたい。網で魚を捕るように、四弘誓願の舟に乗り、教えの網を張って苦海に沈没している衆生を救済せんとの誓願をもった菩薩である。一人も残すことなく救い取る手段（方便）としては網が最も象徴的であり、密号の方便、普願もその意を表して余すところがない。胎蔵曼荼羅文殊院の光網菩薩に同じ（→胎136）。西の框の第三位に住する。『浄諸悪趣経』では第四位になっている。

種字のジャクは尊名の頭文字であるが、ジャーティ（jāti）生の意のジャの字に涅槃点が付いたものと考え、生死を離れて涅槃に至らしめる字義でもある。

三形の羅網は衆生を救い取る方便の網である。『諸尊便覧』には幢網とある。

尊形は『諸尊便覧』には「身赤にして、二手に網を持つ。光有り」とあり、『浄諸悪趣経』と同じである。この網は梵本にはvajrapañjara（金剛籠）とある。印相の白傘蓋仏頂印は、『石山七集』には二手宝瓶とある。『浄諸悪趣経』には「二手を以て

三昧耶会

微細会

供養会

52・光網菩薩／降三世会

降三世三昧耶会

金剛拳に作り、復た改めて甲冑にし胸前に安んずるがごとく成す印」とある。真言は光網菩薩に帰命する意味である。『浄諸悪趣経』には oṃ jvālane mahājvālane hūṃ（オーン　焔光よ　大焔光よ　フーン）とある。

先に尊名は決定しがたいと述べたが、光網あるいは網明とは光り輝く網の意味ではなく、その放つ光が網のような状態に広がっているという意味であるので、熾盛光の方が可能性があると思われる。

---

53 月光菩薩（がつこうぼさつ） Candraprabha（チャンドラプラバ）

ca
シャ

成身会――〔**密号**〕清涼金剛、適悦金剛　〔**種字**〕ca（シャ）　〔**三形**〕半月　〔**尊形**〕賢劫千仏の一。〔**印相**〕右手持華印にし、残りの三指は真っすぐに立て、外に向けて肩の上に挙げる。〔**真言**〕オン　センダラハラバヤ　バ　ソワカ　oṃ candraprabhāya va svāhā（オーン　月光〔菩薩〕よ　ヴァ　スヴァーハー）

三昧耶会――〔**三形**〕半月

微細会――〔**尊形**〕白肉色。左手は拳にし腰におき、右手に月光の形（月輪）を持つ。

供養会――〔**尊形**〕両手にて蓮華上半月を持つ。

降三世会――〔**尊形**〕両手にて蓮華上半月を持つ。

降三世三昧耶会――〔**三形**〕半月

〔**解説**〕闇を照らす煌々と輝く月の光のように、無知の黒闇を破る尊で、月そのものよりも月の光を尊格化したものである。日光菩薩と共に薬師如来の脇侍となっている。密号の清涼は月光は無熱であるところから、煩悩の炎を滅した清涼な境地

三昧耶会

53・月光菩薩／微細会

供養会

降三世会

降三世三昧耶会

を表している。胎蔵曼荼羅文殊院の月光菩薩（→胎139）に同じ。西の框の第四位に住するが、『浄諸悪趣経』では第二位となっている。

種字のシャは尊名の頭文字である。『石山七集』ではバ（va, bha）とあり、『賢劫十六尊』ではマ（ma）とあるが、バ（va）はシャ（ca）と梵字の形が似ているところから、またマはバと音が似ているところからの誤りと考えられる。bha は尊名プラバ（prabha）の末尾を取ったものであろう。

三形の半月は修行中の心を示している。月は十六分の一ずつ満ちていくところから、半月を描くことによって自己の心の月輪（菩提心）が次第に円満していくことを表している。

微細会の尊形は『浄諸悪趣経』に基づいている。『諸尊便覧』には「身白。左は拳。右は幢上の半月」とある。なお、『賢劫十六尊』では三形を半月幢とする。幢（棹）の上に半月形を載せたものである。

印相の持華印は大指と頭指を相い捻じて（輪にして）花の茎を持つようにする印であるが、ここでは大指と頭指で作った輪は月輪を表し、立てた残りの三指は月輪から放つ月光を示している。

真言は月光菩薩に帰依する意味であるが、種字のバは先にも述べたようにシャの字の誤りであろう。『浄諸悪趣経』には oṃ candrasthe candra-vyavalokini svāhā（オーン　月に居す者〈月光〉よ　月の観察者〈月光〉よ　スヴァーハー）とあり、いずれも月の光を指していると考える。

54 無尽意菩薩（むじんいぼさつ） Akṣayamati（アクシャヤマチ）

jña
ギャ

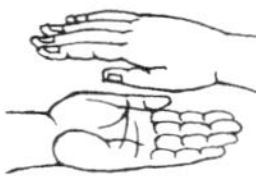

成身会――〔**密号**〕宝意金剛、無尽金剛 〔**種字**〕jña（キジャ） 〔**三形**〕梵篋 〔**尊形**〕賢劫千仏の一。〔**印相**〕梵篋印 〔**真言**〕オン アキシャヤマチヤ キジャ ソワカ oṃ akṣayamataye jña svāhā（オーン 無尽意〔菩薩〕に ジュニャ スヴァーハー）

三昧耶会――〔**三形**〕梵篋

微細会――〔**尊形**〕白肉色。左手は拳にし腰に当て、右手に蓮華上梵篋を持つ。

供養会――〔**尊形**〕両手にて蓮華上梵篋を持つ。

降三世会――〔**尊形**〕両手にて蓮華上梵篋を持つ。

降三世三昧耶会――〔**三形**〕梵篋

〔**解説**〕無尽慧菩薩とも無量慧菩薩ともいう。名前の通り、尽きることのない智慧を持った菩薩で、すべての衆生に満足を与えるという。『観音経』は世尊がこの無尽意菩薩に対して観音の威神力を語った経である。北の框の第一位に住するが、『浄諸悪趣経』では第二位に位置する。

密号の宝意とは、無尽の意味を如意宝に喩えたものである。

種字のキジャ（ギャ）は真言の中に見える字であるが、智の意味で名前のマティと同じ意味から種字とされたものであろう。

三形の梵篋は智慧を意味している。

尊形について『浄諸悪趣経』では両手に智瓶を持つといい、「身は軍那華及び月のごとき色。二手に智閼伽瓶を持ち、諸衆生を調伏す」とある。軍那（kunda）は花の名で、『大日経疏』に「軍那華のごとし。その華西方に出づ。亦甚だ鮮白」とあるように白い色を喩えるときによく用いられる。智瓶とは智慧の水を湛えた瓶で梵篋と同じく智慧を象徴している。なお、漢訳は「諸衆生を調伏す」とあるが、「調伏す」の梵語はprapīḍayet と考えられる。しかし、梵本には満足させる（prapīṇayet）とある。そのチベット訳も梵本と同じであるところから、智慧で「諸衆生を満足せしむ」という意味に取っておく。

印相は『諸尊便覧』によれば梵篋印であるが、

三昧耶会

微細会

供養会

54・無尽意菩薩／降三世会

降三世三昧耶会

『浄諸悪趣経』には「左手を以て金剛拳に作り、心上に安んず。右手は施願の相を作り成す印」とある。

真言は無尽意菩薩に帰命する意味であるが、『浄諸悪趣経』には oṃ akṣaye hūṃ hūṃ akṣaya-karmāvaraṇaviśodhani svāhā（オーン　無尽〔意〕に　フーン　フーン　無尽なる業障を浄除するものに　スヴァーハー）とあり、無尽の智慧をもって無尽の煩悩を浄めていく菩薩としている。

なお、『石山七集』の記述には次の辯積菩薩との混乱が見られる。

---

55 辯積菩薩（べんしやくぼさつ） Pratibhānakūṭa（プラティバーナクータ）

vi
ビ

成身会――〔**密号**〕巧辯（ぎょうべん）金剛　〔**種字**〕vi（ビ）　〔**三形**〕雲　〔**尊形**〕賢劫千仏の一。〔**印相**〕鉢印を結んで上に五色の雲があると想う。〔**真言**〕オン　ハラチハダクタヤ　ビ　ソワカ　oṃ pratibhānakūṭāya vi svāhā（オーン　辯積〔菩薩〕に　ヴィ　スヴァーハー）

三昧耶会――〔**三形**〕五色雲

微細会――〔**尊形**〕浅緑色。左手は拳にし腰に当て、右手に蓮華上雲を持つ。

供養会――〔**尊形**〕両手にて蓮華上雲を持つ。

降三世会――〔**尊形**〕両手にて蓮華上雲を持つ。

降三世三昧耶会――〔**三形**〕五色雲

〔**解説**〕尊名の辯積は弁舌に巧みで、それを積み上げている意味で、密号もその意を取っている。文殊菩薩と同体とされる。北の框の第二位に住するが、『浄諸悪趣経』では第三位に位置する。

種字の vi は vimukti（解脱）の頭文字と考えられる。『賢劫十六尊』ではラン（raṃ）とあるが古来 vi が用いられている。

三形の雲はその智慧を積み上げていることを表している。いわゆる文殊の智慧である。文殊菩薩

三昧耶会

微細会

供養会

降三世会

降三世三昧耶会

の異形に五髻文殊を代表とする髪を結い上げた文殊童子形があるが、三形の雲はこの髻の形をデフォルメしたものとも考えられる。なお五髻は五智を表すという。(→胎131)

尊形について、『浄諸悪趣経』には「身浅緑色。右手に蓮華を持つ。華の上に宝積あり。左手拳に作り腰側に安んず」とある。身色が梵本には「赤色に光輝く (raktavarṇaprabhā jvālya)」とある外は梵本も同じである。宝積(ratnakūṭa)とは宝石を積み上げげたものであり、あるいはこれを雲の形に取り違えたものか。

印相は『浄諸悪趣経』には「左手を以て金剛拳に作り、臍輪に安んず。右手弾指の相に作り成す印」とある。

真言は辯積菩薩に帰依する意味であるが、『浄諸悪趣経』には oṃ pratibhāne pratibhānakūṭe svāhā (オーン　辯才よ　辯積〔菩薩〕よ　スヴァーハー) とある。

56 金剛蔵菩薩（こんごうぞうぼさつ） Vajragarbha（ヴァジュラガルバ）

va
バ

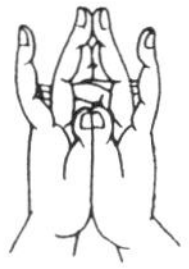

成身会——〔**密号**〕持教金剛、立験金剛　〔**種字**〕va（バ）　〔**三形**〕四本の独鈷杵を井型に作る。〔**尊形**〕賢劫千仏の一。〔**印相**〕外五鈷印　〔**真言**〕オン　バザラギャラバヤ　バ　ソワカ　oṃ vajragarbhāya va svāhā（オーン　金剛蔵〔菩薩〕よ　ヴァ　スヴァーハー）

三昧耶会——〔**三形**〕井型にした四本の独鈷杵。

微細会——〔**尊形**〕白肉色。左掌を膝に覆せ、右手で蓮華上宝珠を持つ。

供養会——〔**尊形**〕両手にて蓮華上四本独鈷杵井型を持つ。

降三世会——〔**尊形**〕両手にて蓮華上四本独鈷杵井型を持つ。

降三世三昧耶会——〔**三形**〕井型にした四本の独鈷杵。

三昧耶会

微細会

供養会

降三世会

降三世三昧耶会

〔**解説**〕金剛蔵とは金剛の胎児あるいは金剛を懐胎しているものの意味で、金剛とは大智（仏の智慧）のことである。すなわち、大智の子、あるいは大智を具えているとの意味である。金剛薩埵（→胎54）と同体であり、また一百八臂金剛蔵王菩薩（→胎199）とも同体である。金剛薩埵が大智の因（能求菩提心ー菩提を求める心）とすれば金剛蔵は大智の果（所求菩提心ー菩提そのものとしての心）である。金剛薩埵を始めとする十六大菩薩は大智の展開を示しており、十六番目の金剛拳菩薩は大智の結果を円満している菩薩である。したがって金剛拳菩薩（→金25）とも同体である。密号の立験も効験あらたかなことを立証したものの意である。北の框の第三位に住するが、『浄諸悪趣経』では第一位に位置している。

種字のバは尊名ヴァジュラガルバの頭文字である。

三形の井型の独鈷杵は縦の独鈷杵を能求菩提心、横の独鈷杵を所求菩提心とみれば、因果二徳を具えていることを示しており、四本あるのは四智（大円鏡智・平等性智・妙観察智・成所作智）の円満を表している。なお、『賢劫十六尊』は三形を独鈷杵とする。

尊形は『諸尊便覧』には「右は青蓮上一鈷杵」とあり、『浄諸悪趣経』と同じである。『石山七集』には「右独鈷印」とある。微細会の蓮華上宝珠は果徳を示していると取ることができる。

印相は『石山七集』には独鈷印を出す。『浄諸悪趣経』には「左手を以て金剛拳に作り腰側に安んず。右手また金剛拳に作り心上に安んず。また右手の中指を舒（の）べて竪立（しゅりゅう）を成す印」とある。梵本も同じである。

真言は金剛蔵菩薩に帰依する意味である。『浄諸悪趣経』には oṃ vajragarbhe hūṃ（オーン 金剛蔵〔菩薩〕に フーン）とある。

---

57 普賢菩薩（ふげんぼさつ） Samantabhadra（サマンタバドラ）

aḥ
アク

成身会――〔**密号**〕普摂金剛、如意金剛 〔**種字**〕aḥ（アク） 〔**三形**〕剣 〔**尊形**〕賢劫十六尊の一。〔**印相**〕内五鈷印 〔**真言**〕オン サンマンタバダラヤ アク ソワカ oṃ samantabhadrāya aḥ svāhā（オーン 普賢〔菩薩〕に アハ スヴァーハー）

三昧耶会――〔**三形**〕剣

微細会――〔**尊形**〕白肉色。左手は拳にし腰に当て、右手に剣を持つ。

供養会――〔**尊形**〕両手にて蓮華上剣を持つ。

降三世会――〔**尊形**〕両手にて蓮華上剣を持つ。

降三世三昧耶会――〔**三形**〕剣

〔**解説**〕普賢の普とは遍在、賢とは祝福の意味で「あまねく祝福されたもの」と訳すことができる。すなわち、すべての時に、すべての所で、すべての徳を具えている尊である。本有菩提心（本来所有している菩提の心＝所求菩提心）を指す。密号の普摂もこの意味からきており、賢劫十六尊の功徳を総集した菩薩である。また菩提心はもろもろの功徳の宝を雨降らせるところから如意宝珠に喩えられ、密号の如意はそこからきている。中台八葉院の東南隅（→胎６）、文殊院（→胎133）にも登場する。北の框の第四位に住する。

種字のアクは菩提心（悟りを求める心＝能求菩

三昧耶会

57・普賢菩薩／微細会

供養会

降三世会

降三世三昧耶会

提心）を意味するアの字に涅槃点が付いたもので、涅槃（悟りそのもの＝所求菩提心）を表す。真言宗では発心即到といって、発心すれば即ち涅槃に到るといい、悟りを求める心を発（おこ）したことは悟りの心が開いたことであり、悟りを求める心も、求められる悟りの心も同事であるとする。この妙理を尊格で現せば、ア字で示される能求菩提心は金剛薩埵（→金７）であり、アク字で示される所求菩提心は普賢菩薩となり、所求も能求も同事であるから、金剛薩埵と普賢菩薩は同体なのである。

三形の剣は本有の智慧を表し、文殊の剣が修生の智慧を表しているとの相違がある。

尊形は『浄諸悪趣経』によれば、右手に持つのは宝樹の枝とする。梵本では天妙なる宝石の花房（ratnamañjarikādivya）という。宝樹は如意宝珠と同じで、すべての願い事を叶えてくれるものである。

印相は『浄諸悪趣経』では「左手を以て金剛拳に作り、腰側に安んず。右手拳を宝形のごとく成す印」とある。

真言は普賢菩薩に帰命する意味である。『浄諸悪趣経』には oṃ samantabhadre hūṃ（オーン 普賢〔菩薩〕よ フーン）とある。

58 那羅延天（ならえんてん） Nārāyaṇa（ナーラーヤナ）

ma
マ

成身会――〔**密号**〕護法金剛、幻化金剛 〔**種字**〕ma（マ） 〔**三形**〕八輻輪 〔**尊形**〕青黒色。羅刹形。左

手は拳にして腰におき、右手は八輻輪を持って胸に当てる。蓮葉座に坐る。〔**印相**〕右手は拳にして腰に当てる。左手は五指を伸ばし、掌を伏せて膝を覆い、右に三回旋回する。〔**真言**〕オン　バラバザラ　ソワカ　oṃ balavajra svāhā（オーン　大力金剛よ　スヴァーハー）

三昧耶会——〔**三形**〕八輻輪

微細会——〔**尊形**〕成身会に同じ。

供養会——〔**尊形**〕成身会に同じ。

降三世会——〔**尊形**〕左手は拳にして腰におき、右手に輪をかかげる。

降三世三昧耶会——〔**三形**〕八輻輪

〔**解説**〕外金剛部二十天の一で、東方に位置する。五類天の中では三界主の一。

五類天は、外金剛部つまり金剛界曼荼羅外周の

58・那羅延天／成身会

三昧耶会

微細会

供養会

降三世会

降三世三昧耶会

東南西北の四方に配置される二十天を五種類に分類したもので、金剛頂経系の独自な分類である。『金剛頂経』巻10はまず大自在天を挙げ、以下の二十天を三界主、飛行天、虚空天、地居天、水居天の五類とする。これらの諸天は古代インドで広く信奉されていた諸神が仏教に取り入れられたものである。

同経では、これらの諸天を曼荼羅に引入し、潅頂して、仏教に入る以前の名前・性格に因んだ名前を「金剛潅頂名」として授与し、印・真言を教える。その潅頂名と本図典の番号を次に示す。

五類天の第一の三界主は58那羅延天、59倶摩羅天、61梵天、62帝釈天の四尊で、これらの諸天は忿怒明王の位で曼荼羅では東方に位置する。飛行天は63甘露軍荼利、64月天、66大勝杖、67金剛氷誐羅の四尊で、これらの諸天は金剛忿怒の位で南方に位置する。虚空天は60末度末多、65作甘露、70最勝、75持勝の四尊で、これらの諸天は誐拏主つまり集団の長の位で、それぞれ東西南北に位置する。地居天は68守蔵、69風天、71火天、72倶尾羅の四尊で、これらの諸天は努多主つまり使者の長の位で、西方に位置する。地下天は73嚩囉賀、74焔摩、76必哩體火祖犁葛、77水天の四尊で、これらの諸天は際吒迦王つまり従者の位で、北方に位置する。

経文では第一に大自在天の名を挙げるが、大自在天はこれら二十天には数えられていない。大自在天の行方については不動明王に変容したと推測するのも一つであろう。

なお『十八会指帰』はこれとは名称を異にするが、大自在天などの居上天、日天などの遊虚空天、魔王などの居虚空天、主蔵天などの地居天、嚩囉賀などの地下天の五類に分類する。

三界主は那羅延天をはじめとするヒンドゥー教の主要な諸神の一類である。那羅延天は仏法を守護する強力無比の天として知られ、密号を護法金剛とされた。この護法金剛は那羅延天から水天までの二十天に共通する密号でもある。

『賢劫十六尊』は尊形を羅刹形と指示し、『諸尊便覧』などもそれに従うが、根拠は不明。

種字のマは『賢劫十六尊』に示された真言の初字であるという。しかし悉曇読みではマとバは混同される場合が多いので、マではなく、力を意味するバラのバと考えられる。真言にはバラが用いられている。またバラでなく、鬘を意味するマーラーのマであるともいわれる。

手に持つ八輻輪は古代インドの武器である。那羅延天が四本の手に持つ棍棒、円輪、法螺貝、蓮華の一である。

掌を伏せて三度旋回するのは、那羅延天が乗り物である金翅鳥に乗って空中を行くことを表す。

『大日経疏』は那羅延天は強大な力を持つので十九執金剛の一に数えている。那羅延天はヒンドゥー教の最高神・ヴィシュヌ（毘紐天→胎346）を指す。ナーラーヤナは「源初の水の子」を意味し、ヴィシュヌの異名でもある。神話ではヴィシュヌは輪、棒、法螺貝を武器として悪敵を退治し、蓮華は慈愛を表し信徒を救済する。その肌は青黒色である。ヴィシュヌ神は正義が廃れて末法の世になると、化身として人間界に現れる。化身は幻（マーヤー）という不思議な力を具え、その不思議な幻力を用いて神秘の世界に近付こうとする人間を欺く。『金剛頂経』巻10が密号を幻化金剛とする由来である。

---

59 倶摩羅天 Kumāra

ghaṃ
ガン

成身会——〔**密号**〕金剛鈴　〔**種字**〕ghaṃ　〔**三形**〕鈴　〔**尊形**〕青緑色。童子形。左手は拳にして腰に当て、右手は胸前で鈴を執る。〔**印相**〕右手の四指を屈し、大指を内に入れて振る。〔**真言**〕オンバザラゲンダ　ソワカ　oṃ vajraghaṇṭā svāhā
（オーン　金剛鈴よ　スヴァーハー）

三昧耶会——〔**三形**〕三鈷鈴

微細会——〔**尊形**〕青緑色。成身会に同じ。

供養会——〔**尊形**〕青緑色。成身会に同じ。

成身会

三昧耶会

微細会

供養会

降三世会

降三世三昧耶会

降三世会——〔**尊形**〕青緑色。成身会に同じ。
降三世三昧耶会——〔**三形**〕三鈷鈴

〔**解説**〕外金剛部二十天の一で、東方に位置する。五類天の中の三界天の一。

名前のクマーラは少年、童子という意味なので『金剛頂経』巻10では童子天と呼ぶ。密号の金剛鈴、ガンという種字のガンターは鈴、三形も鈴、印相も鈴を振るしぐさである。

サンスクリットでは、この尊の名をサナトクマーラ（永遠の青年）とする。サナトクマーラは梵天の息子とも軍神スカンダともいわれる。また倶摩羅天は大自在天の子とされるなどの理由で、『大日経疏』では混乱が見られ、スカンダを童子天と呼んでいる。種字はクマーラのク、またスカンダのスカとする説もあるが、ここでは鈴(ガンター)

に由来している。

ヒンドゥー教の神話では、スカンダは象頭人身の聖天（ガネーシャ）と共に、シヴァ神の子に数えられている。スカンダは落ちる、落とすという意味であるが、それが名前になった理由は次のようである。火神アグニは六人の仙人の妻と交わり、精液を六回放出した。そこで生まれた男児クリッティカーは頭が六つであった。クリッティカーは生まれて四日目で大人の体となり、武勇を奮ったので天地は甚だしく振動した。それを鎮めるために神々の長インドラがクリッティカーと戦ったが敗北し、逆にクマーラに助けを求めなければならなかった。戦いの最中、インドラの武器の金剛杵がスカンダに当たると、そこからクマーラの分身が次々に生まれ出てきた。そしてそれらの一分身であるクマーラカは新生児や胎児を襲った。そこで子を望む仙人の母や人々はスカンダを恐れ、なだめて供養し、我が子の無事な生長を願った。スカンダは生後六日目に神々の支配者になるよう推薦されたが、辞退し、将軍の地位についた。その後はスカンダは戦いの神とし尊敬されたのである。

古代インドの大詩人カーリダーサはクマーラを主題にした物語『クマーラサンバヴァ』（軍神の誕生）を残しているが、その内容は上記とやや趣を変える。ヒマラヤの娘パールヴァティーはシヴァ神との結婚を望んで激しい恋に身を焦がし、しかも願望成就を願って厳しい苦行につとめた。シヴァ神はそのこころを哀れみ、彼女の希望をかなえた。やがて息子クマーラに恵まれたのであった。

---

60 金剛摧天（こんごうざいてん） Vajravikiraṇa（ヴァジュラヴィキラナ）

go
ゴウ

成身会――〔密号〕金剛舜挐（しゅんど）　〔種字〕go（ゴウ）　〔三形〕傘蓋　〔尊形〕白肉色。象頭人身。右手で傘蓋を持ち、左手を添える。〔印相〕白傘蓋仏頂印　〔真言〕オン　バザラグダ　ソワカ　oṃ vajragūḍha svāhā（オーン　金剛傘蓋天よ　スヴァーハー）

三昧耶会――〔三形〕傘蓋

微細会――〔尊形〕成身会に同じ。

供養会――〔尊形〕成身会に同じ。

降三世会――〔尊形〕右手で傘蓋を持ち、左手は拳にし、伏せて腰におく。

降三世三昧耶会――〔三形〕傘蓋

〔解説〕毘那耶迦（びなやか）の一類。外金剛部二十天の一で、東方に位置する。五類天の中では虚空行天の四尊の一。

名前のヴィキラナは粉砕を意味する。密号の舜挐はサンスクリット語のシャウンダ（śauṇḍa）が当てられ、酒精・酔いを意味する。種字のゴウは、覆うものを意味するグーダに由来する。三形は覆

成身会

三昧耶会

微細会

供養会

降三世会

降三世三昧耶会

うもの、隠すものという意味で傘蓋である。金剛の智慧によって煩悩を粉砕し、また大悲の傘蓋によって心を煩悩から覆い、隠すの二義に解釈される。

『金剛頂経』巻10は、この尊の名を末度末多（まどまた）で、誐拏主（がどしゅ）であるという。末度はサンスクリット語のマドゥで酒を意味する。末多はマタの音写で、酔っている、夢中であるを意味する。末度末多とは盛りがついた象のことである。

『賢劫十六尊』では名を「摧砕といい、〔毘那〕夜迦天である。傘蓋、宝を持つ。東門」に位置させている。『大聖歓喜雙身毘那耶迦飛天形像品儀軌』には「東方の摧砕天は別名を無憂（臺）大将という、その形は天人のようであり、天冠の上に象頭を安置する、左手に傘蓋を執り、右手に剣を持つ」と説明する。

61 梵天　Brahmā

mau
モウ

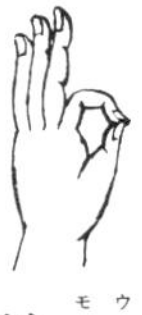

成身会――〔**密号**〕寂黙金剛　〔**種字**〕mau
〔**三形**〕紅蓮華　〔**尊形**〕白肉色。右手に紅蓮華を持ち、左手は臍前におく。〔**印相**〕月曜印　〔**真言**〕オン　モウノウバザラ　ソワカ　oṃ　mauna-vajra　svāhā（オーン　寂黙金剛よ　スヴァーハー）

三昧耶会――〔**三形**〕紅蓮華

微細会――〔**尊形**〕成身会に同じ。

供養会――〔**尊形**〕成身会に同じ。

降三世会――〔**尊形**〕右手に幢幡を持ち、左手は金剛拳にして腰におく。

降三世三昧耶会――〔**三形**〕紅蓮華

〔**解説**〕外金剛部二十天の一で、東方に位置する。五類天の中では三界主の一。十二天の一としては上方の守護を司る。密号の寂黙（mauna）は古代インドの修行者の総称である牟尼（muni）に由来する。牟尼は宇宙の根本存在である梵（ブラフマン）との一体感を求めて思索し、ひたすら沈黙の生活に徹した。釈尊もそのような宗教者の一人で釈迦牟尼と呼ばれる。

ブラフマンは元来はヴェーダ聖典の賛歌などの神秘的なことばを意味していた。後に宇宙創造の神話が発達すると創造主として、生類の主（プラジャーパティ）などが現れるに至った。根本原理であった梵は神格化され、梵天となった。梵天は宇宙の創造を司る最高位を占めた。しかし後世のヒンドゥー教の宇宙論では、創造・維持・破壊の中、創造の一部門を司る地位に後退した。梵天は仏教においては、釈尊の成道に際し、帝釈天と共に説法を懇願し、また仏教守護の善天として知られている。仏教の世界観である須弥山世界にあっ

成身会

三昧耶会

微細会

供養会

61・梵天／降三世会

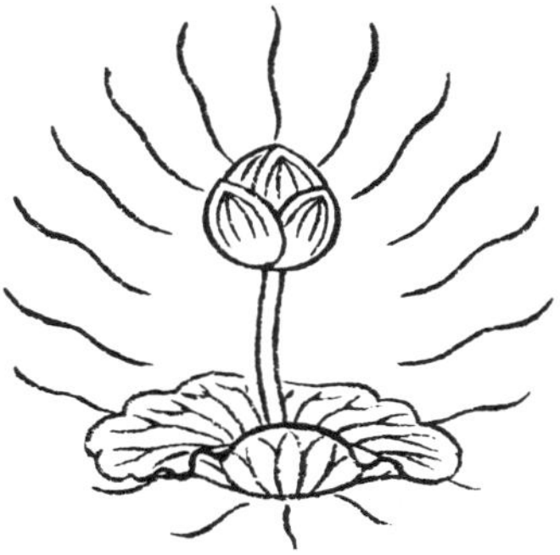

降三世三昧耶会

ては、色界の初禅天に位置する。

種字のモウ（mau）は密号の沈黙（マウナ）の頭文字である。『諸尊便覧』はマイ（mai）とする。古来よりマイは弥勒（マイトレーヤ）の頭文字であることから、弥勒の大慈三昧を意味すると説明されてきた。『賢劫十六尊』の真言にはマイもあるが、別本ではモウとする。また悉曇ではこの二字が混同されやすい。ここでは密号に基づいてモウとした。

三形の紅蓮華は、ヒンドゥー教神話では、宇宙創造の時、創造主ヴィシュヌの臍から生じた蓮華の上に梵天が坐り、それからこの世界が創造したという神話による。ここにも主宰神の地位をヴィシュヌに奪われた梵天の衰退が見られる。仏教では蓮華蔵世界が構想されている。（→胎230）

---

62 帝釈天 Śakra

yu
ユ

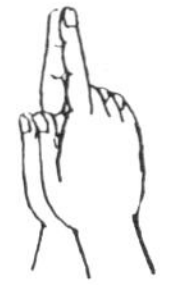

成身会――〔**密号**〕金剛器杖　〔**種字**〕yu　〔**三形**〕独鈷杵　〔**尊形**〕金色。宝冠をかむり羯磨衣を着る。右手は胸前で独鈷杵を持ち、左手は拳にして腰におく。〔**印相**〕忍辱波羅蜜印　〔**真言**〕オン　バザラユダ　ソワカ　oṃ vajrāyudha svāhā（オーン　金剛武器よ　スヴァーハー）

三昧耶会――〔**三形**〕独鈷杵

微細会――〔**尊形**〕成身会に同じ。

供養会――〔**尊形**〕成身会に同じ。

成身会

三昧耶会

62・帝釈天／微細会

供養会

降三世会

降三世三昧耶会

降三世会——〔**尊形**〕成身会に同じ。
降三世三昧会——〔**三形**〕独鈷杵

〔**解説**〕外金剛部二十天の一で、東方に位置する。五類天の中では三界主の一。密号の金剛器杖は武器を指し、種字のユは真言に出る武器を意味するアーユダに由来する。

尊形について『賢劫十六尊』は童子形とする。胸前の右手の独鈷杵について、観蔵院曼荼羅は独鈷杵を持たせている。御室版は持たず、子島・東寺曼荼羅は持つ。

印相は忍辱波羅蜜印のほかに『十二天軌』は、右手は拳にして腰におき、左手は五指を伸ばし、無名・小指の中節を屈し、頭指を中指の背に着け、大指の中節を屈する、と指示する。

真言の金剛武器とは帝釈天のことである。武器の金剛杵は自然現象のいなずまを表すという。このことから帝釈天はその出生が自然現象に由来し、また武器である金剛杵を持つことから、ヒンドゥー教神話では戦闘の神であったことを反映している。後に仏教では仏法を守護する善神となった。
（→胎224・390）

---

63 日天（にってん） Āditya（アーディトヤ）

a
ア

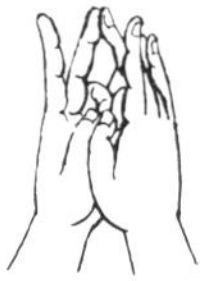

成身会——〔**密号**〕金剛軍荼利　〔**種字**〕a（ア）
〔**三形**〕日輪　〔**尊形**〕白肉色。右手を胸前で仰げ、その上に日輪を置く。左手は拳にして腰におく。〔**印相**〕日天印　〔**真言**〕オン　バザラクンダリ　ソワカ　oṃ vajrakuṇḍali svāhā（オーン　金剛瓶よ　スヴァーハー）
三昧耶会——〔**三形**〕日輪

63・日天／成身会

三昧耶会

微細会

供養会

降三世会

降三世三昧耶会

微細会――〔**尊形**〕成身会に同じ。
供養会――〔**尊形**〕成身会に同じ。
降三世会――〔**尊形**〕成身会に同じ。
降三世会三昧耶会――〔**三形**〕日輪

〔**解説**〕外金剛部二十天の一で、南方に位置する。五類天の中では飛行天の一。

この尊を『金剛頂経』巻10は甘露軍荼利、『賢劫十六尊』の真言では金剛軍荼利とするが、古来より日天とされてきた。それゆえ、種字のア、三形の日輪、印相の日天印はいずれも日天のものである。(→胎222)

64 月天（がつてん） Candra（チャンドラ）

pra
ハラ

成身会——〔**密号**〕金剛光 〔**種字**〕pra（ハラ） 〔**三形**〕半月輪 〔**尊形**〕白肉色。童子形。右手は胸前で半月を持ち、左手は拳にして腰におく。〔**印相**〕左手は月天印にし、肩先にあげ、その中に潔白な月輪を観想する。〔**真言**〕オン バザラハラバ ソワカ oṃ vjraprabha svāhā（オーン 金剛光明よ スヴァーハー）

三昧耶会——〔**三形**〕半月輪
微細会——〔**尊形**〕成身会に同じ。
供養会——〔**尊形**〕成身会に同じ。
降三世会——〔**尊形**〕成身会に同じ。
降三世三昧耶会——〔**三形**〕半月輪

〔**解説**〕外金剛部二十天の一で、南方に位置する。五類天の中では飛行天の一。種字のハラは密号の光明を意味するプラバーの頭文字。月光は冷たく輝き、それは煩悩の熱悩を冷却し清涼の境地に導く功徳がある。三形の半月は定を示し、日天の日輪の慧に対する。なお右手を定手（じょうしゅ）、左手を慧手（えしゅ）と

成身会

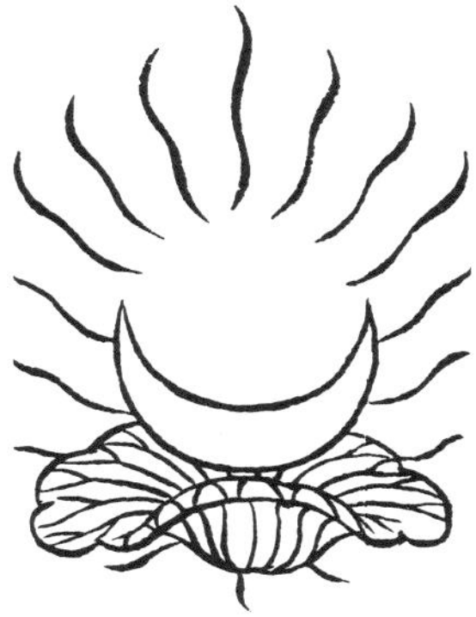

三昧耶会

微細会

供養会

降三世会

降三世三昧耶会

呼ぶ。『賢劫十六尊』は尊形を童子形とする。十二天図では立像で両手に兎がいる月輪を持つ。(→胎350)

---

65 **金剛食天**（こんごうじきてん） Vajramāla（ヴアジュラマーラ）

ma
マ

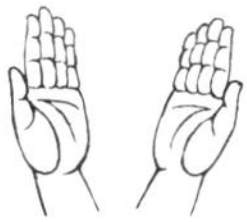

成身会――〔**密号**〕金剛鬘 〔**種字**〕ma（マ） 〔**三形**〕華鬘（けまん） 〔**尊形**〕白肉色。象頭人身。右手を仰げて華鬘を持ち、左手は拳にして伏せて腰に当てる。〔**印相**〕外縛して臍より口にあげ散ず。〔**真言**〕オン バザラマラ ソワカ oṃ vajramāla svāhā（オーン 金剛鬘天よ スヴァーハー）

三昧耶会――〔**三形**〕華鬘

微細会――〔**尊形**〕成身会に同じ。ただし、左手で剣を執る。

供養会――〔**尊形**〕成身会に同じ。

降三世会――〔**尊形**〕成身会に同じ。

成身会

三昧耶会

微細会

供養会

降三世会

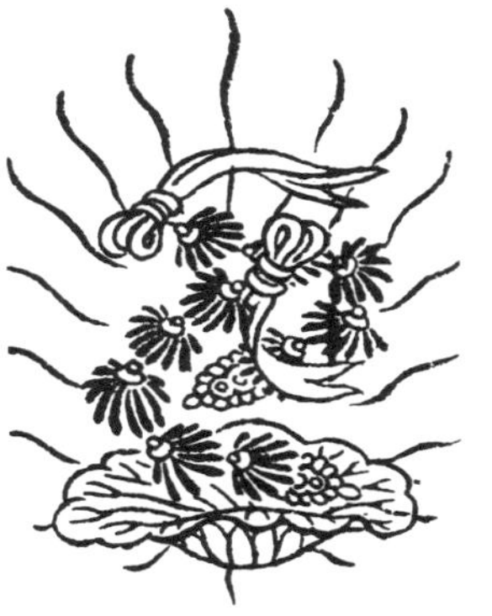

降三世三昧耶会

降三世三昧耶会——〔三形〕華鬘

〔**解説**〕毘那耶迦（びなやか）の一類。外金剛部二十天の一で、南方に位置する。五類天の中では、虚空行天の一。金剛飲食天ともいう。『金剛頂経』巻10は名を作甘露、号を金剛鬘とする。『賢劫十六尊』は「金剛食は鬘を持つ」とし、その真言を摩尼擺（まにら）（maṇila）とするが、鬘を意味するマーラーの誤りと考えられる。印相は金剛歌菩薩に同じである。『大聖歓喜雙身毘那耶迦天形像品儀軌』一巻は「南方の飲食天は別名を厳髻（げんけい）大将という、その形は天人のようであり、天冠の上に象頭を安置する、左手に索を執り、右手に華鬘を執る」という。『秘蔵記』は華（け）鬘毘那耶迦（まんびなやか）と呼ぶ。

---

66 彗星天（すいせいてん） Ketu（ケート）

mu
モウ
ボウ

成身会——〔**密号**〕金剛杖 〔**種字**〕mu（モウ） 〔**三形**〕棓（ばい） 〔**尊形**〕白肉色。右手を腰におき、棓を執る。

成身会

三昧耶会

微細会

供養会

降三世会

降三世三昧耶会

左手は拳にして腰におく。〔**印相**〕内縛し、中指を独鈷杵のように立てる。〔**真言**〕オン　バザラボサラ　ソワカ　oṃ　vajramusala　svāhā（オーン　金剛杵天よ　スヴァーハー）

三昧耶会——〔**三形**〕棓

微細会——〔**尊形**〕成身会に同じ。

供養会——〔**尊形**〕成身会に同じ。

降三世会——〔**尊形**〕成身会に同じ。

降三世三昧耶会——〔**三形**〕棓

〔**解説**〕外金剛部二十天の一で、南方に位置する。五類天の中では飛行天の一。

『金剛頂経』巻10は尊名を大勝杖とし、『賢劫十六尊』は歳星天と呼ぶが、土星のことである。また棒を持つという。種字のモウは杵（ムサラ）の頭文字。彗星天は胎蔵曼荼羅では九執の一に数えられる。（→胎242）

---

67 熒惑天（けいわくてん）　Piṅgala（ピンガラ）

piṃ
ヒン

成身会——〔**密号**〕金剛氷誐羅（ひようがら）　〔**種字**〕piṃ（ヒン）〔**三形**〕火聚　〔**尊形**〕白肉色。可畏相。右手は胸前で火聚を執り、左手は拳にして腰におく。〔**印相**〕鉢印を結んで、火光を想う。〔**真言**〕オン　バザラヒンギャラ　ソワカ　oṃ　vajrapiṅgala　svāhā（オーン　金剛熒惑天よ　スヴァーハー）

三昧耶会——〔**三形**〕火聚

微細会——〔**尊形**〕成身会に同じ。

供養会——〔**尊形**〕成身会に同じ。

降三世会——〔**尊形**〕成身会に同じ。

降三世三昧耶会——〔**三形**〕火聚

〔**解説**〕外金剛部二十天の一で、南方に位置する。五類天の中では飛行天の一。

尊名を『金剛頂経』巻10はサンスクリット語名の氷誐羅で表す。『賢劫十六尊』は火光聚、恐怖相、赤色と指示する。三形について『諸尊便覧』では蓮華上の宝杖に独鈷とする。尊形は東寺曼荼羅は右手に幢幡を持たせる。『梵天火羅九曜』は九曜の第六として、南方に火熒惑星を置き、火星の真言を与えている。一名を四利星ともいう。ピンガラは黄色を意味し、木曜を指すが、古くから火星のこととされてきた。『氷褐羅天童子経』は形像

成身会

三昧耶会

微細会

67．熒惑天・供養会

降三世会

降三世三昧耶会

について、童子形、左手に菓をとり、右手は垂れて満願掌をなし、外に向けるという。なお真言・印相もこの熒惑天と異なる。

---

68 **羅刹天**（らせつてん） Rākṣasa（ラークシャサ）

daṃ
ダン

成身会——〔**密号**〕金剛母娑羅（ぼさら） 〔**種字**〕daṃ（ダン）〔**三形**〕棓（ばい） 〔**尊形**〕白肉色。左手は拳にし右手は棓を持つ。〔**印相**〕左手で刀印〔**真言**〕オン　バザラダンダ　ソワカ　oṃ vajradaṇḍa svāhā（オーン　金剛刑杖よ　スヴァーハー）

三昧耶会——〔**三形**〕棓

微細会——〔**尊形**〕成身会に同じ。

供養会——〔**尊形**〕成身会に同じ。

降三世会——〔**尊形**〕成身会に同じ。

降三世三昧耶会——〔**三形**〕棓

〔**解説**〕外金剛部二十天の一で、西南に位置する。五類天の中では地居天の一。

十二天、八方天の一として西南を守護する。

『賢劫十六尊』はこの尊に該当する尊名を守蔵

成身会

三昧耶会

68・羅刹天／微細会

供養会

降三世会

降三世三昧耶会

と呼び、金剛名を母娑羅とする。母娑羅はサンスクリット語のムサラの音写で、杵・棒を意味する。種字のダンは刑罰の杖を意味するダンダに由来する。尊形の右手の棓について、『賢劫十六尊』は槌、東寺曼荼羅は刀、御室版曼荼羅は棒を持つなどの違いがある。羅刹は性質が暴虐で人肉を食べるという。胎蔵の涅哩帝王(ねいりち)(→胎312)に同一視され、涅哩帝王の傍に羅刹童・羅刹童女(→胎310・311)羅刹女(→胎313・314)が位置する。

69 風天(ふうてん) Vāyu(ヴァーユ)

ni
ニ

成身会

成身会——〔**密号**〕金剛風　〔**種字**〕ni(ニ)　〔**三形**〕風幢　〔**尊形**〕赤肉色。羅刹形。右手は胸先で風幢を執り、左手は拳にして腰に当てる。〔**印相**〕風天印　〔**真言**〕オン　バザラニラ　ソワカ　oṃ vajrānila svāhā(オーン　金剛風天よ　スヴァーハー)

三昧耶会——〔三形〕風幢
微細会——〔尊形〕成身会に同じ。
供養会——〔尊形〕成身会に同じ。
降三世会——〔尊形〕三鈷戟幢を持つ。
降三世三昧耶会——〔三形〕風幢

69・風天／三昧耶会

〔**解説**〕外金剛部二十天の一で、西方に位置する。五類天の中では地居天の一。種字のニは風を意味するアニラのニである。『賢劫十六尊』は西北隅、羅刹形、灰色と指示する。（→胎360）

微細会

供養会

降三世会

降三世三昧耶会

---

70 **金剛衣天**（こんごうえてん） Vajravaśī（ヴァジュラヴァシー）

va
バ

成身会——〔**密号**〕金剛愛持 〔**種字**〕va（バ）〔**三形**〕弓箭 〔**尊形**〕白肉色。象頭人身。左手に弓を執り、.右手で箭を引く。〔**印相**〕内縛し、二中指を立て、左は曲げて弓とし、右は伸ばして矢の形にする。〔**真言**〕オン バザラバシ ソワカ oṃ vajravaśi svāhā（オーン 金剛衣服天よ スヴァーハー）

三昧耶会——〔**三形**〕弓箭
微細会——〔**尊形**〕成身会に同じ。
供養会——〔**尊形**〕成身会に同じ。
降三世会——〔**尊形**〕成身会に同じ。
降三世三昧耶会——〔**三形**〕弓箭

〔**解説**〕毘那耶迦（びなやか）の一類。外金剛部二十天の一で、西方に位置する。五類天の中では虚空行天の一。金剛衣服天ともいう。『諸尊便覧』は尊名の衣について、この尊の大悲を意味し、それは母胎に宿った胎児をつつむ胞衣に喩えられるという。『金剛頂経』巻10は尊名を最勝、密号を金剛愛持とする。尊名の vaśi は能力を意味するが、vasi と誤読されて、衣服の意味に変わってしまった。さらに「金剛愛持」と訳された理由は、75調伏天の名前のアーヴァハ（持つ）まで名前であると誤読したから

70・金剛衣天／成身会

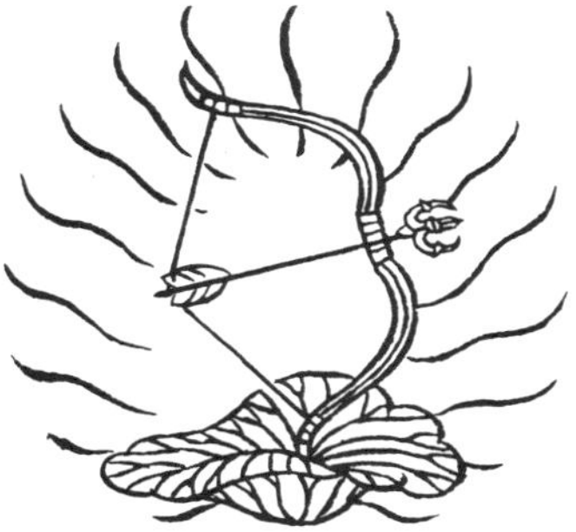
三昧耶会

微細会

供養会

降三世会

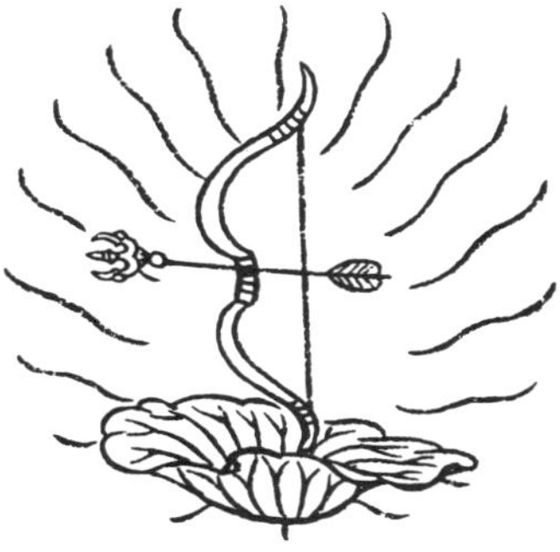
降三世三昧耶会

である。

三形の弓箭は性愛の神カーマの持ち物である。『賢劫十六尊』は西門に位置し、弓箭を持つという。『大聖歓喜雙身毘那耶迦天形像品儀軌』は「西方の衣服天は別名を頂行大将という、その形は天人のようであり、天冠の上に龍頭を安置する、左手に弓を執り、右手に箭を執る」という。なお『秘蔵記』は弓箭毘那耶迦という。

---

71 火天（かてん） Agni（アグニ）

na
ダ

成身会――〔**密号**〕金剛火　〔**種字**〕na（ダ）　〔**三形**〕三角印　〔**尊形**〕赤肉色。右手は胸前で三角火炎を執り、左手は肩先で拳にし、頭指を天に向ける。〔**印相**〕右手は施無畏印にして大指を掌におく。真言と共に頭指で三度招く。左手は胸前に仰げ、大・中指を合わせて三角を作る。〔**真言**〕オン　バザラナラ　ソワカ　oṃ vajrānala svāhā（オーン　金剛火天よ　スヴァーハー）

三昧耶会――〔**三形**〕三角印

微細会――〔**尊形**〕左手は棒を執り、右手に三瓣宝珠を持つ。

供養会――〔**尊形**〕左手は棒を執り、右手に珠を持つ。

降三世会――〔**尊形**〕左手は剣を肩先に振り上げ、右手に三角火炎を持つ。

降三世三昧耶会――〔**三形**〕三角印

〔**解説**〕外金剛部の二十天の一で、西北に位置する。五類天の中では地居天の一。

成身会

三昧耶会

微細会

供養会

71・火天／降三世会

降三世三昧耶会

尊形に違いがあるが、火天は老人であるとも、青年であるともいわれるからであろう。老人とは聖なる祭火として火壇に古代からまつられてきたからであり、青年とは毎朝の火壇に灯されるので若々しいのである。種字のダは火（アナラ）の中間の字。三角印は火輪ともいい、燃え上がる火炎である。それは煩悩を焼き尽くす智慧を意味する。『賢劫十六尊』は東南、赤色と指示する。(→胎249)

72 毘沙門天（びしやもんてん） Vaiśravaṇa（ヴァイシュラヴァナ）

vai
ベイ

成身会——〔**密号**〕金剛大悪　〔**種字**〕vai（ベイ）　〔**三形**〕宝棒　〔**尊形**〕金色。左手は塔、右手は宝棓を持つ。〔**印相**〕普通根本印　〔**真言**〕オン　バザラバイラバ　ソワカ　oṃ　vajrabhairava　svāhā（オーン　金剛怖畏尊よ　スヴァーハー）

三昧耶会——〔**三形**〕宝棒
微細会——〔**尊形**〕成身会に同じ。
供養会——〔**尊形**〕成身会に同じ。
降三世会——〔**尊形**〕成身会に同じ。
降三世三昧耶会——〔**三形**〕宝棒

〔**解説**〕外金剛部二十天の一で、西に位置する。五類天の中では地居天の一。四天王、八方天、十二天の一で北方を守護する。『金剛頂経』巻10はこの尊に該当する尊を倶尾羅（くびら）天とし、密号を金剛大悪とする。毘沙門天と倶肥羅（→胎391）の関係は、本尊が倶肥羅とする、あるいは眷属とするなど古

成身会

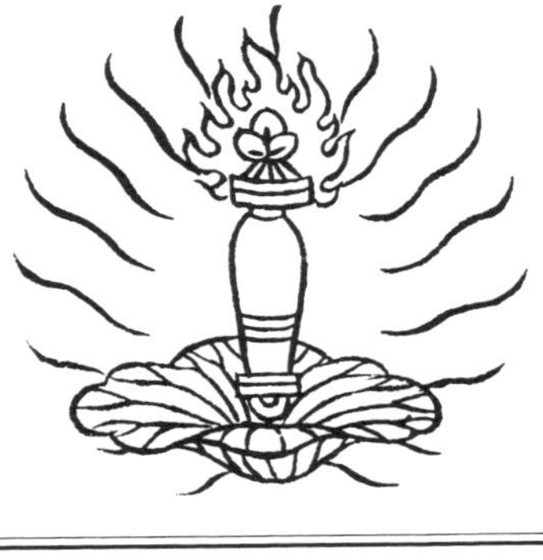

三昧耶会

72・毘沙門天／微細会

供養会

降三世会

降三世三昧耶会

来より混同されてきたが、その理由はヒンドゥー教では同体異名であるからである。倶肥羅はヴェーダ神話のクベーラを指し、クベーラは福徳を授ける神である。印相については、違いが多く、根本印は内縛し、二無名指を立てて先を合わせ、二頭指を屈して鉤のようにするという。真言のバイラバは恐怖を意味し、それはヒンドゥー教の最高神シヴァの別名で、後代に流行した尊である。この毘沙門天の潅頂名をサンスクリットは金剛怖畏（vajrabhairava）としている。（→胎395）

73 金剛面天（こんごうめんてん） Vajrāṅkuśa（ヴアジュラーンクシヤ）

ku
コウ

成身会——〔**密号**〕金剛鉤 〔**種字**〕ku（コウ） 〔**三形**〕三鈷金剛鉤 〔**尊形**〕赤黒色。猪頭人身。右手で三鈷鉤を執り、左手は拳にして腰におく。〔**印相**〕右拳にし、頭指を鉤の形にする。〔**真言**〕オン バザロウクシャ ソワカ oṃ vajrāṅkuśa svāhā （オー

73・金剛面天／成身会

三昧耶会

微細会

供養会

降三世会

降三世三昧耶会

ン　金剛鉤よ　スヴァーハー）

三昧耶会――〔三形〕三鈷金剛鉤
微細会――〔尊形〕成身会に同じ。
供養会――〔尊形〕成身会に同じ。
降三世会――〔尊形〕成身会に同じ。
降三世三昧耶会――〔三形〕三鈷金剛鉤

〔解説〕外金剛部二十天の一で、北方に位置する。五類天の中では水居天の一。金剛猪頭天ともいう。『金剛頂経』巻10は尊名を嚩囉賀、密号を金剛鉤とする。また金剛鉤天の妃を嚩囉曳と名付け、金剛口と号すと説明している。面も口もサンスクリット語ではムッカである。

雙身歓喜天には、象鼻人身と猪面人身との二種が知られ、毘那耶迦の一類とされてきた。ヒンドゥー教神話ではバラーハ（野猪）はヴィシュヌの化身の一で、猪の姿で現れる。三形の鉤はカギであるが、神話では大地を掘り起こす鍬を持つ。

74 焔摩天（えんまてん） Yama（ヤマ）

ka
キャ

成身会——〔**密号**〕金剛葛羅　〔**種字**〕ka（キャ）　〔**三形**〕檀拏（だんだ）　〔**印相**〕檀拏印　〔**尊形**〕赤黒色。右手に檀拏杖を執り、左は拳を腰に当てる。檀拏杖の先端には半月、人頭がある。〔**真言**〕オン　バザラキャラ　ソワカ　oṃ　vajrakāla　svāhā（オーン　金剛時尊よ　スヴァーハー）

三昧耶会——〔**三形**〕檀拏
微細会——〔**尊形**〕成身会に同じ。
供養会——〔**尊形**〕成身会に同じ。
降三世会——〔**尊形**〕成身会に同じ。
降三世三昧耶会——〔**三形**〕檀拏

〔**解説**〕外金剛部二十天の一で、北方に位置する。五類天の中では水居天に属する際吒迦（せいたか）主の一。十二天、八方天の一で、南方を守護する。密号の葛羅はサンスクリット語のカーラの音写で、時間を意味する。種字のキャはその頭文字。真言は焔摩天を時間の尊と見ている。時間は人間の死をもたらし、この世を破壊するので神格化されたものであ

成身会

三昧耶会

微細会

供養会

降三世会

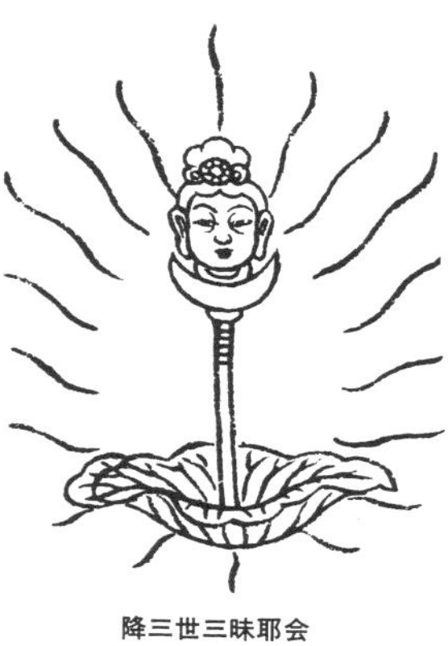

降三世三昧耶会

る。ヒンドゥー教神話ではヤマは人類最初の死者として死後、南方に楽園を発見した。ヤマは死後の世界の裁判官として君臨し、悪業の人間を罰する。檀拏は杖のことで、それは焔摩が死後の人間を裁く正義の法・刑罰を象徴する。杖の先に人間の頭があるので人頭杖とも呼ぶ。(→胎279)

75 調伏天(ちようぶくてん) Vajrajaya(ヴアジュラジャヤ)

ja
ジャ

成身会——〔**密号**〕最勝金剛　〔**種字**〕ja(ジャ)　〔**三形**〕三鈷剣　〔**尊形**〕白肉色。象頭人身。右手は拳にし、左手は三鈷剣を執る。〔**印相**〕刀印　〔**真言**〕オン　バザラジャヤ　ソワカ　oṃ vajrajaya svāhā（オーン　金剛調伏天よ　スヴァーハー）

三昧耶会——〔**三形**〕三鈷剣

微細会——〔**尊形**〕成身会と剣を執る手が違う。左手は掌を腰におく。

供養会——〔**尊形**〕微細会に同じ。

成身会

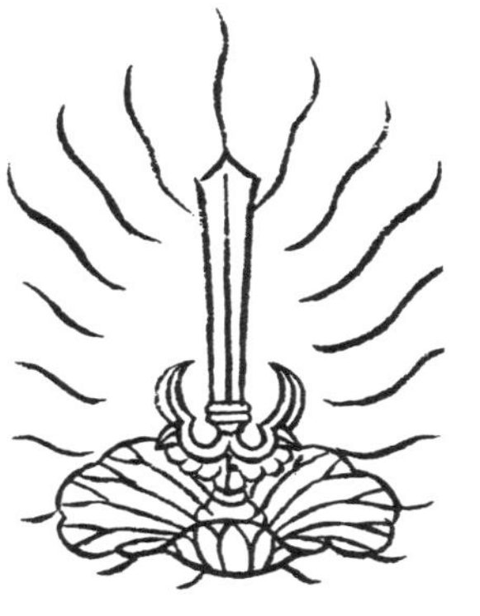

三昧耶会

微細会

供養会

降三世会

降三世三昧耶会

降三世会——〔**尊形**〕微細会に同じ。
降三世三昧耶会——〔**三形**〕三鈷剣

〔**解説**〕毘那耶迦の一類。外金剛部二十天の一で北方に位置する。五類天の中では虚空行天の一。金剛調伏天ともいう。三形は現図は歓喜丸とするなど異説がある。東寺曼荼羅では、右手に歓喜丸、左手に剣を執る。

『金剛頂経』巻10は尊名を勝、密号を最勝金剛とする。サンスクリット語ではジャヤーヴァハとあり、勝利を導くものの意味である。ところがアーヴァハが持ち運ぶと誤読され、愛持と訳された（→金70）。『賢劫十六尊』は「調伏は金剛剣」とする。調伏は一切に勝利するすることである。『大聖歓喜雙身毘那耶迦天形像品儀軌』は「北方の象頭天は別名を金色伽那鉢底という、その形は象頭人身である、左手に白瑠璃珠を持ち、右手に宝棒を執る」という。『秘蔵記』は把刀毘那耶迦とする。

---

76 毘那耶迦（びなやか） Vināyaka（ヴィナーヤカ）

gaḥ
ギャク

成身会——〔**密号**〕金剛頻那夜迦　〔**種字**〕gaḥ（ギャク）〔**三形**〕蘿蔔根（らふこん）　〔**尊形**〕白肉色。象頭人身。左手に蘿蔔根を執り、右手は仰げて歓喜丸を載せる。〔**印相**〕毘那耶迦印　〔**真言**〕オン　キリク　ギャク　ウン　ソワカ　oṃ hrīḥ gaḥ hūṃ svāhā（オーン　観音よ　毘那耶迦よ　フーン　スヴァーハー）
三昧耶会——〔**三形**〕歓喜丸
微細会——〔**尊形**〕右手に蘿蔔根、左手に歓喜丸を執る。
供養会——〔**尊形**〕微細会に同じ。
降三世会——〔**尊形**〕左手は拳にして腰におく。
降三世三昧耶会——〔**三形**〕歓喜丸

〔**解説**〕外金剛部二十天の一で、北方に位置する。五類天の中では水居天の一。

『大聖歓喜天雙身大自在天毘那耶迦王帰依念誦供養法』は、大自在天とその妃烏摩（うま）には三千の子があり、そのうち千五百は毘那耶迦を第一とし、悪事を行なう類である。他の千五百は扇毘那夜迦（善に導くもの）と呼ばれ、持善天を第一とした。この扇毘那夜迦は観音の化身である。観音と毘那耶迦との関係は、毘那耶迦が観音の美貌に夢中になり、観音はその性格を改めることで毘那耶迦の

成身会

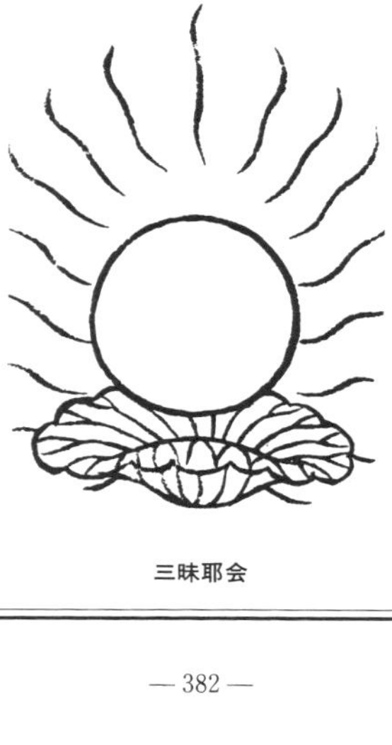

三昧耶会

微細会

76・毘那耶迦／供養会

降三世会

降三世三昧耶会

願いを許した。真言を解釈する上で『毘那耶迦誐那鉢底瑜伽悉地品秘要』は、キリクは観自在菩薩の種字で、観音が身を現して毘那耶迦に障礙をさせないためである。ギャクは毘那耶迦の種字で、常に魔に随って行くものという意味である。つまり毘那耶迦は常に障難をするから観音が傍にいて災難を除くという。

『金剛頂経』巻10は、尊名を必哩體尾祖犁葛、密号を金剛頻那夜迦とする。必哩體尾祖犁葛はサンスクリットはプリティヴィー・チューリカで、大地を髻とする尊の意味である。

外金剛部二十天の中、この毘那耶迦の類つまり誐那主として60金剛摧天、65金剛食天、70金剛衣天、75調伏天の四尊が東西南北の四方に位置する。尊形はいずれも象頭人身である。

『誐那鉢底瑜伽悉地品秘要』には「毘那耶伽は種々の形相があり、中でも大聖天歓喜王は象頭人身で権現する。それは障いをするものを正見に導くためである。象のように鼻が極めて長い理由は、香塵を愛好するからである。瞋恚は強力であるが、よくそれを養育し、調御するからである」ともいう。経典では「障難を除く功徳」が強調されているが、一般にはガネーシャの名で知られ、災いを除く神とともに「財宝の神・知恵の神」として広く信仰されている。（→胎410）

77 水天（すいてん） Varuṇa（ヴァルナ）

na
ダ

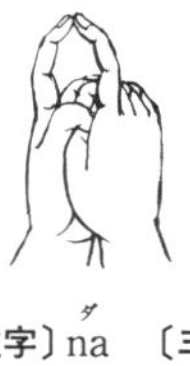

成身会

成身会――〔**密号**〕龍金剛　〔**種字**〕na（ダ）　〔**三形**〕龍索　〔**尊形**〕浅青色。右手に龍索を執り、左手は拳にして腰に伏せる。〔**印相**〕水天印　〔**真言**〕オンノウギャバザラ　ソワカ　oṃ nāgavajra svāhā（オーン　龍金剛よ　スヴァーハー）

77・水天・三昧耶会

微細会

供養会

降三世会

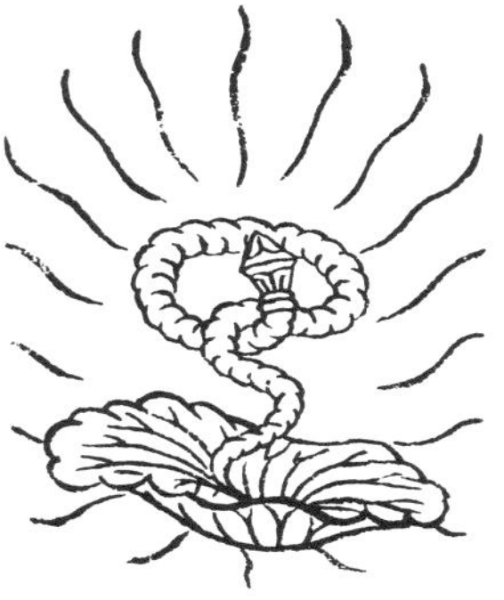

降三世三昧耶会

三昧耶会――〔三形〕龍索

微細会――〔尊形〕成身会に同じ。

供養会――〔尊形〕成身会に同じ。頭部に龍を戴く。

降三世会――〔尊形〕成身会に同じ。頭部に龍を戴く。

降三世三昧耶会――〔三形〕龍索

〔解説〕外金剛部二十天の一で、北方に位置する。五類天の中では地居天の一。種字のダは蛇を意味するナーガの頭文字。水と蛇は密接な関係にある。

(→胎337・343)

78 賢劫千仏(げんごうせんぶつ)

賢劫(bhadrakalpa)とは詳しくは現在賢劫といい、賢とは「善きすぐれたる」「祝福されたる」という意味。劫とはカルパ(kalpa)の音写語で、無限に長い時間を指すが、ここでは期間を意味し、千は無数を表す。すなわち賢劫とは無数の仏が現れて衆生を救済する「祝福された時代」という意味で、それは現在の期間を指している。後に過去荘厳劫にも千仏が出現し、未来星宿劫にも千仏が出現するとされ、過去・現在・未来の三世にわたる三千仏の信仰も興った。しかしその中心は現在千仏である。西域地方に千仏を描いた千仏洞が多く残されているのは千仏信仰の盛んであったことを思わせる。

千仏の名前はほとんど仏の美徳や威力を称賛したもので、その名前を唱えることによって多くの功徳が得られるとされ、仏名を唱えて懺悔・滅罪を願う仏名会(ぶつみょうえ)が盛んとなった。天台宗の十二年籠(ろう)山行(ざんぎょう)の前行として三千の仏名を唱えながら一日に三千回の礼拝を行じているのは、これに由来する。

南方熊楠は『仏名経』について、「いずれも抽象的の道徳、美徳の名のみといわんが、それはそれでよきことなり。第一、これを誦するといろいろと美徳の数を並べ出でて心を楽します益がある。」と述べている。

この千仏信仰は曼荼羅にも取り入れられ、成身会には賢劫千仏が描かれる。何ゆえ三世の三千仏を描かず賢劫の千仏のみを描くかといえば、従来三つの説がある。①は三世の中では現在賢劫が我々に最も縁が深いからである(安然『金剛界大法對受記』)。②は過去と未来の仏たちは現在と同じく常住であるがゆえに、現在のみを挙げて如来は三世にわたって常住なることを表している。③は千とは満数をいい、我々の心中には本来無数の仏徳が具わっていることを表している(『秘蔵記』)。微細会、供養会、降三世会には代表とされる賢劫の十六尊が描かれ、三昧耶会、降三世三昧

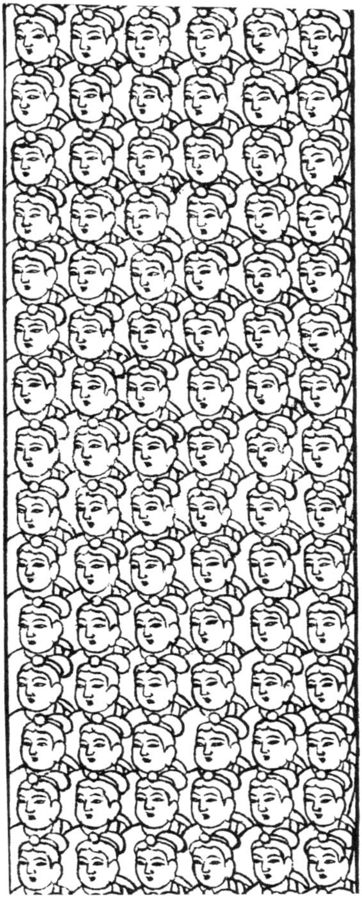

耶会にはその三昧耶形が描かれる。

成身会では東南西北の框にそれぞれ二百五十尊ずつ描かれる。東の框（前方）にはクラクッチャンダ（Kulakucchanda）、カナカムニ（Kanakamuni）、カーシュヤパ（Kāśyapa）の三過去仏と現在仏の釈迦牟尼（Sākyamuni）の四仏と、未来仏の弥勒（Maitreya）菩薩から始まり、北の框の最後のルチ（Ruci）菩薩まで九百九十六の菩薩が描かれる。したがって千仏というよりも千菩薩といった方がより正確である。諸尊の名称は省略する。

なお、ウン（hūṃ）字を通種字とする。

79 慾金剛菩薩（よくこんごうぼさつ） Iṣṭavajra（イシュタヴァジュラ）

ma
マ

jaḥ
ジャク

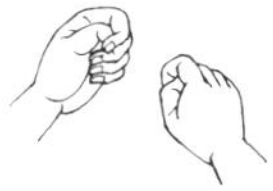

理趣会——〔**種字**〕ma（マ）, jaḥ（ジャク）　〔**三形**〕金剛箭　〔**尊形**〕赤肉色。冠を戴き、瓔珞を着け、箭を両手で持つ。〔**印相**〕金剛王印　〔**真言**〕ジャク　バザラ　ジリシュチ　サヤケイ　マタ　jaḥ vajradṛṣṭisāyake mat（ジャハ　金剛眼の弓箭をそなえた女尊よ　マット）

〔**解説**〕尊名は欲望が堅固なることを意味する。別名を意生金剛と称し、愛の神を意味する。インドの神話では、愛の神は愛欲をそそる矢を放つと考えられたので、この尊は愛欲の矢を手にする。インド神話とギリシャ神話は起源を同じくすることが多いが、ギリシャ神話の性愛の神エロース（キューピッド）が古くから弓矢を持つとされているのは、起源が同じであるかどうかは不明である。『理趣経』の第一章の「慾箭清浄句是菩薩位」（矢のごとくに異性に思いを馳せる愛欲は清らかであ

79・慾金剛菩薩／理趣会

るとする立場は菩薩の境地である）と第十七章の「大慾最勝成就」（きわめて勝れた大いなる欲望を満たす）という経文が、この尊の三昧の境地とされる。すなわち、仏陀の智慧から見れば、生命活動の本源の愛欲は仏陀を求める欲望と同じであるとされた。快楽を求める衆生の性的欲望は、迷った眼で見れば否定されるべきであるように思われるが、衆生の本質の金剛薩埵の境地では、大いなる快楽を求める欲望である。すなわち、はかない快楽を超えた、大いなる快楽としての仏陀の境地を求め続ける生命活動が衆生の深奥に具わっている。したがって、金剛薩埵とこの尊の交わりは、仏陀を求める菩提心の展開と見なされた。またこの尊は、金剛薩埵が仏陀の境界である大いなる快楽を求める愛欲をそそると考えられる。それゆえ愛の神の役割をこの尊は果たす。愛欲をそそる働きを尊格化したのがこの尊である。

『五秘密儀軌』ではこの尊を般若波羅蜜の尊格とする。そして般若波羅蜜は一切の仏法に精通し、生命活動に障害がなくなるので、この境地から諸仏が生まれると説く。そして、衆生の最奥に潜む心の働き（アーラヤ識）に蓄えられた煩悩の影響力を、手に持つ矢で射って、その心を大円鏡智（→金 6）に転換するとされる。

種字のマは『理趣経』で主題とする悟りの境界の大楽 mahāsukha（大いなる快楽）の頭文字の ma である。またジャクは真言の冒頭であるが、それはまた四摂の菩薩（→金34～37）の印言ジャク　ウン　バン　コクの冒頭である。

真言の最後のマタは、清らかな眼を具える真言である。この真言のマで右眼に太陽、タで左眼に月を観じて、仏を見て煩悩の魔を除くとされる。

『金剛界七集』では真言をオン　バザラサトベイ　ウン　oṃ vajrasattve hūṃ（オーン　金剛薩埵女よ　フーム）とするが根拠がない。

---

80 触金剛菩薩（そくこんごうぼさつ）　Kelikilavajra（ケーリキラヴアジュラ）

ha
カ

hūṃ
ウン

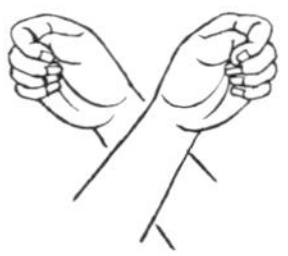

理趣会――〔**種字**〕ha（カ），hūṃ（ウン）　〔**三形**〕三鈷杵

〔**尊形**〕白肉色。冠を戴き、瓔珞を着け、金剛拳にした両手を交差させ三鈷杵（五鈷杵）を抱く。

〔**印相**〕二臂を交えて三鈷杵を抱く勢いにする。

〔**真言**〕ウン　バザラケイリキレイ　ウン hūṃ vajrakelikile hūṃ（フーン　金剛触女尊よ　フーン）

〔**解説**〕尊名のうち触とは、五官（眼・耳・鼻・舌・身）を通して悦楽の対象に触れようとする欲望を意味する。梵名のケーリキラとは愛の戯れの絶頂の歓喜を意味する。漢訳ではそれを感覚的な悦楽を求める欲望と解して触とした。それゆえに、別名を金剛喜悦ともいう。前項の慾金剛菩薩の愛欲をそそる働きを受けて、この尊は愛欲が感覚的な欲望として対象に触れている悦楽を表す。

『理趣経』の第一章の「触清浄句是菩薩位」（男女が触れ合うことは清らかであるとする立場は菩薩の境地である）と第十七章の「得大楽最勝成就」（きわめて勝れた大いなる快楽を満たす）という経文が、この尊の三摩地（さんまじ）とされる。感覚的欲望を満たす男女の触れ合いでさえも、仏の智慧の眼でみれば、菩提心に触れて喜悦することと違いはないことを、この尊は表している。この喜悦とは、慾金剛菩薩によって成就された大慾に徹すると、うつろいゆく苦楽を離れた禅定の境地が大いなる快楽となっていることである。それはまた金剛薩埵の菩提心に触れていることを意味する。それを、金剛薩埵の三昧耶形である三鈷杵（『諸尊便覧』では五鈷杵）を胸に抱く形で描いている。すなわち金剛薩埵とこの尊のヨーガの結び付きを表す。

『五秘密儀軌』では、この尊は虚空蔵菩薩の三摩地を表すとされ、限りない衆生に安楽を与え、煩悩という泥沼に溺れる者を救い、世間や仏道修行における願いをことごとく満たすとされる。また同書では、前項の慾金剛菩薩が最奥に潜む心の働き（アーラヤ識）を転換するとしたのに対応して、この尊は自我意識（マナ識）を清めて平等性

80・触金剛菩薩／理趣会

智（→金11）に転換すると述べている。

種字のカは『理趣経』の主題である大楽mahāsukha（大いなる快楽）のhaである。またウンは四摂の菩薩（→金34～37）の印言ジャク　ウン　バン　コクの第二節である。

81 愛金剛菩薩（あいこんごうぼさつ） Rāgavajra（ラーガヴァジュラ）

su
ソ

vaṃ
バン

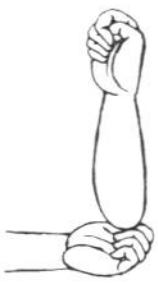

理趣会――〔**種字**〕su,（ソ） vaṃ（バン）〔**三形**〕摩竭幢〔**尊形**〕青色。両手に持った摩竭幢を左側に立てる。〔**印相**〕金剛幢羯磨印　〔**真言**〕バン　バザリジ　ソマラ　ラタ　vaṃ vajriṇi smara raṭ（ヴァン　金剛女尊よ　思いをつのらせよ　ラット）

〔**解説**〕尊名の愛とは、初期仏教以来、否定されてきた貪欲のことである。したがってこの尊は衆生の具える愛欲を尊格化したものといえる。愛欲は激しく相手に向かい、交わり、一体となろうとする働きがあるが、それは、とりもなおさず菩提を得て、衆生の心と一体になろうとする働きと同質のものであるとされる。愛欲はかりそめの、はかないものではなく、そのはかないように見える心も、根源的にはこのような仏陀の心と同質のものを具えているとされる。愛欲は一概に否定されるべきではなく、すべての衆生を限りなく愛する仏の永遠の真実が働き出ていることを、この尊は表している。それゆえ、菩提心を本質とする金剛薩埵とヨーガの結び付きをすると、菩提心は衆生と一体になろうとする働きとして発現する。それは、衆生の苦を共にうめく大悲の働きである。この尊は、先の慾金剛と触金剛とが菩提を獲得する自利の側面を表すのに対して、次の慢金剛と共に利他の側面を表す。

『理趣経』の第一章の「愛縛清浄句是菩薩位」（男女の抱擁は清らかであるとする立場は菩薩の境地である）と第十七章の「得一切如来摧大力魔最勝成就」(一切如来と同じく大力ある悪魔さえ打ち破ることができる）という経文が、この尊の三摩地とされる。

『五秘密儀軌』ではこの尊を多羅（たら）菩薩（→胎21）と同一視し、大悲の三昧に住して限りなく苦を受ける衆生を救済し、安楽を与えるとする。また、感覚を統括する意識を清らかにして、それを妙観察智（→金16）に転換する。

この尊が手にする摩竭幢とは摩竭魚を載せた旗のことである。摩竭魚は口を大きく開けて尾を張った、鯱（しゃち）に似た大魚である（→胎258)。この大魚が魚を食べ尽くすように、菩提の功徳を摂することが象徴されている。幢とは旗のことで、菩提心を象徴する。この摩竭幢は、男女の抱擁のように、一切の衆生を捉えて離さず、菩提に向かわせる働きを表す。

種字のソは『理趣経』が主題とする悟りの境界の大楽mahāsukha（大いなる快楽）のsuであり、バンは四摂の菩薩（→金34～37）の印言ジャク　ウン　バン　コクの第三節である。

81・愛金剛菩薩／理趣会

82・慢金剛菩薩／理趣会

82 慢金剛菩薩（まんこんごうぼさつ） Mānavajra（マーナヴアジュラ）

kha
キャ

hoḥ
コク

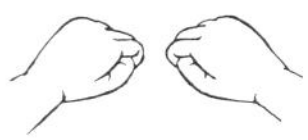

理趣会――〔**種字**〕kha（キャ）, hoḥ（コク） 〔**三形**〕金剛拳 〔**尊形**〕黄色。二手金剛拳にして腿におき、頭を左にわずかに傾ける。〔**印相**〕二手金剛拳にして腿におき、頭を左にわずかに傾ける。〔**真言**〕コク バザラキャメイ シツバリ タラン hoḥ vajrakāmeśvari trāṃ（ホーホ 愛に自在な金剛女尊よ トラーン）

〔**解説**〕尊名のうち、慢とはおごり高ぶる心の働きをいう。密教以前の仏教の教理学では煩悩の一種とされ、修行によって否定すべきものとされた。しかし、この慢にも真実の仏の働きを見て尊格化したのがこの尊である。すなわち、慾金剛の位で肉体的欲望に向かい、触金剛の位で相手と触れ合い、愛金剛の位で感覚の充足を得て、慢金剛の位で充足した思いに満ち足りた心境になる。その満ち足りたおごり高ぶる気持ちにさえも、戯論を滅した智慧の眼でみれば仏の慈悲の働きと同質のものがあるとされる。

『理趣経』の第一章の「一切自在主清浄句是菩薩位」（男女が抱き合い、思いを遂げるのは清らかであるとするのは菩薩の境地である）と第十七章の「得遍三界自在主成就」（遍き三界の自在主となる）という経文が、この尊の三昧の境地とされる。前項の愛金剛において大悲を完成させると、三界の一切の衆生に利益をもたらすことに自在となることが、この尊によって表される。男女の交わりの充足した思いが、一切の衆生に満足をもたらす働きに通じる心の働きであるとされる。

『五秘密儀軌』では、充足した思いは障害のない境地であるので、それは限りない仏の衆生利益の働きになっているとされる。限りなく衆生に利益をもたらす働きのゆえに、この尊は精進波羅蜜の尊格化されたものとされる。そして、精進に励むことが仏の大悲の働きにかなうことなので、それはまた、あらゆる仏への広大な供養であるとされる。

　また、この尊は五官を通しての感覚である前五識を清らかにして、それを成所作智（→金21）に転換する。

　尊像・印相の金剛拳を腿に当てる姿はおごり高ぶった姿を表すが、それはまた前五識を清め勇気をもって精進することを表す。

　種字のキャは『理趣経』が主題とする悟りの境界の大楽 mahāsukha（大いなる快楽）の kha（カ）であり、コクは四摂の菩薩（→金34〜37）の印言ジャク　ウン　バン　コクの第四音節である。

83 降三世明王（ごうざんぜみようおう） Trailokyavijava（トウライロークヤビジヤヤ）

hūṃ
ウン

降三世会——〔**種字**〕hūṃ（ウン）　〔**三形**〕五鈷金剛杵　〔**尊形**〕青黒色。四面八臂、火髻冠、各面に三眼。正面は青色、右面は黄色、左面は緑（青色）、後面は紅色。左右第一手は胸前で印を結ぶ。右第二手は金剛杵、第三手は矢、第四手は刀。左第二手は三鈷杵、第三手は弓、第四手は索を持つ。左足は大自在天の頂を、右足は烏摩（うま）妃の乳房を踏む。〔**印相**〕降三世印　〔**真言**〕オン　ソバニソバウン　ギャリカンダ　ギャリカンダ　ウンギャリカンダハヤ　ウンアノウヤコク　バギャバン　バザラ　ウンハッタ oṃ śumbha niśumbha hūṃ gṛhṇa gṛhṇa hūṃ gṛhṇāpaya hūṃ ānaya hoḥ bhagavan vajra hūṃ phaṭ（オーン　シュンバよ　ニシュンバよ　フーン　捉えよ　捉えよ　フーン　捉え寄せ　フーン　導け　ホーホ　世尊よ　金剛尊よ　フーン　パット）

降三世三昧耶会——〔**種字**〕hūṃ（ウン）〔**三形**〕十字五鈷杵（『現図抄』には独鈷杵）

〔**解説**〕降三世会と降三世三昧耶会に描かれる。阿閦如来の四親近の第一、金剛薩埵の位置する場に、これに代わって描かれる。降三世明王は金剛薩埵の忿怒の姿を描いたものである。このような姿をとる理由は、三界の諸天は慈顔をもって説いても仏法に帰依しないので、忿怒身を現し教化した。しかし大自在天のみは、自分は三界の王であるとして言うことをきかなかった。そこで金剛薩埵は、忿怒身を現して金剛明呪を誦し、大自在天と妃の烏摩（うま）を降伏した。すなわち、忿怒形の降三世明王は、左足に大自在天、右足にその妃烏摩を踏みつけ、彼らを降伏させ仏教に帰依させた状態を示している。

　また、降三世明王が大自在天を降伏させた話には、もう一つある。その話はシュンバとニシュンバという阿修羅の兄弟がいたが、彼らは昔、大自在天妃に殺害されたという。それで金剛薩埵が忿怒身を示現し大自在天を降伏した時、この兄弟の姿をとった、といわれている。それが、シュンバ・ニシュンバという真言に表れているとされる。（→胎82・90）

降三世会

降三世三昧耶会

84 大威徳明王妃（だいいとくみょうおうひ） Yamāntakā（ヤマーンタカー）

hūṃ
ウン

降三世会

降三世会――〔**種字**〕hūṃ（ウン） 〔**三形**〕三鈷杵 〔**尊形**〕濃灰色。天女形。左手は拳にして腰におき、右手は三鈷戟を持つ。〔**印相**〕普通根本印

降三世三昧耶会――〔**種字**〕hūṃ（ウン） 〔**三形**〕三鈷杵

降三世三昧耶会

〔**解説**〕外金剛部の東南の隅に描かれる。大威徳明王の妃。一説には陪羅嚩（ばいらば）という。現図曼荼羅では最外院の四隅に四明王妃を描いているが、八十一尊曼荼羅・東寺曼荼羅などは、ここに明王を描いている。『金剛頂経』の「降三世品」を見ても、この四尊に関する記述はない。それゆえ古くから、この84・85・86・87の四尊をどう解釈すべきかと、いろいろな議論がされた。本圓の『両部曼荼羅義記』を見ると、「降三世会外院の四角に四天があるのは、如何なることか」という問いが出され、「この問題は、古来より異義があって分からない」「この四尊は古来よりの難義」等といってそれまでの諸見解を引用しつつ、自説を述べている。それによれば、「この四尊が描かれるのは、降三世会のみである。他の会では、この位置に三鈷杵を描く。この三鈷杵は、鎮壇忿怒杵であるから四大明王と見て差し支えない。但し、図では天形尊となっている。四天は四明王の位に居るので、これも鎮壇尊としてよい」とする。

また、明王か明妃かという問題と同時に、明王の入れ替えや、位置の違いなどがあり、曼荼羅によって混乱が認められる。以上のことから、代表的な曼荼羅と『曼荼羅義記』の説を挙げ整理をして見る。

	東南	南西	西北	北東
八十一尊（妙法院版）	降三世明王	軍荼利明王	大威徳明王	不動明王
〃 （石山寺版）	大威徳明王	馬頭明王	軍荼利明王	降三世明王
御室版曼荼羅	大威徳明王妃	軍荼利明王妃	降三世明王妃	不動明王妃
東寺曼荼羅	金剛夜叉明王	軍荼利明王	大威徳明王	不動明王
曼荼羅義記	降三世明王	軍荼利明王	大威徳明王	不動明王

このようにこの四尊は、方角も尊像も曼荼羅によってかなり異動がある。その理由は、経典に記されていない所に四尊が描かれているからであり、それが明王となっているのは八十一尊曼荼羅の影

響によるものか。なお、明妃形で描かれているのは、御室版以外では、伝真言院曼荼羅・子島曼荼羅である。高雄曼荼羅は判別が難しいが、御室版曼荼羅が高雄曼荼羅を写したものとすれば、明妃形といえよう。ただし、大村西崖『三本両部曼荼羅集』では、全て東寺曼荼羅と同じ尊名となっている。また、佐和隆研『御室版両部曼荼羅』では、大威徳明王と降三世明王の名が逆になっている。

さらに、栂尾祥雲『曼荼羅の研究』によれば、インドの学匠である釈迦彌怛羅（しやかみとら）や慶喜蔵（けいきぞう）の説を引いて、これらは陪羅嚩(Bhairavā)・吉祥天(Śrī)・弁才天（Sarasvatī）・僑履（きようり）（Gaurī）の四妃であるとする見解を紹介している。そして現図曼荼羅では明妃の姿で描かれているので、少なくとも明王とすることはできない、としている。仮にこの四天女に当てはめれば、大威徳明妃は倍羅嚩に相当する。こういった現状であるから、現段階ではどれが最良か判断することは難しい。それゆえ観蔵院曼荼羅は、とりあえず御室版曼荼羅に基づき明妃形を採用して描いた。（→胎11）

なお四明王妃の印相は不明だが、胎蔵曼荼羅の印相を参照して付した。

---

85 軍荼利明王妃（ぐんだりみようおうひ） Kuṇḍalī（クンダリー）

hūṃ
ウン

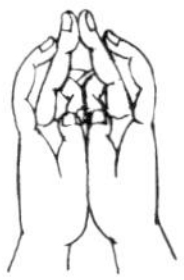

降三世会

降三世会——〔**種字**〕hūṃ（ウン）〔**三形**〕三鈷杵〔**尊形**〕紫灰色。天女形。左手は拳にして腰におき、右手に刀を持つ。〔**印相**〕軍荼利印

降三世三昧耶会——〔**種字**〕hūṃ（ウン）〔**三形**〕三鈷杵

〔**解説**〕現図曼荼羅では、外金剛部の南西の隅に描かれる。軍荼利明王の妃。一説には、吉祥天という。（→金84）

---

86 降三世明王妃（ごうざんぜみようおうひ） Vajrahūṃkarā（ヴアジュラフーンカラー）

hūṃ
ウン

降三世会

降三世会——〔**種字**〕hūṃ（ウン）〔**三形**〕三杵杵〔**尊形**〕灰色。天女形。両手で蓮華を持つ。〔**印相**〕降三世印

降三世三昧耶会——〔**種字**〕hūṃ（ウン）〔**三形**〕三鈷杵

〔解説〕現図曼荼羅では、外金剛部の西北の隅に描かれる。降三世明王の妃。一説には、弁才天という。（→金84）

降三世会

87 不動明王妃（ふどうみようおうひ） Acalanātha（アチャラナーター）

hūṃ
ウン

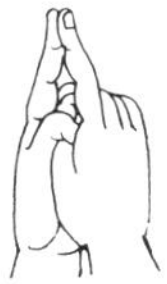

降三世会――〔**種字**〕hūṃ（ウン）〔**三形**〕三鈷杵〔**尊形**〕青灰色。天女形。箜篌（くご）を持ち曲を奏でる姿。〔**印相**〕独鈷印

降三世会三昧耶会――〔**種字**〕hūṃ（ウン）〔**三形**〕三鈷杵

〔解説〕現図曼荼羅では、外金剛部の東北の隅に描かれる。一説には憍履という。（→金84）

索引

印　相　索　引

指の名称はさまざまあるが、本図典では次の名称に統一した。

大指→親指　**頭指**→人差し指　**中指**→中指
無名指→薬指　**小指**→小指

また、しばしば出てくる基本的な4つの印契を図示しておく。

金剛拳（大指を屈して掌中に入れ、頭・中・無名・小指をもって大指の初節を押す。金剛界に用いる）

胎拳（蓮華拳ともいう。頭・中・無名・小指の四指を握り、大指をもって頭指の中節の側を押す。胎蔵法に用いる）

外縛（右の五指を左の五指の上におき、相い交えて拳にし、十指を外に出す）

内縛（右の指を左の指におき、掌中に入れて相い交える）

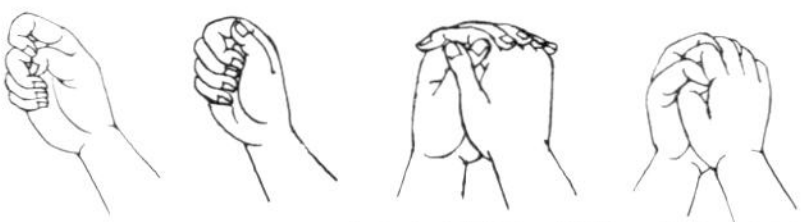

左から金剛拳・胎拳・外縛・内縛

《あ行》

阿修羅印（左掌を胸の前で横たえ、右手は頭指を曲げて大指の甲を押さえ、他は散じ、掌を伏せて左手を覆う）197、202
伊舎那天印　173
伊舎那天妃印　239
右拳風輪杖印　128
円満錫杖印（内縛して二中指を立て、錫杖のようにする）104、105、114、200

《か行》

戒波羅蜜印　148
開蓮華印（→八葉印）155
月天印（右手は拳にして腰に当て、左手は大指と無名指を捻じ、他は直に立てる）180、220、221
火天印（右手を施無畏の印にし、大指を掌に横たえ、頭指で三度招く）186、192
火天召請印　192
迦楼羅印（両手を散じ伸べ、右の大指で左の大指を押さえ、鳥の飛ぶ形にする）203
吉祥天女印（→八葉印）158
丸山八海印　157
救護慧印　142
倶肥羅印　232
倶肥羅女印　232
鳩摩利印　209
軍荼利印（二小指を内に相い交え、二無名指をもって内に入れ、二中指は先端を相い着ける。二頭指を屈して中指の背に鉤のごとくにし、相い着けない。二大指をもって二中指の第二節を捻ずる）161、168、393
継室尼刀印　124
戟印（内縛して二中指を立て合わせ、二頭指を開き屈して二中指の背に当てるようにして着けない）73、74、134
外五鈷印（両手を合わせ外に向け奉じ、中指を立て合わせ、頭指を伸べ屈して鉤のようにし、小指と大指は立て合わせて独鈷のようにする）90、356
月曜印（右手は拳にして腰におき、左手の頭指・大指で蓮華をつまむ形）190、211、219、364
剣印　127
降三世印（両の腕を交え、二手を金剛拳にし、二小指を相い鉤にして二頭指を立てる）84、91、325、327、329、330、391、393
光網鉤印（左手を拳にし、頭指を伸ばし、これをやや屈する）122、124
広目天印　217
虚空印　147
虚心合掌（十指の指頭を相い合わせ、両掌中をやや円く空ける）41、48
金剛王印（左手の金剛拳に弓を執り、右手に箭を引く勢い）280、386
金剛合掌（両掌を合わせて十指の頭を相い交え、右の五指を左の五指の上におく）169、173～176、184、185、202、220、222、225～228、237
金剛薩埵三昧耶印（外縛して二中指を立て合わせ、二小指・二大指を開き立てる）277
金剛薩埵大印（左手は金剛拳にして腰に当て、右手

は胸前で金剛杵を抽擲する勢いをなす）278
金剛針印（内縛し、二頭指を立て合わす）78、160
金剛幢印　345
金剛幢羯磨印（両手を金剛拳にし、右肘を左の拳の上におく）289、345、388
金剛部三昧耶印（右手の掌を仰向け、左手の掌の背を押す。すなわち右の大指をもって左の小指の下に交え、左の大指をもって右の小指の上に交えて両手の背を相い着ける。他の三指は直に伸ばし、手に縛す。持地印に同じ）136、163
金剛羅闍一切見法印（→金剛部三昧耶印）163

《さ行》

持華印（花を持つように大指と頭指を相い捻じ、他の三指を伸ばして散ずる）348、351
持国天印　180
自在印　266
地蔵旗印　135
持地印（両の大指と小指を反して相い交える）69〜71、75、76、78、80、81
遮文荼印　210
十一面観自在菩薩印　167
授所願印（→満願印）284
執蓮華印　124
商佉印　154
小金剛輪印　163
成就持明仙印（右手を施無畏にし、大指で無名指の第二節を押す）158、185、189、190、201、228、229、233、234
精進波羅蜜印　150
青蓮華印　160
除蓋障印　142
除疑怪金剛印　133
除業仏頂印　111
諸奉行者印（内縛し、二頭指を合わせ伸ばして第三節を屈し、二大指を立てる）125〜127、130、131
諸曜印（虚心合掌し、二大指を並べ退けて立てる）183、191、212、236、237
諸龍印（十指を伸ばし散じて覆い、歩行の形にする）196、197、215、216、232、233
彗星印（内縛し、二中指を立て、左の中指の頭で右の中指の初節を押す）184
水天印（内縛し、二大指を立て合わせ、円索の形にする）199、201、210、214、215、217、218、385
施無畏印（臂を挙げて五指を伸べ、掌を外に向けて物を与えるような形）141、144、152、274、300、376
相向守護印（右手は拳にして頭指を立てて胸に当て、左手は拳にして臂を伸ばし、頭の高さにかかげる）122、179、217
増長天印（二手を背中あわせにし、二頭指で鉤の形にする。他は曲げて散じ、無名指は伸ばす）196
触地印（右手を伸ばして地に垂れ、掌を内側に向ける）270、275

《た行》

大慧刀印　109
大鉤召印（内縛し、右手の頭指の第一関節を屈して招く）70，82
大黒天印　238
大金剛輪懺悔印　77
大三昧耶印　82
大自在天印　208
大自在天妃印　208
帝釈天印（内縛し、二大指と二頭指を立て合わす）178、231、365
大悲生印　144
荼吉尼印（左の掌で口につけ、舌を出して人血をすする形）201
檀拏印（虚心合掌し、二頭指・二小指を屈して掌中に入れる。さらに二大指で二頭指の第二・第三関節を捻ず）198、380
檀波羅蜜印　148
智吉祥印　96
智拳印　266
智波羅蜜印　153
槌印　74
鎚印　191
転法輪印（五指を伸べ、左手を覆し右手を仰げて背を合わす。さらに左の小指・無名指・中指・頭指をおのおの交差し、左の大指を右手の平におき右の大指に着ける）75、110、154
刀印（左手の頭指・中指を伸ばして刀鞘のごとくにする）204、207、372、381
独鈷印（内縛し、二頭指を立て合わす)93、210、394

《な行》

内五鈷印（内縛し、両の大指・中指・小指を合わせ

立て、二頭指を屈して鉤のごとくにして二中指の背の側にして二中指の背の側におき、相い着けない）53、68、72、357
那羅延天印　219
二十八宿総印（虚心合掌し、二中指を外で交差し、二大指を立てて交える）181、182、193、194、212～214、234～236
日天印（二無名指を掌に入れ、二大指はその側に着け、二中指は並べ合わせ、二小指は伸べ合わせ、二頭指は開く）177、366
如意宝印　100
如意輪観音印　54
如来牙印　113
如来甲印　112
如来語門印（虚心合掌し、無名指と頭指を屈して掌中に入れる。大指は上に向けて少し屈す。小指と中指は直に立てる）112、176、177
忍辱波羅蜜印（内縛し、頭指・大指を立て合わせ、頭指と大指を離す）149、209

《は行》

鉢印（合掌し、指先を着け合わせて頭指の方を開き、大指を頭指の側におく。鉢の形）96、174、175、211、332、341、347、354、371
八葉印（虚心合掌し、両の頭指・中指・無名指を開き立てる）47、97、120、157、158
馬頭印　51
毘舎遮印（→円満錫杖印）
毘沙門天印　233
毘那耶迦印（内縛し、二中指を立て交え、二頭指を中指の背につけ、大指を頭指の側に着ける）238、382
悲念者印　140
悲愍者印　143
白傘蓋仏頂印（左手を伸ばして伏せ、右手は拳にして頭指を立てて左手を交え、傘の形にする）108、350、362
白処尊印　60
風天印（右手は拳にして、無名指・小指を立てる）222、223、225、373
不空羂索印　58
普供養印（金剛合掌して二頭指を宝珠の形にし、二大指を並び立てる）63、165
奉行刀印（内縛し、二中指を直に立て、頭指を側立てて刀のごとくにする）81～85
不可越守護印（左手は拳に、右手は拳にして頭指を伸ばす）121、179、217
不空成就印（外縛し、二中指を掌の中に入れて面を合わせ、二大指・二小指を立て合わす）302
不思議慧印　145
普通根本印（内縛し、二中指を立て合わせる）89、377、392
仏眼印（虚心合掌し、頭指を相い捻じ、小指をやや開く）133、336
棒印　83
宝手菩薩印　136
宝処菩薩印　134
方便波羅蜜印　152
法界定印　29
法螺印　101
梵篋印（左手を伸べ、その上を左手で覆い、口に当てる）45、52、88、105、106、115～117、151、339、353
梵天女印　208

《ま行》

弥陀定印（外縛して、両大指の先を合わせ、両頭指の第二関節を曲げ立てて大指の頭に着ける）150、272、292
妙音天仰　220
満願印（授所願印）284

《ら行》

羅刹女印（外縛し、頭指・小指を針のように立て合わせ、無名指は内に入れて背を合わせる）205、207
力波羅蜜印　153
蓮華合掌（両の掌を胸の前で合わす。虚心合掌よりも掌の空間を大きく弓形にし、蓮華のつぼみのごとくにする）30～37、40、42～44、48、50、52、54～57、59、61～66、98、102、103、107、108、117、123、155、161、199、204、229～231

真 言 索 引

(n-s-b-) = namaḥ samantabuddhānām (ṃ)
(n-s-v-) = namaḥ samantavajrāṇām (ṃ)

A

(oṃ)	ādityaśri svāhā 184
(n-s-b-)	āditya svāhā 177
(n-s-b-)	agnaye svāhā 186, 334
(n-s-b-)	āgneyai svāhā 186
	ahi hūṃ hūṃ 327
	aho sukha 281
(n-s-b-)	āḥ sattvahitābhyudgata trāṃ trāṃ raṃ raṃ svāhā 143
(n-s-b-)	āḥ sarvatrāpratihate tathāgatāṅkuśe bodhicaryaparipūrake svāhā 70
(n-s-b-)	āḥ vismayanīye svāhā 125, 130
(n-s-b-)	ākarṣaya sarvān kuru ājñāṃ kumāraya svāhā 130
(n-s-b-)	ākāśasamantānugata vicitrāṃ baradhara svāhā 97, 147
(oṃ)	akṣayamataye jña svāhā 353
(oṃ)	akṣaye hūṃ hūṃ akṣayakarmāvaraṇaviśodhani svāhā 353
(oṃ)	akṣobhya hūṃ 275
(n-s-b-)	aṃ aḥ svāhā 34
(oṃ)	amitaprabhāya a svāhā 347
(oṃ)	amoghadarśanāya aḥ svāhā 336
(oṃ)	amoghadarśanāya svāhā 134
(oṃ)	amoghapadmapāśakrodhākarṣaya praveśaya mahāpaśupati yama varuṇa kuvera brahmaveṣadhara padmakulasamaya hūṃ hūṃ 58
(oṃ)	amoghapūjāmaṇi padmavajre tathāgatavilokite samantaprasara hūṃ 64, 165
(oṃ)	amoghasiddhe aḥ 300
(oṃ)	amoghe 'moghadarṣini hūṃ 338
(oṃ)	amṛtaprabhe amṛtavati hūṃ 348
	ānayasva 280
(oṃ)	aṅgārakaśri svāhā 192
(n-s-b-)	anurādhānakṣatra svāhā 214
(n-s-b-)	apāṃpataye svāhā 217,218
(n-s-b-)	aparājite jayanti taḍite svāhā 98
(n-s-b-)	ārdrānakṣatra svāhā 181
	arthaprāptīḥ 289
(oṃ)	āryabhogavati svāhā 57
(oṃ)	āryadharāri svāhā 57
(oṃ)	āryastūpamahāśri svāhā 52
(oṃ)	āryasubāhu svāhā 160
(oṃ)	āryodakaśrī svāhā 58
(n-s-b-)	āśleṣanakṣatra svāhā 182
(n-s-b-)	aśvinīnakṣatra svāhā 236

avidyād dhāvanta ime sattvāḥ sarvatathāgatāṃ ca vidyādhigamasaṃvarasaṃbhūtām 302
(n-s-b-) ā vedavide svāhā 35
(n-s-b-) a vi ra hūṃ khaṃ 29
āyahi jaḥ 325

B

(oṃ) balavajra svāhā 359
(n-s-v-) bandhaya bandhaya moṭaya moṭaya vajrodbhave sarvatrapratihate svāhā 75
(oṃ) bhadrapālāya pṛ svāhā 348
(oṃ) bhadravati bhadrapāle hūṃ 349
(oṃ) bhagavati dānādhipati visṛja pūraya dānaṃ svāhā 148
(oṃ) bhagavati kṣāntidhāriṇi hūṃ phaṭ 149
(oṃ) bhagavati sarvapāpahāriṇi mahānāṭye hūṃ hūṃ hūṃ phaṭ 150
(n-s-b-) bhaḥ sarvakleśaniṣūdana sarvadharmavasitāprāpta gaganasamāsama svāhā 96
(oṃ) bhara bhara saṃbhara saṃbhara indriyaviṣoddhane hūṃ hūṃ ru ru cale svāhā 52
(n-s-b-) bharaṇīnakṣatra svāhā 236
(oṃ) bṛhaspatiśri svāhā 192
(n-s-b-) buddhadhāraṇi smṛtibaladhanakāri dhara dhara dhāraya sarvaṃ bhagavaty ākāravati samaye svāhā 36
buddhabodhiḥ 297
(oṃ) budhanakṣatrasvāminaṃ ketuman svāhā 210
(oṃ) budhaśri svāhā 210、215

C

(n-s-b-) cakravartin svāhā 154
(n-s-b-) cāmuṇḍāyai svāhā 210
(n-s-v-) caṇḍamahāroṣaṇa hūṃ 68
(n-s-b-) candraparivāre svāhā 221
(n-s-b-) candraprabhāya svāhā 124
(oṃ) candraprabhāya va svāhā 351
(oṃ) candrasthe cendravyavalokini svāhā 352
(n-s-b-) candrāya svāhā 220
(n-s-b-) citraguptāya svāhā 199
(n-s-b-) citrānakṣatra svāhā 194

D

(oṃ) damanīmudite hūṃ ha ha ha hūṃ jaḥ svāhā 153
(n-s-b-) dhaniṣṭhānakṣatra svāhā 234
(n-s-b-) dhanupataye svāhā 212
(n-s-b-) dharaṇidhara svāhā 136

(n-s-b-) dharmadhātvanugate svāhā 64
dharmavajri hrīḥ 272
(oṃ) dharmavajri hrīḥ 273
(oṃ) dhīḥ śrīśrutavijaye svāhā 88, 151
(n-s-b-) dhriṃ dhriṃ jriṃ jriṃ svāhā 98
(n-s-b-) dhi raṃ padmālaya svāhā 157
(n-s-b-) dhi śri haṃ braṃ svāhā 60
(n-s-b-) (oṃ) dhṛtarāṣṭra ra ra pramadana svāhā 180
(n-s-b-) dhvaṃsanam abhyuddhāraṇe sattvadhātuṃ svāhā 141
(n-s-b-) dili bhinnayājñānaṃ he kumārike svāhā 128
duḥkhacchedaḥ 296
(n-s-v-) durdharṣa mahāroṣaṇa khādaya sarvān tathāgatajñāṃ kuru svāhā 121、217

E

ekajaṭa mama mukhajāya svāhā 166

G

(oṃ) gaganagañjāya ā svāhā 344
(n-s-b-) gaganānantagocara svāhā 159
(oṃ) gagane gaganalocane hūṃ 345
(n-s-b-) gaṃ gaganavaralakṣṇe gaganasame sarvatrodgatabhiḥ sārasambhave jvala namo 'moghānāṃ svāhā 41
(oṃ) gandhahastini gaḥ svāhā 341
(n-s-b-) ga ra laṃ ga ra laṃ svāhā 229
(n-s-b-) garalayaṃ svāhā 197, 202
(n-s-b-) gargamaharṣi svāhā 189
(n-s-b-) gataṃ dharmasaṃbhava svāhā 154
(n-s-v-) gavībala turṭa hūṃ svāhā 79
ghaṇṭa aḥ aḥ 330
(n-s-b-) gotamamaharṣiṃ svāhā 189
(oṃ) guhe guhe māṃsāśane 202
(oṃ) guhyasattvavajri hūṃ 271
(oṃ) gui gui mansane 201

H

(n-s-v-) ha ha ha vismaye sarvatathāgataviṣayasambhava trailokyavijaya hūṃ jaḥ svāhā 90
(n-s-b-) ha ha ha vismaye svāhā 135
ha ha hūṃ ha 291
(n-s-b-) haṃ haḥ svāhā 33
(n-s-b-) hāsānāṃ vihāsānāṃ (kinnarāṇāṃ) svāhā 222
(n-s-b-) hāsānāṃ vihāsānāṃ kiṃnarāṇāṃ svāhā 229
(n-s-b-) hasana vima〔ti〕cchedaka svāhā 138
(n-s-b-) hastānakṣatra svāhā 193

(n-s-v-) he abhimukhamahāpracaṇḍa khādaya kiṃcirāyasi samayam anusmara svāhā 122, 179
(n-s-v-) he he kiṃcirāyasi gṛhṇa gṛhṇa khāda khāda paripūraya sarvapratijñāṃ svāhā 81
(n-s-v-) he he kiṃcirāyasi gṛhṇa gṛhṇa paripūraya kiṃkarāṇāṃ svapratijñāṃ svāhā 82
(n-s-b-) he he kumāra māyāgata svabhāvasthita svāhā 122
(n-s-b-) he he kumārike [kleśaṃ che]dayājñānaṃ smara pratijñāṃ [smara] svāhā 124
(n-s-b-) he kumāra vicitragatikumāra [pratijṅā]m anusmara svāhā 124
(n-s-b-) he mahāmaha smara pratijñāṃ svāhā 142
(n-s-b-) he mahāmaha svāhā 134
he rativajragīte te te 314
he rativajrahāse ha ha 310
he rativajranṛtye vepa vepa 316
he rativajravilāsini traṭ 310
he sphoṭa vaṃ 329
(n-s-b-) hetupratyayavigata karmanirjāta hūṃ 45, 105, 115
he vajrarati 319
(n-s-b-) hili he smara jñānaketu svāhā 129
hoḥ vajrakāmeśvari trāṃ 390
(oṃ) hṛdayamanīṣitāni sarvatathāgatānāṃ sidhyantām 278
(n-s-b-) hrī he he kumārike [kleśaṃ che]dayājñāṃ smara pratijñāṃ [smara] svāhā 127
(oṃ) hrīḥ gaḥ hūṃ svāhā 238, 382
(n-s-b-) hrīḥ haḥ svāhā 201
(n-s-v-) hrīḥ hūṃ phaṭ svāhā 72
(oṃ) hrīḥ ṣṭrī vikṛtānana hūṃ sarvaśatrūm unāśaya stambhaya stambhaya sphoṭa sphoṭa svāhā 89
(n-s-b-) hrūṃ vikiraṇa pañcoṣṇīṣa svāhā 111
(n-s-v-) hūṃ hūṃ hūṃ phaṭ phaṭ jaṃ jaṃ svāhā 69
(n-s-b-) hūṃ jayoṣṇīṣa svāhā 101
hūṃ vajrakelikile hūṃ 387
hūṃ vajrakumāra kanidhūni hūṃ hūṃ phaṭ 84
(oṃ) huru huru cāmuṇḍe svāhā 210

I

(n-s-b-) icchāparamamanomaye me svāhā 210
(n-s-b-) i he varada varaprāpta svāhā 144

J

jaḥ vajradṛṣṭisāyake maṭ 386
(oṃ) jālinīprabhāya svāhā 350
(n-s-b-) jaṃ jaṃ saḥ svāhā 48

(n-s-b-) | ji vajrasthirabuddhe pūrvātmamantrasara svāhā 161
(oṃ) | jñānaketave svāhā trāṃ 346
(oṃ) | jñānaketu jñānavati hūṃ 346
(oṃ) | jñānaketu trāṃ svāhā 345
(n-s-b-) | jñānodbhava svāhā 160
(oṃ) | jvālane mahājvālane hūṃ 351
(n-s-b-) | jyeṣṭhānakṣatra svāhā 214

K

(n-s-b-) | kālarātryai svāhā 198
(n-s-b-) | kanyāpataye svāhā 236
(n-s-b-) | karkaṭākapataye svāhā 236
| karmavajri aḥ 274
(oṃ) | karmavajri aḥ 274
(oṃ) | karuṇīkaruṇi ha ha ha saṃ svāhā 152
(n-s-b-) | kaumāri svāhā 209
(n-s-b-) | ketuśri svāhā 184
(n-s-b-) | khādaya bhaṃja sphoṭaya svāhā 51
| khavajriṇi hoḥ 274
(n-s-b-) | kṛttikānakṣatra svāhā 181
(n-s-b-) | kṣaḥ daḥ ra yaṃ kaṃ svāhā 48
(n-s-b-) | kṣaṇatara yaṃ kaṃ svāhā 48
(oṃ) | kṣipa svāhā oṃ pakṣa svāhā 203
(oṃ) | kumbhāṇḍapataye svāhā 204
(n-s-b-) | kumbhapataye svāhā 191
(n-s-b-) | kuvalaya svāhā 155

L

(oṃ) | lakṣmi mahāvidye svāhā 59
(n-s-b-) | laṃ sitātapatroṣṇīṣa svāhā 108
(n-s-b-) | lokālokakarāya sarvadevanāgayakṣagandharvāsuragaruḍakiṃnara-mahoragādihṛdayāny ākarṣaya vicitragati svāhā 173
(oṃ) | lokeśvara hrīḥ svāhā 167
(oṃ) | lokeśvararāja hrīḥ 292

M

(n-s-b-) | maghānakṣatra svāhā 193
(oṃ) | mahāgaṇapataye svāhā 238
(n-s-b-) | mahāganapati svāhā 176
(oṃ) | mahākālāya svāhā 238
(oṃ) | mahākaruṇāyai sphaṛa 102
(oṃ) | mahāmaitracitte svāhā 152
(n-s-b-) | mahāmaitryabhyudgate svāhā 62
(oṃ) | mahāmaitryai sphara 103

(oṃ) mahāpadme śvetāṅge huru huru svāhā 56
mahāratavajri hoḥ 317
mahāratī 308
(oṃ) mahāśrīvajri he 324
(oṃ) mahāśrīvidye svāhā 55
(n-s-b-) (oṃ) mahāśriyai svāhā 158
(n-s-b-) mahāyogayogini yogeśvari khāñjalike svāhā 38
(n-s-b-) maheśvarāya svāhā 208
(oṃ) mahopekṣa sphara 108
(oṃ) maitreya a svāhā 335
(oṃ) maitreyāya svāhā a 336
(oṃ) maitrīya haraṇāya svāhā 336
(n-s-b-) makarapataye svāhā 191
(oṃ) mama jñānakari hūṃ svāhā 153
(n-s-b-) maṃ he he kumāraka vimuktipathasthita smara smara pratijñāṃ svāhā 119
(oṃ) maunavajra svāhā 364
(n-s-b-) mātrībhyaḥ svāhā 191
(oṃ) mayūrākrānte svāhā 166
(n-s-b-) meghāśanaye svāhā 218
(n-s-b-) meṣapataye svāhā 183
(n-s-b-) mili svāhā 128
(n-s-b-) mīnapataye svāhā 192
(n-s-b-) mithunapataye svāhā 183
(n-s-b-) mṛgaśironakṣatra svāhā 181
(n-s-b-) mūlanakṣatra svāhā 214

N

(oṃ) nāgavajra svāhā 383
(n-s-b-) nairṛte svāhā 207
namaḥ saptānāṃ samyaksaṃbuddhakoṭīnāṃ tadyathā oṃ cale cule cundi svāhā 44
(oṃ) namaḥ sarvatathāgatābhiṣekaratnebhyo vajramaṇi oṃ 286
(oṃ) namaḥ sarvatathāgatamahāprītiprāmodyakarebhyo vajrahāse haḥ 291
(oṃ) namaḥ sarvatathāgatāśāparipūraṇacintāmaṇidhvajāgrebhyo vajradhvajāgre trāṃ 290
namaḥ sarvatathāgatebhyaḥ sarvamukhebhyaḥ sarvathā traṭ caṇḍamahāroṣaṇa khaṃ khāhi khāhi sarvavighnaṃ hūṃ traṭ hāṃ māṃ 93
namaḥ sarvatathāgatebhyo viśvamukhebhyaḥ sarvathā khamudgate sphara hemaṃ gaganakaṃ svāhā 117
namaḥ tryadhvikānāṃ sarvatathāgatānām aṃ viraji viraji mahācakravajri sata sata sarate sarate trāyi trāyi vidhamani saṃbhañjani tramatisiddhāgrya trāṃ svāhā 77
namo ratnatrayāya namaś caṇḍamahāvajrakrodhāya oṃ huru huru tiṣṭha tiṣṭha bandha bandha hana hana amṛte hūṃ phaṭ svāhā 82、168

(n-s-b-) nandāya svāhā 196, 215, 232
(n-s-b-) nandopanandāya svāhā 196, 215, 232
nirbhayas tvam 304
niṣprapañcavāksiddhir bhavatu sarvatathāgatasamādhayo me ājayantām 295

P

(oṃ) padmacintāmaṇi jvala hūṃ 54
(oṃ) paranirmitaratibhyaḥ svāhā 227
(oṃ) parṇaśabari hūṃ phaṭ 56
phalāgāmi 319
(n-s-b-) piśācagate svāhā 199
(n-s-b-) pisi pisi svāhā 200
prahlādini 317
(n-s-b-) prajāpataye svāhā 180, 208
(oṃ) pratibhānakūṭāya vi svāhā 354
(oṃ) pratibhāne pratibhānakūṭe svāhā 355
(oṃ) pratigṛhṇa tvam imaṃ sattvaṃ mahābala 71
pratiśabdaḥ 299
(n-s-b-) pṛthivyai svāhā 175
(n-s-b-) pṛthivye svāhā 332
(n-s-b-) punarvasunakṣatra svāhā 182
(n-s-b-) pūrvabhadrapadānakṣatra svāhā 235
(n-s-b-) pūrvaphalgunīnakṣatra svāhā 194
(n-s-b-) pūrvaṣādhānakṣatra svāhā 214
(n-s-b-) puṣyanakṣatra svāhā 182

R

(n-s-b-) (oṃ) rāhave asurarājāya hūṃ svāhā 192
(n-s-b-) rākṣasādhipataye svāhā 204, 207
(n-s-b-) rākṣasagaṇimiye svāhā 205, 207
(n-s-b-) raṃ raḥ svāhā 30
(n-s-b-) rasanam abhayaṃdada svāhā 141
(n-s-b-) rataṃ ratodbhrāntam 202
(n-s-b-) rataṃ ratodbhrāntaṃ svāhā 197
(n-s-b-) ratnanirjāta svāhā 134
(oṃ) ratnasaṃbhava trāḥ 284
ratnavajri trāḥ 271
(oṃ) ratnavajri trāḥ 271
(n-s-b-) ratnodbhava svāhā 136
(n-s-b-) revatīnakṣatra svāhā 235
(n-s-b-) rohiṇīnakṣatra svāhā 181
(n-s-b-) rudrāya svāhā 173
rūpaśobhā 310

rūpoddyota 288

S

(n-s-b-) sa 97, 120
sādhu sādhu 283
(n-s-b-) śakrāya svāhā 178, 209, 231
(oṃ) samantabhadrāya aḥ svāhā 357
(n-s-b-) samantabhadrāya svāhā 121
(oṃ) samantabhadre hūṃ 358
(oṃ) samayas tvaṃ 277
(n-s-b-) śaṃ jayoṣṇīṣa svāhā 109
(n-s-b-) saṃ saḥ svāhā 32
(oṃ) śanaiścaraścețe śri svāhā 211
(n-s-b-) sarasvatyai svāhā 220
(n-s-b-) sarvabhayatrāsani hūṃ sphoṭaya svāhā 49
(n-s-b-) sarvabuddhabodhisattvahṛdayanyāveśani namaḥ sarvavide svāhā 40
(n-s-v-) sarvadharmanirvedhane vajrasūci varade svāhā 71
(n-s-v-) sarvadharmanivedhavajrasūci varade svāhā 78, 160
sarvakāriḥ 294
sarvamudrā me priyā bhavatu 287
(oṃ) sarvāpāyajaha sarvāpāyaviśodhani hūṃ 338
(oṃ) sarvāpāyajahāya dhvaṃ svāhā 338
sarvapūjā 316
sarvasiddhiḥ 307
(oṃ) sarvaśokatamonirghātanamataye aṃ svāhā 339
(oṃ) sarvatathāgatacakrākṣaraparivartādisarvasūtrāntanayaiḥ stunomi sarvamaṇḍale hūṃ 297
(oṃ) sarvatathāgatacittaniryātanapūjāmeghasamudraspharaṇasamaye hūṃ 312
(oṃ) sarvatathāgatadīpapūjāmeghasamudraspharaṇasamaye hūṃ 321
(oṃ) sarvatathāgatadhūpameghasamudraspharaṇapūjākarme kara kara 302
(oṃ) sarvatathāgatadhūpapūjāmeghasamudraspharaṇasamaye hūṃ 317
(oṃ) sarvatathāgatagandha[megha]samudraspharaṇapūjākarme kuru kuru 307
(oṃ) sarvatathāgatagandhapūjāmeghasamudraspharaṇasamaye hūṃ 323
(oṃ) sarvatathāgatahāsyalāsyakrīḍaratisaukhyānuttarapūjāmeghasamudra-spharaṇasamaye hūṃ 308
(oṃ) sarvatathāgatakāyaniryātanapūjāmeghasamudraspharaṇasamaye hūṃ 316
(oṃ) sarvatathāgatālokajvālāspharaṇapūjākarme bhara bhara 305
(oṃ) sarvatathāgatamuṣṭi vaṃ 266
(oṃ) sarvatathāgataprajñāpāramitābhinirhāraiḥ stunomi mahāghoṣānuge dhaṃ 296
(oṃ) sarvatathāgatapuṣpaprasaraspharaṇapūjākarme kiri kiri 304
(oṃ) sarvatathāgatapuṣpapūjāmeghasamudraspharaṇasamaye hūṃ 319
(oṃ) sarvatathāgatasaṃdhābhāṣabuddhasamgītibhir gāyan stunomi vajravāce vaṃ [caḥ] 299

(oṃ) sarvatathāgatasarvātmaniryātanānurāgaṇapūjāspharaṇakarmavāne hūṃ hoḥ 281
(oṃ) sarvatathāgatasarvātmaniryātanapūjāspharaṇakarmāgri jaḥ 280
(oṃ) sarvatathāgatasarvātmaniryātanapūjāspharaṇakarmavajri āḥ 278
(oṃ) sarvatathāgatasarvātmaniryātanasādhukārapūjāspharaṇakarmatuṣṭi (s)aḥ 283
(oṃ) sarvatathāgatasūryebhyo vajratejini jvala hrīḥ 288
(oṃ) sarvatathāgatavajradharmānuttarapūjāspharaṇasamaye hūṃ 292
(oṃ) sarvatathāgatavajradharmatāsamādhibhiḥ stunomi mahādharmāgri hrīḥ 294
(oṃ) sarvatathāgatavajradhātvanuttarapūjāspharaṇasamaye hūṃ 266
(oṃ) sarvatathāgatavajrakarmānuttarapūjāspharaṇasamaye hūṃ 300
(oṃ) sarvatathāgatavajraratnānuttarapūjāspharaṇasamaye hūṃ 284
(oṃ) sarvatathāgatavajrasattvānuttarapūjāspharaṇasamaye hūṃ 276
(oṃ) sarvatathāgatavajropamāsamādhibhāvanāpānabhojanavāsanapūjāmeghasamudraspharaṇasamaye hūṃ 310
(n-s-b-) sarvatathāgatāvalokita karuṇāmaya ra ra ra hūṃ jaḥ svāhā 47
(n-s-b-) sarvathāvimativikiraṇa dharmadhātunirjāta saṃ ha svāhā 123
(n-s-b-) sarvathāvimativikīraṇa dharmadhātunirjāta saṃ saṃ hā svāhā 42, 98
(n-s-b-) śatabhiṣānakṣatra svāhā 234
(oṃ) sattvavajri hūṃ 270
śatrubhakṣaḥ 305
(n-s-b-) siddhavidyādharāṇāṃ svāhā 229, 233, 234
(oṃ) sīladhārini bhagavati hūṃ haḥ 148
(n-s-b-) siṃhapataye svāhā 237
(n-s-b-) śī śī vijayoṣṇīṣa svāhā 110
(oṃ) śivāvahavidye svāhā 56
(oṃ) somaśri svāhā 211
(n-s-v-) sphoṭaya vajrasaṃbhave svāhā 72, 85
(n-s-b-) śravaṇānakṣatra svāhā 212
śrotrasaukhyā 312
(n-s-b-) śrūṃ uṣṇīṣa svāhā 101
(oṃ) śuddhapramoda sphara 107
sugandhāṅgi 323
(oṃ) śukraśri svāhā 237
(oṃ) śukṣmavajrajñānasamaya hūṃ 266
sumahās tvam 286
(oṃ) śumbha niśumbha hūṃ gṛhṇa gṛhṇa hūṃ gṛhṇāpaya hūṃ ānaya hoḥ bhagavan vajra hūṃ phaṭ 84, 92, 391
(oṃ) śūraṃgame hūṃ 343
(oṃ) śūrāya vi svāhā 342
(oṃ) sūryaprabhāya svāhā 138
sutejāgri 321
suvaśitvam 302
(n-s-b-) svacittodgata svāhā 144
(n-s-b-) svātīnakṣatra svāhā 193

T

(n-s-b-) tāre tāriṇi karuṇodbhave svāhā 50
(n-s-b-) tathāgatadaṃṣṭra rasarasāgrasamprāpaka sarvatathāgataviṣayasambhava svāhā 113
(n-s-b-) tathāgatajihva satyadharmapratiṣṭhita svāhā 112
(n-s-b-) tathāgatamahāvaktra viśvajñānamahodaya svāhā 112
(oṃ) tathāgataśakti svāhā 103
(n-s-b-) tathāgataviṣayasaṃbhave padmamālini svāhā 60
(n-s-b-) trīṃ tejorāśyuṣṇīṣa svāha 110
(n-s-v-) triṭ triṭ jayanti svāhā 71
(n-s-b-) ṭrūṃ uṣṇīṣa svāhā 100
(n-s-b-) tulāpataye svāhā 212
tuṣitebhyaḥ svāhā 226

U

(n-s-b-) umādevi svāhā 208
(oṃ) umādevi svāhā 190, 239
(n-s-b-) upanandāya svāhā 197, 216
(n-s-b-) u sarvāśāparipūraka svāhā 145
(n-s-b-) uttarabhadrapadānakṣatra svāhā 235
(n-s-b-) uttaraphalgunīnakṣatra svāhā 194
(n-s-b-) uttarāṣādhānakṣatra svāhā 213

V

(n-s-b-) vaḥ 104, 114
(n-s-b-) vaiśravaṇāya svāhā 233
(n-s-b-) vaivasvatāya svāhā 198
(oṃ) vajrabhairava svāhā 377
(oṃ) vajrabhāṣa raṃ 299
(oṃ) vajracakra hūṃ jaḥ hūṃ vaṃ hoḥ 163
(oṃ) vajradaṇḍa svāhā 372
(oṃ) vajradharma hrīḥ 157, 294
(oṃ) vajradhātu vaṃ 266
(oṃ) vajradhūpe aḥ 317
(oṃ) vajragandhe gaḥ 323
(oṃ) vajragarbhāya va svāhā 356
(oṃ) vajragarbhe hūṃ 357
vajragauri trāḥ 272
(oṃ) vajraghaṇṭā svāhā 360
vajraghaṇṭe hoḥ 331
(oṃ) vajragīte 312
(oṃ) vajragūḍha svāhā 362
(oṃ) vajrahāsa 113

(oṃ) vajrahāsa haḥ 291
(oṃ) vajrahetu maṃ 297
(oṃ) vajrajaya svāhā 381
vajrajñānam āḥ 266
(oṃ) vajrajñānam aḥ 300
(oṃ) vajrajñānaṃ hrīḥ 292
vajrajñānaṃ hūṃ 275
(oṃ) vajrajñānaṃ trāḥ 284
(oṃ) vajrakāla svāhā 380
(oṃ) vajrakarma kaṃ 302
(oṃ) vajraketu trāṃ 289
(oṃ) vajrakuṇḍali svāhā 366
(oṃ) vajralāsye hoḥ 308
(oṃ) vajralocane 321
(oṃ) vajrāloke dīḥ 321
(oṃ) vajramāla svāhā 369
(oṃ) vajramāle traṭ 310
(oṃ) vajramusala svāhā 371
(oṃ) vajrānala svāhā 376
(oṃ) vajrānila svāhā 373
(oṃ) vajrāṅkuśa jaḥ 325
(oṃ) vajrāṅkuśa svāhā 379
vajrāṅkuśe jaḥ 325
(oṃ) vajranṛtye 316
(oṃ) vajrapāśa hūṃ 327
vajrapāśe hūṃ 327
(oṃ) vajrapiṅgala svāhā 371
(oṃ) vajraprabha svāhā 368
(oṃ) vajrapuṣpe 319
(oṃ) vajrarāga hoḥ 281
(oṃ) vajrarāja jaḥ 86, 168, 280
(oṃ) vajrarakṣa haṃ 304
(oṃ) vajraratna oṃ 286
(oṃ) vajrasādhu saḥ 283
(n-s-b-) vajrasambhava svāhā 137
(oṃ) vajrasaṃdhi baṃ 307
(oṃ) vajrasattva āḥ 277
vajrasattva 'ham 278
(oṃ) vajrasattve hūṃ 387
(oṃ) vajrasena svāhā 169
(oṃ) vajrasphoṭa vaṃ 329
vajraśri hūṃ 270
vajraśṛṅkare vaṃ 329

	vajratāra hrīḥ 272
(oṃ)	vajrateja aṃ 288
(oṃ)	vajratīkṣṇa dhaṃ 296
(oṃ)	vajravaśi svāhā 374
(oṃ)	vajrāveśa hoḥ 330
(oṃ)	vajravidyārāja svāhā 169
(oṃ)	vajrayakṣa hūṃ 305
(oṃ)	vajrāyudha svāhā 365
(oṃ)	vajrāyuṣe svāhā 44
(oṃ)	vajrodbhavāya svāhā 163
(n-s-b-)	vaṃ vaḥ svāhā 31
	vaṃ vajriṇi smara raṭ 388
(n-s-b-)	varade varaprāpte hūṃ svāhā 99
(n-s-b-)	varuṇāya svāhā 333
(n-s-b-)	varuṇāya svāhā 217
(n-s-b-)	vasiṣṭharṣiṃ svāhā 185
(n-s-b-)	vasiṣṭharṣi svāhā 158
(oṃ)	vāyave svāhā 222
(n-s-b-)	vāyave svāhā 223, 335
(n-s-b-)	vimaticchedaka svāhā 133, 142
(n-s-b-)	virūḍhaka yakṣādhipataye svāhā 196
(oṃ)	virūpākṣanāgādhipataye svāhā 217
(oṃ)	vīryakari hūṃ vīrye vīrye svāhā 150
(n-s-b-)	viśākhānakṣatra svāhā 194
(n-s-b-)	viṣṇave svāhā 190, 219
(n-s-b-)	viṣṇavi svāhā 219
(n-s-b-)	viśuddhagandhodbhavāya svāhā 66
(n-s-b-)	viśuddhasvaravāhini svāhā 221, 230
(n-s-b-)	vṛṣanakṣatra svāhā 213
(n-s-b-)	vṛṣapataye svāhā 183
(n-s-b-)	vṛścikapataye svāhā 212

Y

(n-s-b-)	yakṣavidyādhari svāhā 195, 232
(n-s-b-)	yakṣeśvara svāhā 195, 232
(n-s-b-)	yaṃ karuṇāmreḍita svāhā 140
(n-s-b-)	yaṃ karuṇāmreḍite svāhā 102
(n-s-b-)	yaṃ yaśodharāyai svāhā 53

尊　名　索　引（漢訳名・和名）

あ

あいこんごうぼさつ　愛金剛菩薩　388
あけいらせん　阿詣羅仙　189
あけいらせんこう　阿詣羅仙后　189
あしゅくにょらい　阿閦如来　275
あしゅら　阿修羅　197，202
あしゅらけんぞく　阿修羅眷属　203
あじた　阿耳多　126
あなん　阿難　115
あはらじた　阿波羅耳多　126

い

いしゃなてん　伊舎那天　173
いしゃなてんき　伊舎那天妃　239
いしゅく　胃宿　235
いっけいらせつ　一髻羅刹　166
いっさいにょらいちいん　一切如来智印　40
いっさいにょらいほう　一切如来宝　98
いっぴゃくはっぴこんごんぞうおうぼさつ　一百八臂金剛蔵王菩薩　163

う

うばけいしにどうにょ　優波髻設尼童女　128
うばなんだりゅうおう　烏波難陀龍王　197,216,233
うばり　優波離　116
うるびんらかしょう　優楼頻羅迦葉　45

え

えんまてん　焔摩天　198，380

か

かいくう　蟹宮　236
かいはらみつぼさつ　戒波羅蜜菩薩　148
かいふけおうにょらい　開敷華王如来　31
かくしゅく　角宿　194
がくてん　楽天　222，230
かしょうは　迦葉波　106
かせんねん　迦旃延　116
がっこうぼさつ　月光菩薩　124，351
かっちゅうくう　蝎虫宮　212
がってん　月天　220，368
がってんき　月天妃　221
かつまはらみつぼさつ　羯磨波羅蜜菩薩　274
かてん　火天　186，334，376
かてん　歌天　230，231
かてんこう　火天后　186
がやかしょう　伽耶迦葉　45
かよう　火曜　192
かるら　迦楼羅　203，204
かんぎてん　歓喜天　238，382
かんじざいぼさつ　観自在菩薩　36，96，120
がんはらみつぼさつ　願波羅蜜菩薩　152

き

きしゅう　鬼衆　199
きしゅく　鬼宿　182
きしゅく　危宿　234
きしゅく　箕宿　214
きしゅてん　器手天　174
きしゅてんこう　器手天后　174
きめんてん　喜面天　173
きゅうくう　弓宮　212
きょしゅく　虚宿　234
きんなら　緊那羅　229，230
きんよう　金曜　237

く

ぐうほついてんりんぼさつ　共発意転輪菩薩　154
くうむへんしょてん　空無辺処天　176
くじゃくおうも　孔雀王母　165
くちら　拘絺羅　115
くどくてん　功徳天　158
くどんせん　瞿曇仙　189
くどんせんこう　瞿曇仙后　190
くはんだ　鳩槃荼　204
くびら　倶肥羅　232
くびらにょ　倶肥羅女　232
くまらてん　倶摩羅天　360
くまらてん　鳩摩羅天　220
くまり　鳩摩利　209
くよううんかいぼさつ　供養雲海菩薩　117

ぐんだりみょうおうひ　軍荼利明王妃　393

け

けいしにどうにょ　髻設尼童女　127
けいしゅく　奎宿　235
けいわくてん　熒惑天　371
げつよう　月曜　211
げんごうせんぶつ　賢劫千仏　384
けんごじんしんぼさつ　堅固深心菩薩　137
けんごぼさつ　賢護菩薩　142，348
けんびょうくう　賢瓶宮　191
けんろうじしん　堅牢地神　174
けんろうじしんこう　堅牢地神后　174

こ

こうおんてん　光音天　225
こうおんてんにょ　光音天女　225
ごうざんぜみょうおう　降三世明王　91，391
ごうざんぜみょうおうひ　降三世明王妃　393
こうしゅく　亢宿　193
こうじゅぶっちょう　光聚仏頂　110
こうぞうぼさつ　香象菩薩　341
こうぶっちょう　高仏頂　100
こうもうぼさつ　光網菩薩　122，350
こうもくてん　広目天　217
こくあんてんにょ　黒闇天女　198
こくうぞうぼさつ　虚空蔵菩薩　94，147，344
こくうむくじこんごうぼさつ　虚空無垢持金剛菩薩　73
こくうむへんちょうおつぼさつ　虚空無辺超越菩薩　74
ごしゅく　牛宿　213
こてん　鼓天　221
ごみつくう　牛密宮　183
こんごうあいぼさつ　金剛愛菩薩　281
こんごういんぼさつ　金剛因菩薩　297
こんごうえてん　金剛衣天　374
こんごうおうぼさつ　金剛王菩薩　86，280
こんごうかぼさつ　金剛歌菩薩　312
こんごうきぼさつ　金剛嬉菩薩　308
こんごうきぼさつ　金剛喜菩薩　283
こんごうぐんだり　金剛軍荼利　82，168
こんごうけぼさつ　金剛華菩薩　319
こんごうげぼさつ　金剛牙菩薩　79，305
こんごうけん　金剛拳　85
こんごうけんぼさつ　金剛拳菩薩　72，306
こんごうこうにょ　金剛鉤女　82
こんごうこうにょぼさつ　金剛鉤女菩薩　70
こんごうこうぼさつ　金剛鉤菩薩　325
こんごうこうぼさつ　金剛光菩薩　288
こんごうごうぼさつ　金剛業菩薩　302
こんごうごぼさつ　金剛護菩薩　304
こんごうごぼさつ　金剛語菩薩　298
こんごうざいてん　金剛摧天　362
こんごうさくぼさつ　金剛索菩薩　327
こんごうさった　金剛薩埵　68，277
こんごうさぼさつ　金剛鏁菩薩　75，329
こんごうじきてん　金剛食天　369
こんごうししゃ　金剛使者　81，83，84，85
こんごうじぼさつ　金剛持菩薩　76
こんごうしゅじこんごうぼさつ　金剛手持金剛菩薩　70
こんごうしょうこうぼさつ　金剛焼香菩薩　317
こんごうしょうぼさつ　金剛笑菩薩　291
こんごうしょうぼさつ　金剛将菩薩　169
こんごうしんぼさつ　金剛針菩薩　160
こんごうずこうぼさつ　金剛塗香菩薩　323
こんごうせつぼさつ　金剛説菩薩　78
こんごうぞうぼさつ　金剛蔵菩薩　356
こんごうどうじ　金剛童子　83
こんごうとうぼさつ　金剛燈菩薩　321
こんごうどうぼさつ　金剛幢菩薩　289
こんごうはらみつぼさつ　金剛波羅蜜菩薩　270
こんごうぶぼさつ　金剛舞菩薩　314
こんごうほうぼさつ　金剛法菩薩　294
こんごうほうぼさつ　金剛宝菩薩　286
こんごうまんぼさつ　金剛鬘菩薩　310
こうごうみょうおう　金剛明王　169
こんごうめんてん　金剛面天　378
こんごうりぼさつ　金剛利菩薩　296
こんごうりんじぼさつ　金剛輪持菩薩　77
こんごうれいぼさつ　金剛鈴菩薩　330
こんごうろうじこんごうぼさつ　金剛牢持金剛菩薩　73

さ

さいさいぶっちょう　摧砕仏頂　111
さいしょうぶっちょう　最勝仏頂　110

し

じえどうにょ　地慧童女　129
しき　死鬼　201

しきむへんしょてん　識無辺処天　176
じこくてん　持国天　180
じこんごうほうぼさつ　持金剛鋒菩薩　71
じじこんごうりぼさつ　持金剛利菩薩　76
じざいにょ　自在女　190
ししくう　師子宮　237
じしぼさつ　慈氏菩薩　335
じじぼさつ　持地菩薩　136
ししゅく　觜宿　181
じぞうぼさつ　地蔵菩薩　135
しちぐていぶつも　七倶胝仏母　43
しつしゅく　室宿　235
しったらどうにょ　質怛羅童女　128
じほっしょうぼさつ　慈発生菩薩　144
じまんてん　持鬘天　228
じまんてんにょ　持鬘天女　227，228
じみょうこんごうぼさつ　持妙金剛菩薩　80
しゃかにょらい　釈迦如来　96
じゃくるみょうぼさつ　寂留明菩薩　55
しゃもんだ　遮文荼　210
じゃや　者耶　127
じゃや　惹耶　176
しゃりほつ　舎利弗　107
じゅういちめんかんじざいぼさつ　十一面観自在菩薩　167
しゅぼだい　須菩提　106
しゅもんてん　守門天　179
しゅもんてんにょ　守門天女　179
じょいっさいうみょうぼさつ　除一切憂冥菩薩　133
しょうかんじざいぼさつ　聖観自在菩薩　47
しょうこうぼさつ　焼香菩薩　64
しょうざんぜみょうおう　勝三世明王　90
じょうすいてん　常酔天　174
じょうじゅじみょうせん　成就持明仙　228，233
じょうじゅじみょうせんにょ　成就持明仙女　228，229，234
しょうじょくう　少女宮　236
しょうじんはらみつぼさつ　精進波羅蜜菩薩　150
しょうてん　聖天　238，382
しょうねんじょぼさつ　生念処菩薩　154
しょうぶっちょう　勝仏頂　109
じょがいしょうぼさつ　除蓋障菩薩　142
じょしゅく　女宿　212
じょゆうあんぼさつ　除憂闇菩薩　339
しんしゅく　心宿　214
しんしゅく　軫宿　193
しんしゅく　参宿　181

す

すいきちじょうぼさつ　水吉祥菩薩　58
すいせい　彗星　184
すいせいてん　彗星天　370
すいてん　水天　215，217，332，383
すいてんけんぞく　水天眷属　214
すいてんき　水天妃　218
すいてんきけんぞく　水天妃眷属　218
すいよう　水曜　210
ずこうぼさつ　塗香菩薩　65

せ

せいしゅく　星宿　193
せいしゅく　井宿　182
せつしょねつのうぼさつ　折諸熱悩菩薩　144
せむいぼさつ　施無畏菩薩　141
せんき　戦鬼　237
せんじゅせんげんかんじざいぼさつ　千手千眼観自在菩薩　157
せんだんこうびゃくしぶつ　栴檀香辟支仏　104
ぜんはらみつぼさつ　禅波羅蜜菩薩　150

そ

そうぎょくう　双魚宮　191
そうごうしゅご　相向守護　122
ぞうちょうてん　増長天　196
ぞうちょうてんししゃ　増長天使者　196
そくこんごうぼさつ　触金剛菩薩　387
そしつちからぼさつ　蘇悉地羯羅菩薩　161
そとばだいきちじょうぼさつ　窣覩波大吉祥菩薩　52
そばこぼさつ　蘇婆呼菩薩　160
そんば　孫婆　84

た

だいあんらくふくうしんじつぼさつ　大安楽不空真実菩薩　44
だいいとくみょうおう　大威徳明王　89
だいいとくみょうおうひ　大威徳明王妃　392
だいきちじょうへんぼさつ　大吉祥変菩薩　59
だいきちじょうみょうぼさつ　大吉祥明菩薩　55
だいきちじょうだいみょうぼさつ　大吉祥大明菩薩　54
だいこうおんてん　大光音天　226
だいこうおんてんにょ　大光音天女　226

だいこくてん　大黒天　238
だいじざいてん　大自在天　208
だいじざいてんき　大自在天妃　208
たいしゃくてん　帝釈天　178，231，365
たいしゃくてんき　帝釈天妃　231
たいしゃくにょ　帝釈女　209
だいしょうじんぼさつ　大精進菩薩　342
だいずいぐぼさつ　大随求菩薩　52
だいせいしぼさつ　大勢至菩薩　48
たいせんぶくん　太山府君　199
だいてんりんぶっちょう　大転輪仏頂　100
だいにちにょらい　大日如来　29
だいぼんてん　大梵天　180
だいみょうびゃくしんぼさつ　大明白身菩薩　50
たいめんてん　対面天　216
だいもっけんれん　大目犍連　105
だいゆうみょうぼさつ　大勇猛菩薩　42
だいりきこんごう　大力金剛　83
だいりんこんごうぼさつ　大輪金剛菩薩　80
だきに　荼吉尼　200，201
たけじざいてん　他化自在天　227
たけじざいてんにょ　他化自在天女　227
だついっさいにんみょう　奪一切人命　199
たまらこうびゃくしぶつ　多摩羅香辟支仏　104
たもんてん　多聞天　233，377
たらししゃ　多羅使者　60
たらぼさつ　多羅菩薩　50
だんはらみつぼさつ　檀波羅蜜菩薩　148

ち

ちくちらぼさつ　智拘絺羅菩薩　117
ちてん　地天　332
ちどうぼさつ　智幢菩薩　345
ちはらみつぼさつ　智波羅蜜菩薩　153
ちゃくえつじこんごうぼさつ　懌悦持金剛菩薩　78
ちょうしゅく　張宿　193
ちょうしょうどうにょ　召請童女　129
ちょうぶくてん　調伏天　381

て

ていしゅく　氐宿　194
てんくらいおんにょらい　天鼓雷音如来　33

と

としゅく　斗宿　213
とそつてん　兜率天　226
とそつてんにょ　兜率天女　226，227
ともろ　瞳母嚕　125
どよう　土曜　211

な

ならえんてん　那羅延天　219，358
ならえんてんき　那羅延天妃　219
なんだりゅうおう　難陀龍王　196，215，232
なんばてん　難破天　217

に

にちよう　日曜　184
にちようけんぞく　日曜眷属　185
にっこうぼさつ　日光菩薩　138
にってん　日天　177，366
にょいりんぼさつ　如意輪菩薩　54
にょらいきぼさつ　如来喜菩薩　107
にょらいげぼさつ　如来牙菩薩　113
にょらいごうそうぼさつ　如来毫相菩薩　99
にょらいごぼさつ　如来語菩薩　112
にょらいしゃきち　如来爍乞底　103
にょらいしゃぼさつ　如来捨菩薩　108
にょらいしょうぼさつ　如来笑菩薩　112
にょらいじぼさつ　如来慈菩薩　103
にょらいぜつぼさつ　如来舌菩薩　111
にょらいひぼさつ　如来悲菩薩　102
にょらいみんぼさつ　如来愍菩薩　102
にんにくはらみつぼさつ　忍辱波羅蜜菩薩　149

ね

ねいりちおう　涅哩底王　207

は

はあくしゅぼさつ　破悪趣菩薩　140
はくようくう　白羊宮　183
ばそせんこう　婆薮仙后　185
ばそだいせん　婆薮大仙　157，185
ばとうかんのんぼさつ　馬頭観音菩薩　51
はんにゃはらみつぼさつ　般若波羅蜜菩薩　151
はんにゃぼさつ　般若菩薩　88

ひ

びくちぼさつ　毘倶胝菩薩　49
びしゃしゃ　毘舎遮　199，200
びしゃもんてん　毘沙門天　233，377
びしゅく　尾宿　214
びじゃや　肥者耶　126
びじゃや　微惹耶　177
ひそうてん　非想天　175
びちゅうにょ　毘紐女　190
ひっしゅく　畢宿　181
ひてん　飛天　158
ひてんししゃ　飛天使者　163
びなやか　毘那耶迦　238，382
ひみんえぼさつ　悲愍慧菩薩　143
ひみんぼさつ　悲愍菩薩　140
びゃくさんがいぶっちょう　白傘蓋仏頂　108
びゃくしょそんぼさつ　白処尊菩薩　60
びゃくしんかんじざいぼさつ　白身観自在菩薩　56
ひようえぼさつ　被葉衣菩薩　56
ひょうくう　秤宮　211
びるしゃなにょらい　毘盧遮那如来　266

ふ

ふうてん　風天　223，335，373
ふうてんき　風天妃　222
ふうてんきけんぞく　風天妃眷属　222，225
ふうてんけんぞく　風天眷属　223
ふうふくう　夫婦宮　183
ふかおつしゅご　不可越守護　121
ぶぎょうししゃ　奉教使者　61
ふくうくようほうぼさつ　不空供養宝菩薩　165
ふくうけんじゃくかんのんぼさつ　不空羂索観音菩薩　58
ふくうけんぼさつ　不空見菩薩　133，336
ふくうこうかんじざいぼさつ　不空鉤観自在菩薩　155
ふくうこんごうぼさつ　不空金剛菩薩　167
ふくうじょうじゅにょらい　不空成就如来　300
ふげんぼさつ　普賢菩薩　34，120，357
ぶざいぼさつ　豊財菩薩　57
ふしぎえどうにょ　不思議慧童女　130
ふしぎえぼさつ　不思議慧菩薩　145
ぶたきしゅう　歩多鬼衆　201，202
ぶつげんぶつも　仏眼仏母　41
ふどうみょうおう　不動明王　92
ふどうみょうおうひ　不動明王妃　394
ふんぬがってんぼさつ　忿怒月黶菩薩　72
ふんぬこうかんじざいぼさつ　忿怒鉤観自在菩薩　155
ふんぬじこんごうぼさつ　忿怒持金剛菩薩　74

へ

へきしゅく　壁宿　235
べんざいてん　弁才天　220
べんしゃくぼさつ　辯積菩薩　354

ほ

ほういんしゅぼさつ　宝印手菩薩　134
ほうかんぼさつ　宝冠菩薩　123
ほうくよう　宝供養　63
ぼうしゅく　房宿　214
ぼうしゅく　昴宿　181
ほうしゅぼさつ　宝手菩薩　136
ほうしょうにょらい　宝生如来　284
ほうしょぼさつ　宝処菩薩　134
ほうどうにょらい　宝幢如来　30
ほうはらみつぼさつ　宝波羅蜜菩薩　271
ほうはらみつぼさつ　法波羅蜜菩薩　272
ほうぶくびゃくしぶつ　宝輻辟支仏　114
ほうべんはらみつぼさつ　方便波羅蜜菩薩　151
ほっしょうこんごうぶぼさつ　発生金剛部菩薩　69
ぼんてん　梵天　364
ぼんてんにょ　梵天女　208

ま

まかから　摩訶迦羅　238
まかつくう　摩竭宮　191
まごらか　摩睺羅迦　229
まどしゃ　摩拏赦　210
まにあしゅら　摩尼阿修羅　202
まにあしゅらけんぞく　摩尼阿修羅眷属　202
まんくよう　鬘供養　62
まんこんごうぼさつ　慢金剛菩薩　390
まんだらぼさつ　曼荼羅菩薩　161

み

みょうおんぼさつ　妙音菩薩　124
みろくぼさつ　弥勒菩薩　37

む

むくこうぼさつ　無垢光菩薩　123
むくぜいぼさつ　無垢逝菩薩　159
むしょうしょてん　無所有処天　176
むじんいぼさつ　無尽意菩薩　353
むのうしょうひ　無能勝妃　97
むのうしょうみょうおう　無能勝明王　98
むりょうおんじょうぶっちょう　無量音声仏頂　101
むりょうこうぼさつ　無量光菩薩　347
むりょうじゅにょらい　無量寿如来　32，292

め

めつあくしゅぼさつ　滅悪趣菩薩　338

も

もくよう　木曜　192
もんじゅしりぼさつ　文殊師利菩薩　35，119
もんじゅぶぎょうしゃ　文殊奉教者　131

や

やしゃじみょう　薬叉持明　195
やしゃじみょうにょ　薬叉持明女　195
やしゅだらぼさつ　耶輸陀羅菩薩　53
やまにょ　夜摩女　191

よ

よくこんごうぼさつ　慾金剛菩薩　386
よくしゅく　翼宿　194

ら

らごせい　羅睺星　192
らせつてん　羅刹天　372
らせつどう　羅刹童　204
らせつどうにょ　羅刹童女　205
らせつにょ　羅刹女　207

り

りきはらみつぼさつ　力波羅蜜菩薩　152
りけろんぼさつ　離戯論菩薩　79
りゅうしゅく　柳宿　182
りゅうせい　流星　184
りんぷくびゃくしぶつ　輪輻辟支仏　114

れ

れんげぐんだり　蓮華軍荼利　61
れんげぶししゃ　蓮華部使者　62，63，64，65，66
れんげぶほっしょうぼさつ　蓮華部発生菩薩　48

ろ

ろうしゅく　婁宿　236

尊 名 索 引（梵名）

A

Ābhāsvara 225
Ābhāsvarā 225
Abhayaṃdada 141
Abhijit 213
Abhimukha 216
Abhimukhadvārapāla 122
Abhyudgatoṣṇīṣa 100
Acalanātha 92
Acalanāthā 394
Acintyamati 130
Acintyamatidatta 145
Āditya 177, 366
Aindrī 209, 231
Āgneyī 186
Agni 186, 334, 376
Ajitā 126
Ākarṣanī 129
Ākāśagarbha 97, 147
Ākāśānantyāyatana 176
Ākiñcanāyatana 176
Akṣayamati 353
Akṣobhya 275
Amitaprabha 347
Amitāyus 32, 292
Amoghadarśana 133
Amoghadarśin 336
Amoghakrodhāṅkuśarāja 155
Amoghāṅkuśa 155
Amoghapāśa 58
Amoghapūjāmaṇi 165
Amoghasiddhi 300
Amoghavajra 167
Ānanda 115
Anantasvaraghoṣacakravartin 101
Aṅgāraka 192
Aṅgiras 189
Aṅgirasī 189
Anurādhā 214
Aparājita 98
Aparājitā 97, 126
Apāyajaha 140
Ārdrā 184
Āryāvalokiteśvara 47, 120
Āśleṣa 182
Aṣṭottaraśatabhujavajra 163
Asura 197, 202
Asuraparivāra 203
Aśvinī 236
Avalokiteśvara 36, 96

B

Balapāramitā 152
Bandhirasura 202
Bandhirasuraparivāra 202
Bhadrapāla 142, 348
Bharaṇī 235
Bhogavatī 57
Bhṛkuṭi 49
Bhūta 201, 202
Brahmā 180, 364
Brāhmī 208
Bṛhadābhāsvara 226
Bṛhadābhāsvarā 226
Bṛhaspati 192
Budha 210
Buddhalocanā 41

C

Cakravajradhara 77
Cāmuṇḍā 210
Candanagandhapratyekabuddha 104
Candra 220, 368
Candraparivārā 221
Candraprabha 124, 351
Caumārī 209
Cintāmaṇicakra 54
Citrā 128, 198
Citragupta 199

D

Dakaśrī 58
Ḍākinī 200, 201
Dānapāramitā 148
Devatā 158, 163
Dhaniṣṭhā 234
Dhanu 212
Dhara 175
Dharī 174
Dharaṇidhara 136
Dharmapārāritā 272
Dhṛtarāṣṭra 180
Dhūpapūjā 64
Dhyānapāramitā 150
Divyadundubhimeghanirghoṣa 33
Dṛḍhādhyāśya 137
Durdharṣa 217
Durdharṣadvārapāla 121
Dūtī 63, 65, 66
Dvārapāla 179
Dvārapālī 179

E

Ekadaśamukha 167
Ekajaṭārākṣasa 166

G

Gaganagañja 344
Gaganāmalavajradhara 73
Gaganānantavikrama 74
Gaṇapati 238
Gandhahastin 341
Gandhapūjā 65
Garuda 203, 204
Gaurīmahāvidyā 50
Gayākāśyapa 45
Gītādevatā 222, 230, 231
Gotama 189
Gotamī 190

H

Hastā 193
Hayagrīva 51

I

Indra 231
Īśāna 173
Īśanī 239
Iṣtavajra 386

J

Jālinīprabha 122, 350
Jayā 127, 176
Jayoṣṇīṣa 109
Jñānakauṣṭhila 117
Jñānaketu 345
Jñānapāramitā 153
Jyeṣṭhā 214

K

Kālarātrī 198
Kampa 237
Kanikrodha 83
Kanyā 236
Karkaṭāka 236
Karmapāramitā 274
Karotapāṇi 174
Karotapāṇinī 174
Karuṇāmreḍita 140, 143
Kāśyapa 106
Kātyāyana 116
Kaumārī 209
Kauṣṭhila 115
Kautūhala 142
Kelikilavajra 387
Keśinī 127
Ketu 184, 370
Khyātovajradharaḥ 78
Kiṃkariṇī 131
Kiṃnara 229, 230
Krodhacandratilaka 72
Kṛttikā 181
Kṣāntipāramitā 149
Kṣitigarbha 135
Kubera 232
Kuberā 232
Kumāra 220, 360

Kumbha 257
Kumbhāṇḍa 204
Kuṇḍalī 393

L

Lakṣmīmahāvidyā 59

M

Maghā 193
Mahābala 83
Mahācakra 161
Mahācakravajra 80
Mahākāla 238
Mahāmayūrī 165
Mahāpratisarā 52
Mahāśrīmahāvidyā 54
Mahāsthāmaprāpta 48
Mahāvaiorocana 29
Mahāvīra 42
Maheśvara 208
Mahoraga 229
Mahoṣṇīṣacakravartin 100
Maitreya 37, 335
Maitryabhyudgata 144
Makara 191
Mālādhara 228
Mālādharā 227, 228
Mālāpūjā 62
Mānavajra 390
Mañjughoṣa 124
Mañjuśrī 35
Mañjuśrīkumārabhūta 119
Manuṣya 210
Manuṣyā 210
Maudgalyāyana 105
Meṣa 183
Mīna 191
Mithuna 183
Mṛgaśiras 181
Mṛtyu 199, 201
Mūla 214

N

Nairṛti 207
Naivasaṃjñāyatana 175
Nanda 196, 215, 232
Nandīmukha 173
Nārāyaṇa 219, 358
Nārāyaṇī 219
Nemipratyekabuddha 114
Nirghataketu 184
Niṣprapañcavihārivajradhara 79

P

Padmaceṭī 62
Padmakulaceṭī 62, 64
Padmakulodbhava 48
Padmakuṇḍalī 61
Pāṇḍaravāsinī 60
Paranirmitavaśavartin 227
Paranirmitavaśavartinī 227
Parṇaśabarī 56
Piṅgala 371
Piśāca 199, 200
Prajñāpāramitā 88, 151
Praṇidhānapāramitā 152
Pratibhānakūṭa 354
Pratihārī 61
Pṛthivī 332
Pūjāmeghasamudra 117
Punarvasu 182
Pūrvaphalgunī 193
Pūrvabhadrapadā 235
Pūrvāṣādhā 214
Puṣya 182

R

Rāgavajra 388
Rāhu 192
Rākṣasa 204, 372
Rākṣasī 205, 207
Ratnākara 134
Ratnaketu 30
Ratnamakuṭa 123
Ratnamudrāhasta 134
Ratnanemipratyekabuddha 114
Ratnapāṇi 136
Ratnapāramitā 271

Ratnapūjā 63
Ratnasaṃbhava 284
Raudrī 190
Revatī 235
Rohinī 181

S

Sadāmada 174
Sahacittotpādadharmacakra 154
Sahasrabhujāryāvalokiteśvara 157
Śakra 178, 365
Sākyamuni 96
Samantabhadra 34, 120, 357
Saṃkusmitarāja 31
Śanaiścara 211
Saptakoṭibuddhamātṛkā, Cundī 43
Sarasvatī 220
Śāriputra 107
Sarvadāhapraśamita 144
Sarvanivaraṇaviṣkaṃbhin 142
Sarvāpāyajaha 338
Sarvaśokatamoghātamati 133
Sarvatathāgatamaṇi 98
Sarvatathāgatajñāna(mahā)mudrā 40
Śatabhiṣa 234
Siddhavidyādhara 228, 233
Siddhavidyādharā 228, 229, 234
Śīlapāramitā 148
Siṃha 237
Sitātapatroṣṇīṣa 108
Śivajradhara 73
Śivāvahavidyā 55
Smṛtisajātya 154
Śokatamonirghātana 339
Soma 211
Śravaṇā 212
Śrīdevī 158
Śrīmahāvidyā 55
Stūpamahāśrī 52
Subāhu 160
Subhūti 106
Śukra 237
Śumbha 84
Śūra 342
Sūraṃgama 342
Suratavajradhara 78
Sūrya 184
Sūryaparivāra 245
Sūryaprabha 138
Susiddhikara 161
Suvajradhara 80
Svātī 193
Śvetabhagavatī 56

T

Tamālapattrapratyekabuddha 104
Tārā 50
Tārāceṭī 60
Tathāgatadaṃṣṭra 113
Tathāgatahāsa 112
Tathāgatajihva 111
Tathāgatakaruṇā 102
Tathāgatamaitrī 103
Tathāgatamreḍitā 102
Tathāgatamuditā 107
Tathāgataśakti 103
Tathāgatavaktra 112
Tathāgatopekṣa 108
Tathāgatorṇā 99
Tejorāśyuṣṇīṣa 110
Trailokyavijaya 90, 391
Tulā 211
Tumra 125
Tuṣita 226
Tuṣitā 226, 227

U

Umā 208
Upakeśinī 128
Upāli 116
Upananda 197, 216, 233
Upāyapāramitā 151
Uruvilvākāśyapa 45
Uttarabhadrapadā 235
Uttaraphalgunī 194
Uttarāṣādhā 213

V

Vādyadevatā 221, 222, 230
Vairocana 266
Vaiṣṇavī 190
Vaiśravaṇa 233, 377
Vajrabhāṣa 298
Vajraceṭa 81, 83, 84, 85
Vajradaṃṣṭra 79
Vajradaṇḍa 85
Vajradhara 76
Vajradharma 294
Vajradhūpā 317
Vajragandhā 323
Vajragarbha 356
Vajragītā 312
Vajrāgradhara 76
Vajrāgradhāri 71
Vajrāgravajradhara 74
Vajrahāsa 291
Vajrahasto vajradharaḥ 70
Vajrahetu 297
Vajrahūṃkara 91
Vajrahūṃkarā 393
Vajrajaya 381
Vajrakarma 302
Vajraketu 289
Vajrakulodbhava 69
Vajrakuṇḍalī 82, 168
Vajralāsī 308
Vajrālokā 321
Vajramāla 369
Vajramālā 310
Vajrāmoghasamayasattva 44
Vajramuṣṭi 72
Vajrāṅkuśa 325, 378
Vajrāṅkuśī 70, 82
Vajranṛtyā 314
Vajrapāramitā 270
Vajrapāśa 327
Vajrapuṣpā 319
Vajrarāga 281
Vajrarāja 86, 280
Vajrarakṣa 304
Vajraratna 286
Vajrasādhu 283
Vajrasandhi 306
Vajrasattva 68, 277
Vajrasena 169
Vajrasphoṭa 329
Vajraśṛṅkhara 75
Vajrasūci 160
Vajrateja 288
Vajratīkṣṇa 296
Vajravaśi 374
Vajrāveśa 330
Vajravikiraṇa 362
Vajrayakṣa 305
Varuṇa 215, 217, 383
Varuṇanī 218
Varuṇanīparivāra 218
Varuṇaparivāra 214
Vasu 185
Vasumatī 129
Vasurṣi 157
Vasvī 185
Vāyava 223, 225, 332
Vāyu 223, 335, 373
Vāyvī 222
Vāyvīdevatā 222
Vidyottama 169
Vijayā 126, 177
Vijayoṣṇīṣa 110
Vijñānanāntyāyatana 176
Vikiraṇoṣṇīṣa 111
Vimalagati 159
Vimalaprabha 123
Vināyaka 238, 382
Virūḍhaka 196
Virūḍhakadūta 196
Virūpākṣa 217
Vīryapāramitā 150
Viṣākhā 194
Vṛśa 183
Vṛścika 212

Y

Yakṣavidyādhara 195

Yakṣavidyādharī 195
Yama 198, 380
Yamāntaka 89
Yamāntakā 392
Yamī 191
Yaśodharā 53

《執筆分担》

染川英輔 金剛界曼荼羅・胎蔵曼荼羅の全尊、並びに印相と三昧耶形の全図・尊容の見方

小峰弥彦 胎蔵曼荼羅の構造・中台八葉院（9尊）・持明院（5尊）・釈迦院（39尊）・文殊院（25尊）・成身会・三昧耶会・微細会・供養会・八供養菩薩・五大明王

小山典勇 遍知院（7尊）・最外院（202尊）・四大天・二十天

高橋尚夫 曼荼羅の語義・曼荼羅の種類・金剛手院（33尊）・除蓋障院（9尊）・虚空蔵院（28尊）・金剛界曼荼羅の構造・毘盧遮那如来・四波羅蜜菩薩・四摂菩薩・賢劫十六尊・賢劫千仏・種字悉曇

廣澤隆之 両部曼荼羅・現図曼荼羅・蓮華部院（37尊）・地蔵院（9尊）・蘇悉地院（9尊）・四印会・一印会・理趣会・降三世会・降三世三昧耶会・四仏・十六大菩薩・理趣会八菩薩

《図版・解説者略歴》

染川　英輔（そめかわ　えいすけ）1942 年、台北に生まれ、鹿児島で育つ。1965 年、東京芸術大学日本画科卒業。作品買上げ。1967 年、同大学院修了、法隆寺金堂壁画復元模写（吉岡班）に助手として参加、さらに翌年、同堂の小壁画を模写。東西の古典芸術を研究。1983 年より東京都練馬区観蔵院の両部曼荼羅の制作に着手、2001 年に完成。また 2005 年より東京都練馬区三寳寺地蔵堂壁画「六道曼荼羅」の制作に着手、2012 年に完成。創作とともに「仏画の会」を主宰し、指導に当っている。他作品に田無山総持寺「妙見曼荼羅」、川崎大師経蔵「飛天図」。著書『彩色・金剛界曼荼羅』『彩色・胎蔵曼荼羅』（大法輪閣）。

小峰　弥彦（こみね　みちひこ）1945 年、東京都に生まれる。大正大学仏教学部仏教学科卒業、同大学院博士課程仏教学修了。大正大学名誉教授、同大学元学長。東京都練馬区観蔵院長老。2002 年に観蔵院曼荼羅美術館建立。著書『〈カラー版〉図解・曼荼羅の見方』『神と仏の日本文化―遍照の宝鑰―』（以上・大法輪閣）、『空海読み解き事典』（編著・柏書房）、『般若経大全』（共著・春秋社）、『般若心経に見る仏教の世界』（大正大学出版会）、『弁慶はなぜ勧進帳をよむのか』（日本放送出版協会）、『大乗経典解説事典』（編著・北辰堂）等。この他論文多数。

小山　典勇（こやま　てんゆう）1945 年、埼玉県に生まれる。大正大学梵文学科卒・東京大学大学院博士課程修了。ヒンドゥー教の宗教・神話・倫理について研究。現在、大正大学名誉教授。主要論文「忿怒尊の研究―馬頭尊のインド的展開」、「ヒンドゥー教バーガヴァタ派における宗教と社会規範」、「バクティ信仰と臨終」、「ヒンドゥー教における輪廻思想を巡る諸問題」、「なぜ人を殺してはいけないのか―仏教的生き方の一考察」、「教化伝道の歴史的研究―明治時代を中心に―」（「佛教文化学会」口頭発表）、その他。2023 年逝去。

高橋　尚夫（たかはし　ひさお）1944 年、東京都に生まれる。大正大学仏教学部梵文学科卒業、同大学院博士課程仏教学修了。現在、大正大学名誉教授、埼玉県春日部市大王寺住職。著書『維摩経ノートⅠ』『Ⅱ』『Ⅲ』（以上・ノンブル社）、主論文「Sarvadurgatipariśodhanatantra ―梵文テキストと和訳―」「金剛界大曼荼羅儀軌一切金剛出現―和訳―」等。

廣澤　隆之（ひろさわ たかゆき）1946 年、東京都に生まれる。京都大学文学部哲学科卒業、大正大学大学院博士課程宗教学修了。現在、大正大学名誉教授、前智山伝法院院長等。八王子市浄福寺住職。著書『『唯識三十頌』を読む』（大正大学出版会）、『瑜伽師地論総索引』（共著・山喜房仏書林）、『仏教語辞典』（共著・山喜房仏書林）、『図解雑学仏教』（ナツメ社）等。

【縮刷版】曼荼羅図典（まんだらずてん）

1993 年 2 月 8 日　初版第 1 刷発行
2024 年 12 月 12 日　縮刷版第 6 刷発行

著　者　染川英輔／小峰弥彦／小山典勇／高橋尚夫／廣澤隆之
発行者　石原俊道
発行所　有限会社 大法輪閣
〒150-0022 東京都渋谷区恵比寿南 2-16-6
サンレミナス 202
電話 03-5724-3375（代表）
振替 00160-9-487196 番
http://www.daihorin-kaku.com
印刷所　三協美術印刷株式会社
製本所　東京美術紙工

ISBN978-4-8046-1345-1　C0515